KOMPASS

RAD VERGNÜGEN

OSNABRÜCKER LAND

21 1/2 TAGESTOUREN FEIERABEND-RIDES WOCHENEND-BIKEAWAYS

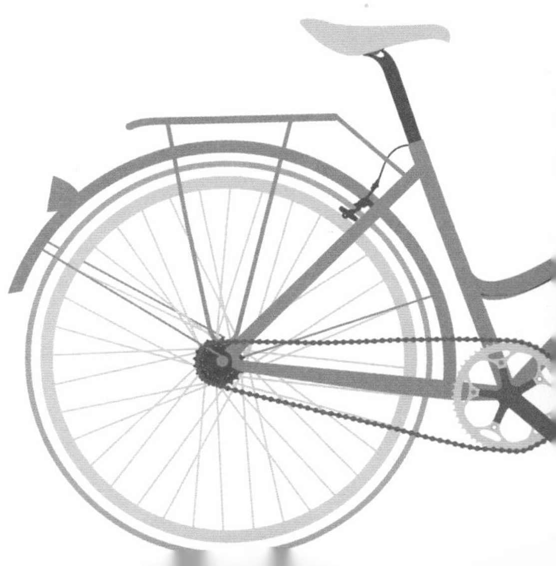

EINFACH RAUS!

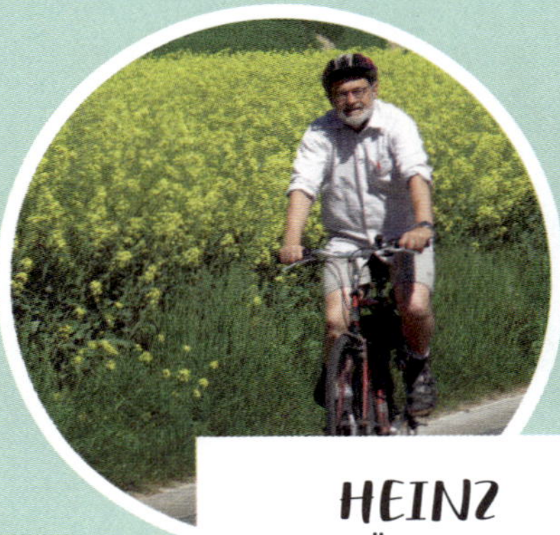

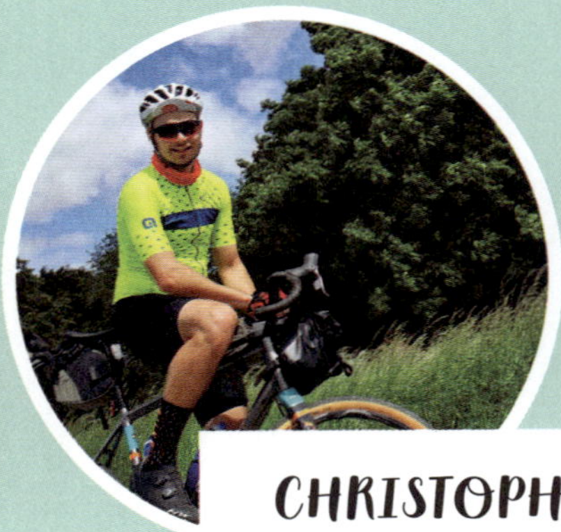

HEINZ WÜPPEN

Geboren bin ich in der Grafschaft Bentheim. In den 80er Jahren war ich vermutlich einer der ersten, der für Urlaube Fahrräder hinten an den Campingbulli geschnallt hat. Seit 20 Jahren durchradele ich nun vorwiegend das Osnabrücker Land. Auch wenn ich meist ein simples Tourenrad benutze, schätze ich auch mein E-Bike für gemeinsame Touren mit „elektrischen" Freunden. So kommt es, dass ich im Bekanntenkreis mein Image weghabe: Mit einem Augenzwinkern wird erzählt, dass ich ja eh nur durch die Gegend radele.

CHRISTOPH DREPPER

Seit mehr als 10 Jahren nehme ich das Osnabrücker Land unter die Räder. Egal ob es lange Wochenendausfahrten mit dem Rennrad sind, oder die kleinen Feierabendrunden mit dem Mountainbike im Teutoburger Wald. Neben der Alltagsmobilität, die fast ausschließlich auf dem Fahrrad stattfindet, gibt es immer wieder Möglichkeiten, auf kleineren und größeren Touren mit der Familie noch unbekannte Ecken im Umkreis zu entdecken. Als Mitbegründer des Radentscheid in Osnabrück ist das Thema Fahrrad bei mir allgegenwärtig.

LIEBE LESERIN, LIEBER LESER,

OsnabrÜck – das Ü-Tipfelchen im Norden. Ja, denn bei der Friedensstadt Osnabrück und seinem Umland handelt es sich tatsächlich um eine äußerst vielseitige Region in Deutschland. Vielleicht ist für manche Osnabrück nur eine weitere Stadt mit „O“. Dass eine solche Zuschreibung aber überhaupt nicht schlecht sein muss, zeigt die Radreiseanalyse 2022 des ADFC, des größten Fahrradclubs Deutschlands. Diese hat ergeben, dass das Osnabrücker Land (zusammen mit dem Emsland und der Grafschaft Bentheim) die beliebteste Radreiseregion Deutschlands ist. Und das liegt nicht nur an der tollen Radinfrastruktur, sondern auch an der Schönheit der Landschaft.

Ob Feierabend-, Tages- oder Wochenendtour, alle Radelrunden sind abwechslungsreich, so vielseitig wie das Osnabrücker Land selbst. Alle 21 ½ hier beschriebenen Touren sind Rundtouren. Nur eine kann nicht mit der Bahn angefahren werden (Tour 17). Das Osnabrücker Land ist an drei Seiten von Nordrhein-Westfalen umgeben. Deswegen ist es naheliegend, das Tecklenburger Land miteinzubeziehen. Radelnde bemerken das Passieren der Landesgrenze daran, dass die Hinweisschilder für Radrouten in NRW orangerot sind, in Niedersachsen grün.

Genug der Vorrede – auf den Sattel, fertig, los, und hinein ins Radvergnügen im Osnabrücker Land!

INHALT

ALLES AUF EINEN BLICK

TOUREN

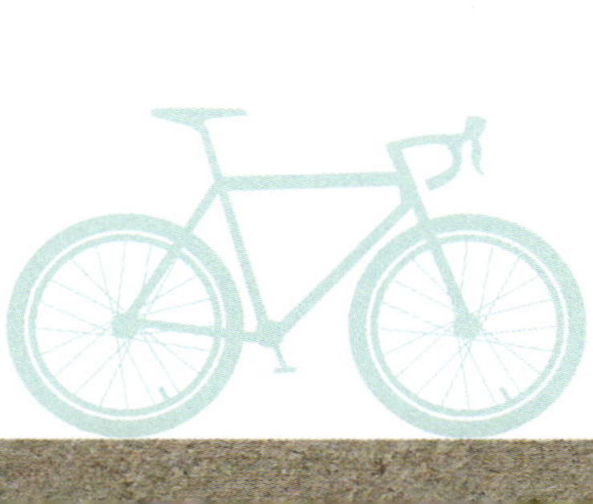

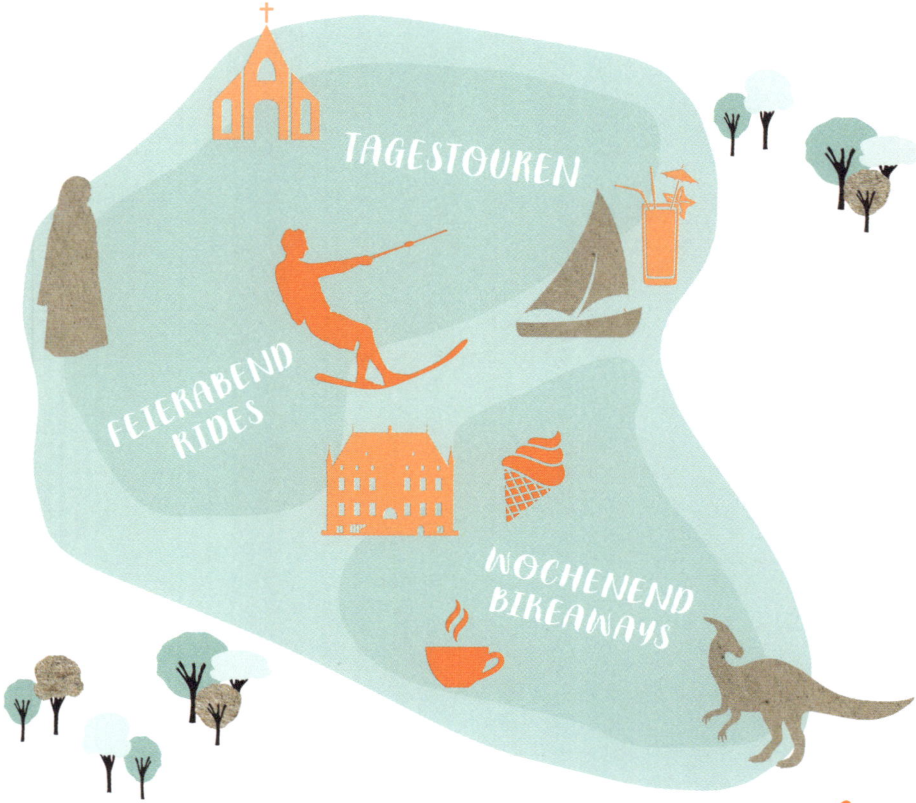

DEINE ORIENTIERUNG

APP & GPX-DOWNLOAD

Alle 21 ½ Touren in der KOMPASS App: Dort findest du Livetracking, GPS-Ortung, Offline-Karten und -Touren, Navigation zum Start und viele weitere nützliche Features. Einfach QR-Code scannen und Tour starten. Los geht's!

GPX-Tracks zum Download: www.kompass.de/gpx
Für das Navigationsgerät deiner Wahl haben wir alle Touren auch als GPX-Track auf unserer Homepage.

FEIERABEND-RIDES

RAUF AUFS RAD ZUM RUNTERKOMMEN

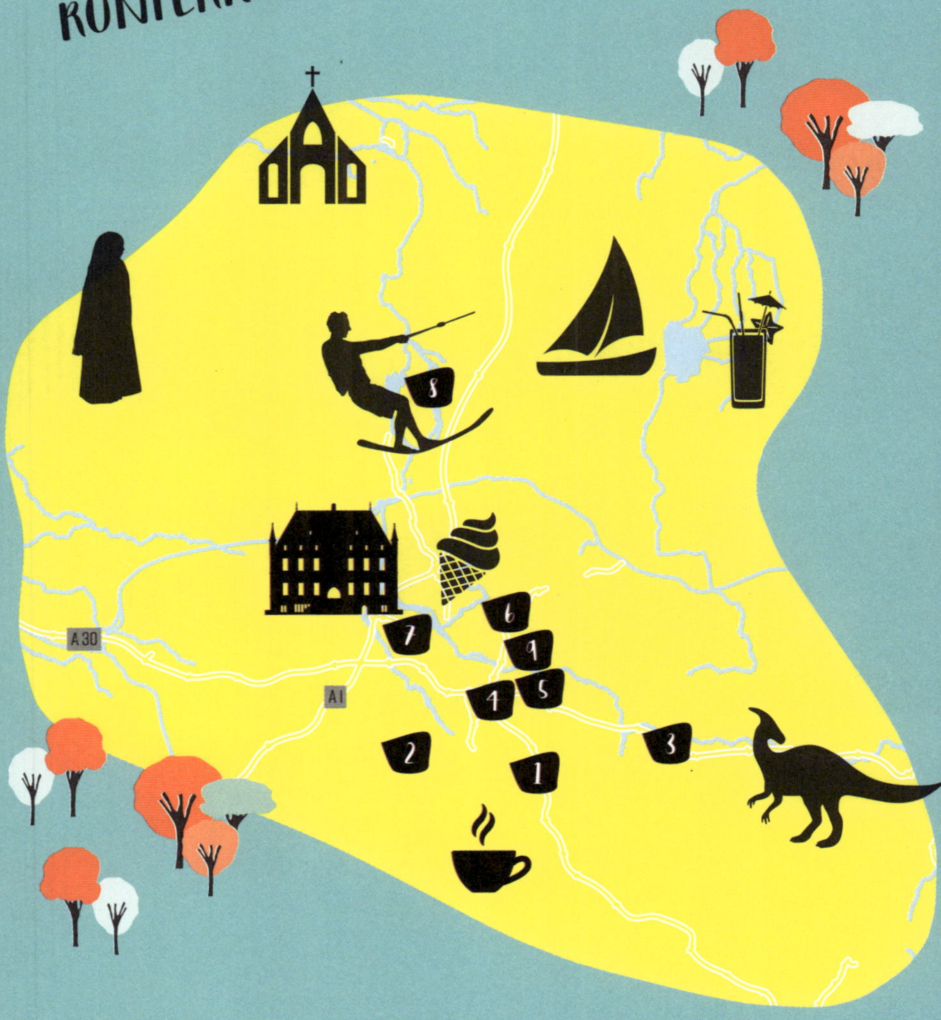

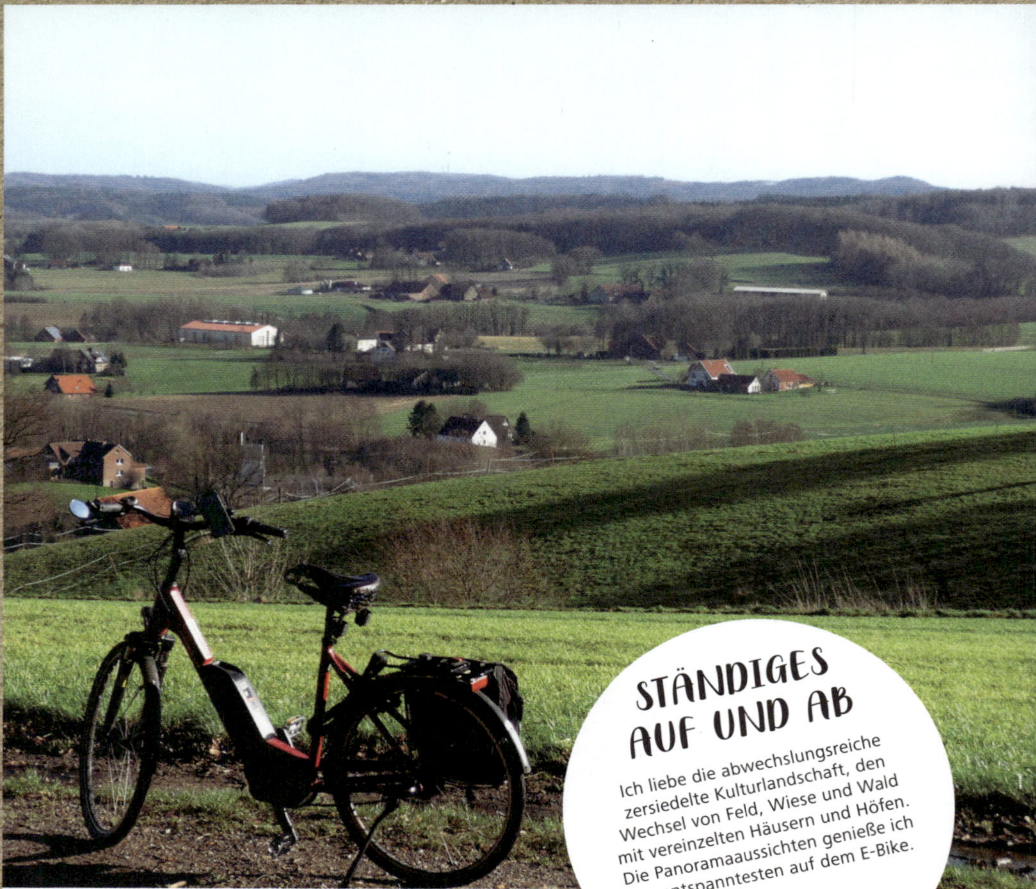

STÄNDIGES AUF UND AB

Ich liebe die abwechslungsreiche zersiedelte Kulturlandschaft, den Wechsel von Feld, Wiese und Wald mit vereinzelten Häusern und Höfen. Die Panoramaaussichten genieße ich am entspanntesten auf dem E-Bike.

➤ **1 /** Unsere Radeltour startet und endet am Bahnhof Wellendorf

➤ **2 /** Der Förderturm in Wellendorf zur Erinnerung an Bergbauzeiten

➤ **3 /** Kleinod aus Natur und Skulptur, der Renkenörener See

➤ **4 /** Weite Aussichten vom Wasserturm Borgloh

➤ **5 /** Tief im Wald versteckt, die kleine Picknickhütte Johannislaube

➤ **6 /** Beim Aktivhof Schweine auf ihrem Spielgelände bestaunen

➤ **7 /** Die Zeche Hilterberg liegt/lag nicht im Ruhrgebiet, sie hat hier kleine Erinnerungsstücke hinterlassen

➤ **8 /** Klein und versteckt liegt der Karlstollen, hier haben sich mal Männer unter der Erde gequält

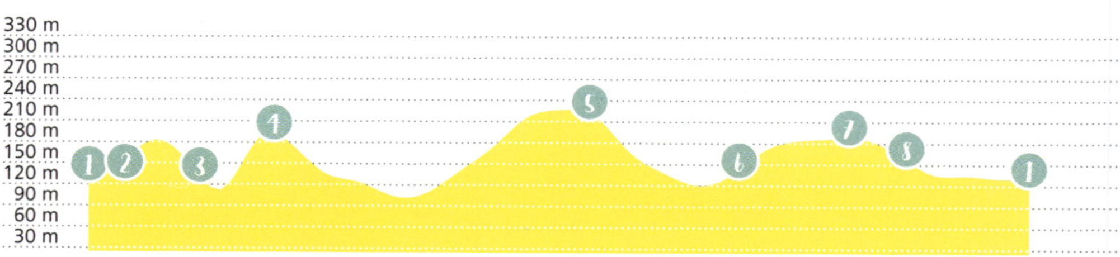

1

FAST ALPIN

Durch die (Borgloher) Schweiz

Diese liebliche wellige Landschaft ist landwirtschaftlich genutzt, aber auch mit viel Wald gesegnet. Mit schönen Bauernhöfen, Fachwerkkotten und Neubauten verschiedener Epochen ist sie recht zersiedelt. Das macht sie so vielseitig. Nach etlichen Steigungen auf der Tour lassen sich von höheren Punkten immer wieder Fotos eines oft spektakulären Panoramas machen. Bänke für das Päuschen zwischendurch finden sich reichlich auf dieser Rundtour, Einkehrmöglichkeiten aber leider nicht. Teile des Weges folgen dem „Terra Trail 14", erstellt vom Natur- und Geopark TERRA.vita.

28 Kilometer
440 Höhenmeter
440 Höhenmeter
3 Stunden
Rundtour

CHARAKTER

Sportlich ●●●●●
Abkühlung ●○○○○
Schlemmen ●○○○○
Panorama ●●●●○

Unglaublich, hier war mal Bergbau

Wir starten vom 1 / Bahnhof Wellendorf aus durch den unspektakulären Ort. Kaum erahnen kann man, dass es noch vor Jahrzehnten in Borgloh und 2 / Wellen-

---

TOURENINFO / Viele Steigungen. Wenn auch meist ruhige Asphaltstraßen, einige Abschnitte sind arg in Mitleidenschaft gezogene Waldwege. Entschädigt wird man aber durch grandiose Landschaftseindrücke. Kinder müssen für diese Tour wohl besonders motiviert werden, es gibt unterwegs nicht einmal ein Eis.

< links / Wellige Borgloher Schweiz

dorf Bergbau gab. Nicht weit unter der Erde findet sich Kohle. Einige Zeugen davon zeigen sich am Rundweg: Ein Förderturm als Denkmal steht am Rande von Wellendorf, da, wo die Iburger Straße über die Autobahn 33 führt. Kurz danach heißt unsere Straße dann auch Glückaufstraße. Die Bergarbeiterhäuschen sind heute zu schmucken Wohnhäusern mutiert. Gegen Ende der Tour gibt es weitere Zeitzeugen: Interessierte werden in den Wäldern an der Tour immer wieder Mulden entdecken, ehemalige Stolleneingänge oder eingestürzte Kohlegruben.

Der Renkenörener See

HANS GERD RUWE

Der bekannte Osnabrücker Bildhauer hat auch am 3 / Renkenörener See in der ihm eigenen Ausdrucksstärke einige Bronzeskulpturen geschaffen.

Wir radeln von Ebbendorf nach Eppendorf?! Wer soll einem da den Weg weisen, wo es sich doch gleich anhört? Die Einheimischen lassen zur Unterscheidung beim ersten einfach ein „b" weg, also mehr ein Ebendorf. Dabei passieren wir, ebenso schwer aussprechbar, den 3 / Renkenörener See. Ein Kleinod aus Natur und Skulptur, liebevoll gestaltet vom Borgloher Heimatverein. Um gedankenverloren bei einem Rundgang die versteckten Schönheiten zu bewundern, muss man aber einen Sommersonntag erwischen, an dem die Anlage geöffnet ist. Dann gibt es sogar Kuchen, meist von den weiblichen Vereinsmitgliedern gebacken (heimatverein-borgloh.de). Der Name: Renken stammt vermutlich von Reiniken, dem Fuchs, und Ören ist ein tiefliegender Ort. Fuchsgrund ist ja auch nicht so schön wie „Renkenören". Da passt es, dass der See von der nahen Wolfsquelle gespeist wird. Da sind auch weitere kleine „Seen", liebevoll angelegte Hobby-Fischteiche. Heftig bergauf führt das nächste Straßenstück. Vor dem Haus Borgloh, am Abzweig Bauernfrieden von der Ebbendorfer Straße, scharren Hühner im Gehege, bewacht von einem stolzen Hahn. Weniger friedlich die Sage von den Enkeln des Bauern hier. Vor über 300 Jahren trieben

---

➤ rechts oben / Renkenörener See ➤ rechts Mitte / Ehemaliger Kohleförderturm am Rande von Wellendorf

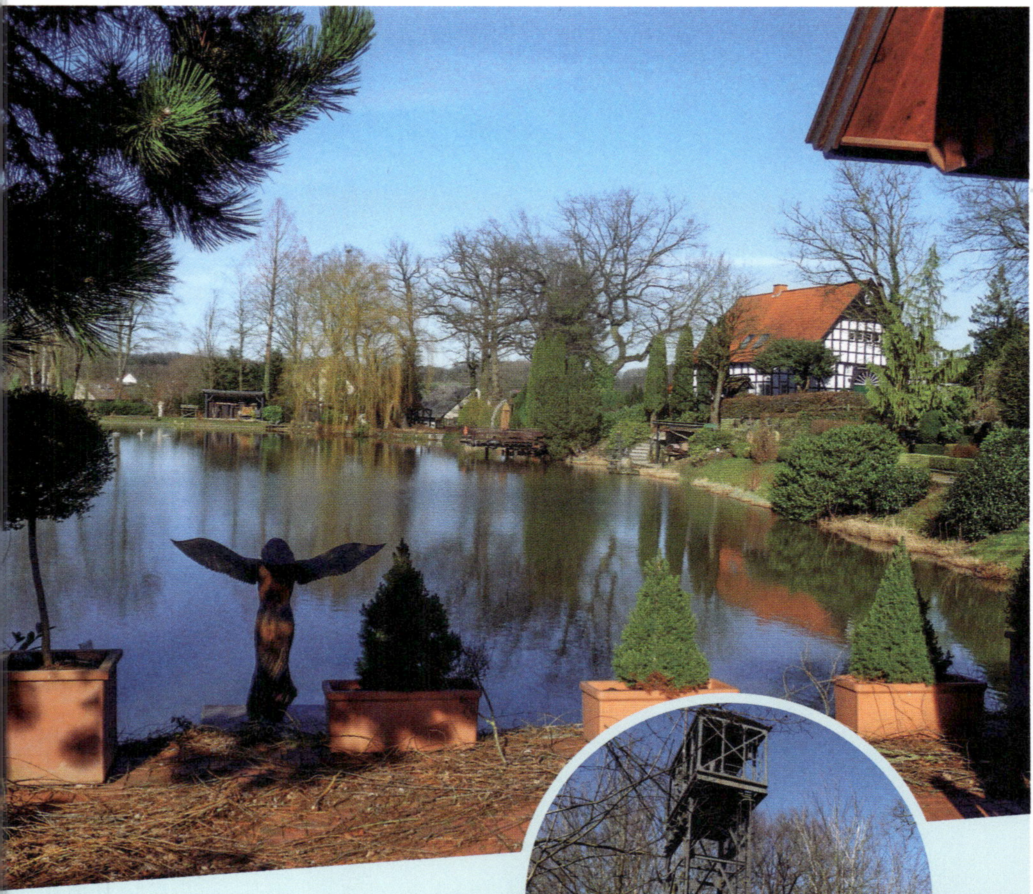

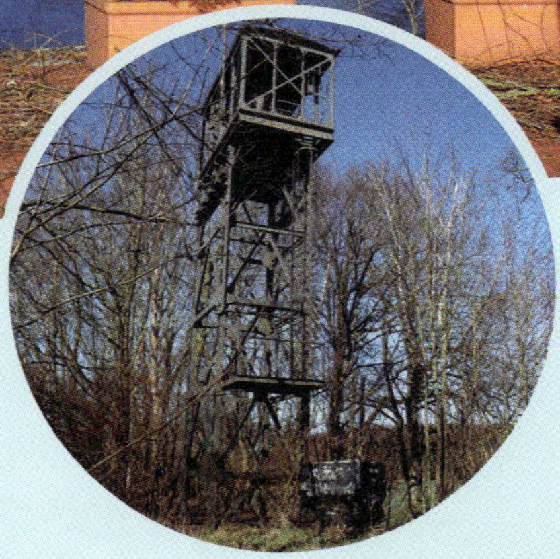

1963

endete der Kohlebergbau im Schacht Kronprinz in 2 / Wellendorf endgültig, nach vielen Unterbrechungen wegen Unwirtschaftlichkeit und Problemen mit dem Wasser. Es war die letzte Bergbaustätte in Niedersachsen. 500 Jahre buddelten hier Männer in kleinen, aber oberflächennahen Flözen nach Kohle.

„AM WEINBERG“ heißt eine unserer Straßen. Jedoch gab es nie Weinbau, die Hanglagen reichen für Weinreben auch nicht aus. Diese Gegend ist eben allgäuartig geschwungen und nicht schroff alpin.

GESPENSTIGE BAUERNSAGE

die zwei Brüder ihr Unwesen, es gab ausschweifende Gelage, Wilderei. Grenzsteine wurden ausgebuddelt, um sie zu versetzen. Gott bestrafte sie, indem sie fortan nachts mit den schweren Grenzsteinen umherirren mussten Dabei murmelten sie gespenstisch: „Wo sall ik em laoten?“ Es ist also besser, man radelt die Tour nicht in der Nacht, sonst begegnet man diesen Teufelskerlen noch. Unsere „Gebirgstour“ tangiert die weltbekannten Berge Strubberg, Gersberg, Hasberg, Borgloher Egge und Limberg. Deshalb sind auch durchaus steile Abschnitte zu bewältigen sowie hinterwäldlerische unbefestigte Wegabschnitte, die nach einem Regen auch mal matschig sein können.

Ein Turm überragt den Berg

Von Weitem sieht man den 4 / Wasserturm Borgloh an der Iburger Straße/Zur Windmühle. Von dessen Aussichtsplattform, in der Regel tagsüber geöffnet, bietet sich eine grandiose Rundsicht in die „Schweiz“ und zum Dorf Borgloh. „Im Teutoburger Wald verborgen, wie herrlich Borgloh liegst du da,“ titelt der Heimatverein.

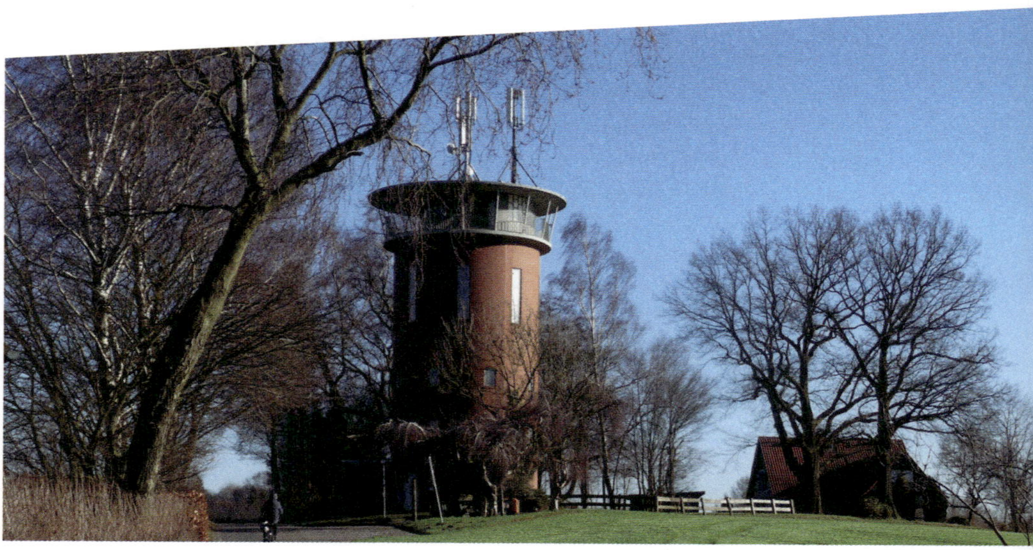

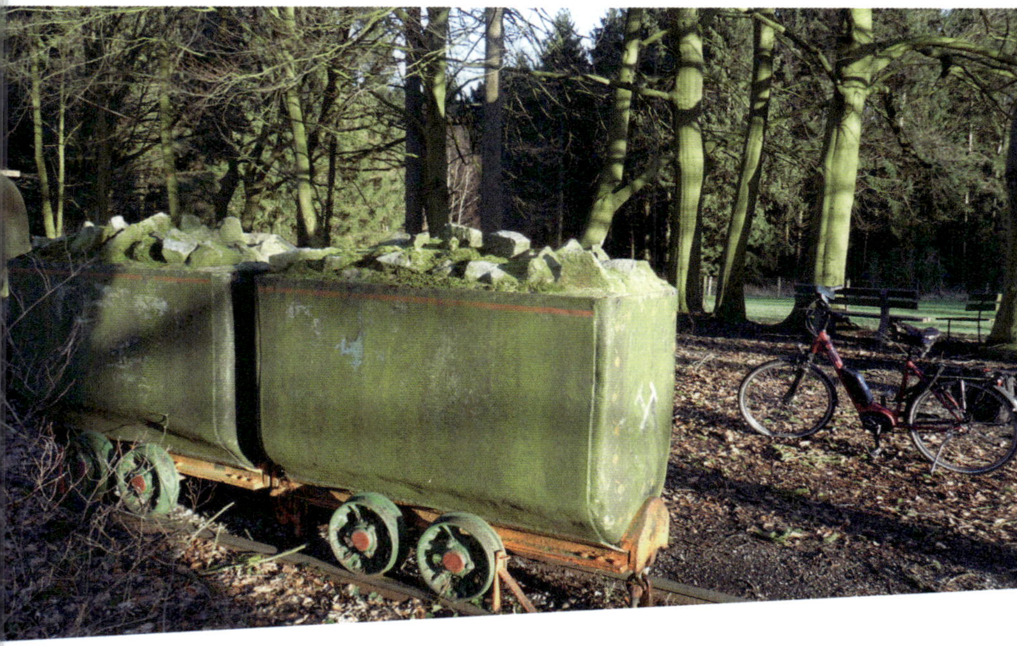

Man sagt, die Abgeschiedenheit habe zu intensivem Zusammenleben geführt. Zugezogene blieben immer solche, aber das bunte Vereinsleben schweiße zusammen. Das Borgloher Schützenfest ist legendär und feuchtfröhlich, da treffen sich alle. Die Straße „Zum Gersberg" führt mitten über eine Hofanlage, Durchfahrt verboten – eigentlich. Für rücksichtsvolle Radler ist der Weg aber frei. Beim Kurven über die Sträßchen der mit Wiesen, Feldern und Wäldern bunt gesprenkelten Landschaft der Borgloher Schweiz begeistern uns abgelegene Fachwerkkotten, Bauernhöfe und immer neue Aussichten in die Ferne. „Am Bruchbach" passieren wir so die wunderschön restaurierte Bruchstein-Anlage Bischofs Hof, einen Reiterhof.

CA. 50 CM

lang ist der Pfeil einer Armbrust, mit der beim Schützenfest Hankenberge/Wellendorf auf den Adler gezielt wird. Schützenfeste finden im Osnabrücker Land im Sommerhalbjahr in praktisch jedem Dorf statt. Doch da wird meist mit der „Büchse" geschossen.

Hoch im Wald: die Johannislaube

In den Tiefen des Teutoburger Waldes der Gemeinde Hilter mit den Ortsteilen Wellendorf und Borgloh erfreuen wir uns an herrlichen Buchenwäldern. Im Frühjahr breitet sich darunter ein Teppich aus Bärlauch und Lerchensporn aus. Aber wir sind auch erschrocken, dass an vielen Stellen riesige Lücken entstanden sind. Die Fichtenbestände haben Trockenheit, Stürme und den Borkenkäfer nicht überlebt. Das richtige Plätzchen für eine Pause liegt relativ hoch mitten im Wald, die 5 / Johannislaube. Nahe einer Kreuzung von Wald-

< links / Wasserturm Borgloh ^ oben / Zeche Hilterberg

SUCHSPIEL

Sehr klein und eng waren früher oft die Eingänge in den Bergbau. Ganz versteckt, umschlungen von Baumwurzeln, finden nur geduldige Sucher den Steinbogeneingang des 8 / Karlstollen und sind dann enttäuscht: völlig unspektakulär.

wegen liegt sie, ein überdachter Picknickort. Ein Geheimtipp für das Frühjahr: Hier gibt es reichlich Bärlauch für die eigene Pestoherstellung. Nicht übersehen wollen wir, dass zur Borgloher Schweiz auch das Sauerland gehört. An der Straße „Im Sauerland" liegen verstreut nur eine Handvoll Häuser, aber in beneidenswert schöner grüner Umgebung. Wer sich diesen 9-km-Abschnitt mit Steigungen und zum Teil unbefestigten Wegen, aber auch schönem Wald sparen will, kann die Tour direkt über die Borgloher Straße zum Eppendorfer Weg abkürzen.

2005

wurde die Bahnlinie „Haller Willem" für den Personenverkehr wiedereröffnet. Durch viele Haltepunkte ist auch für Radtouristen ein schöner Teil im Süden des Osnabrücker Landes gut erreichbar geworden.

Spielplatz für Schweine

Vor der A-33-Unterquerung können wir uns richtig erfreuen am Leben einer sehr verbreiteten Säugetierart. Man riecht es schon von Weitem. Es geht um die Schweine auf dem 6 / Aktivhof (www.aktivstall-fuer-schweine.de). Hier grunzen und spielen die Schweine völlig ausgelassen in Strohburgen und mit verschiedenem Spielgerät, drinnen und vor allem draußen. Alle dürfen ihre Schwänzchen behalten und haben (bis zur Schlachtung) sicherlich ein glücklicheres Leben als ihre Gefährten in großen Mastställen. An der anderen Seite der B 68 fahren wir ein Stück der geschotterten „Waldchaussee", die ins 7 km entfernte Bad Iburg führt. Doch wir zweigen bald ab auf unbefestigte Waldwege.

Versteckte Bergbauzeugen

An der 7 / Zeche Hilterberg (Am Limberg, etwas versteckt im Wald) stehen zur Erinnerung noch zwei Wagen zum Kohletransport und andere Gerätschaften. Der Hügel nebenan ist eine Abraumhalde. Eine Hinweistafel verrät, dass vor über 120 Jahren eine Seilbahn Kohle von hier zum Bahnhof Wellendorf beförderte. 1,5 km später kommt noch der sehr versteckt liegende 8 / Karlstollen, der beispielhaft zeigt, wie und wo früher die Bergleute eingestiegen sind. Bis zum Endpunkt der Tour am 1 / Bahnhof Wellendorf haben wir noch 3,5 km Asphalt.

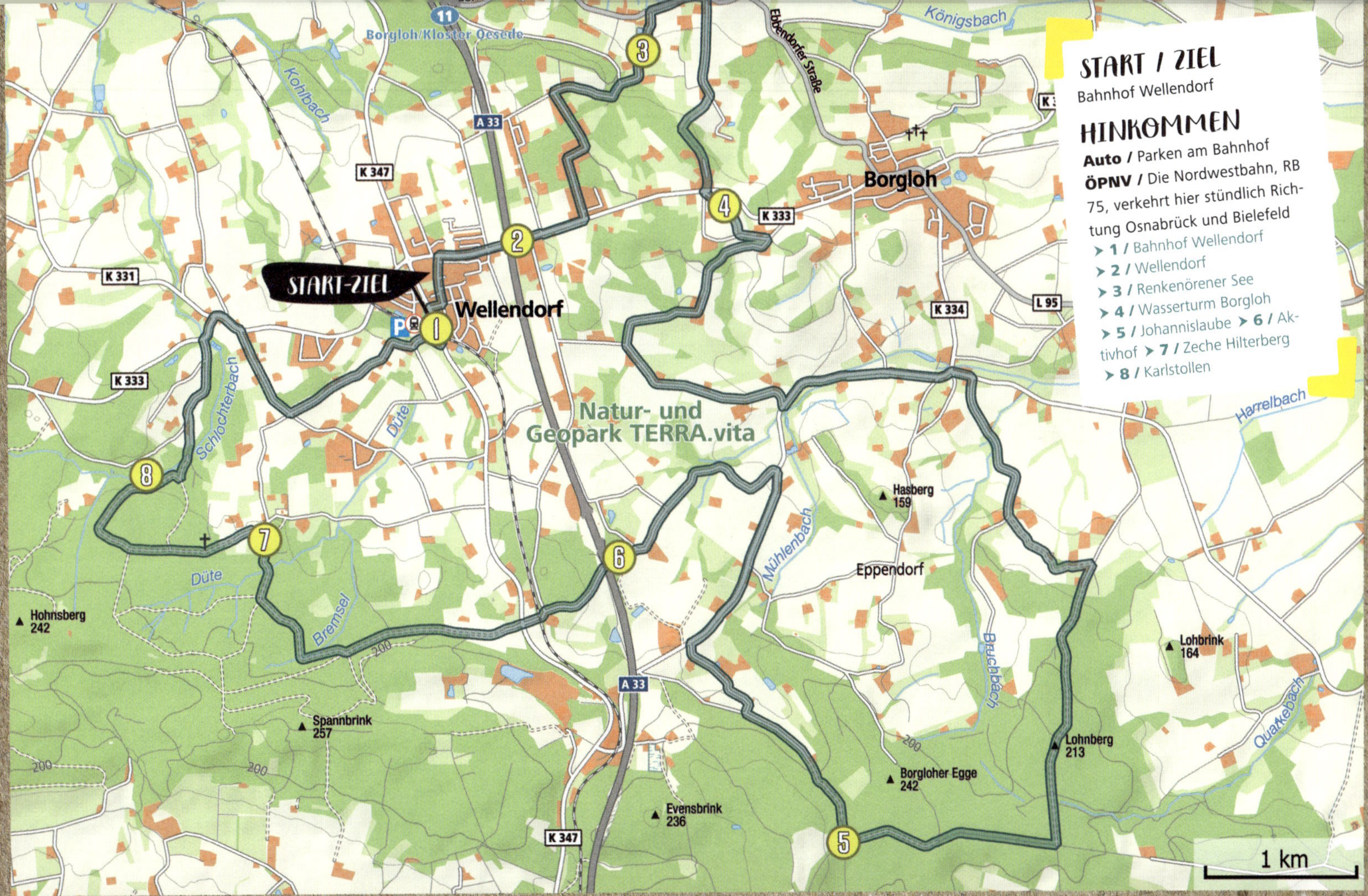

START / ZIEL

Bahnhof Wellendorf

HINKOMMEN

Auto / Parken am Bahnhof

ÖPNV / Die Nordwestbahn, RB 75, verkehrt hier stündlich Richtung Osnabrück und Bielefeld

- **1 /** Bahnhof Wellendorf
- **2 /** Wellendorf
- **3 /** Renkenörener See
- **4 /** Wasserturm Borgloh
- **5 /** Johannislaube
- **6 /** Aktivhof
- **7 /** Zeche Hilterberg
- **8 /** Karlstollen

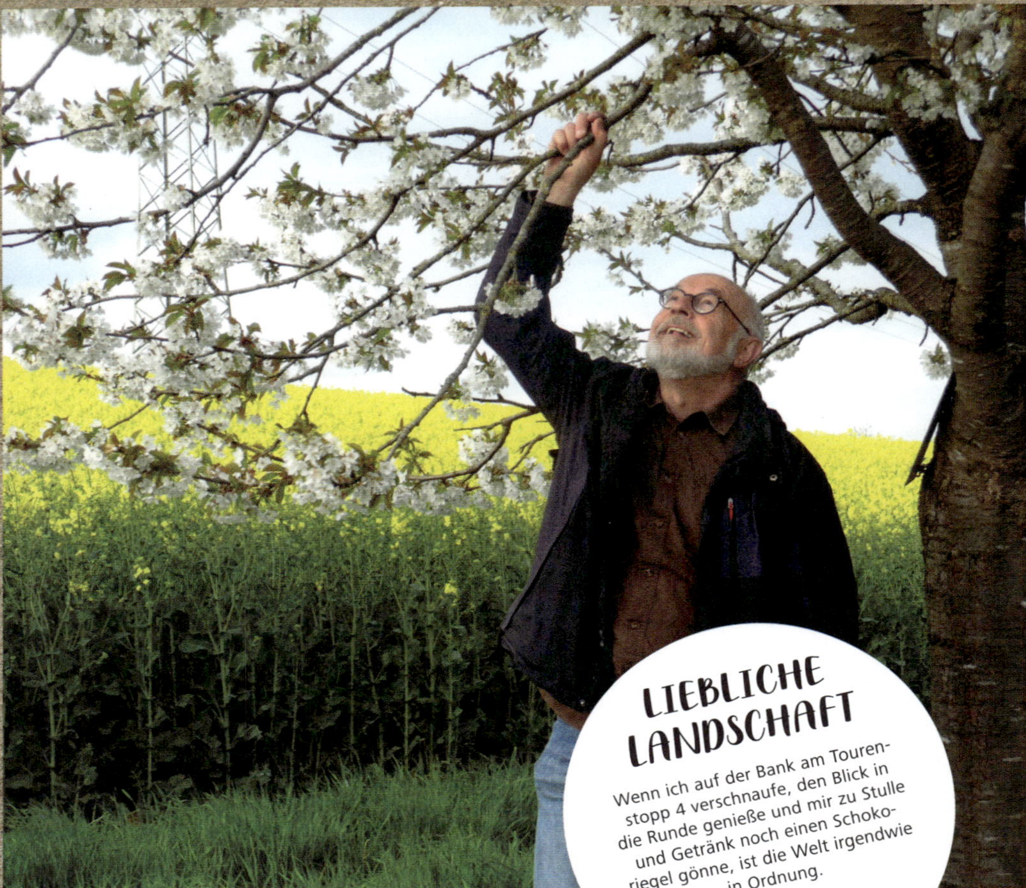

LIEBLICHE LANDSCHAFT

Wenn ich auf der Bank am Tourenstopp 4 verschnaufe, den Blick in die Runde genieße und mir zu Stulle und Getränk noch einen Schokoriegel gönne, ist die Welt irgendwie in Ordnung.

> 1 / Startpunkt und Ziel ist das Rathaus Hagen mit dem Kirchplatz

> 2 / Mit dem Kirschlehrpfad und einer Wiese voller Kirschbäume möchte Hagen an seine Tradition anknüpfen

> 3 / Das Landhotel Buller mit einem exklusiven Restaurant ist auch Ausgangspunkt schöner Wanderungen

> 4 / Immer wieder erfreuen uns fantastische Panoramen mit Blicken ins typische Osnabrücker Land

> 5 / Das riesige Gelände des Reiterhofes Kasselmann ist Austragungsort des Großevents „Horses and Dreams"

> 6 / Die Töpferei Niehenke ist nicht nur die Kinderstube der „Hüggelzwerge", sondern auch ein Veranstaltungsort

> 7 / Vom Gasthof Jägerberg aus lässt sich wunderbar der Silbersee umrunden und der ganze Hüggel, lange Zeit ein Erzabbaugebiet, erwandern

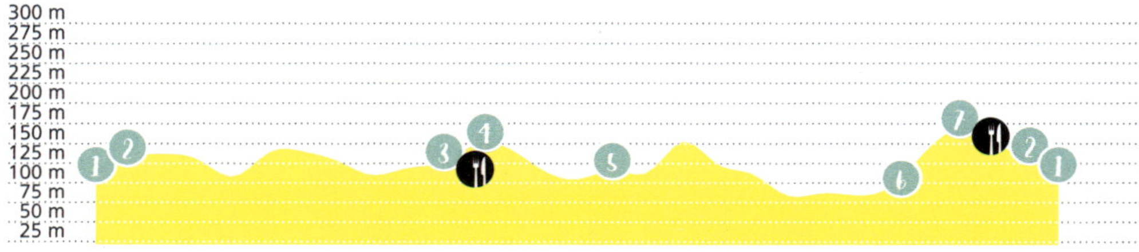

MEHR ALS KIRSCHEN

Rund um Hagen a.T.W.

Die ausgeschilderte Kirsch-Radroute (Symbol: eine Doppelkirsche und ein Fahrrad) um Hagen ist ein echtes Vergnügen: schöne Ausblicke, etliche Steigungen, eine recht zersiedelte Landschaft, die mit unglaublich vielen verschiedenen Eindrücken begeistern kann. Immer wieder spürt man, wir sind in den Bergen. Darum heißt es auch: Hagen am Teutoburger Wald (a.T.W.).

28 Kilometer
410 Höhenmeter
410 Höhenmeter
3 Stunden
Rundtour

Start im Ortszentrum

Am 1 / Rathaus Hagen (Schulstr.7) starten wir an der ersten „Kirsche". Gleich nebenan thront die ehrwürdige „Ehemalige Kirche" auf einem großen Platz, die neue St. Martinuskirche liegt gleich gegenüber. Das Pfarrhaus beherbergt ein Töpfereimuseum (Martinistr.9). Die Anreise: Mit dem Auto parkt man am besten am Waldfriedhof (Zum Jägerberg 19), für Wohnmobile ist etwas weiter ein Stellplatz. Vom Bahnhof Natrup-Hagen liegt die Tour etwa 1,5 km östlich. Von

CHARAKTER
Sportlich ●●●●●
Abkühlung ●○○○○
Schlemmen ●●●●○
Panorama ●●●●●

TOURENINFO / Der 30-km-Rundkurs ist ausnahmslos asphaltiert. Meist radeln wir auf recht ruhigen Nebenstraßen, die aber nicht ganz frei von Autos sind. Mit über 400 Höhenmetern ist die Tour anspruchsvoll, ein E-Bike ist ideal.

◂ links / Am schönsten, wenn Kirschen und Raps blühen

Osnabrück aus erreichen wir die Tour per Fahrrad über Sutthausen nach etwa acht Kilometern an der Liedstraße.

Kirschlehrpfad

Die Kirsche hat eine lange Tradition in Hagen. So wundert es nicht, dass der Ort dieses Obst zu seinem Markenzeichen gemacht hat. Nach kurzer heftiger Steigung, zum Teil schon begleitet von Kirschbäumen, kommen wir zum 2 / Kirschlehrpfad mit einer großen Fläche voller Bäume mit ungeahnter Sortenvielfalt. Natürlich ist eine Rundtour hier zur Zeit der Kirschblüte ab Ende April am schönsten. Denn immer wieder werden wir auf der Rundtour auch große Kirschbäume erblicken.

EINE KIRSCHKÖNIGIN
tritt als Botschafterin Hagens bei Messen und touristischen Veranstaltungen auf.

Ein ständiges Auf und Ab, wie schön

„Zur Hüggelschlucht" heißt unsere hübsch geschwungene Straße, der Blick nach links geht die Hänge des Hüggel hoch, rechts liegt Hagen. Danach müssen wir leider ein wenig der Hauptstraße nach Osnabrück entlangfahren, doch ab der Gärtnerei Otten wird es wieder schön: Durch die hohle Gasse (Liedstraße) rollen wir abwärts, aber Vorsicht, hier fahren auch Autos! Richtig hoch geht's dann die Heggestraße hinauf, kurz vor der Kurve oben, wir schnaufen noch, bitte stoppen und nach hinten sehen, welch ein Panorama! In Bögen umfahren wir den Ellenberg und gelangen, vorbei am Restaurant „Zum Wiesental" (Wiesentalweg 11), an den Rand der Wohnsiedlung Mentrup-Hagen. Doch dann enden die ruhigen Wege nahe der Iburger Straße. Wozu dient der kleine Staudamm hier? – Es ist eine Hochwasserschutzanlage des Dillbaches, die wir galant umkurven. Gleich erwartet uns eine kleine feine Picknickstelle. Von der stark befahrenen Straße nach Iburg hält uns meist ein schöner Radweg in größtenteils sehr angenehmem Abstand.

➤ rechts oben / Kirschskulptur im Zentrum Hagens ➤ rechts Mitte / Wohnmobil-Stellplatz am Beginn unserer Kirschrunde

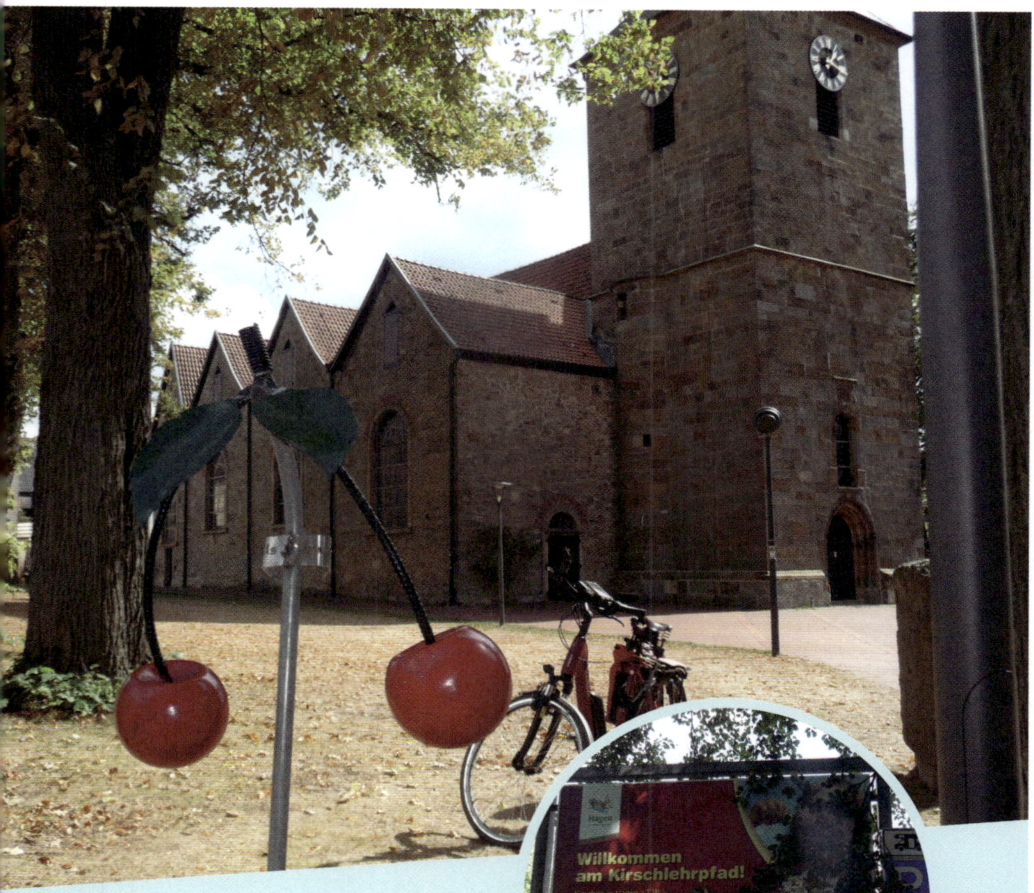

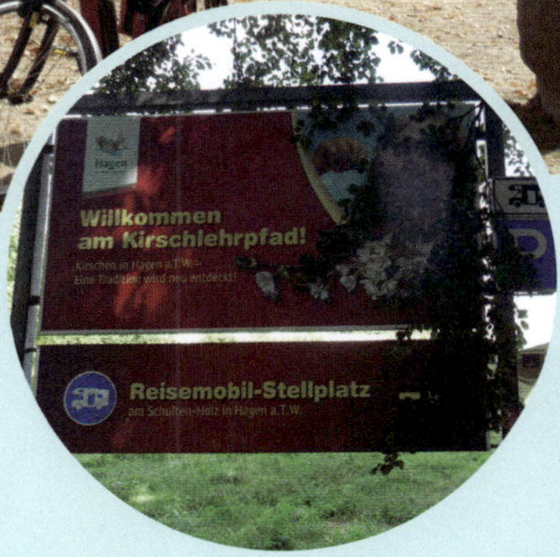

40

Kirschsorten wachsen auf den Höfen in Hagen, 300 sollen es in der Gen-Datenbank sein. Frisch gepflückte Kirschen sind neben Erdbeeren eine der beliebtesten Obstsorten. Ganz früher waren die Hagener gefragte Anbieter dieser süßen Frucht auf Märkten. Doch viele Sorten sind heute „out", etwa wegen der Farbe, einer Neigung zum Platzen, einem ungewohnten Geschmack. Schön, dass sie hier erhalten werden.

HAGEN wird nur zu gerne mit der gleichnamigen Großstadt in NRW verwechselt. Stolz trägt es deswegen sein a.T.W.

Viele Einkehr- und Pausenmöglichkeiten

Von hinten passieren wir bald die große renommierte 3 / Hotel- und Gaststättenanlage „Buller" (www.landhotel-buller.de, Iburger Str.35). Schon lange vermissen wir Steigungen. Jetzt, „Am Heidhorn", ist es endlich wieder so weit, wir erreichen für norddeutsche Verhältnisse sagenhafte 183 m Höhe. Und wie gerufen wartet bald eine Bank am Wegesrand auf uns immer noch etwas schwer atmende Radritter und bietet ein herrliches 4 / Panorama. Einfach schön bleibt die Landschaft auf den nächsten Kilometern. Wir passieren die Forellenzucht Kasselmann (Forellental 12) und das Restaurant „Zum Forellental" (Forellental 7). An Gründen, diese Radtour durch Einkehr zu unterbrechen, fehlt es also auf unseren Wegen wahrlich nicht.

PANORAMABLICK VON DER BANK

Hof Kasselmann, ein riesiger Reiterhof

Wir kommen der Iburger Straße und dem Ort Hagen nochmals recht nahe, halten uns aber links auf „Am Borgberg". Wir passie-

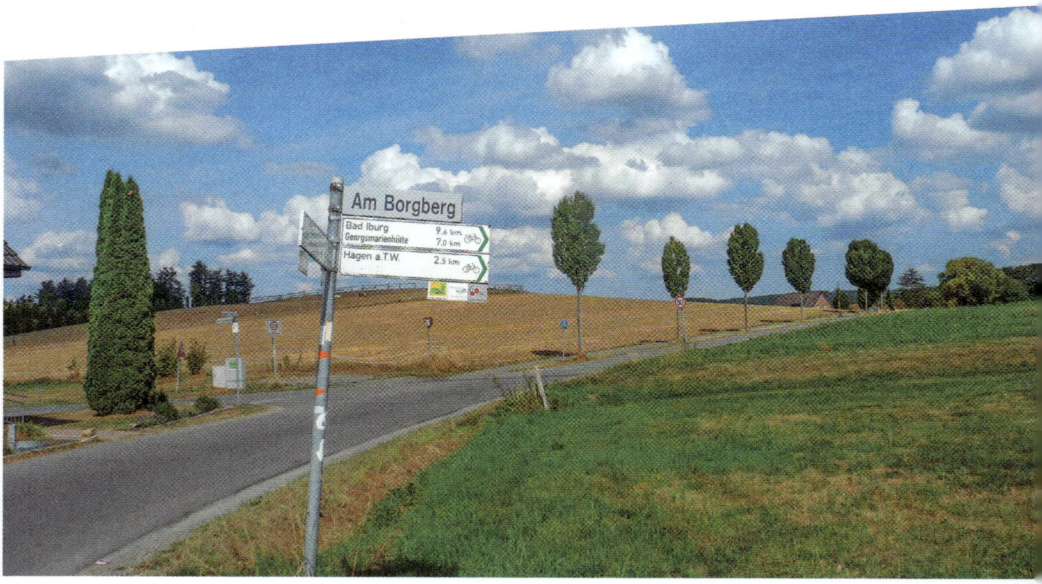

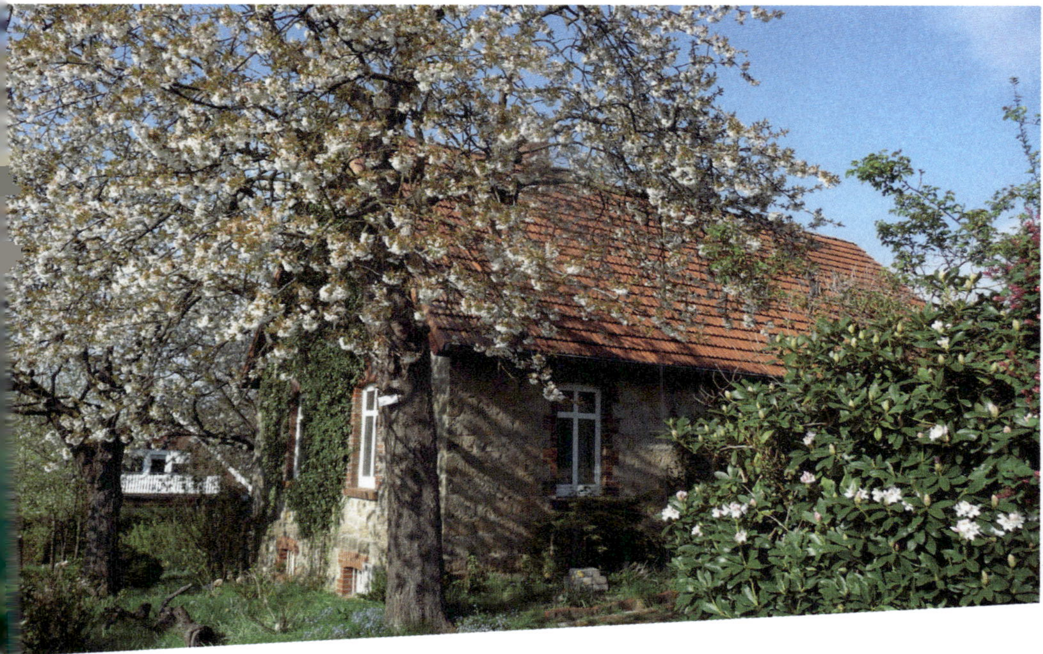

ren ein großes Reitgelände, eine Reithalle und viele weitere Gebäude. Hagen a.T.W. ist auch bekannt für den Pferdesport. Jährlich im April veranstaltet der 5 / Hof Kasselmann (Am Borgberg 3, www.hof-kasselmann.de) das internationale Event „Horses and Dreams", das Tausende Besucher anzieht. Die Straße zum sehr abgelegenen Ortsteil Sudenfeld erfordert wieder einiges an Muskelkraft (oder Akku-Leistung), doch die Landschaft entschädigt. Am Hang gelegene Wiesen können doch ästhetisch so schön sein. Von Sudenfeld Richtung Süden ist man bald in den westfälischen Nachbarorten Lienen und Lengerich. Besonders attraktiv ist das Radeln durch das hier beginnende wunderschöne lang gezogene Holperdorper Tal nach Bad Iburg (siehe Tour 19). Aber wir folgen der ausgeschilderten Kirsch-Radroute nach Gellenbeck, leider hat die Straße auch hier anfangs keinen Radweg. Wir durchfahren Teile des Hagener Ortsteiles Gellenbeck. Ruhig und eben sind die folgenden Kilometer Richtung Hasbergen.

1973

wurde die komplett neu gebaute St. Martinuskirche Hagen mit großzügigem zentralen Raum eingeweiht. In den 60er Jahren war der wachsenden Gemeinde die alte Kirche einfach zu klein geworden. Heute dient die ehemalige Kirche für Veranstaltungen und Ausstellungen.

Über den Jägerberg zum Silbersee

Bevor es auf dem letzten Abschnitt wieder bergauf zum Jägerberg geht, erstaunt uns noch die klitzekleine Kapelle „Sieben Schmerzen

---

‹ links / Hinweisschilder für uns Radler am Borgberg ^ oben / Der Mai ist gekommen …

SILBER

zu schürfen im Silberseegebiet gelang im Mittelalter, aber wenig erfolgreich. Im letzten Jahrhundert wurde dann Wellenkalk für die Eisenverhüttung in GMHütte abgebaut, der noch wassergefüllte See schimmerte dadurch silbern. Die Geschichte eines wertvollen Silberschatzes ist aber Legende, leider.

Mariens". Hundert Meter weiter links befindet sich die 6 / Töpferei Niehenke (www.niehenke.eu, Am Plessen 51, Hasbergen). Etliche Kulturevents werden hier veranstaltet. Zudem ist es auch der Geburtsort so mancher Hüggelzwerge (Foto; siehe auch Tour 10). Sogleich wechselt die Landschaft wieder zu lieblich-wellig. Oben bietet der Jägerberg einen tollen Weitblick. Links zweigt eine Straße ab zum gleichnamigen 7 / Gasthof Jägerberg (www.jaegerberg.de, Zum Jägerberg 40). Hier beginnt eine Wandermöglichkeit zum Silbersee, die man einbauen sollte. Der Mangel an Wasser wird wettgemacht durch die pittoreske Lage und die Geschichten, die sich um ihn ranken. Es geht um Erzabbau, um versunkene Panzer und tiefe Einblicke in die Erdgeschichte. Ein recht langer unterirdischer Stollen ist begehbar (Anmeldung über www.geopark-terravita.de). Noch zweieinhalb Kilometer, fast nur bergab, trennen uns noch vom Zentrum Hagens. Mit diesem uns schon bekannten Wegstück gelangen wir in den Ortskern, der, falls uns danach ist, alles für Einkehr und Einkauf bietet.

70.000

Besucher zieht das Event „Horses and Dreams" im April an. Die Besucher erfreuen sich an sportlichen Veranstaltungen und exklusiven Events, aber auch an Shopping und Entertainment. Für uns Radler kann es dann am Borgberg schon mal eng werden.

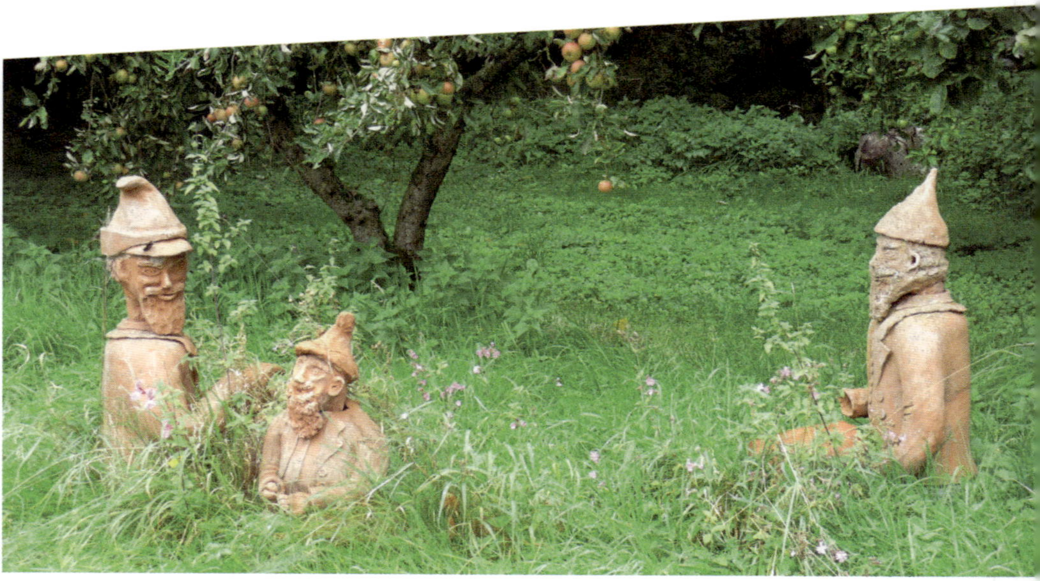

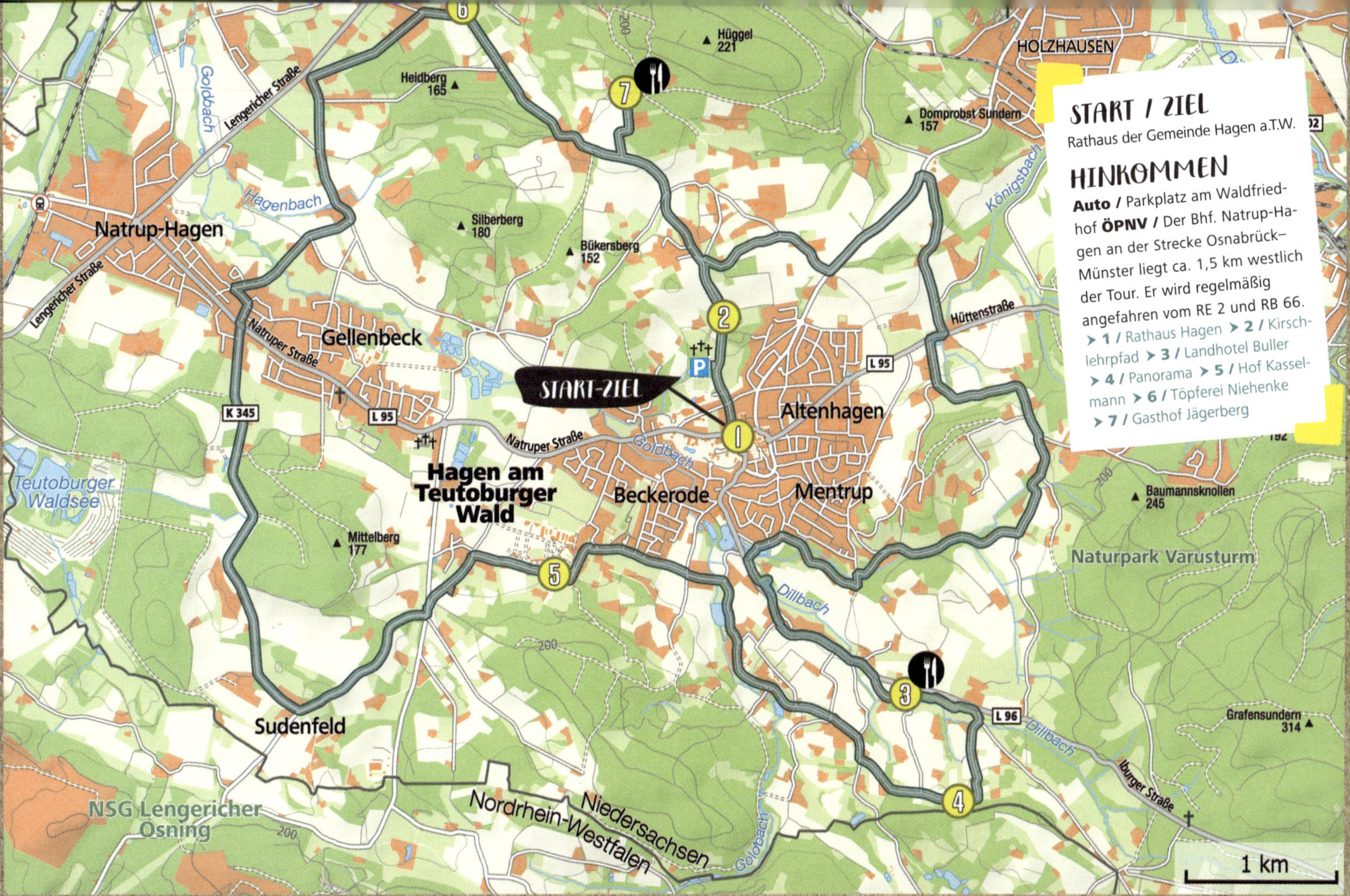

START / ZIEL

Rathaus der Gemeinde Hagen a.T.W.

HINKOMMEN

Auto / Parkplatz am Waldfriedhof **ÖPNV /** Der Bhf. Natrup-Hagen an der Strecke Osnabrück–Münster liegt ca. 1,5 km westlich der Tour. Er wird regelmäßig angefahren vom RE 2 und RB 66.

➤ **1 /** Rathaus Hagen ➤ **2 /** Kirschlehrpfad ➤ **3 /** Landhotel Buller ➤ **4 /** Panorama ➤ **5 /** Hof Kasselmann ➤ **6 /** Töpferei Niehenke ➤ **7 /** Gasthof Jägerberg

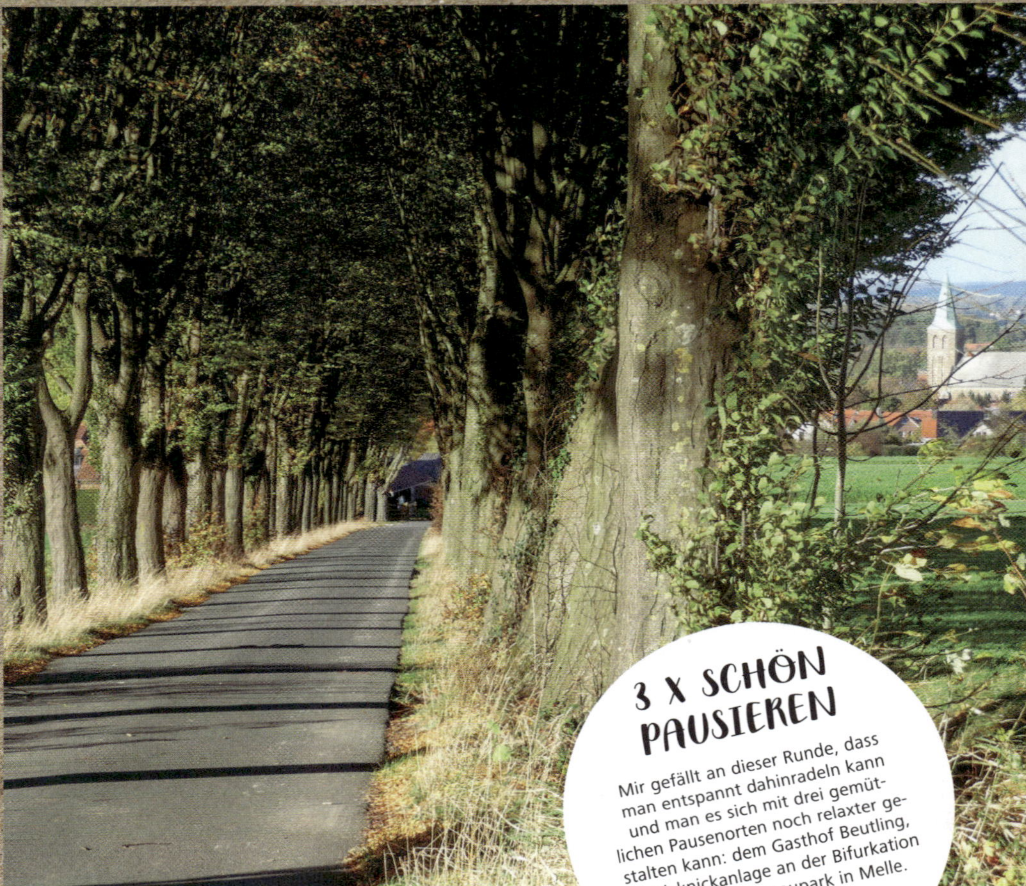

3 x SCHÖN PAUSIEREN

Mir gefällt an dieser Runde, dass man entspannt dahinradeln kann und man es sich mit drei gemütlichen Pausenorten noch relaxter gestalten kann: dem Gasthof Beutling, der Picknickanlage an der Bifurkation und dem Grönegaupark in Melle.

➤ **1 /** Bahnhof Melle ist unser Start- und Endpunkt

➤ **2 /** Der Marktplatz Melle, ein schönes Plätzchen

➤ **3 /** Beeeindruckende Hofanlage Nüven

➤ **4 /** Vom Gasthaus Zum Beutling hat man einen schönen Blick

➤ **5 /** Wellingholzhausen ist das Zentrum einer ländlichen Umgebung

➤ **6 /** Im Ort Gesmold kennt sie jeder, die Bifurkation

➤ **7 /** Die barocke Anlage des Schlosses Gesmold gibt ein Zeugnis vergangener Tage

➤ **8 /** Der Grönegaupark, die grüne Lunge Melles

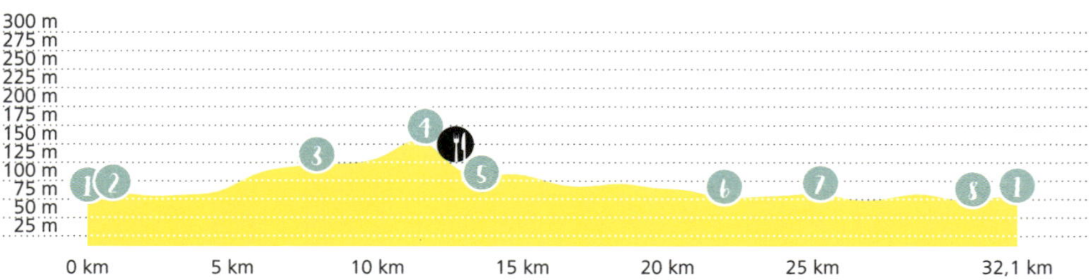

WELLIGES LAND MIT VIEL HOLZ

Tour rund um Wellingholzhausen

Diese gemütliche Rundtour südlich von Melle ist mit ein wenig Anstrengung verbunden, aber durchaus familientauglich. Melle radtouristisch zu erschließen macht es einem auf den ersten Blick nicht ganz leicht. Schuld daran ist die A 30 mit ihren ausufernden Gewerbegebieten, den aufragenden Hochregallagern und Werbepylonen, manchmal steht auch ein Berg „im Weg". Es gibt aber beileibe nicht nur Hässliches zu sehen oder Mittelmaß, sondern ausgesprochen interessante Flecken und grandiose Aussichten. Um dies alles zu entdecken, machen wir uns auf den Weg von Melle aus nach „Welling", wie Leute hier sagen.

32 Kilometer
220 Höhenmeter
220 Höhenmeter
3 Stunden
Rundtour

CHARAKTER

Sportlich ●●●○○
Abkühlung ●●○○○
Schlemmen ●●○○○
Panorama ●●●○○

Los geht's in Melle

Wir fahren vom 1 / Bahnhof Melle zunächst die Bahnhofsstraße hinab und gelangen bald in die Mühlenstraße, die uns geradeaus in die Fußgängerzone hineinführt, die wir mit dem

---

TOURENINFO / Großteils auf autoarmen Asphaltstraßen. Leider einige kurze Abschnitte auf Hauptstraßen, auch ohne Radweg. Nur bei der Bifurkation und im Bereich Schloss Gesmold sind Teile unbefestigt, aber leicht befahrbar. Einige Steigungsstrecken, die aber nicht sehr anspruchsvoll sind.

◄ links / Am Beutling, Wellingholzhausen

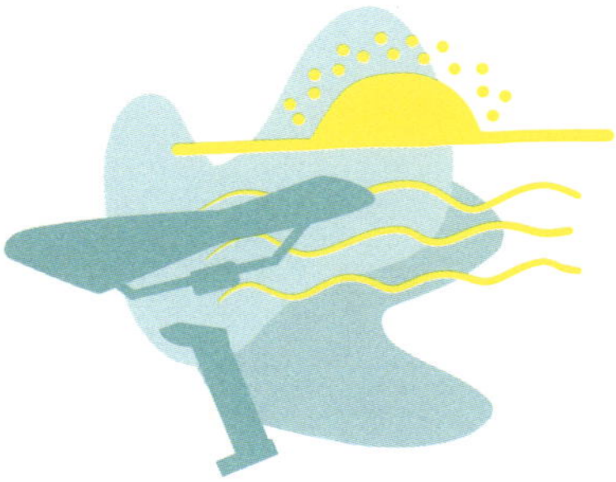

Fahrrad befahren dürfen. Am Marktplatz fällt uns das Rathaus im historisierenden Stil des 19. Jhs. ins Auge. Stadtbildprägend sind aber die beiden Kirchen, links die Petri Kirche, erbaut 1720 nach einem verheerenden Stadtbrand. Deutlich älter ist die etwas erhöht liegende St. Matthäus Kirche, ein spätmittelalterlicher Bau, der verschiedentlich umgebaut und erweitert wurde.

Urbanes Melle

Der 2 / Marktplatz Melle ist der zentrale Ort, hier werden Stadtfeste verschiedenster Art ausgetragen, mittwochs und samstags ist hier Markttag. Angrenzend zum Marktplatz befinden sich einladende Lokale und Cafés, auch mit Außengastronomie. Wer sich hier umschaut, der erblickt unterschiedlichste Häusertypen. Es gibt Fachwerkhäuser, verschindelte Fassaden und gegenüber dem Rathaus eine aufwendig verzierte Fassade im historisierenden Gewand des frühen 19. Jhs. Es handelt sich um das ehemalige Verwaltungsgebäude einer Firma, die u.a. früher einmal führend war in der Herstellung von Zündhölzern. Die Fabrikanlagen beherbergen jetzt u.a. eine Bankfiliale. Für an Architektur Interessierte gibt es hier noch ein Juwel, ein etwas nach hinten versetztes wuchtiges Torhaus in einer Mischung aus Jugendstil und Art déco gehalten. In Melle, ja eher eine provinzielle Stadt, sind ein paar erstaunliche architektonische Zeugnisse für das moderne Bauen Anfang des 20. Jhs. anzutreffen, die Feuerwache sowie die ehemalige Möbelfabrik Melchersmann, die jetzt das Meller Automuseum beherbergt. Wir fahren die Gröneberger Straße hinab, vorbei an diversen Schulen, und schlängeln uns aus der Stadt heraus, begleitet werden wir für etliche km von dem Fahrradlogo der Hase-Ems-Tour. Nach dem Unterqueren der A30 passieren wir die große Hotelanlage „Van der Falk".

FREIBAD

5 / Wellingholzhausen bietet seinen 5000 Einwohnern und auch Besuchern ein recht attraktives Freibadgelände.

➤ rechts oben / Marktplatz Melle ➤ rechts Mitte / Restauriertes Torbogenhaus im Jugendstil am Starcke-Carree in Melle

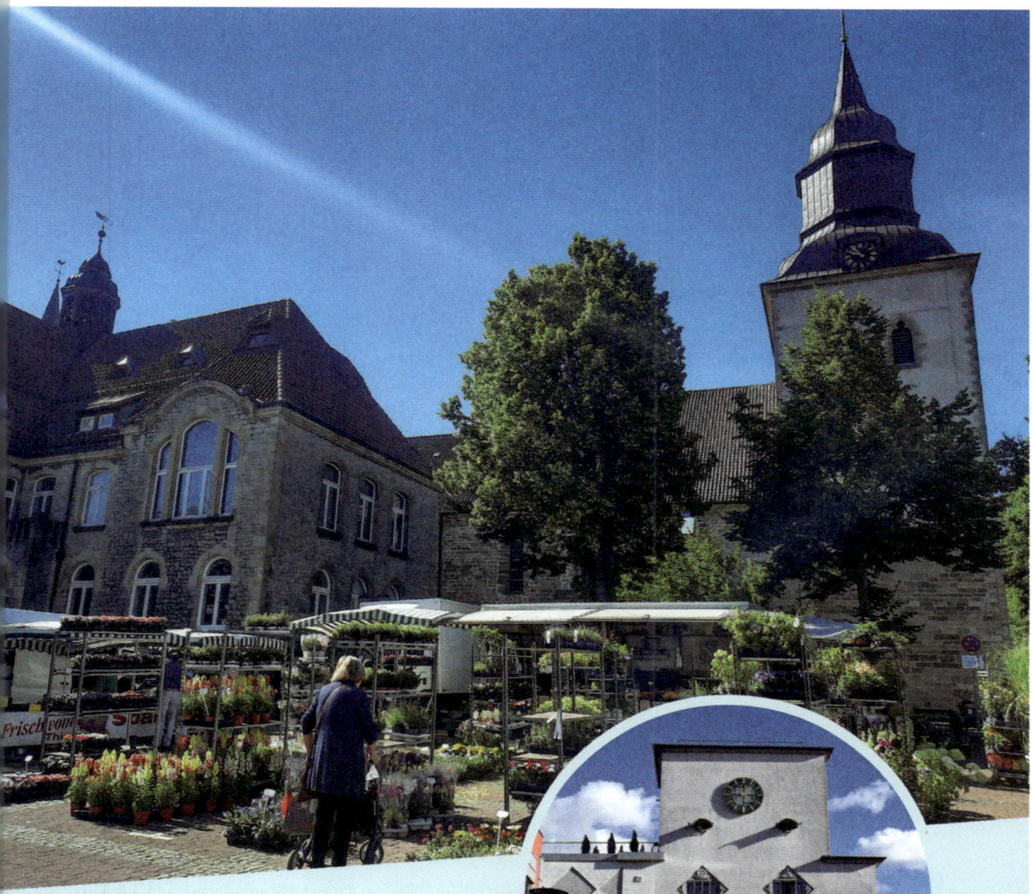

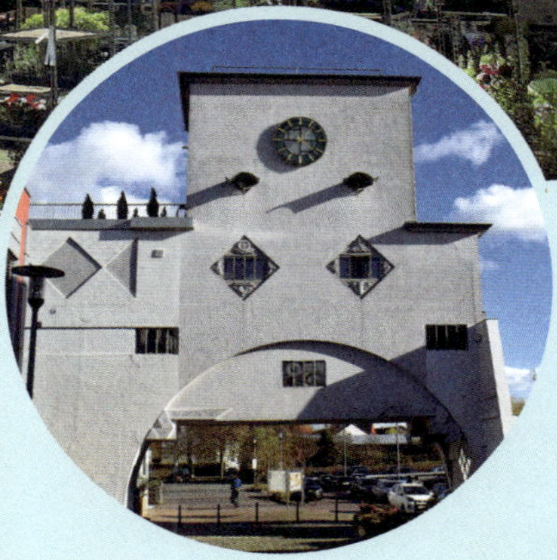

MIT 254 KM^2

ist Melle die größte Stadt Niedersachsens. Naja, 1972 wurde aus dem damaligen Landkreis kurzerhand eine Stadt gemacht.

AUS 1 WIRD 2

an der 6 / Bifurkation (= Flussteilung): in die eine Richtung fließt die Hase, letztlich zur Ems. Der andere Teil bildet die Else, und die fließt zur Weser.

AUSBLICKE INS WEITE LAND

Landleben

Von der Wellingholzhausener Straße geht es zum Glück sogleich links in die Wiedebrocksheide. Wir fahren nun durch einzelne Streusiedlungen hinaus in die freie Landschaft. Manchmal weist ein dezenter Güllegeruch auf die intensive landwirtschaftliche Nutzung dieses Landstrichs hin, teilweise erscheinen große Hofanlagen in Einzellage. Verschiedentlich ist zu beobachten, dass die Wohnhäuser von den Wirtschaftsgebäuden abgetrennt liegen und herrschaftliche Wohnformen nachahmen. Wir folgen weiter der Hase-Ems-Tour bis zum Obernüvenweg. Kaum zu bemerken, aber stetig geht es leicht bergan. Bei der beeindruckenden großen 3 / Hofanlage Nüven folgen wir links dem Mühlenradweg und biegen in die Sondenmühlender Straße ein. Während wir uns in einer Landschaft mit weiten Rundblicken vorwärts bewegen, gewinnen wir unmerklich Höhenmeter. Wir nähern uns nach einigen Abbiegungen den Anhöhen des Teutoburger Waldes an und sehen panoramatisch auf den Ort Wellingholzhausen hinab, ganz im Hintergrund erheben sich die Ausläufer des Wiehenge-

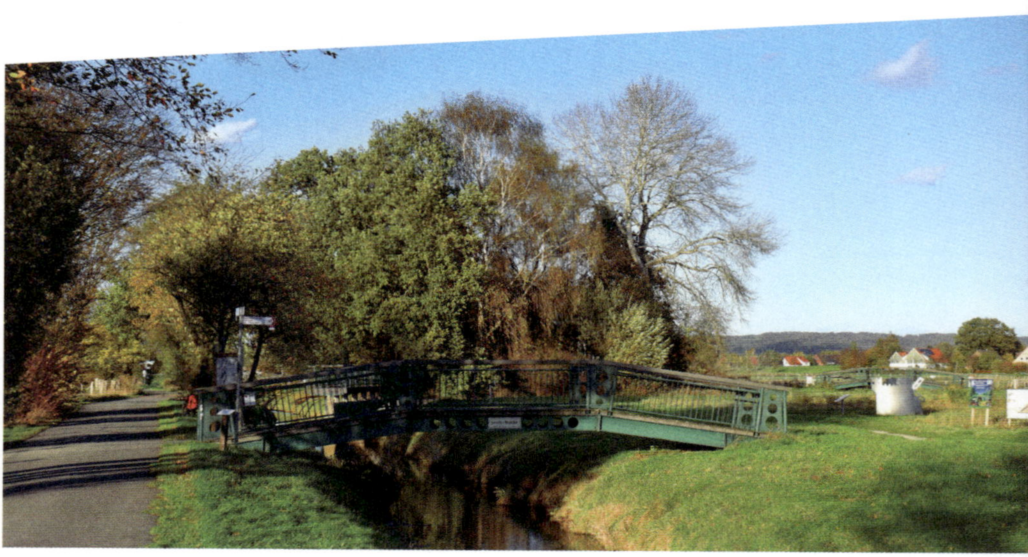

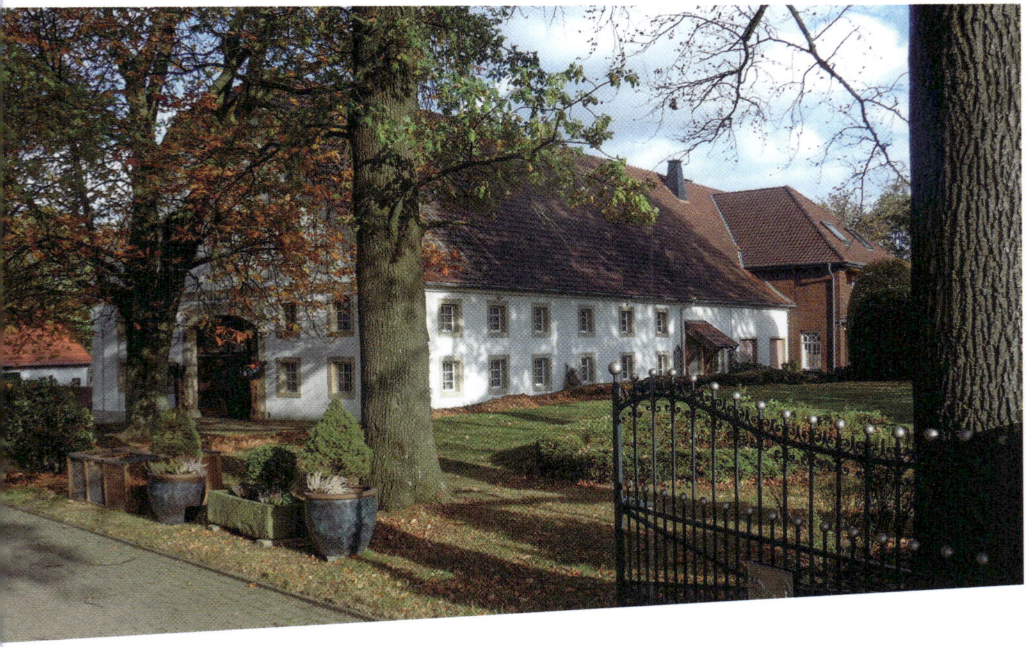

birges. Schließlich biegen wir rechts über einen Parkplatz in die Beutlingsallee ein. Hier werden wir im 4 / Gasthaus Zum Beutling nicht nur mit Kaffee und Kuchen verwöhnt, sondern von dessen Terrasse aus auch mit einem weiten Blick in die Landschaft. Nur wenige hundert Meter sind es von hier aus auf den 220m hohen Beutling mit seinem Aussichtsturm, eine kleine Wanderung für die Anstrengung zwischendurch mit Belohnung durch einen schönen Rundblick? Oder ist ein Schlenker per Rad gefällig? Keine drei km auf schönem welligen Weg trennen uns von der, zugegeben unscheinbaren, Hase-Quelle, des Flusses, der diesen ganzen Radführer durchzieht. Durch die Beutlingsallee geht es nun bergab entlang der Wohnstraße Orthöfen bis zur Schützenstraße, der wir rechts in Richtung Ortsmitte folgen.

BIFURKATION

Wie man aus einer völlig unspektakulären Teilung zweier Bäche eine Sensation macht? Gesmold ist das gar nicht schlecht gelungen. Infotafeln, eine Brücke, eine Hütte, Bänke, unweit ein herrlicher Grillplatz, was will man mehr. Da tritt die 6 / Bifurkation doch völlig in den Hintergrund.

Reizvoll gelegen: Wellingholzhausen

5 / Wellingholzhausen gehört zwar zu Melle, ist aber ein recht eigenständiger Ort mit vielen Einkehr- und Einkaufsmöglichkeiten, gerade im Zentrum rund um die Kirche St. Bartholomäus. Über Uhlandtstraße und Vessendorfer Straße stoßen wir wieder auf die Hase-Ems-Tour. Wir folgen ihr für fünf km über Himmern und Uhlenberg, einer kleinen Bauernschaft mit großen Höfen.

‹ links / Bifurkation Gesmold ^ oben / Hofanlage Nüven

HOCHZEITSALLEE

heißt ein Weg entlang der Else in Melle. Frisch getraute Ehepaare hatten hier die Gelegenheit, einen Baum zu pflanzen, eine stadtnahe Aufforstungsaktion der besonderen Art.

„Bifurkation"

Da, wo an der Allendorfer Straße ein Parkplatz liegt, zweigt der Weg ab zur 6 / Bifurkation. Zahlreiche Hinweistafeln erläutern uns, was es mit der Bifurkation auf sich hat und darüber hinaus werden Umweltthemen im Zusammenhang mit Wasser anschaulich dargelegt. Wir folgen jetzt auf einem schönen asphaltierten Pättken der Else. An der Elsepromenade in Gesmold ist noch der Einfluss der Flussbegradigung zu beobachten, die jetzt im Rahmen von Revitalisierungsvorhaben wieder zurückgenommen werden. Wir müssen die vielbefahrene Westerhausener Straße überqueren. Auf einem schmalen Pfad entlang der Else, etwas bedrohlich unter der Autobahn hindurch, erfreut uns die grün zugewachsene Umgebung. Bald haben wir die Ansicht eines Schlosses vor uns.

20 HA

groß ist der 8 / Grönegaupark in Melle. Die Häuser sind in den 30iger Jahren im sogenannten „Heimatschutzstil" errichtet worden, eine architektonische Gegenbewegung zum modernen Bauen des 20. Jhs., die begeistert von den Nationalsozialisten aufgegriffen wurde. Namenspatron für die zentrale Versammlungshalle war denn auch die Nazi-Größe Hermann Göring.

Schloss Gesmold

Hier sind wir bereits in der ehemaligen weitläufigen Parkanlage vom 7 / Schloss Gesmold, das mit diversen Teichen ausgestattet war und zu weiten Teilen mit einer hohen Bruchsteinmauer begrenzt wird. Es gibt (für uns?) einen Durchlass in der Mauer, rechts gelangen wir an der ehemaligen Wassermühle vorbei zum großen Torbogen. Die Schlossanlage selbst ist nur nach vorheriger Anmeldung zu besichtigen. Direkt gegenüber beginnt nun ein unbefestigter Weg. Etwas holprig geht es durch absolut flaches Gelände Richtung Melle. Regelrecht ins Auge sticht das riesige Hochregallager der Firma Thomas Philipps. Ab der Gesmolder Straße radeln wir auf dem Radweg bis hin zu einem Kreisel am Meller Ortseingang.

Grönegaupark Melle

Bald gelangen wir zum sehr ansprechenden 8 / Grönegaupark, ein Park mit Teich und schönen Fachwerkgebäuden, zu jeder Jahreszeit einen Besuch wert. Entlang der Else fahren wir auf der Hochzeitsallee Richtung Stadtmitte. Über die uns schon bekannte Mühlenstraße kommen wir bald direkt zum Bahnhof, unserem Ausgangspunkt.

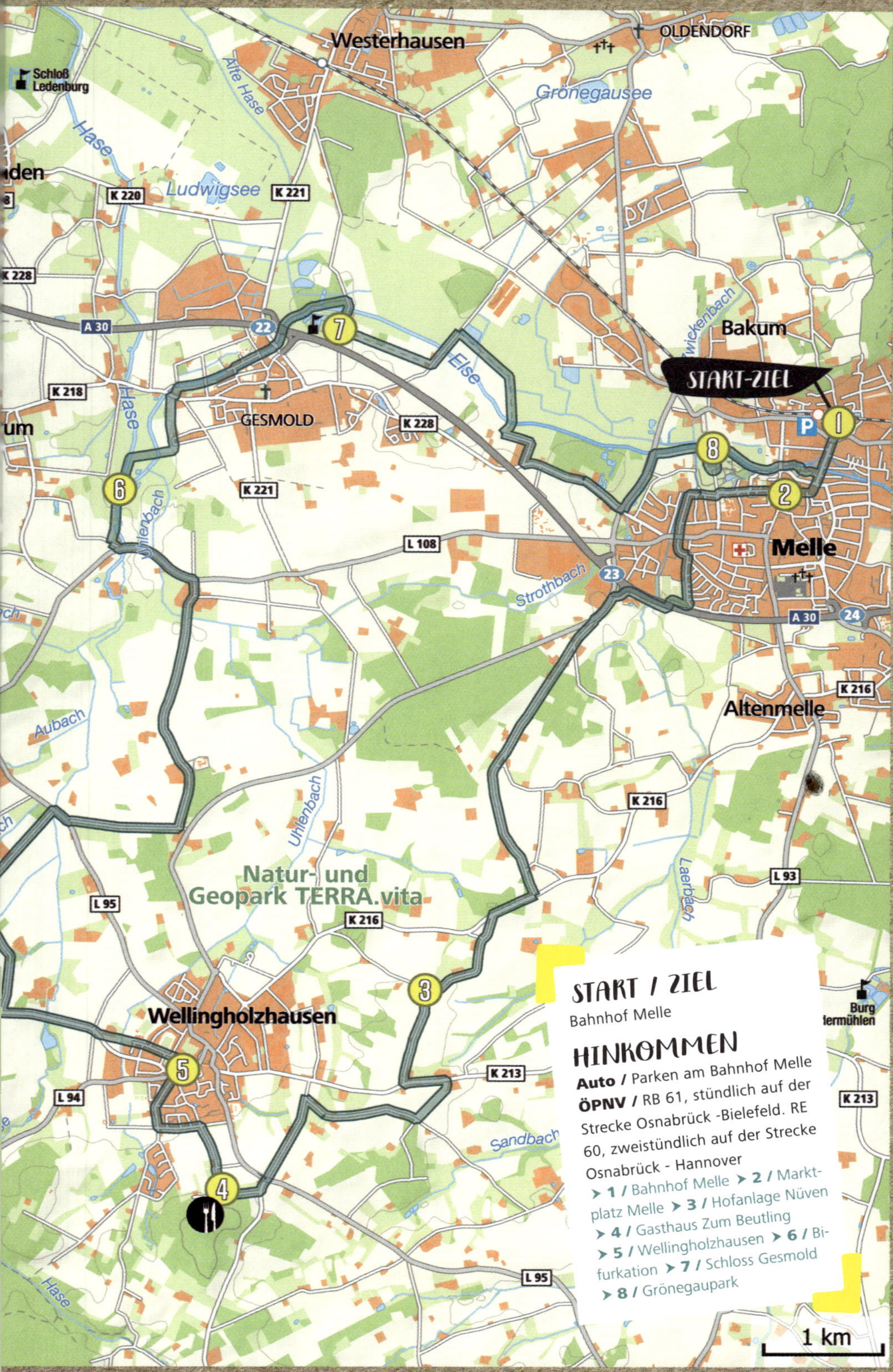

START / ZIEL

Bahnhof Melle

HINKOMMEN

Auto / Parken am Bahnhof Melle
ÖPNV / RB 61, stündlich auf der Strecke Osnabrück -Bielefeld. RE 60, zweistündlich auf der Strecke Osnabrück - Hannover

➤ **1 /** Bahnhof Melle ➤ **2 /** Marktplatz Melle ➤ **3 /** Hofanlage Nüven ➤ **4 /** Gasthaus Zum Beutling ➤ **5 /** Wellingholzhausen ➤ **6 /** Bifurkation ➤ **7 /** Schloss Gesmold ➤ **8 /** Grönegaupark

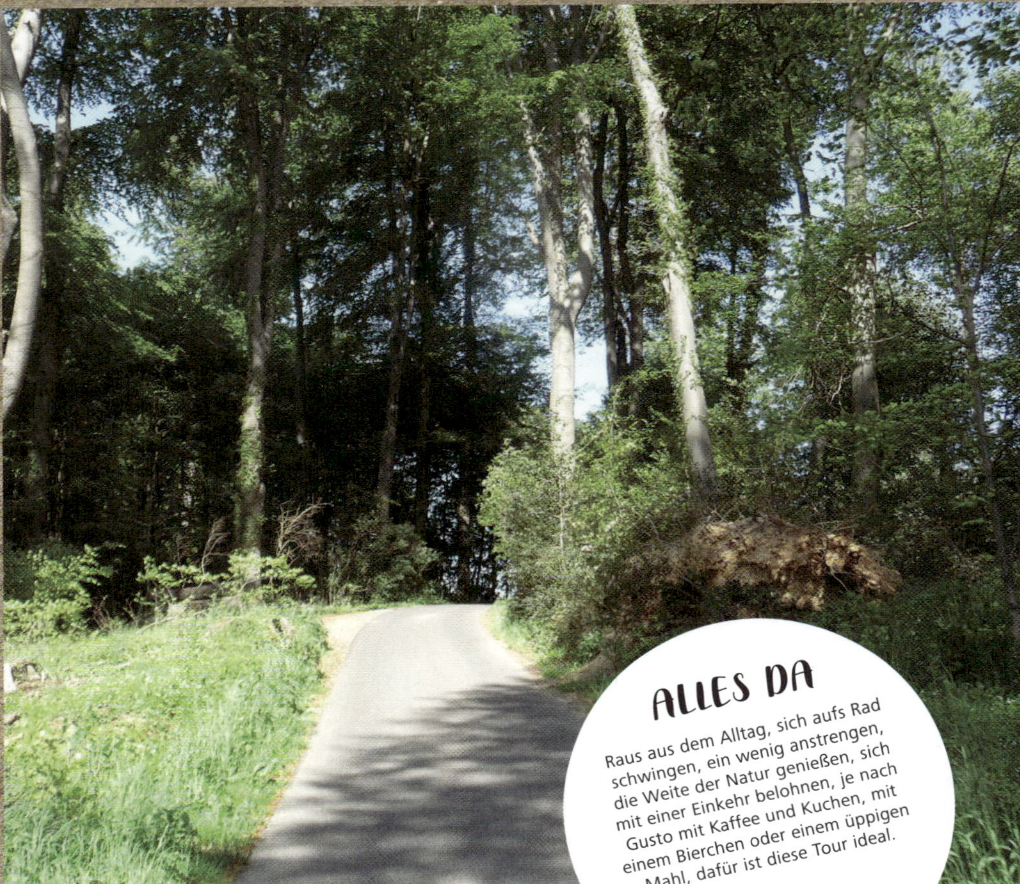

ALLES DA

Raus aus dem Alltag, sich aufs Rad schwingen, ein wenig anstrengen, die Weite der Natur genießen, sich mit einer Einkehr belohnen, je nach Gusto mit Kaffee und Kuchen, mit einem Bierchen oder einem üppigen Mahl, dafür ist diese Tour ideal.

> **1 /** Start und Ziel ist ganz unspektakulär die Hannoversche Straße in OS-Fledder

> **2 /** Wir streifen den Zoo Osnabrück, ein sehr beliebter weitläufiger Tierpark

> **3 /** TERRA.vita hat ein anschauliches Schaufenster in die regionale Geologie geschaffen

> **4 /** Die kleine Hütte an der Brüningsquelle kann nicht die ehemalige Bedeutung erahnen lassen

> **5 /** Der Gasthof Zittertal steht für deutsche Küche und traditionelle Gemütlichkeit

> **6 /** Das Industriegebiet OS-Fledder ist das wichtigste in Osnabrück, mit entsprechender Firmendichte

> **7 /** Die Genusshöfe im Gemäuer eines Industriebetriebes besitzen ein „basic" Ambiente

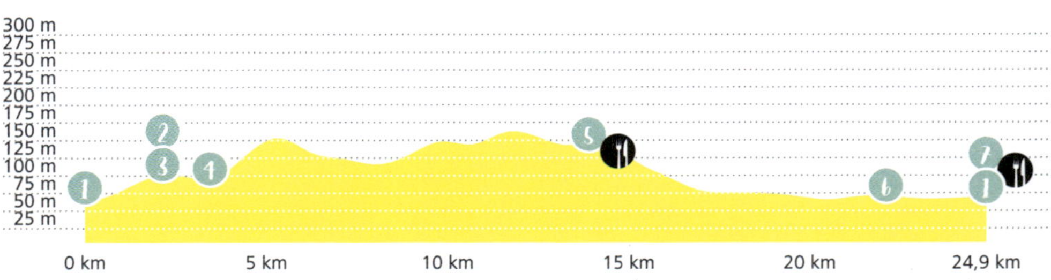

GENUSSKULTUR

Ins Zittertal nach Bissendorf

Diese Feierabendtour führt uns ins liebliche Zittertal in Bissendorf. Um über ruhige und landschaftlich wirklich reizvolle Streckenabschnitte zur verdienten Pause zu kommen, wollen einige Steigungen bewältigt werden, es ist aber alles gut machbar. GenussKultur habe ich den Ausflug genannt, weil wir mit der Gaststätte Zittertal und den Genusshöfen am Tourende sehr angenehme Einkehrangebote haben, mit Außengastronomie im Grünen bzw. im Industrieareal.

25 Kilometer
245 Höhenmeter
245 Höhenmeter
2:30 Stunden
Rundtour

CHARAKTER

Sportlich ●●●●○
Abkühlung ●○○○○
Schlemmen ●●●●○
Panorama ●●●○○

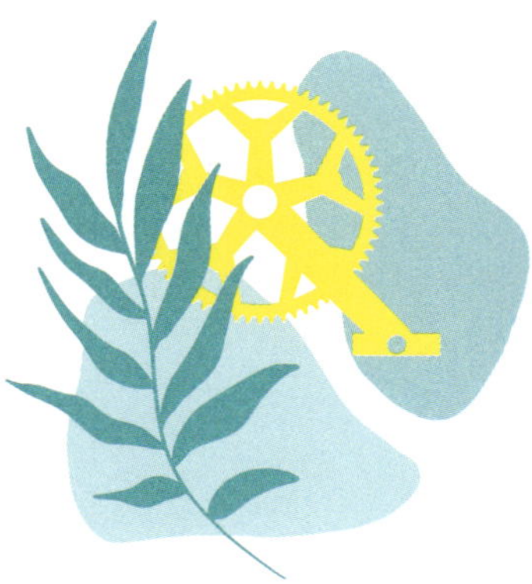

Über den Schölerberg zum Zoo

Tourstart ist im Osnabrücker Stadtteil 1 / OS-Fledder der Bereich Hannoversche Straße, Schweerstraße, Peiner Straße, wo es auch Parkgelegenheiten gibt. Wir radeln entlang dem unscheinbaren Riedenbach. Dieser schmale längliche Park ist einer von den für Osnabrück typischen und wichtigen „Grünen Fingern", die recht weit in

---

TOURENINFO / Diese Tour hat durchaus den Anspruch einer gewissen Sportlichkeit, es geht schon mal bergauf. Die Straßen sind zum allergrößten Teil asphaltiert, ruhig und sehr gut befahrbar. Nur in dem kleinen Bereich des TERRA. vita-Park sind einige Wege etwas abenteuerlich.

◂ **links / Auf verschlungenen Wegen**

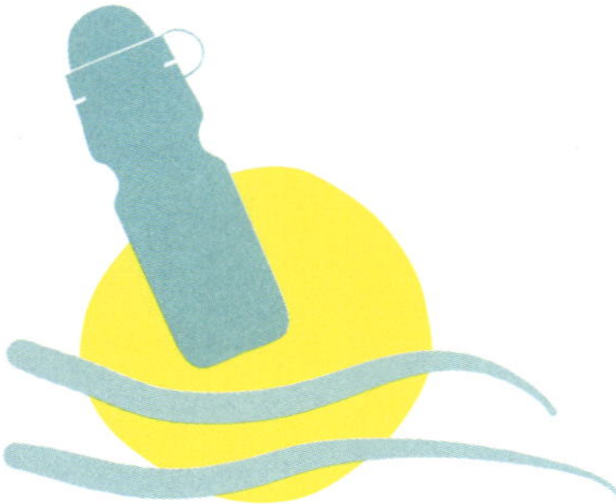

den Innenstadtbereich führen. So ist man beim Herausfahren aus Osnabrück schnell im Grünen und vermeidet die großen Ausfallstraßen. Außerdem sind es für das Stadtklima wichtige Frischluftschneisen. Auf unbefestigten Wegen streifen wir den Schölerberg, ein beliebtes Gebiet für Spaziergänger und Jogger, und sind flugs vor dem 2 / Zoo Osnabrück.

Zoo, Museum, Planetarium, Erdgeschichte

Hier am Schölerberg hat sich eine mittlerweile weithin bekannte Zoolandschaft etabliert, mit attraktiven Teillandschaften statt kleiner Tiergehege. Aber der Besuch hier ist eine Ganztagesveranstaltung und passt nicht zu einer Radtour. Wir nehmen auf unserer Tour „nur" die Erdgeschichte mit. Dazu verlassen wir den Zoovorplatz über die kleine Brücke und umfahren sogleich das riesige Verwaltungsgebäude des Landkreises Osnabrück. Links befindet sich der NABU Osnabrück und unterhält hier einen Garten. Etwas abgelegen erhalten wir im kleinen 3 / Natur- und Geopark von TERRA.vita anschauliche Einblicke in die Entstehungsgeschichte der Region: Eine lange Wand ist bemalt und zeigt die Entwicklungen im Osnabrücker Land über Millionen Jahre. Gesteinshaufen aus verschiedenen Steinbrüchen verdeutlichen die urzeitlichen Gestaltungsprozesse, alles nicht nur für Geologen interessant. Auf verschlungenen Wegen streifen wir noch ein sehr kleines Heide-Wacholder-Gebiet, um dann die A 30 mit fast stets dichtem Verkehr zu überqueren. Sogleich unterqueren wir diese Autobahn wieder und finden alsbald etwas versteckt die 4 / Brüningsquelle, eine unspektakuläre Erinnerung an eine einst wichtige Mineralquelle. Noch bis in die 60er Jahre wurde hier das Quellwasser in Flaschen abgefüllt und verkauft. Nicht das letzte Mal heute kreuzen wir wieder die A30, um jetzt vorbei am Hotel „Waldesruh" in die schöne hügelige Landschaft des Osnabrü-

QUELLWASSER

Aus der 4 / Brüningsquelle wurden ab 1927 Erfrischungsgetränke produziert, mit natürlicher Kohlensäure.

➤ rechts oben / Gesprayte Erdgeschichte im TERRA.vita-Park ➤ rechts Mitte / Brüningsquelle: Früher angezapft, heute unscheinbar

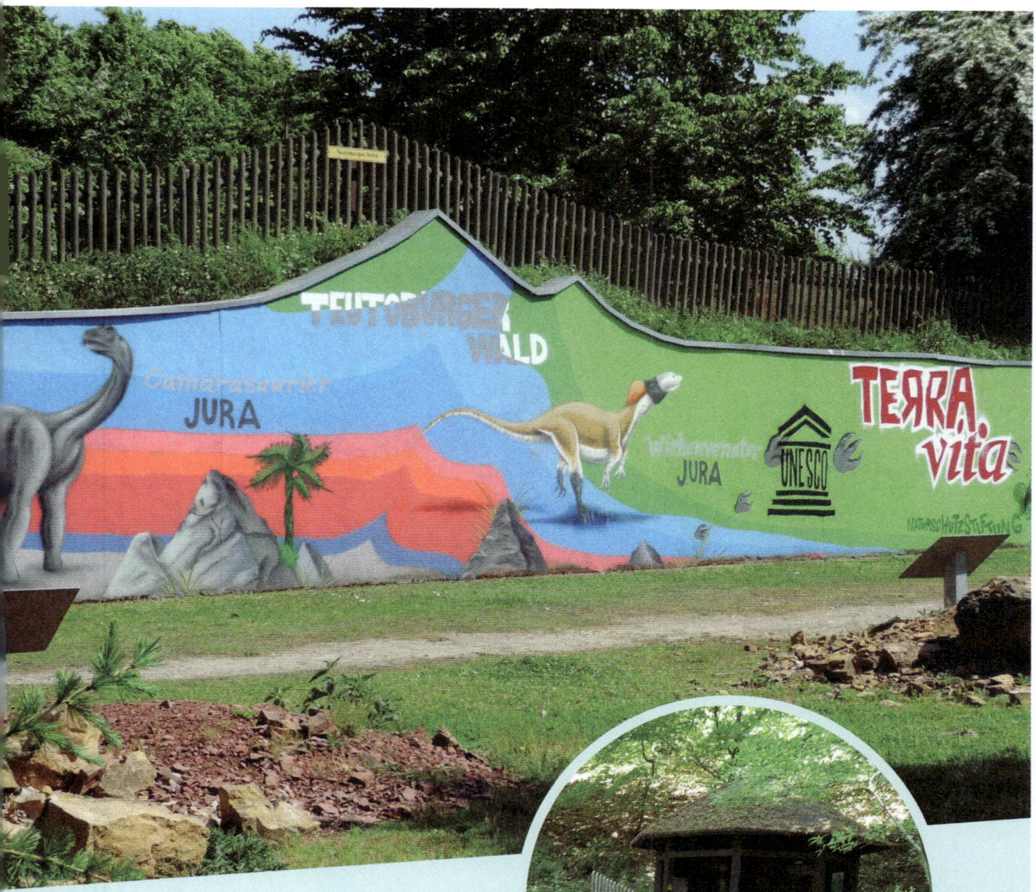

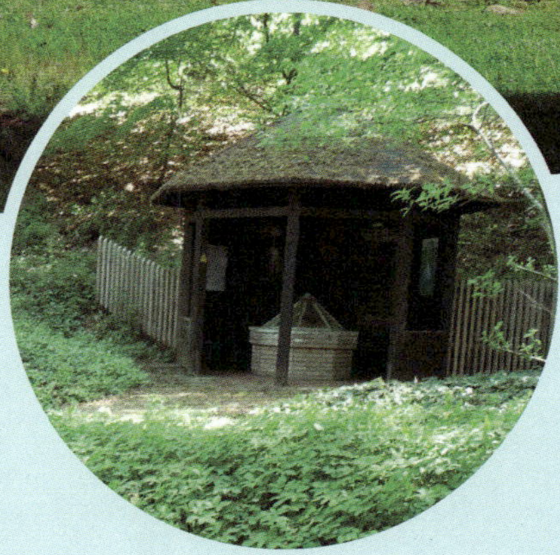

230 MIO.

Jahre zurück reicht die Geschichte der Entstehung der Landschaft ringsum. An vielen Steinbrücken der Region finden sich Zeugen dieser Geschichte. Aus dem früheren Hochgebirge sind Berge geworden, im Osnabrücker Stadtgebiet sind es 13, keiner mehr höher als 200 m.

ORT MIT CHARAKTER

OS-Voxtrup wurde 1972 eingemeindet, hat sich aber dank einer engagierten Bürgerschaft einen eigenen Charakter erhalten.

cker Landes einzutauchen. Nach etlichen welligen Kilometern erreichen wir die Waldhofstraße mit einem schönen Blick auf OS-Voxtrup.

Im Zittertal

IDYLLISCHE EINKEHR MIT GARTEN

Nach weiteren sechs Kilometern im steten Auf und Ab sind wir am Etappenziel, dem 5 / Gasthof Zittertal mit Garten, zu jeder Zeit eine gute Adresse für eine Einkehr (An der Zitterquelle 1, 49143 Bissendorf). Die nun folgende Fahrt durch das schön geschwungene Zittertal ist sicher das landschaftliche Highlight des Tages. Wer langsam dahinrollt, hat mehr vom hübschen Links und Rechts des Weges. Nur zu schnell endet das Tal. Doch kurz vor der Autobahnunterquerung zweigt links ein Weg ab zu einem Wanderparkplatz. Von da aus sind schöne Wanderungen im Gebiet des Rochusberges mit tollen Aussichten möglich. Über die Bauernschaften Eistrup und Natbergen, von wo aus wir einen Blick zur Achelrieder Kirche in

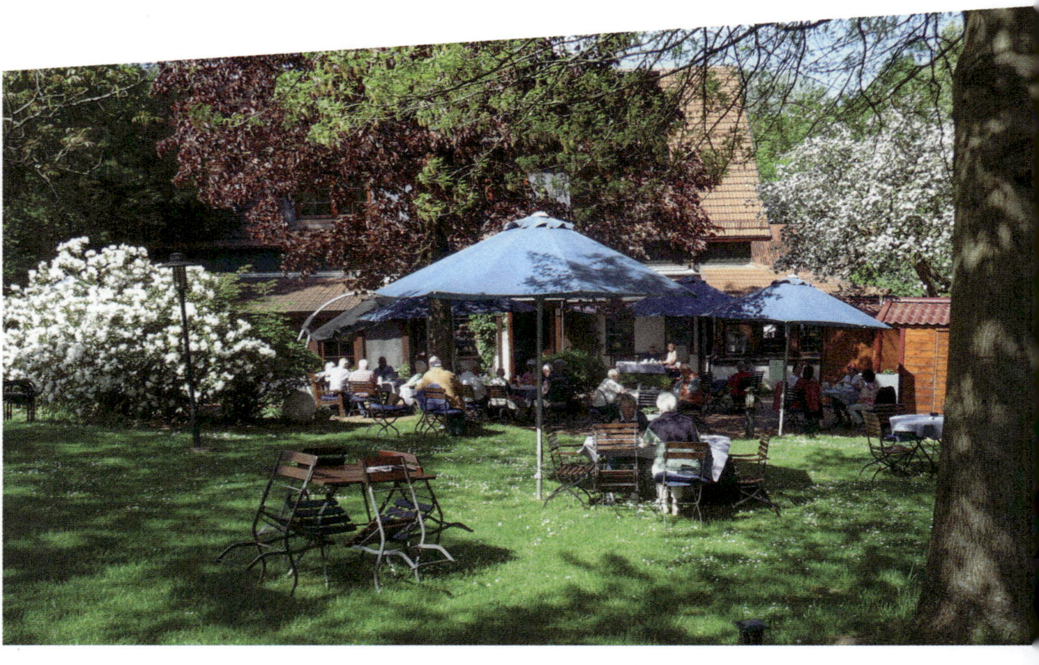

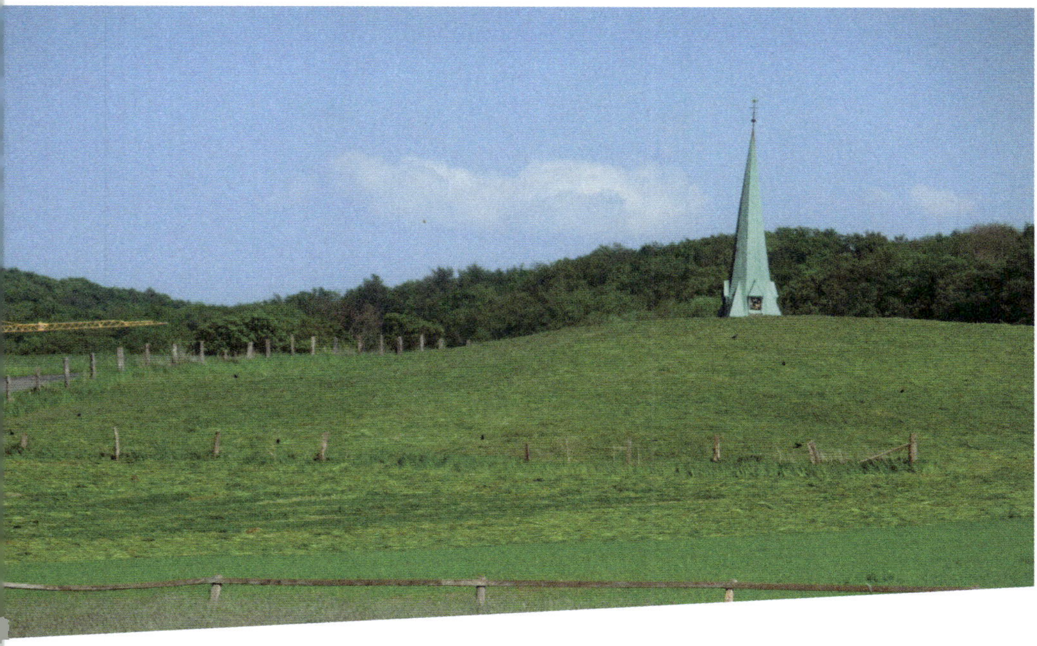

Bissendorf werfen können, gelangen wir wieder auf das Gebiet der Stadt Osnabrück. Wir streifen auf der Wasserwerkstraße den Stadtteil OS-Voxtrup und gelangen zu der kleinen Unterführung unter der A33. Schlagartig sind wir mitten im 6 / Industriegebiet OS-Fledder, welch ein Kontrast zum Zittertal! Wie viele uns vermutlich kaum bekannte Firmen es hier gibt! Doch sichtbar wird alles überragt vom VW-Logo an einem Turm des VW-Werkes, einer der wichtigsten Arbeitgeber der Stadt. Bis 2010 war es das Gelände der Firma Karmann, die über Jahre vor allem Cabriolets baute, etwa VW-Käfer und VW-Golf Cabrios, aber auch den legendären Karmann Ghia. Leider ist die spitzenmäßig bestückte Sammlung aller Karmann Modelle wie auch von Prototypen für die Öffentlichkeit nicht zugänglich, jedenfalls noch nicht.

11

mehr oder weniger kleine Dörfer und Bauernschaften bilden die Gemeinde Bissendorf mit heute 15.000 Einwohnern. Hauptorte sind Schledehausen, Wissingen und Bissendorf.

Genusshöfe

Genau in diesem Gebiet liegt unser Endziel, die 7 / Genusshöfe. In alten Fabrikhallen ist noch vieles zu erkennen, was auf die damalige industrielle Nutzung hinweist (Hannoversche Str. 11–17, 49084 Osnabrück). Es ist eine Location entstanden mit ganz eigener gewerblich-industrieller Ausstrahlung, unverputzte Wände, Reste alter Maschinen. Heute beherbergt das Gebäudearsenal ein Backhandwerk,

< links / Grüne Oase: Gasthof Zittertal ^ oben / Kirche Achelriede – oder zumindest ihr Kirchturm

BACHLÄUFE

Die Zitter, dieses kleine aber talprägende Bächlein, fließt in den Rosenmühlenbach. Und der mündet in die Hase, die dadurch aber auch nicht zu einem reißenden Fluss wird: Alles bleibt niedlich.

eine Kaffeerösterei, Räumlichkeiten zum Feiern und das Pizza-Restaurant „L'Osteria". Von Zeit zu Zeit werden vor Ort ungewöhnliche Genuss-Events durchgeführt (www.genusshoefe.de). Gleich um die Ecke bietet sich auch noch das Restaurant „Kesselhaus" an, sehr besonders und sehr hochpreisig.

7.500

Unternehmen gibt es in Osnabrück und damit viele Arbeitsplätze. Viele Menschen pendeln aus dem Umland ein. VW beschäftigt 2.300 Menschen, bei Karmann waren es in besten Zeiten weit über 5.000.

Alternative: Abstecher nach Holte

Wer die heutige Tour ausweiten möchte oder beim nächsten Ausflug eine attraktive Alternative anfahren möchte, bitte schön: Vom Gasthaus Zittertal radeln wir gen Osten, um ins schnuckelige Holte zu gelangen. Eine kleine, aber feine Kirche mit mächtigen Bäumen davor, umringt von einem Ensemble von Fachwerkgebäuden, dazu ein sehr attraktiver, öffentlich zugänglicher Pfarrgarten und schließlich der Gasthof „Klefoth" (Klefoth, An der Holter Kirche 2, 49143 Bissendorf), das ist alles ein Hochgenuss und gut und gerne einen Extraausflug wert. Wer mit seinem Rennrad oder mit dem Mountainbike Steigungen liebt, kommt hier im Teutoburger Wald richtig auf seine Kosten.

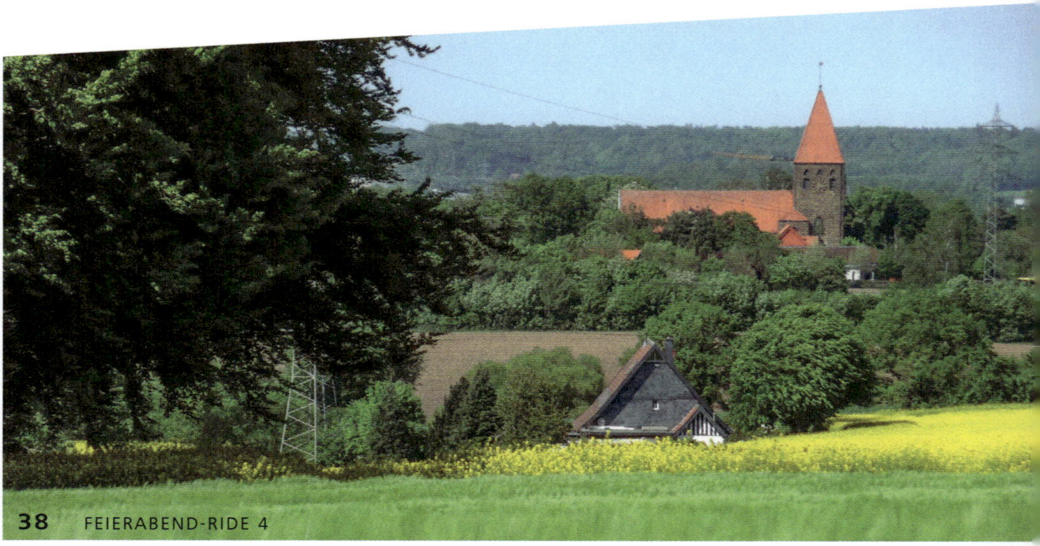

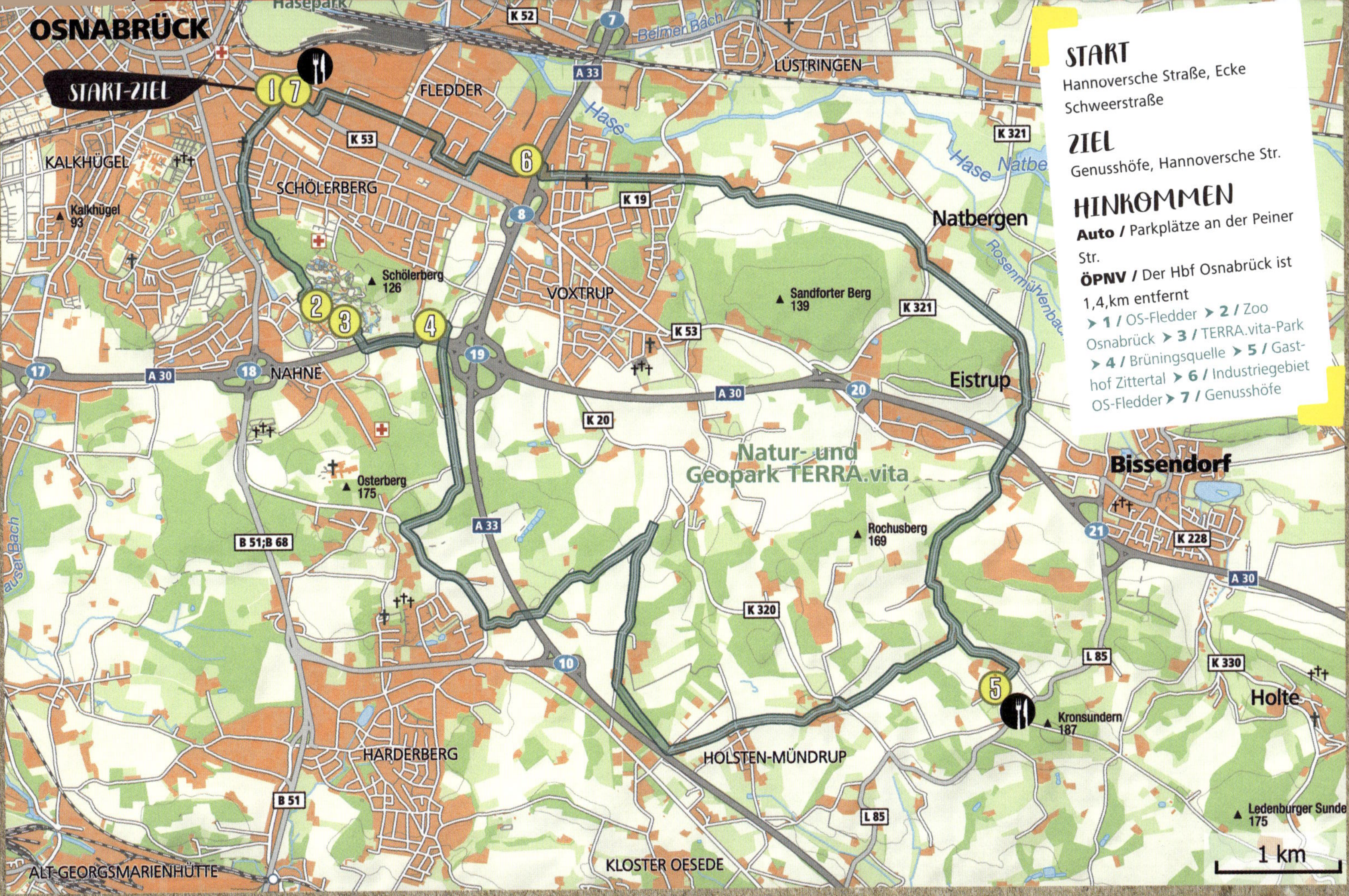

START
Hannoversche Straße, Ecke Schweerstraße

ZIEL
Genusshöfe, Hannoversche Str.

HINKOMMEN
Auto / Parkplätze an der Peiner Str.

ÖPNV / Der Hbf Osnabrück ist 1,4,km entfernt

➤ **1 /** OS-Fledder ➤ **2 /** Zoo Osnabrück ➤ **3 /** TERRA.vita-Park ➤ **4 /** Brüningsquelle ➤ **5 /** Gasthof Zittertal ➤ **6 /** Industriegebiet OS-Fledder ➤ **7 /** Genusshöfe

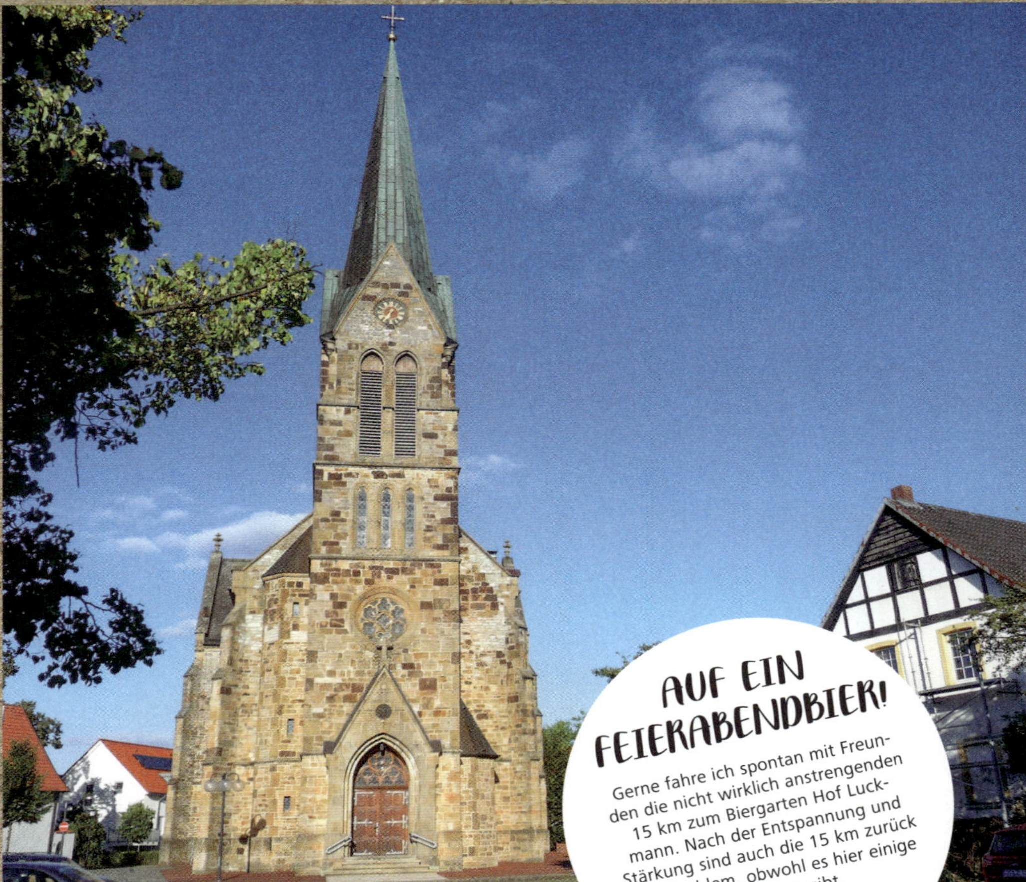

AUF EIN FEIERABENDBIER!

Gerne fahre ich spontan mit Freunden die nicht wirklich anstrengenden 15 km zum Biergarten Hof Luckmann. Nach der Entspannung und Stärkung sind auch die 15 km zurück kein Problem, obwohl es hier einige Steigungen gibt.

➤ **1 /** Start- und Endpunkt der Tour im Osten Osnabrücks ist die Ecke Meller Straße/Am Huxmühlenbach

➤ **2 /** Im versteckten, hübschen Wasserwerk Düstrup wird für viele Städter das wichtigste Lebensmittel aufbereitet

➤ **3 /** In der Bauernschaft Düstrup sieht man noch schöne Bruchsteinmauern

➤ **4 /** In der lieblichen Bauernschaft Wersche lädt der Eichenhof zur Einkehr

➤ **5 /** Recht versteckt hinter Bäumen liegt die Anlage des Wasserschlosses Ledenburg

➤ **6 /** Wenn das Wetter mitspielt ist der Aufenthalt im Biergarten des Hofes Luckmann ein Hochgenuss

➤ **7 /** Bissendorf ist das Verwaltungs- und Einkaufszentrum einer großen Flächengemeinde mit vielen Landschaftshöhepunkten

➤ **8 /** Direkt an der Stadtgrenze erwartet uns in einer grünen Oase das Restaurant Huxmühle

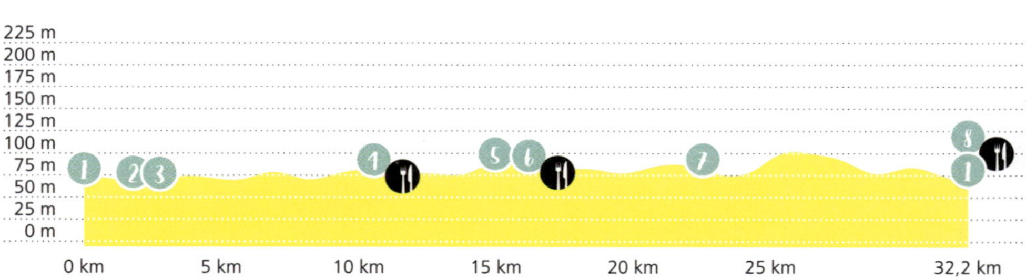

OHNE STEIGUNG ZUM BIERGARTEN

Durch das Hasetal nach Bissendorf-Nemden

Richtung Osten führt uns diese Feierabendtour durch das grüne Tal der noch jungen Hase an der Ledenburg vorbei zum großen verwinkelten Biergarten des Hofs Luckmann nach Bissendorf-Nemden, und das praktisch ohne Steigung. Auch auf dem Rückweg sind die wenigen Steigungen kaum erwähnenswert, wohl aber die ruhigen Straßen zwischen den Feldern. Wir durchfahren den Ortskern von Bissendorf, touchieren ein Gewerbegebiet, passieren OS-Voxtrup und können gegen Ende noch ein Bierchen an der Huxmühle schlürfen.

32 Kilometer
175 Höhenmeter
175 Höhenmeter
2:30 Stunden
Rundtour

CHARAKTER

Sportlich ●○○○○
Abkühlung ●○○○○
Schlemmen ●●●●●
Panorama ●●●○○

Start in der Meller Straße

Die Runde beginnt am Ende der 1 / Meller Straße, Ecke „Am Huxmühlenbach" in Osnabrück, wo man auch sein Auto parken kann. Über „Hettlicher Masch" verlassen wir das Gewerbegebiet OS-Fledder und kommen auf die „Wasserwerk-

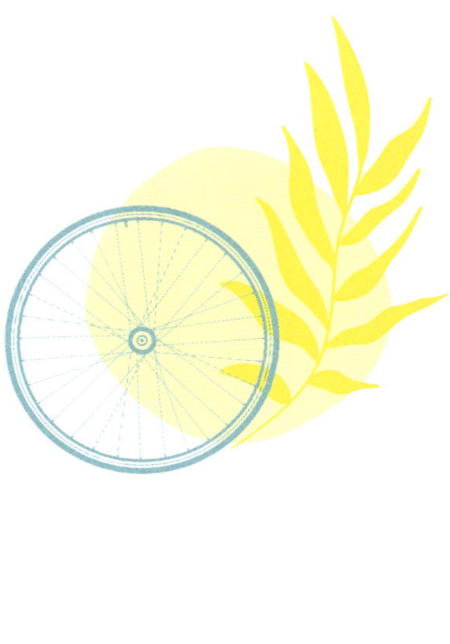

TOURENINFO / Im Umland Osnabrücks sind Radtouren fast ohne Steigungen eher die Ausnahme. Diese Tour ist weitgehend flach. Sie verläuft auch größtenteils auf kommunalen Asphaltstraßen und ist daher meist kinderfreundlich. Die Steigungen hinter Bissendorf und am Eistruper Berg lassen sich über die Osnabrücker Straße umfahren.

◂ links / Schlank ragt der Turm der Kirche Bissendorf auf

straße". Doch wo ist das Wasserwerk? Nach hinten versetzt liegt der schöne Jugendstilbau (Wasserwerkstr. 32), in dem das 2 / Wasserwerk Düstrup, das einzige Wasserwerk auf städtischem Boden, betrieben wird. Über die Düstruper Straße radeln wir in die gleichnamige Bauernschaft 3 / Düstrup und umkurven schöne Bauernhöfe, die mit alten Bruchsteinmauern statt mit Zäunen oder Hecken abgegrenzt sind. Über kaum befahrene Asphaltstraßen – nur ein kurzes Stück ist es ein Radweg neben einer Hauptstraße – erblicken wir „Am Reitplatz" ein kleines Anwesen mit einem sehr hübschen Turm. Ist hier ein Minikirchlein? Die Bedeutung dieses Bauwerks hat sich mir bislang nie erschlossen. Unser Weg führt uns an der Rückseite des Guts Stockum entlang, einem Reiterhof, den wir aber nur zu Gesicht bekommen, wenn wir kurz links vom Weg abbiegen. Ein unbefestigter Wegabschnitt muss nun bewältigt werden, dann sind es noch drei Kilometer bis in den Bissendorfer Ortsteil Wersche.

BRUCHSTEIN

für Gebäude und Mauern zur Grundstückseinfassung waren lange Zeit üblich in der Gegend von 3 / Düstrup. Bau und Unterhalt sind aber teuer und aufwändig, daher werden sie selten.

In Wersche gibt es „Armleuchteralgen"

In der Bauernschaft 4 / Wersche lädt das Restaurant „Casas Eichenhof" (In der Bauernschaft 3, 49143 Bissendorf) zur Einkehr ein, um eine Grundlage für das Bier später zu schaffen. Diese kleine Ortschaft mit noch einigen originalen bäuerlichen Gebäuden strahlt eine angenehm ruhige Atmosphäre aus. Einige Sträßchen weiter sind wir an der „Werscher Welle", einem kleinen eingezäunten Biotop mit einer gepflegten Ruhebankanlage für eine Verschnaufpause. Zu sehen gibt es nicht wirklich viel, aber das Wissen, dass es hier Armleuchteralgen geben soll, das können wir ab jetzt weitertragen.

Recht versteckt liegt das Schloss Ledenburg

Eine Bruchlandschaft mit Wiesen und wenigen Feldern ermöglicht weite Blicke. Der Straßenname verrät, wo wir uns befinden, „Im

---

➤ rechts oben / Im Hasetal unterwegs ➤ rechts Mitte / Haus mit Türmchen am Wegesrand

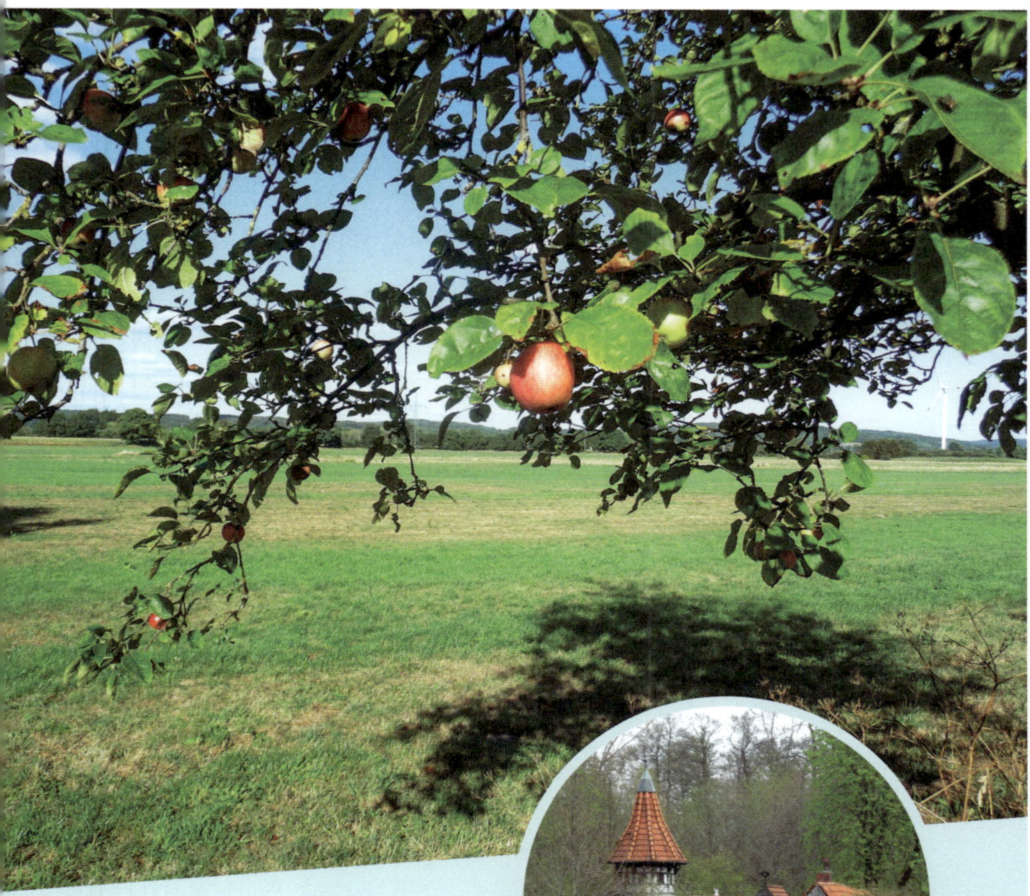

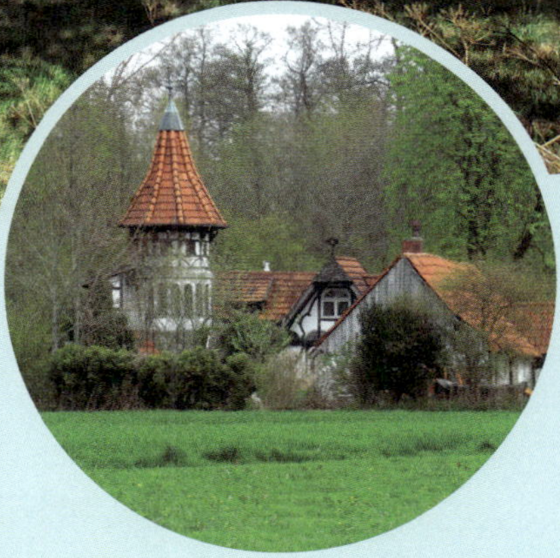

1/3

des Osnabrücker Trinkwassers kommt aus dem gut 100 Jahre alten Wasserwerk 2 / Wasserwerk Düstrup. In diesem schönen Jugendstilbau wird Wasser aus zehn Brunnen aufbereitet.

ARMLEUCHTER-ALGEN

Davon hatte ich nie gehört. Und man sieht sie auch praktisch nichts, sie leben am Grund tiefer Teiche, sollen vom Aussehen aber eben Armleuchtern ähnlich sein.

Hasetal", flach, feucht, grün. Wobei eine große Biogas-Anlage und zwei Windkraftwerke zeigen, dass wir im 21. Jahrhundert sind. Landschaftstypische Vögel wie Kiebitz und Wiesenpieper sind selten geworden. Quasi auf Schleichwegen erreichen wir die 5 / Ledenburg, genauer den Nebeneingang. Am Burggraben entlang kommen wir an den Eingangs-Torbogen, leider aber nicht weiter. Die Anlage ist in privatem Besitz, jedoch hält uns eine Infotafel mit Geschichtsdaten auf dem Laufenden. Der Name stammt vom Osnabrücker Adelsgeschlecht „von Leden", das die Anlage im Jahr 1450 übernahm. Das historische Gebäude „Ledenhof" in Osnabrück stammt auch aus der Zeit. Danach gab es häufige Besitzerwechsel. Der jetzige Besitzer betreibt hier seit Jahrzehnten einen Anbau von Weihnachtsbäumen.

ADELIGE ANLAGE

Rast im originellenen Biergarten Hof Luckmann

Nach nur etwas mehr als einem Kilometer durch die ruhige Ortschaft Nemden erreichen wir unser Ziel, den 6 / Hof Luckmann, (Kummetstr.5, 49143 Bissendorf). Dieser große Biergarten mit Ti-

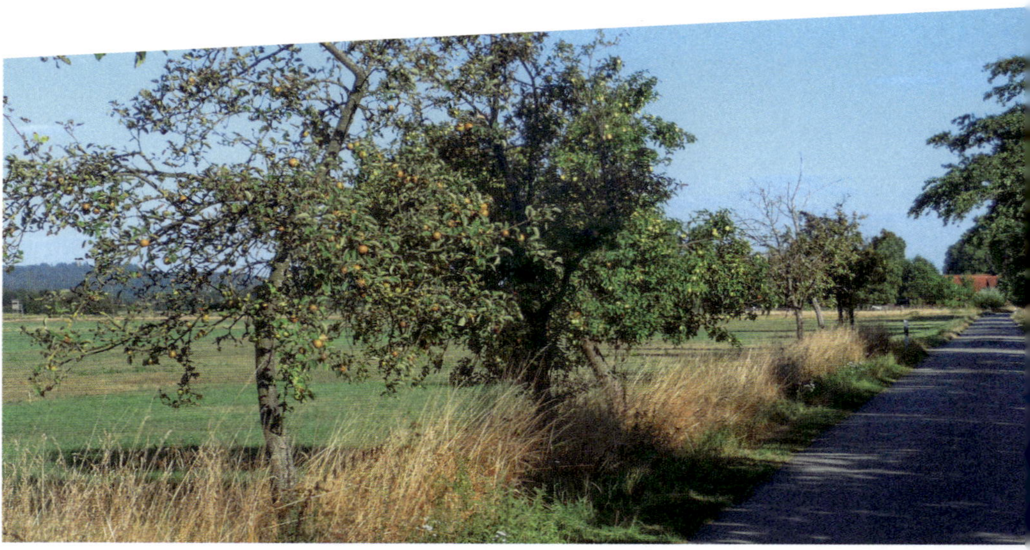

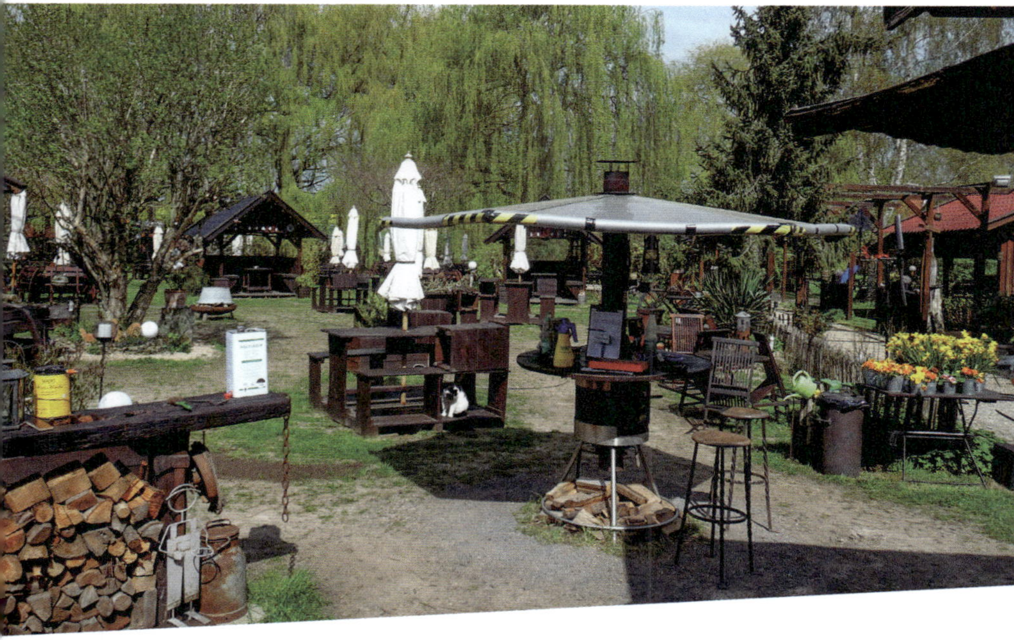

schen in verschiedensten Winkeln des Grundstücks ist, gerade in Details, recht speziell gestaltet. Bei gutem Wetter werden wir sicher auch andere Pedalritter antreffen, denn der Hof ist ein beliebtes Feierabendziel für Radler, nicht nur aus Osnabrück. Sich hier ein kühles Getränk, ein Stück Kuchen oder einen deftigen Snack zu gönnen ist nie verkehrt.

40 HA

beträgt die Anbaufläche für Weihnachtsbäume rund um das altehrwürdige 5 / Wasserschloss „Ledenburg". Dieses agrar- bzw. forstwirtschaftliche Geschäftsmodell hat somit einen denkbar kurzem Verkaufszeitraum.

Rückweg über Bissendorf

Die Hälfte des Ausfluges ist geschafft. Über sehr angenehm zu fahrende Straßen inklusive einem schmalen Pfad zwischen Feldern erreichen wir nach fünf Kilometern 7 / Bissendorf. Gleich in der ersten Wohnsiedlung liegt der Sonnensee. Die 300m zu diesem idealen Plätzchen für eine Pause führen über die Straße „Am See", die von unserer Königsberger Straße rechts abbiegt. Bald danach gelangen wir von der Straße „Im Freeden" über einen kleinen Weg zum Kirchplatz. An diesem ruhigen Ort abseits der Hauptstraßen gruppieren sich um die Kirche noch das Pfarrhaus, das Rathaus mit Bürgersaal und Standesamt , ein Kindergarten und ein Platz zum Ausruhen. Über die Straße „Poggenburg", eine Wohnsiedlung, erreichen wir auf der „Grünen Welle" wieder freies Feld. Einige Steigungen wollen ab nun überwunden werden. Wer das vermeiden will, kann ab

< links / Im Nemdener Bruch kurz vor der hübschen Minibauernschaft Halle ^ oben / Gemütlich ist es am Hof Luckmann

HOF LUCKMANN

Dieser Biergarten besticht durch seine ungewöhnliche Außengastronomie. Die lauschigen Sitzgelegenheiten unter großen Weiden, Schirmen oder in Holzhütten verteilen sich über das große Grundstück, sodass jede Ecke eine Wohlfühlecke ist.

Bissendorf den Radweg neben der Osnabrücker Straße wählen. Entlang des Eistruper Berges kommen wir dann in Stadtnähe. Wir überqueren die A 30 und durchfahren kurz ein Gewerbegebiet. Auf ruhigen Straßen gleiten wir weitere drei Kilometer dahin, anfangs etwas im Zickzack, dann erreichen wir bald die ersten Wohnstraßen von Voxtrup.

100 KM²

groß ist 7 / Bissendorf. Die Gemeindefläche zieht sich vom Wiehengebirge über das Hasetal zum Teutoburger Wald und bietet außer den Ausflugsschwerpunkten Schledehausen und Holte ganz viele kleine und ruhige Naturschönheiten. So lautet die Entwicklungsaufgabe laut regionalem Raumordnungsprogramm denn auch „Erholung“.

Ein Bierchen zum Abschluss in der Huxmühle?

Lange radeln wir „Am Mühlenkamp“, bevor wir rechts vor einer Bushaltestelle einen unscheinbaren Pfad wählen, der uns im Zickzack hinter Häusern an einem Bach entlang führt. Gleich hinter der A33-Unterführung links können wir noch im 8 / Restaurant Huxmühle etwas verzehren oder ein letztes Getränk zu uns nehmen. Auf der kleinen überdachten Brücke neben dem Teich erwartet uns noch eine Matheaufgabe, oben an ein Brett geheftet. Zunächst scheint das geometrische Rätsel einfach zu lösen, aber der Teufel steckt im Detail. Die Bedienung hält dann die Lösung bereit. Bis zu unserem Ausgangspunkt der Tour an der Meller Straße ist es nur noch ein läppischer Kilometer.

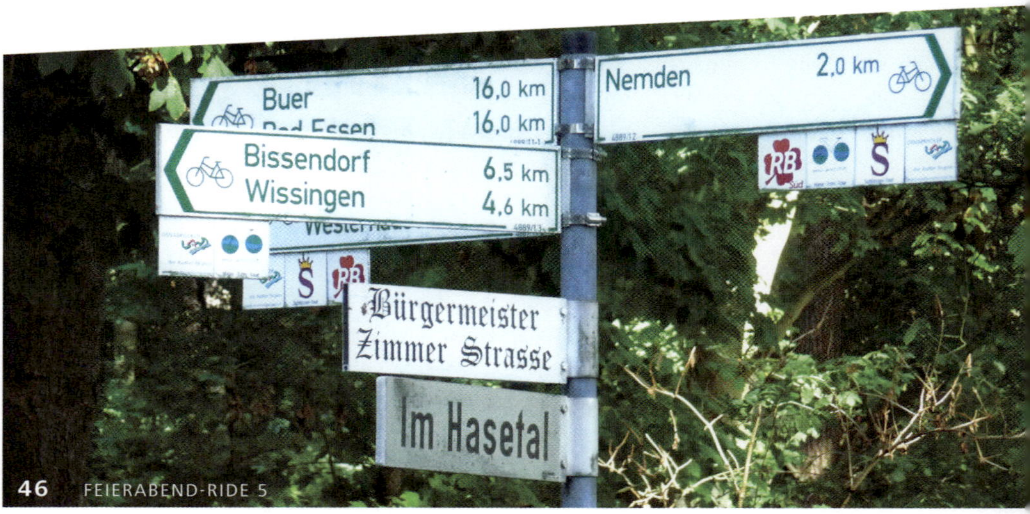

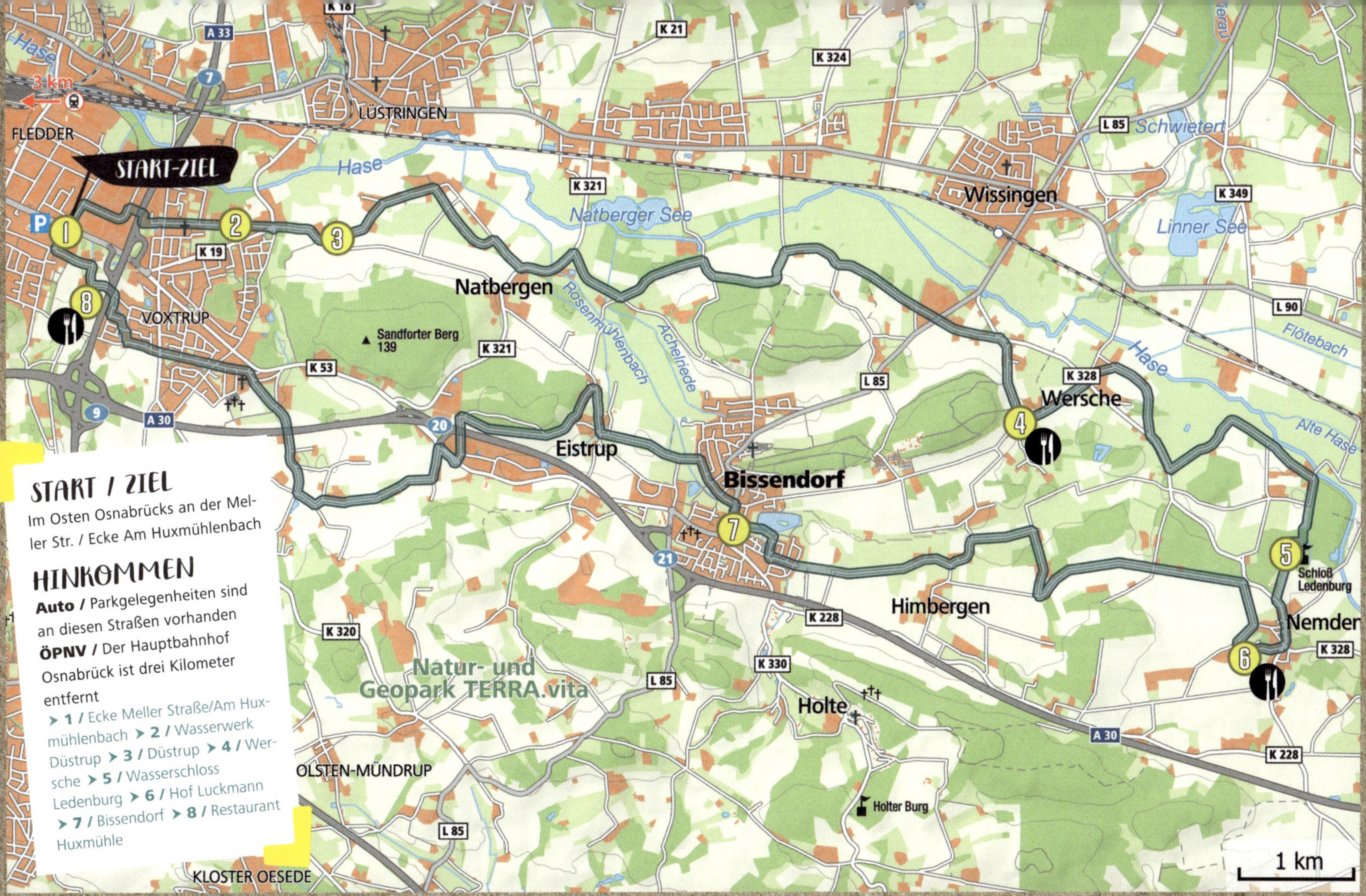

START / ZIEL

Im Osten Osnabrücks an der Meller Str. / Ecke Am Huxmühlenbach

HINKOMMEN

Auto / Parkgelegenheiten sind an diesen Straßen vorhanden

ÖPNV / Der Hauptbahnhof Osnabrück ist drei Kilometer entfernt

➤ **1** / Ecke Meller Straße/Am Huxmühlenbach ➤ **2** / Wasserwerk Düstrup ➤ **3** / Düstrup ➤ **4** / Wersche ➤ **5** / Wasserschloss Ledenburg ➤ **6** / Hof Luckmann ➤ **7** / Bissendorf ➤ **8** / Restaurant Huxmühle

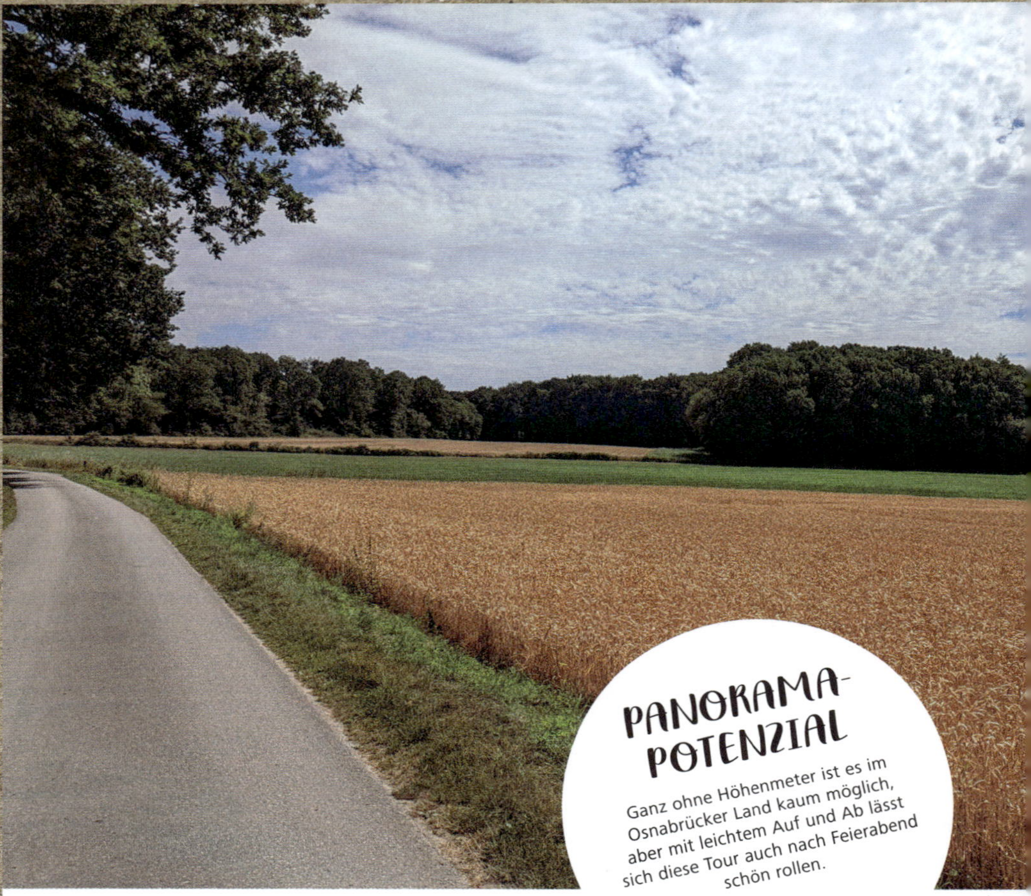

PANORAMA-POTENZIAL

Ganz ohne Höhenmeter ist es im Osnabrücker Land kaum möglich, aber mit leichtem Auf und Ab lässt sich diese Tour auch nach Feierabend schön rollen.

➤ **1 /** Der Radschnellweg von Osnabrück Stadt nach Belm ist der erste seiner Art in dieser Region

➤ **2 /** Eine ganz besondere Studenten-Wohngemeinschaft: der Luhrmannshof

➤ **3 /** Hofladen Stephan Schmid, typisch für die landwirtschaftliche Region im Osnabrücker Landkreis

➤ **4 /** Wer selber gärtnern möchte: Die Wilde Möhre machts möglich

➤ **5 /** Verschnaufpause oder Picknick am Pausenplatz in „Klein Haltern"

➤ **6 /** Ein Großsteingrab aus dem 3. Jahrtausend v. Chr. – die Sloopsteine von Haltern

➤ **7 /** Die Gemeinde Belm lädt zum Verweilen ein. Im Café an der Pfarrkirche St. Dionysius …

➤ **8 /** … oder im Belmer Park in Gesellschaft der Enten und Wildgänse am Ententeich

➤ **9 /** Im Frühling und Herbst geht's hoch her: Jahrmarkt an der Halle Gartlage

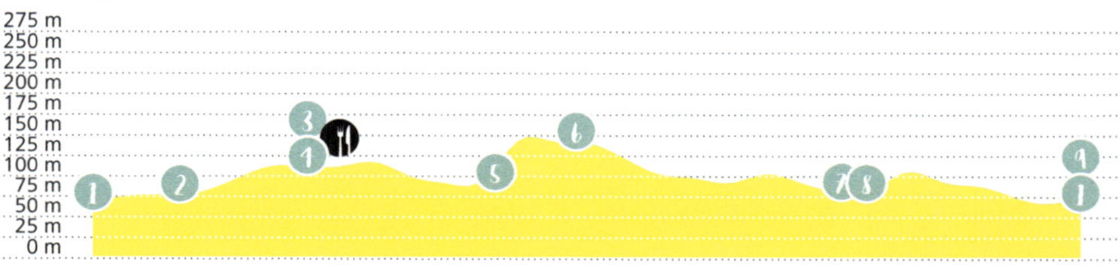

6

DEN FERNSEHTURM IM BLICK

Zum Feierabend den Nordosten Osnabrücks erkunden

Die Rundtour nordöstlich von Osnabrück, die im Groben die Vorortgemeinde Belm umkreist, führt uns mit leichten Höhenmetern auf einer rund 30 km langen Strecke in den Feierabend. Dabei haben wir stets den Schinkelturm Osnabrück, einen Fernseh- und Rundfunkturm, im Blick und fahren in einem langen Bogen um ihn herum.

34 Kilometer
240 Höhenmeter
240 Höhenmeter
2:30 Stunden
Rundtour

Die rasche Verbindung in die Vororte

Wir starten unsere Rundtour an der Fahrradzählstelle des 1 / Radschnellwegs Osnabrück–Belm in der Schlachthofstraße. Der Radschnellweg ist für Osnabrück eines der Prestigeprojekte in Sachen Infrastrukturmaßnahmen für den Radverkehr. Große Teile dieser Strecke sind bereits fertiggestellt und ermöglichen den vielen Pendlern einen direkten, barrierefreien Weg auf breiten, glatt asphaltierten Wegen. Die Zählstelle visualisiert eindrucksvoll, wie viel Radverkehr sich

CHARAKTER
Sportlich ●●○○○
Abkühlung ●○○○○
Schlemmen ●●○○○
Panorama ●●●●○

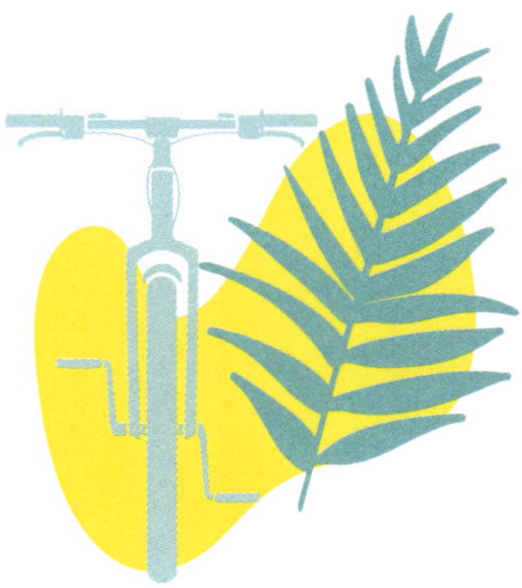

TOURENINFO / Überwiegend auf Asphalt oder gut befestigten Wegen, die mit jedem Fahrrad gefahren werden können. Einzig der Ausflug zu den Sloopsteinen bedarf eines sehr geländegängigen Rades, einiges an Fahrtechnik und Muskelkraft oder eines Spaziergangs.

< links / Nach einem Anstieg die Belohnung: Schöne Panoramen ins Osnabrücker Land

tatsächlich seit Jahresbeginn schon an diesem Ort bewegt hat. An beiden Seiten von Bäumen gesäumt, tritt man am Fahrrad-Highway frei von PKW oder Fußgängern in die Pedale. Dabei hat man zur Linken den Blick auf das Werksgelände der Firma KME, einer der größten Arbeitgeber in der Region und bedeutender Hersteller von Kupfererzeugnissen.

Schnelle Flucht ins Grün

Weiter gelangen wir in einen der „Grünen Finger" (gruene-finger.de/gruene-finger) Osnabrücks. Durch die fingerförmigen Grünflächen, die von allen Seiten weit nach Osnabrück hereinreichen, ist es aus dem Innenstadtbereich in nahezu jede Richtung möglich, schnell eine Grünanlage oder ein kleines Waldgebiet zu erreichen. Dabei treffen wir auf einen besonderen Hof und dürfen diesen bei zurückhaltender Fahrweise und Vorsicht gerne kreuzen. Der 2 / Luhrmannshof, der vom gleichnamigen Verein betreut wird und in der Trägerschaft des Studentenwerks Osnabrück steht, beherbergt rund 50 Studierende der Osnabrücker Universität und Hochschule und ermöglicht ihnen bezahlbaren Wohnraum. In direkter Nachbarschaft steht das Gut Gartlage, ein Herrenhaus, dessen Entstehungsgeschichte bis ins 14. Jahrhundert zurückreicht und dem Stadtteil seinen Namen gab.

NOCH NICHT GEFRÜHSTÜCKT?

Das Cafe Lohmann liegt nur wenige Meter nach dem Start unserer Tour mit etwa 1 km Umweg in der Nähe der Route (In der Dodesheide 65, 49088 Osnabrück).

Verpflegung gefällig?

Vorbei am Waldfriedhof und durch die Bereiche der ehemaligen britischen Kaserne am Limberg verlassen wir das Stadtgebiet. Entlang der Haster Straße treffen wir nach der halben Umrundung eines Kreisverkehrs auf der linken Seite auf den kleinen 3 / Hofladen Stephan Schmid. Dienstags bis samstags kann man zwischen 9 und 13 Uhr

---

➤ rechts oben / Der Gemeinschaftsgarten Wilde Möhre bietet Hobbygärtnern Parzellen zur Saisonmiete an ➤ rechts Mitte / Am Radschnellweg Belm–Osnabrück

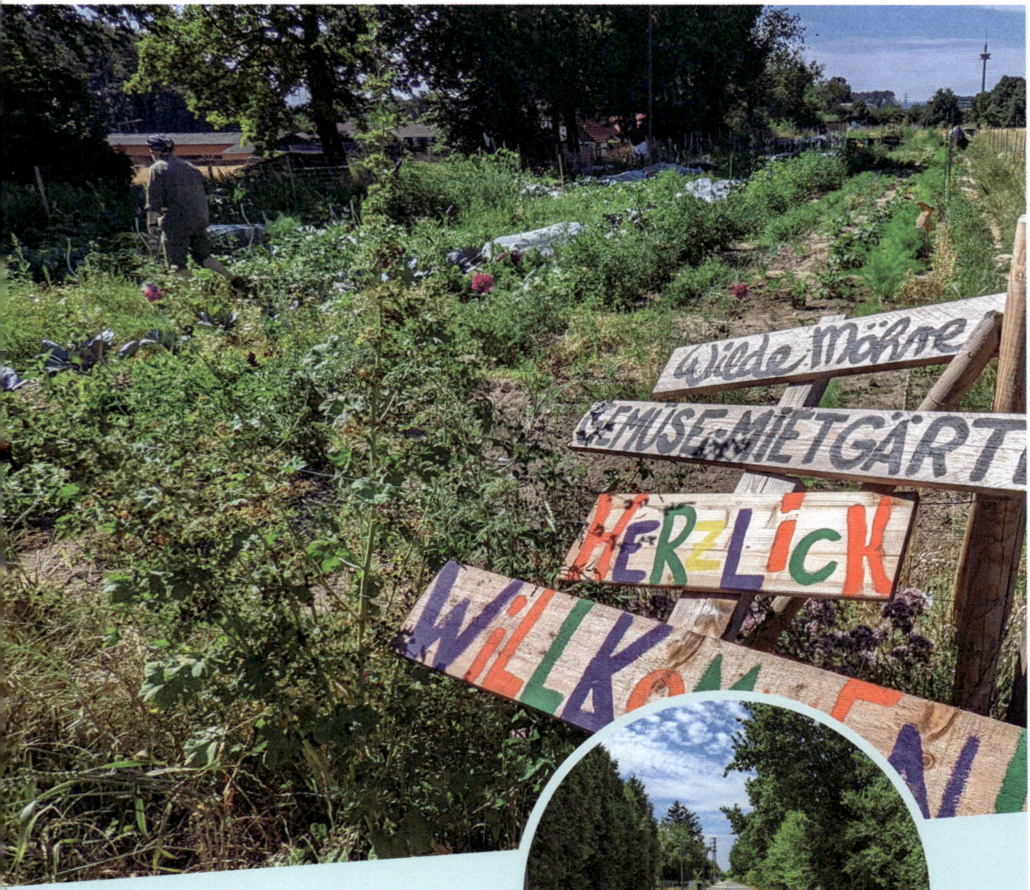

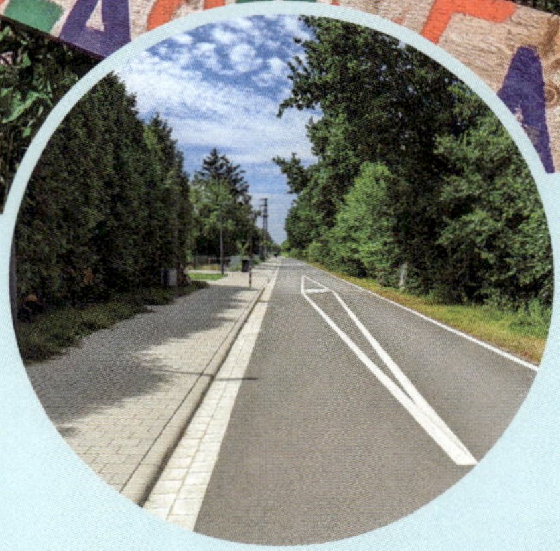

158 METER

misst der „Schinkelturm“, oder auch „Belmer Fernsehturm“. Erbaut im Jahr 1977 ist er noch heute ein Wahrzeichen der Stadt und zeigt den nord-östlich gelegenen Schinkelberg an. Der Turm ist nach wie vor im Betrieb für TV- und Radioausstrahlungen, sowie Mobilfunk. Eine Besichtigung ist leider nicht möglich.

VERPFLEGUNGS-STELLE

Das gewisse Extra fürs Picknick gibt's am **3 / Hofladen Stephan Schmid** und dem 24h Automaten des Hofladen Kleefeld.

DIREKT VOM HOF

allerlei regionales Gemüse und Obst erstehen, freitags sogar bis 18 Uhr. Je nach Saison gibt es verschiedene Köstlichkeiten aus der Region. Falls es mit den Öffnungszeiten während der Radtour nicht klappt, lässt sich wenige Meter später im 24/7-Hofladenautomaten des Hofs Kleefeld ebenfalls lokal einkaufen. Bärlauchcreme oder Pesto sind hierbei erwähnenswert. Wer selber gärtnern will, findet nochmals ein paar Meter später den Gemeinschaftsgarten 4 / „Wilde Möhre" (www.wildemoehre.net). Hier können einzelne Parzellen saisonweise angemietet und selbst gegärtnert werden.

Das Panorama genießen

Im Anschluss haben wir erst einmal ein paar Kilometer zu radeln, bevor das nächste Highlight auf uns wartet. Wir umrunden dabei die nördliche Grenzbebauung der Gemeinde Belm in leichtem, wellenartigen Verlauf mit moderaten Steigungen und Abfahrten und haben stets eine schöne Aussicht über Felder und kleinere Wälder. Bei Km 14 kommen wir an einen schönen 5 / Pausenplatz in Klein Haltern. Hier können wir uns kurz etwas für den folgenden Anstieg

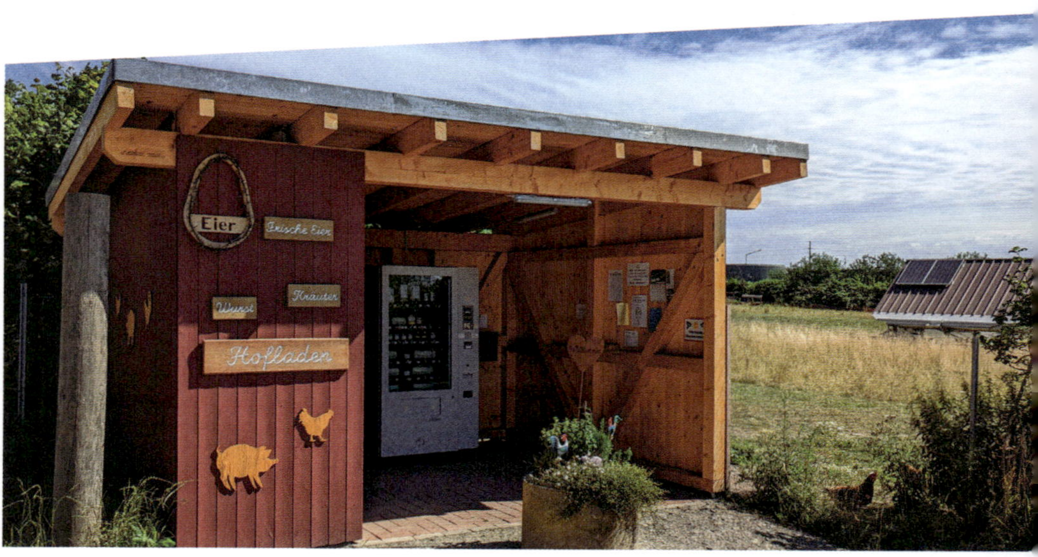

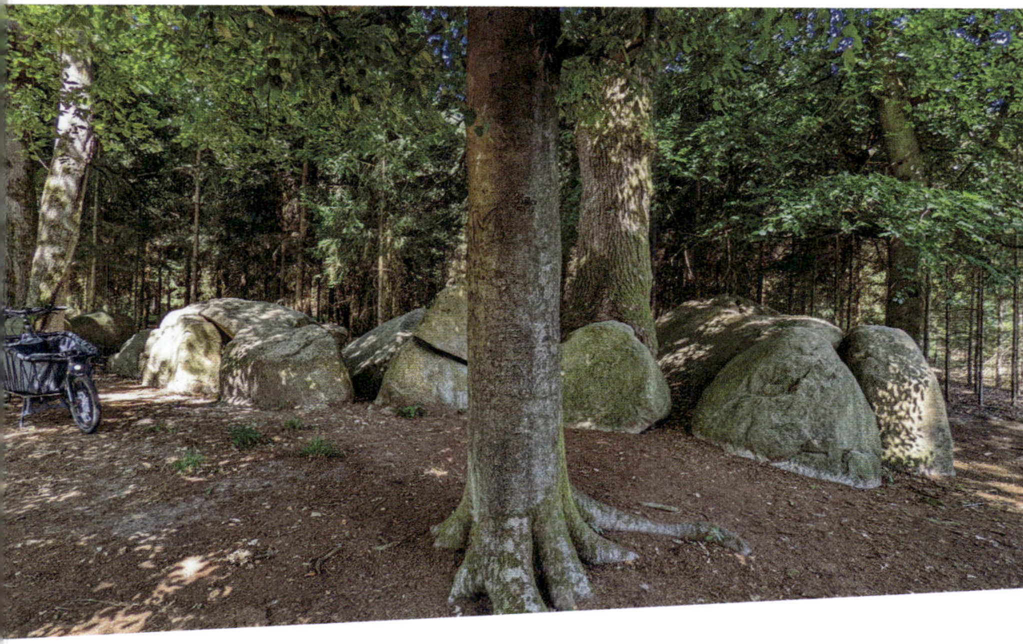

stärken. Dieser ist mit rund 500 m Länge und 7% Steigung aber die größte körperliche Herausforderung und nach erreichtem Plateau und Durchfahrt des kleinen Wäldchens werden wir mit einem wunderschönen Ausblick belohnt. Sollte an dieser Stelle die Zeit zu weit fortgeschritten sein oder der Anstieg vor uns zu steil, lässt sich die Route an dieser Stelle in Richtung Süden über die Straße Burhaksweg um ca. 8,5 km abkürzen, sodass in Summe etwa 27 km zu radeln sind.

Das Großsteingrab aus der Zeit v. Chr.

Wir umfahren auf unserer Route einen Waldabschnitt, in dem sich die 6 / Sloopsteine von Haltern befinden, eine megalithische Grabanlage der Jungsteinzeit. Etwas versteckt im Wald empfiehlt es sich, die Räder am kleinen Rastplatz abzustellen und zu Fuß die letzten Meter zur Grabstelle entlang des „DiVa-Walks" mit den orange-blauen Markierungen zurückzulegen (www.geopark-terravita.de/de/weg-details/diva-walk). Lediglich bei geländegängigeren Rädern empfiehlt sich eine Anfahrt zu den Sloopsteinen mit dem Rad durch die teils sandigen Waldböden. Dafür sollte aber Fahrkönnen auf sandigen Wegen und ausreichend Muskelkraft in der Wade vorhanden sein.

4000–5000

Die 6 / Sloopsteine von Haltern gehören zu einer Reihe von Großsteingräbern, sogenannten Megalithen, die sich vom Osnabrücker Land bis hin ins Oldenburger Münsterland ziehen. Sie entstammen wahrscheinlich aus der Jungsteinzeit und sind ca. 4000 bis 5000 Jahre alt.

< links / Köstlichkeiten aus dem Hofladenautomat des Hofs Kleefeld sind 24/7 zu haben ^ oben / Willkommene Abwechslung: ein Spaziergang zu den Sloopsteinen

ICE, ICE, BABY!

Wer im 8 / Belmer Park am Ententeich ein wenig zur Ruhe kommen möchte, kann sich in fußläufiger Entfernung mit einem leckeren Eis aus dem Eiscafé San Remo versorgen (Marktring 14, 49191 Belm).

Lila-weiße Region

Nach der Erkundung der Sloopsteine geht es nun erstmal wieder aufs Rad. Wir haben den östlichsten Punkt unserer Route bereits erreicht und es geht allmählich zurück in Richtung unseres Startpunktes in Osnabrück. Weiterhin radeln wir durch die landwirtschaftlich geprägte Umgebung des Osnabrücker Landkreises. Bei Kilometerpunkt 25 erreichen wir abermals einen Pausenpunkt. Dieser hat aber eine lokale Besonderheit. Mit stählernem Wappen und wehender Fahne des VFL Osnabrück wird hier die Nähe zu den Fußballprofis aus der Nachbarschaft gezeigt. Nach rund vier weiteren Kilometern erreichen wir dann die 7 / Pfarrkirche St. Dionysius in Belm und das kleine Café am Rande des Kirchplatzes. Wer zuvor nicht aufs Picknick vorbereitet war, kann sich hier mit klassischen Backwaren eindecken und diese im 8 / Belmer Park am Ententeich verzehren. Etwas zugewachsen, aber dafür naturnah bietet der Ententeich auch einer Menge Wildgänsen ein reichhaltiges Angebot.

AUF-TANKEN

Noch eine Kaffeespezialität zum Abschluss? Bei Bo's Tanke in der Karlstraße, unweit von unserem Zielort, finden sich leckere Kaffeespezialitäten und kleine Snacks auf dem Gelände einer ehemaligen Tankstelle. Nach einer anstrengenden Tour der richtige Ort zum Entspannen.

Den Radschnellweg in seiner (fast) ganzen Länge

Kurz hinter der Parkanlage kreuzen wir einmal die Hauptstraße Belms, die Bremer Straße, um dann wieder auf den Radschnellweg einzubiegen. Für rund 5km können wir nun auf breiten, asphaltierten und autofreien Strecken den Weg zurück in die Stadt aufnehmen. Lediglich in manchen Bereichen kann uns Anwohnerverkehr begegnen. Nicht alle Abschnitte sind derzeit vollständig ausgebaut, aber die Baumaßnahmen schreiten eifrig voran. Letzten Endes erreichen wir wieder die vom Anfang bereits bekannte Schlachthofstraße, indem wir zuvor die 9 / Halle Gartlage, ein Veranstaltungsort für Flohmärkte und Jahrmarkt, umfahren. So erreichen wir wieder unseren Startort der Tour und können von dort aus mit wenig Aufwand den Bahnhof Osnabrück erreichen, oder aber z.B. in der Karlstraße in Bo's Tanke (bos-tanke.de) einen abschließenden Kaffee genießen.

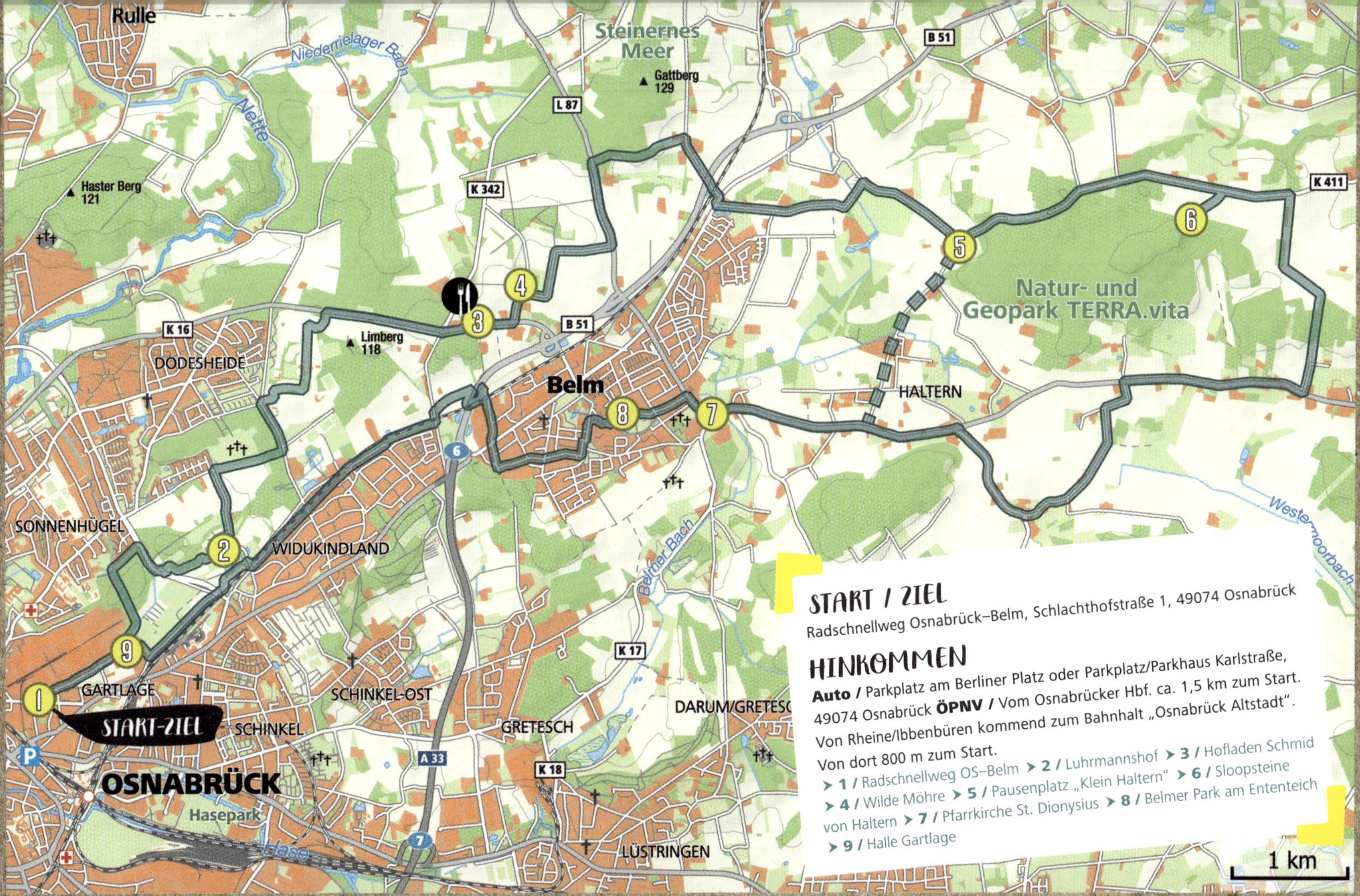

START / ZIEL

Radschnellweg Osnabrück–Belm, Schlachthofstraße 1, 49074 Osnabrück

HINKOMMEN

Auto / Parkplatz am Berliner Platz oder Parkplatz/Parkhaus Karlstraße, 49074 Osnabrück **ÖPNV /** Vom Osnabrücker Hbf. ca. 1,5 km zum Start. Von Rheine/Ibbenbüren kommend zum Bahnhalt „Osnabrück Altstadt". Von dort 800 m zum Start.

➤ **1 /** Radschnellweg OS–Belm ➤ **2 /** Luhrmannshof ➤ **3 /** Hofladen Schmid ➤ **4 /** Wilde Möhre ➤ **5 /** Pausenplatz „Klein Haltern" ➤ **6 /** Sloopsteine von Haltern ➤ **7 /** Pfarrkirche St. Dionysius ➤ **8 /** Belmer Park am Ententeich ➤ **9 /** Halle Gartlage

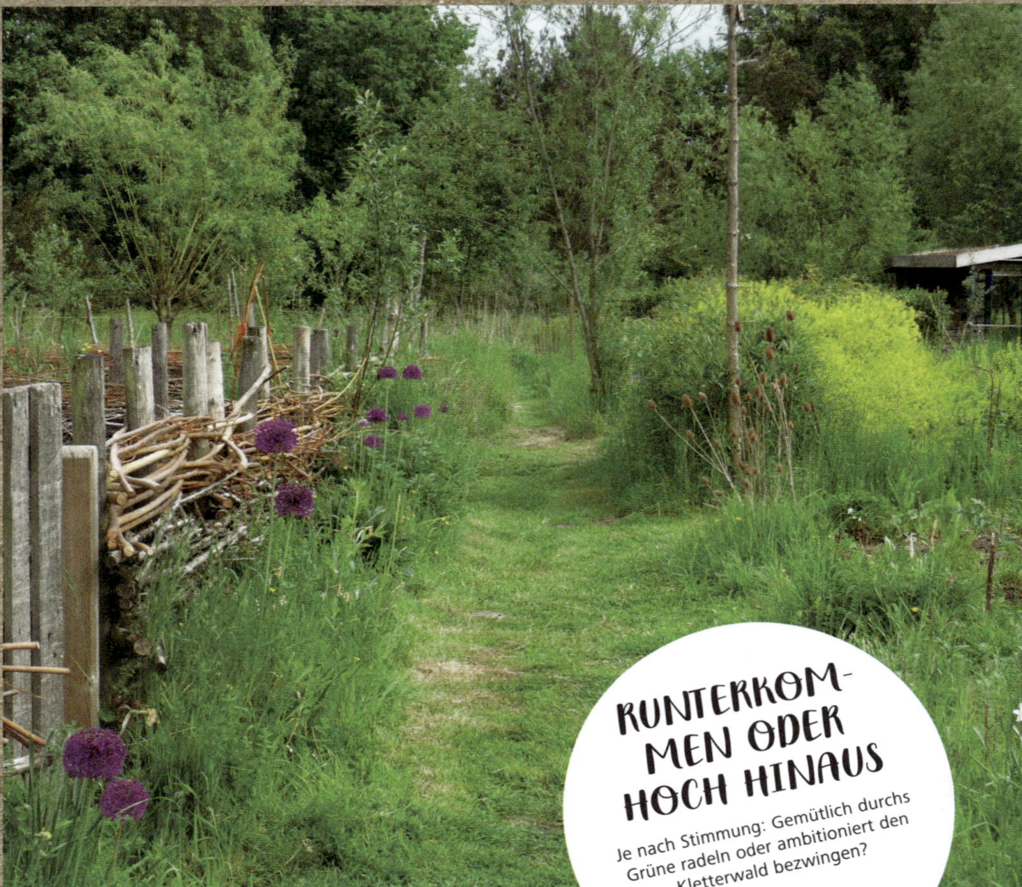

RUNTERKOMMEN ODER HOCH HINAUS

Je nach Stimmung: Gemütlich durchs Grüne radeln oder ambitioniert den Kletterwald bezwingen?

➤ **1 /** Startpunkt ist der Bahnhof Osnabrück-Altstadt

➤ **2 /** Im Friedensgarten kann jeder mitarbeiten

➤ **3 /** Das Nettebad bietet Spaß für die ganze Familie

➤ **4 /** Freizeit in der Natur wird in der Nackten Mühle geboten

➤ **5 /** Kleinod am Wegesrande: Kloster Nette

➤ **6 /** Den Biergarten von Knollmeyers Mühle kann man nur schwer links liegen lassen

➤ **7 /** Das Kloster Rulle beeindruckt mit der besonderen Kirche und dem Garten

➤ **8 /** Auf dem Gelände der Hochschule Osnabrück, Bereich Agrarwirtschaft und Landschaftsarchitektur, kann man umherradeln

➤ **9 /** Der Hasefriedhof ist ein ansprechender Park geworden

➤ **10 /** Herr von Butterkeks: hübsches Café mit Terrassen zur Hase hinunter

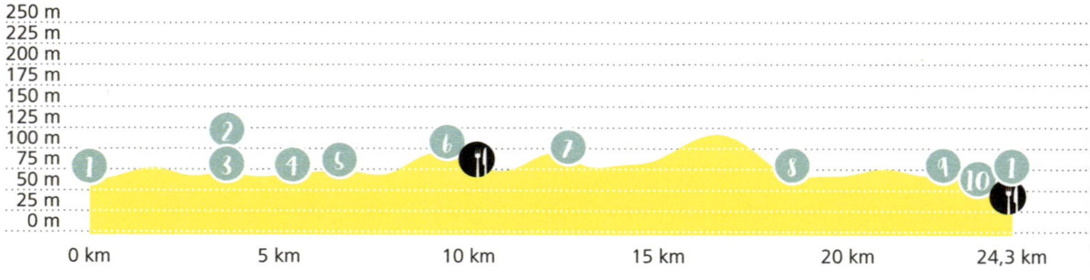

DURCHATMEN IM NETTETAL

Kurz raus aus der Stadt – an der Nette entlang nach Rulle

Recht kurz ist diese Feierabendtour, aber gespickt mit vielen großen und kleinen Besonderheiten am Wegesrand. Sie ist familiengeeignet, wobei die Strecke auch leichte Herausforderungen bereithält wie unbefestigte Abschnitte, kurze Abschnitte mit mehr Verkehr oder Steigungen. Aber nach meinem Dafürhalten ist das alles harmlos. Der allergrößte Teil der Tour sind ruhige befestigte Straßen. Als zentrale Pausenstelle bietet sich Knollmeyers Mühle an.

25 Kilometer
180 Höhenmeter
180 Höhenmeter
2:15 Stunden
Rundtour

Aufsatteln in Osnabrücks Altstadt

Wir starten am Hasetor, das es aber sichtbar gar nicht gibt. Genauer gesagt beginnt die Tour am Ende der Hasestraße bzw. dem gegenüberliegenden Hasetorbahnhof, der jetzt 1 / Bahnhof Osnabrück-Altstadt heißt. Dessen Gebäude ist weder auffällig noch ansehnlich, aber dafür praktisch. Ist man doch von hier aus sogleich im

CHARAKTER
Sportlich ●●○○○
Abkühlung ●○○○○
Schlemmen ●●○○○
Panorama ●●○○○

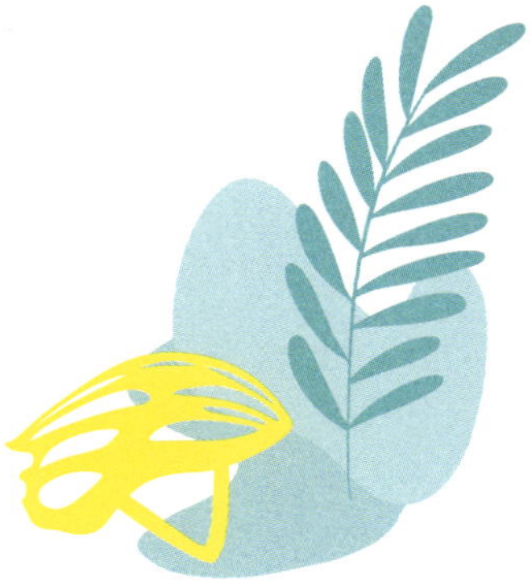

TOURENINFO / Ohne Probleme ist diese Runde zu befahren, wenig Steigungen, nur ab und zu ein unbefestigter Weg, kaum Autoverkehr. Auch mit Kindern dürfte die Tour gelingen, auch wenn die Tourenstopps Kinderherzen nicht unbedingt höher schlagen lassen werden.

◂ links / Der Friedensgarten verströmt Ruhe

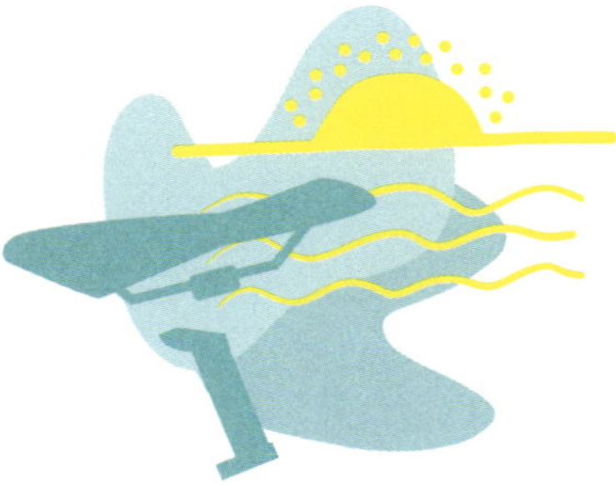

historischen Zentrum der Stadt. Der verkehrsreichen Bramscher- und dann Süntel-Straße entfliehen wir alsbald in die „Wakhegge", die an der Rückseite des Bürgerparks entlang führt, dem schönsten Park der Stadt. Wir durchstreifen dann auf ruhigen Pfaden den Stadtteil Sonnenhügel und gelangen so in den 2 / Friedensgarten.

Familienmagnet Nettebad

Vorsichtig überqueren wir die verkehrsreiche Vehrter Landstraße und schon sind wir auf dem Gelände des Erlebnisbads 3 / Nettebad, dem vielseitigen und beliebten Spaßbad an Osnabrücks Stadtrand. Doch für einen Besuch sollte man sich ordentlich Zeit nehmen. Das gilt ebenso für die Kartbahn Nettedrom nebenan mit den rasenden E-Karts für die zumeist jungen Rennfahrer und für das nahe Eissportcenter, das in den Wintermonaten geöffnet ist. Wir radeln heute lieber weiter, direkt an der Nette und ihren Teichen entlang.

DAS NETTEBAD

Das große Erlebnisbad macht gerade Familien viel Spaß: schwimmen und planschen, springen und rutschen, dazu kommt auch noch das Wassersport- und Saunavergnügen.

Für Naturforscher

Nach wenigen hundert Metern liegt rechts ein idealer erster Picknickort an der 4 / Nackten Mühle. Die Sägemühle, der Teich, der Ministrand und vor allem die sich durchs Dickicht schlängelnde Nette sind ein Dorado für junge Forscher, Staudammbauer, Insektenliebhaber … Unter www.lega-s.de/bereich-nackte-muehle erfährt man alles über Freizeitangebote. Nur 1 km weiter erscheint rechts wieder etwas Sehenswertes, das 5 / Kloster Nette. Nach weiteren 1,5 km, wir haben soeben das Hünengrab Oestringer Steine passiert, zweigt links der vielleicht schönste Streckenabschnitt ab, die Straße „Im Nettetal".

➤ rechts oben / Kein Bienenhotel, schon ein wahrliches Bienenhochhaus befindet sich bei der Nackten Mühle ➤ rechts Mitte / Die Nackte Mühle mit ihrem Mühlrad

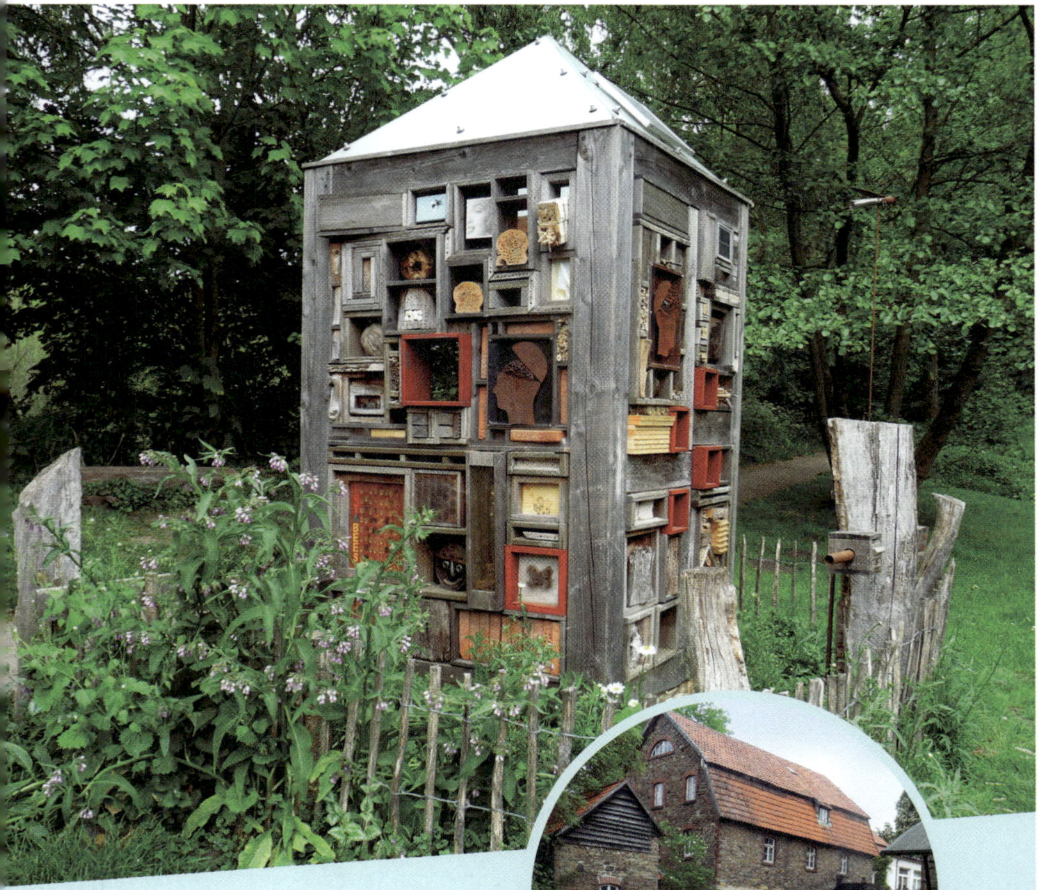

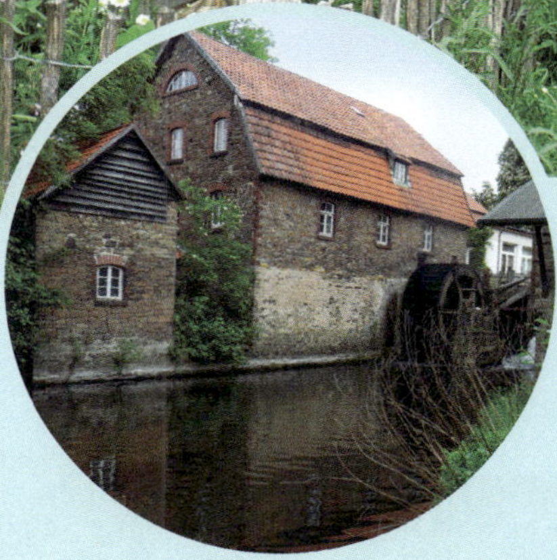

ES KLAPPERT DIE MÜHLE …

4 / Nackte Mühle heißt das Gelände, das für Groß und vor allem für Klein Freizeitaktivitäten in der Natur anbietet.

ZIG PLÄTZE

unter alten Bäumen hat der Biergarten an 6 / Knollmeyers Mühle. Da kann man es sich richtig gut gehen lassen. Nebenan fließt die Nette von der Mühle her gemächlich abwärts und über uns rollt an einem Seil schon mal jemand zur nächsten Station im Kletterwald. Alles ohne jede Hektik.

Knollmeyers Mühle

NATURBELASSENE NETTE

Sanft geschwungen führt uns das Sträßchen zwischen Waldhang und Talwiesen zum beliebten Ziel etlicher Kurzausflügler, zu 6 / Knollmeyers Mühle. Zuerst stehen wir auf der Brücke, blicken in beide Richtungen auf den schönen naturbelassenen Lauf dieses Bächleins, auf die alte Mühlenanlage und das flache Ufer der Nette, wo Kinder plantschen können und über Steine balancieren. Sodann stellen wie unsere Räder ab, Pferde könnten wir hier auch anseilen, und gönnen uns, je nach Gusto, einen Kaffee oder ein Kaltgetränk in dem großen Biergarten unter den ebenso großen Bäumen. Wenn die Zeit üppig zur Verfügung steht, buchen wir einen der fünf Parcours im Kletterwald (www.teammotion.de/kletterwald-osnabrueck) oder, weniger anspruchsvoll, spielen eine Runde Minigolf auf dem in Terrassen angelegten Platz (www.minigolf-nettetal.de). Es sind sogar zwei Minigolfplätze hier, da kommt auch bei gutem Wetter kein Gedränge auf. In den Spielpausen schlecken wir dann an einem leckeren Eis.

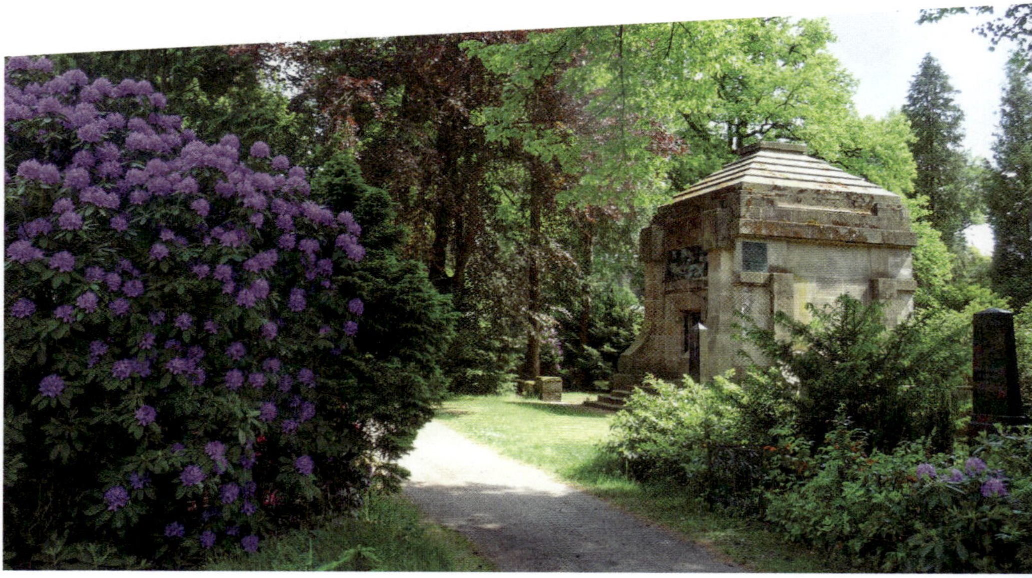

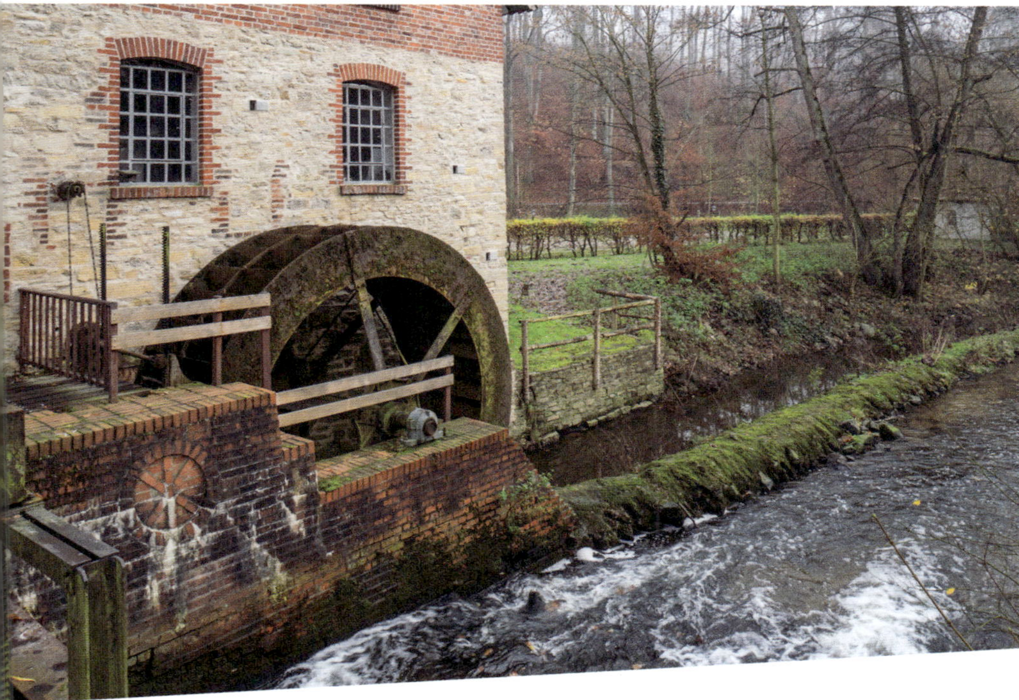

Drei Kilometer weiter sind wir in Rulle

Nach schon so zahlreichen Stopps am Wegesrand radeln wir jetzt erst mal 3 Kilometer am Stück und gelangen zum 7 / Kloster Rulle, genauer zum ehemaligen Kloster Rulle. Die verwinkelt gebaute Klosterkirche, eine Wallfahrtskirche, mit ihren verschiedenen Türmen ist schon ein ungewöhnlicher Bau. Die direkte Umgebung mit den Bäumen und Gartenanlagen ist eigentlich schon wieder ein schönes Pausenplätzchen. Im Nebengebäude befindet sich die Jugendbildungsstätte Haus Maria Frieden, www.hmf-rulle.de.

Rückweg in die Stadt

Auf den 5 Kilometern bis an den Ortsrand von OS-Haste hält der Weg gleich hinter Rulle einen sehr schmalen unbefestigten, aber hübschen Pfad für uns parat, sonst hauptsächlich ruhige Asphaltstraßen, und die später auch mit einer kleinen Steigungsstrecke. Auf freiem Feld führt uns dann am Stadtrand ein Weglein hinab zur Straße „Blumenmorgen". Von der biegen wir an unscheinbarer Stelle rechts ab auf das Gelände der 8 / Hochschule Osnabrück, genauer gesagt auf den Campus Haste mit den Fakultäten Agrar-

1253

ist das Jahr, in dem schon die Staurechte an 6 / Knollmeyers Mühle erwähnt worden sind. Auch heute ist die Mühle wieder als solche im Einsatz und malt Korn in einer gelungenen Kombination aus alter und neuer Technik.

< links / Der Park des (ehemaligen) Hasefriedhofs ^ oben / Alte Mühle Knollmeyer gegenüber des Biergartens

HAUS MARIA FRIEDEN

heißt die beliebte Fortbildungsstätte im ehemaligen 7 / Kloster Rulle, ein von den alten Gebäuden wie von den schönen Gärten her ruhestiftender Ort.

wirtschaft und Landschaftsarchitektur. Hier bekommen wir einiges Interessantes zu sehen: einen Staudengarten, Versuchsflächen, alten Baumbestand, Hochschulgebäude. Nach einem Zickzack über einige Wohnstraßen in Haste passieren wir die verkehrsreiche Kreuzung an der Haster Mühle, um dann wieder einfach ein schönes Stück die Nette entlangradeln zu dürfen. Nun geht es aber dann doch Richtung Innenstadt.

Ein Park nahe der Innenstadt

Von der Vehrter Landstraße führt uns ein schöner, wenn auch unbefestigter Weg durch einen „Grünen Finger" abwärts in die Stadt – da aber zunächst noch direkt in den Park des 9 / Hasefriedhof. Was sind hier für Grabstellen zu sehen, alt, ehrwürdig, aufwändig gestaltet bis hin zu fast kolossalen Gebäuden. Und alles ist mit den vielen Wegen, zum Teil zugewucherten Abschnitten, mit altem Baumbestand zu eben einem attraktiven Park geworden. Führungen werden angeboten, ab und an auch Veranstaltungen (www.hasefriedhof-johannisfriedhof.de).

10,5 HA

groß ist der (ehemalige) 9 / Hasefriedhof, denn er ist zu einem herrlichen innerstädtischen Park umgewidmet. Mächtige Bäume überdachen ehrwürdige Grabsteine längst vergangener Zeiten. Dazu erzeugen auch verschiedenstes Buschwerk und die muntere Vogelwelt eine attraktive Aufenthaltsqualität.

Herr von Butterkeks

Wer zum Tourende noch Lust auf eine Einkehr hat und nicht in den bekannten Gaststätten der Innenstadt seinen Favoriten findet, dem sei noch folgender Schlenker empfohlen. Wir kreuzen die B 68 (Hansastr.) und kommen dann über Weserstraße, Hafenstraße und Wachsbleiche auf das Gelände des neuen Hase-Campus. Durch das Gebäude hindurch gelangen wir zum 10 / Herrn von Butterkeks, Café und Bar, direkt am Ufer der Hase. Ein schönes Fleckchen für den Tourabschluss, wenn einen da nicht ab und an das Gedonner der Züge über die nahe Stahlbrücke erschüttern würde. Aber das ist ja nur die sympathische Bahn. Ein Klacks ist es von hier zum Ziel, nur ein km zum Beginn der Hasestraße bzw. zum 1 / Bahnhof OS-Altstadt. Wobei das Kopfsteinpflaster auf den letzten Metern doch echt nervt.

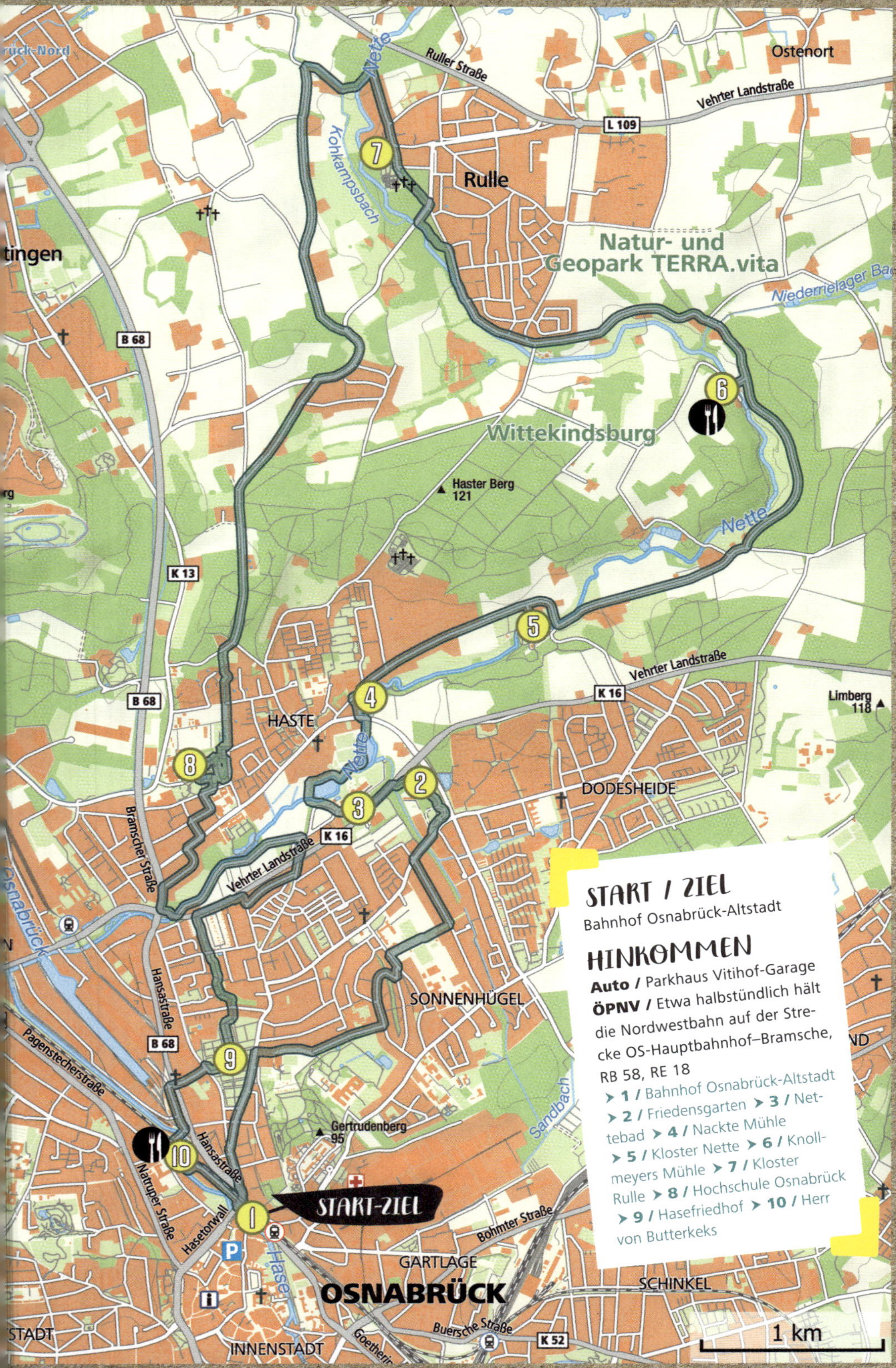

START / ZIEL

Bahnhof Osnabrück-Altstadt

HINKOMMEN

Auto / Parkhaus Vitihof-Garage
ÖPNV / Etwa halbstündlich hält die Nordwestbahn auf der Strecke OS-Hauptbahnhof–Bramsche, RB 58, RE 18

➤ **1** / Bahnhof Osnabrück-Altstadt ➤ **2** / Friedensgarten ➤ **3** / Nettebad ➤ **4** / Nackte Mühle ➤ **5** / Kloster Nette ➤ **6** / Knollmeyers Mühle ➤ **7** / Kloster Rulle ➤ **8** / Hochschule Osnabrück ➤ **9** / Hasefriedhof ➤ **10** / Herr von Butterkeks

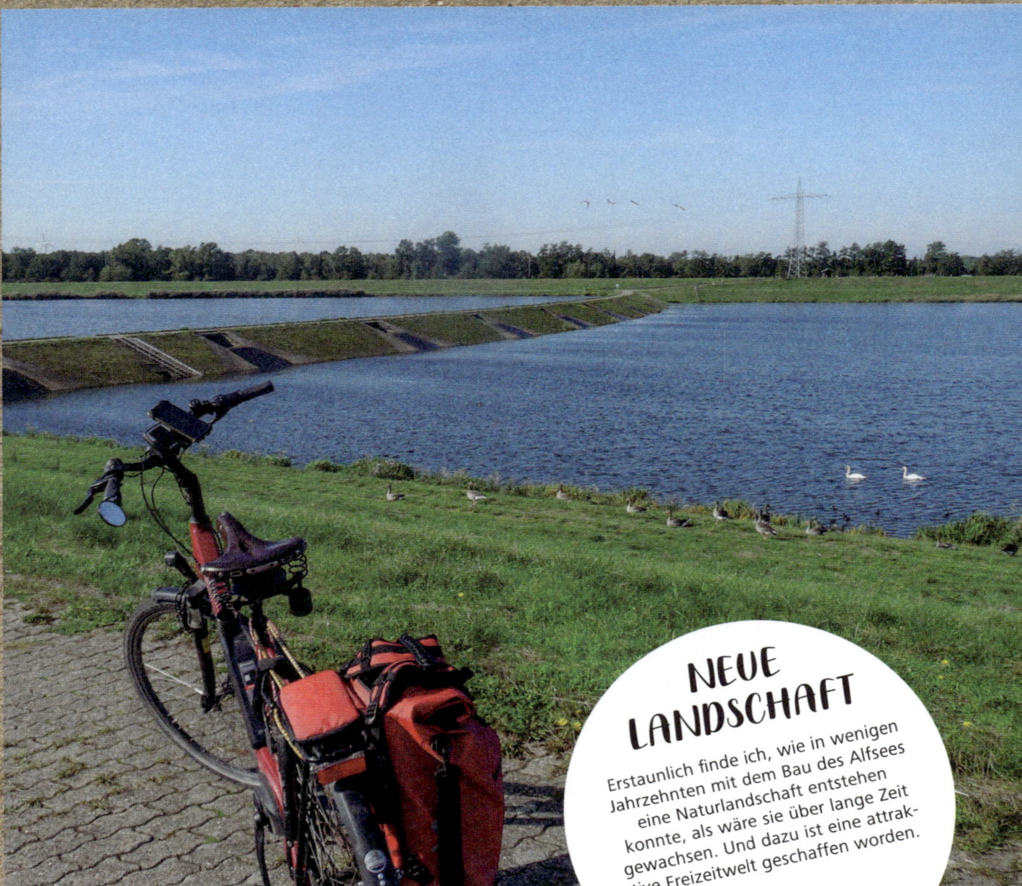

NEUE LANDSCHAFT

Erstaunlich finde ich, wie in wenigen Jahrzehnten mit dem Bau des Alfsees eine Naturlandschaft entstehen konnte, als wäre sie über lange Zeit gewachsen. Und dazu ist eine attraktive Freizeitwelt geschaffen worden.

> **1 /** Der Bahnhof Rieste ist unser Startpunkt

> **2 /** Der Irrgarten Alfsee ist schon eine Herausforderung

> **3 /** Unbekannte Haustiere begegnen uns im Park der Arche Alfsee

> **4 /** Interessant aufbereitete Infos hält das Naturschutzzentrum Alfsee für uns bereit

> **5 /** Mit schönem Interieur begeistert das Café Deko Diele

> **6 /** Aktivitäten der Biologischen Station Haseniederung könnten wir einplanen

> **7 /** Schön schlängelt sich die Tiefe Hase durch Baum- und Buschwerk

> **8 /** Freizeitaktivitäten zuhauf bietet der Erlebnispark Alfsee

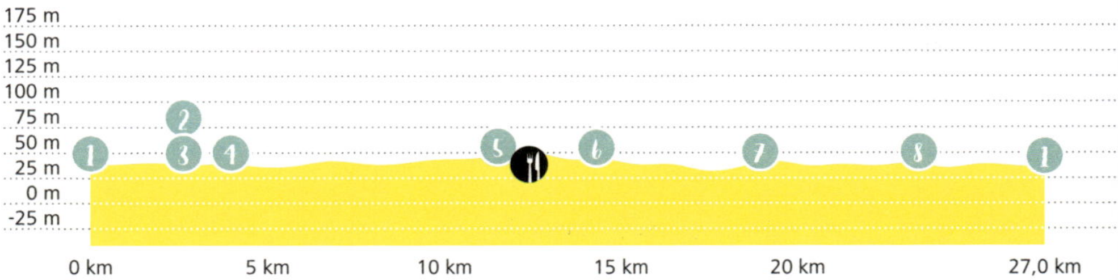

ERST DIE NATUR, DANN DAS VERGNÜGEN

Familienfreundliche Tour
um den Alfsee

Die 27 km dieser Rundtour lassen sich leicht bewältigen, keine Steigungen, bis auf einen Abschnitt nur befestigte, verkehrsfreie oder -arme Wege. Höchstens könnte Wind uns mal stören. Die Strecke kann an einigen Stellen abgekürzt oder auf Wunsch auch verlängert werden. Wir radeln durch eine grüne Landschaft, mal am See, doch meist durch Felder, durch den Ort Alfhausen und an einem malerischen Abschnitt entlang der Hase. Doch zu guter Letzt kommt nach dem Fahrvergnügen das ausgelassene Freizeitvergnügen im Erlebnispark Alfsee (www.alfsee.de). Als Familie mit Kindern bietet sich diese eigentlich kurze Tour damit auch als Ganztagesunternehmung an.

27 Kilometer
95 Höhenmeter
95 Höhenmeter
2:30 Stunden
Rundtour

CHARAKTER
Sportlich ●○○○○
Abkühlung ●●●○○
Schlemmen ●●○○○
Panorama ●●○○○

Start in Rieste

Am 1 / Bahnhof Rieste startet unsere Runde eher unspektakulär entlang der Sögelner Straße, vorbei an der kleinen Emmauskirche und dem Gut Varendorf,

---

TOURENINFO / Keine Steigungen, kaum Autos, diese Tour ist ausgesprochen familienfreundlich. Sie beitet im größten Teil zwar keine Sensationen für Kinder, sondern eher die Natur, aber dafür kommt dann im Freizeitpark ein furioses Finale.

‹ links / Ausblick am Alfsee

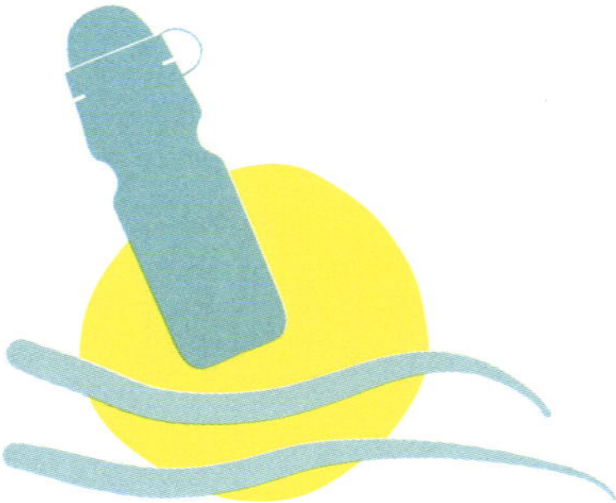

einer Beauty- und Wellnessfarm (in der man aber nicht mal soeben absteigen kann). Wir fahren nun westlich über die Dorfstaße, die am Bahnübergang zu einem kleinen Pfad mutiert, zu zwei ungewöhnlichen Highlights.

Ein großes Labyrinth

Der 2 / Irrgarten Alfsee ist eine kreisförmige Anlage mit beachtlich hohen Hecken, in den Gängen kann man sich prächtig verlaufen. Es soll sich hier um den größten Irrgarten Deutschlands handeln. Eine Brücke über das Chaos gibt einem schließlich einen Überblick über das verwirrende Durcheinander. Auf dem Gelände sind etliche weitere Freizeitangebote zu finden (www.erlebnisland-alfsee.de, Bootshafenstr.2, Rieste).

Seltene Haustiere

Genau gegenüber dem Irrgarten, in der Anlage der 3 / Arche Alfsee haben Haustiere ihr Zuhause, die auf Bauernhöfen heutzutage keine Rolle mehr spielen und deshalb vom Aussterben bedroht sind. Sie werden in diesem Archepark gehalten und, in Zusammenarbeit mit anderen Archeparks, erhalten. So bekommt man ungewöhnliche Esel, Schweine, Ziegen und Federvieh zu Gesicht. Besichtigungsmöglichkeiten erfährt man über www.arche-alfsee.de (Bootshafenstr. 1, Rieste). Nach nur 1,5 km sind wir dann am Alfsee, einem künstlich angelegten, eingedeichten Becken, das in erster Linie dem Hochwasserschutz dient, sich zudem aber zu einem besonderen Naturgebiet entwickelt hat. In einem Teilbereich neben dem Alfsee ist ein großes Freizeitzentrum, das wir am Ende unserer Tour erreichen.

NOAH? ALFSEE!

3 / Arche Alfsee ist ein Park, in dem alte und gefährdete Haustierrassen gehalten und erhalten werden: Esel, Schweine, Ziegen, Hühner …

➤ rechts oben / Die Arche Alfsee züchtet alte Haustierrassen wie Angoraziegen ➤ rechts Mitte / Wird nur sehr selten geflutet: das Feuchtbiotop des Reservebeckens des Alfsees

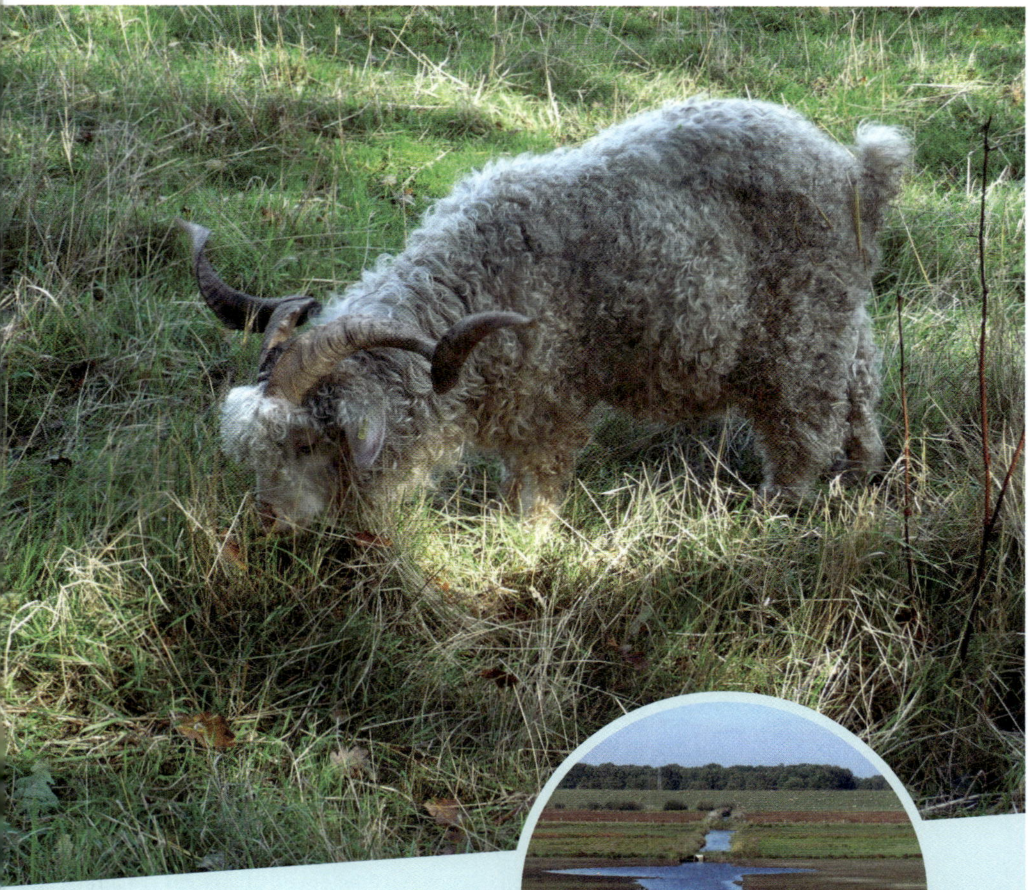

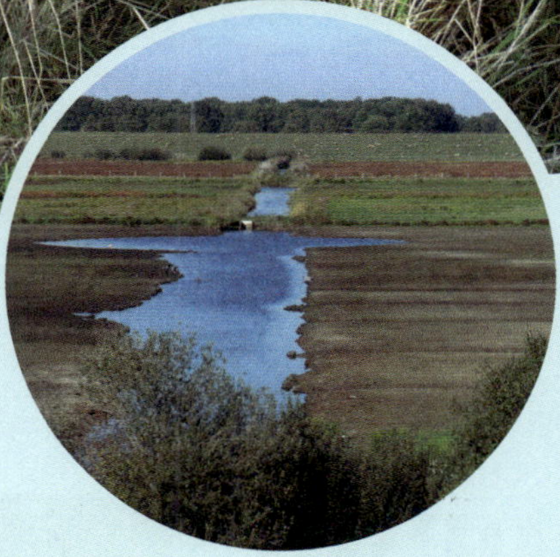

1981

wurde der Alfsee, ein Hochwasserrückhaltebecken, das erste Mal gestaut. Heute ist er zudem ein Naturschutzgebiet sowie auch ein Freizeitparadies. Etwa 3 km lang ist der See und kann genügend Wassermassen zurückhalten, damit nicht Orte wie Quakenbrück oder Meppen oder auch viele landwirtschaftliche Flächen überflutet werden.

„ALF“

aus der bekannten Fernsehserie stammt entgegen manchen Gerüchten nicht aus Alfhausen. Auch ist der See nicht nach ihm benannt.

IN DIE VOGELWELT EINTAUCHEN

Naturschutzzentrum

Auf einer kleinen Halbinsel liegt das 4 / Naturschutz- und Bildungszentrum Alfsee sowie ein Café und ein Vogelbeobachtungspunkt. Öffnungszeiten checkt man am besten vorher über www.nbz-alfsee.de. Wir radeln durch die grüne Natur mal unten, mal oben auf dem Deich. Schon bald erreichen wir den Überlaufdamm, der das Absetzbecken vom Hauptbecken trennt. Wir folgen noch kurz dem Ufer und überqueren dann den „Zuleiter", einen künstlichen Arm der Hase zum Alfsee. Die vielbefahrene B 68 lassen wir zum Glück schnell hinter uns. Entspannt ist es, den Thiener Damm entlangzuradeln.

Gemütliches Bauerncafé

Nach wenigen Kilometern biegen wir kurz links ab zum 5 / Café Deko Diele. Auf einem großen modernen Bauernhof mit einem schönen alten Giebel lässt einen die Außengastronomie kaum erahnen, welch liebevoll dekoriertes Café einen im Inneren erwartet. Klassisches wie auch neuzeitliche Dekorationen machen einen Aufenthalt zu einem Erlebnis. Allerdings ist das Café nur sonntags und

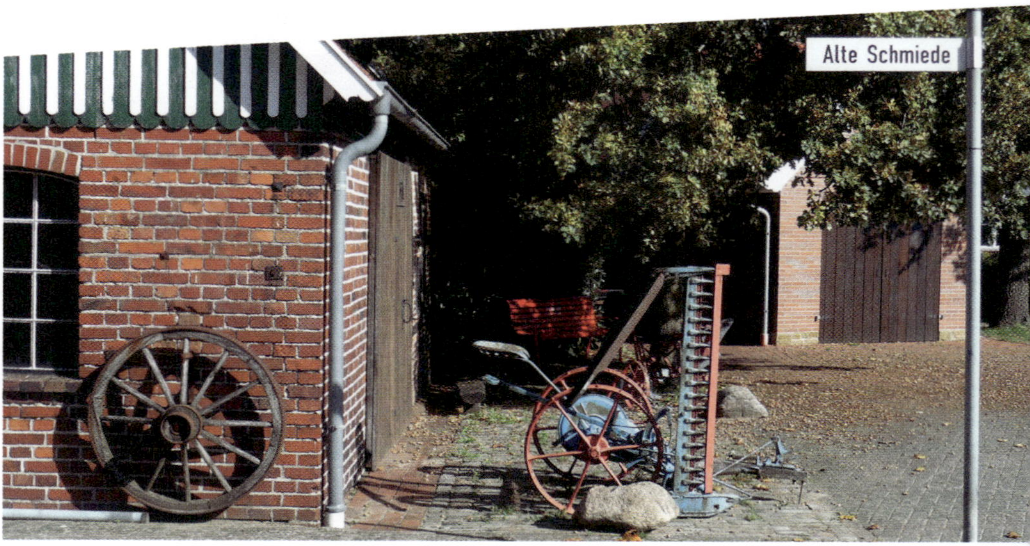

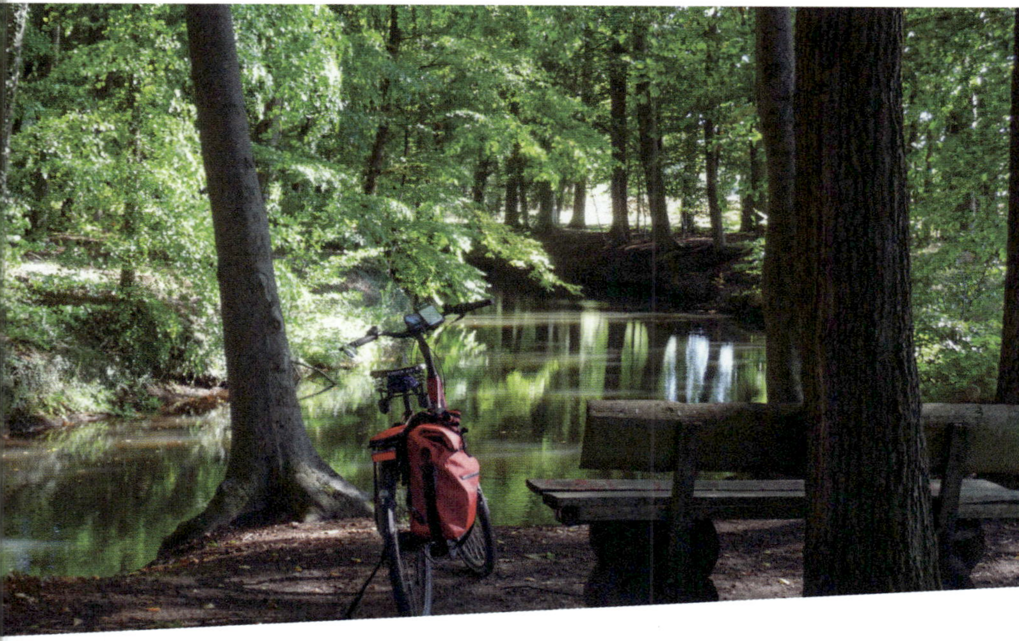

nach Absprache geöffnet. Deshalb informiert man sich besser telefonisch unter 05439-1226 (Thiener Dorf 15, Alfhausen). Alfhausen ist, außer Rieste, das einzige Dorf auf der Tour. Neben dem hübschen Ortskern mit der Johanniskirche bietet der Ort noch die komplett eingerichtete Alte Schmiede und das Heimathaus, ein über 200 Jahre altes Fachwerk-Heuerhaus, beide an der Thiener Straße. Auch Einkehrmöglichkeiten und Supermärkte finden sich, falls wir eine Stärkung nötig haben.

2024 wird das durch einen Brand schwer beschädigte 4 / Naturschutz- und Bildungszentrum Alfsee wieder eröffnet.

Biologische Station

Wir kommen zum 6 / Abzweig zur Biologischen Station Haseniederung. Wer tiefer eindringen will in die Natur der Region, der sollte über Bahnhofstraße und Riester Straße den zusätzlichen Kilometer unter die Räder nehmen. Über www.haseniederung.de erfährt man, wann welche Aktivitäten angeboten werden.

Wie schön kann die Hase sein

Richtung Osten verlassen wir Alfhausen, kommen am Bahnhof vorbei, an dem leider kein Zug hält, und lassen uns bald an einer Rufschranke den Weg über die Schienen öffnen. Einige wenig aufregende, aber schöne Kilometer liegen vor uns, bis wir an die Hase

---

< links / Die Alte Schmiede in Alfhausen ^ oben / Wir rasten an der Tiefen Hase

750

Jahre ist Rieste alt, so steht es auf manchen Tafeln. Doch das war schon durch die 777-Jahr-Feier überholt. Die Geburtsstunde ist das Jahr 1245. Man feiert also gerne in dem Ort.

kommen, genauer an die 7 / Tiefe Hase. Eine traumschöne Partie führt uns durch hohen Baumbestand am Flüsschen vorbei, alles Natur pur. Beeindruckend, wie sich mutige Bäume über das Gewässer wagen. Gleich am Beginn eines Wäldchens zweigt rechts ein unbefestigter Pfad ab, ein Geheimtipp, ist er doch auf keiner Karte verzeichnet. Herrlich führt er durch eine schmale Allee, nach längerem Regen kann der Pfad aber etwas matschig werden. (Dann fährt man einfach etwas weiter geradeaus.) Nach 800 m sind wir dann am Reservebecken des Alfsees. Dieses ist äußerst selten geflutet, so ist ein interessantes Feuchtbiotop entstanden, das viele Vögel gerne annehmen.

1 KNOPF

Eine Schranke an einem Weg ist ständig geschlossen. Zum Glück gibt es da den Knopf, den man drücken soll. Eine nette Stimme meldet sich dann und schon öffnet sich für uns die Schranke. Es sei denn, es kommt ein Zug, aber das wird uns dann auch mitgeteilt.

Der Freizeitpark Alfsee

Nur 2,5 km trennen uns noch vom 8 / Erlebnispark Alfsee. Da haben wir zunächst dir Kartbahn für Jung und Alt, daneben das Kinder-Autoland. Auf dem nahen Dubbelausee mit Aquapark und Strandarena ziehen auf einer langen Strecke vom Seil gezogene Wasserski-Begeisterte an uns vorbei. Eine Runde Minigolf können wir einbauen. In der zentralen Anlage sind ein Hotel und ein Restaurant, nebenan machen Familien gerne einen Ausflug ins Germanenland, Erwachsene wählen vielleicht eher das Alfensaunaland. Und dann schließen sich noch zwei Campingplätze sowie drei Ferienhauskomplexe an, also Angebote satt. Auf dem knapp zwei km langen Rückweg zum 1 / Bahnhof Rieste kommen wir auch noch an den Bullermeck Spielscheunen vorbei, ein Kletter- und Rutscherlebnis für die Kinder, gerade auch bei schlechtem Wetter.

Kloster Lage oder Ankum gefällig?

Wer die Tour noch um ein oder zwei Highlights verlängern möchte, bitteschön: 2 km nordöstlich von Rieste liegt die eindrucksvolle Klosteranlage Lage (s. Tour 20). Und acht km nordwestlich von Alfhausen entfernt können wir noch Ankum besuchen mit dem attraktiven Ambiente rund um den großartigen Artländer Dom (s. Tour 20).

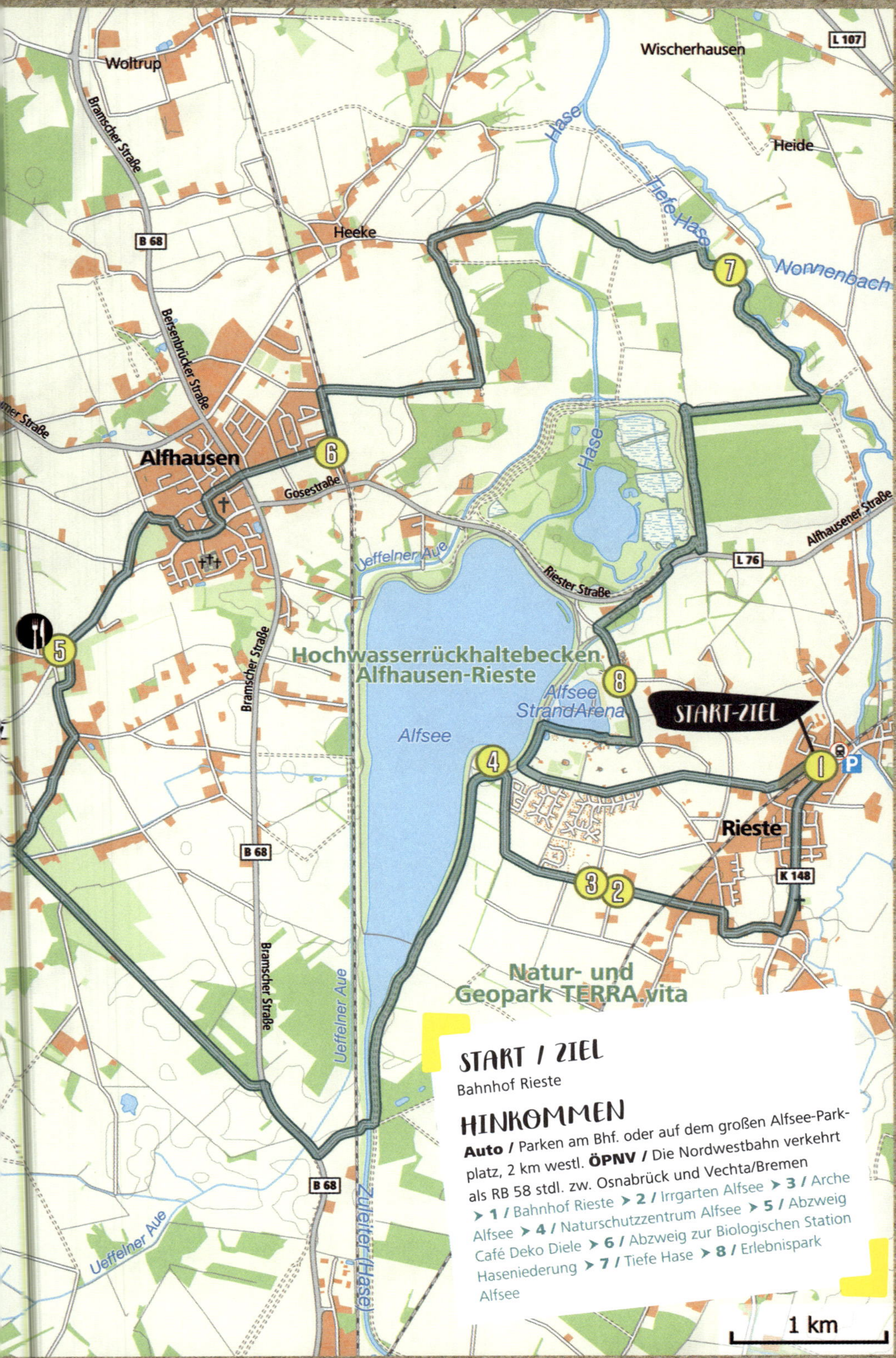

START / ZIEL

Bahnhof Rieste

HINKOMMEN

Auto / Parken am Bhf. oder auf dem großen Alfsee-Parkplatz, 2 km westl. **ÖPNV /** Die Nordwestbahn verkehrt als RB 58 stdl. zw. Osnabrück und Vechta/Bremen

➤ **1 /** Bahnhof Rieste ➤ **2 /** Irrgarten Alfsee ➤ **3 /** Arche Alfsee ➤ **4 /** Naturschutzzentrum Alfsee ➤ **5 /** Abzweig Café Deko Diele ➤ **6 /** Abzweig zur Biologischen Station Haseniederung ➤ **7 /** Tiefe Hase ➤ **8 /** Erlebnispark Alfsee

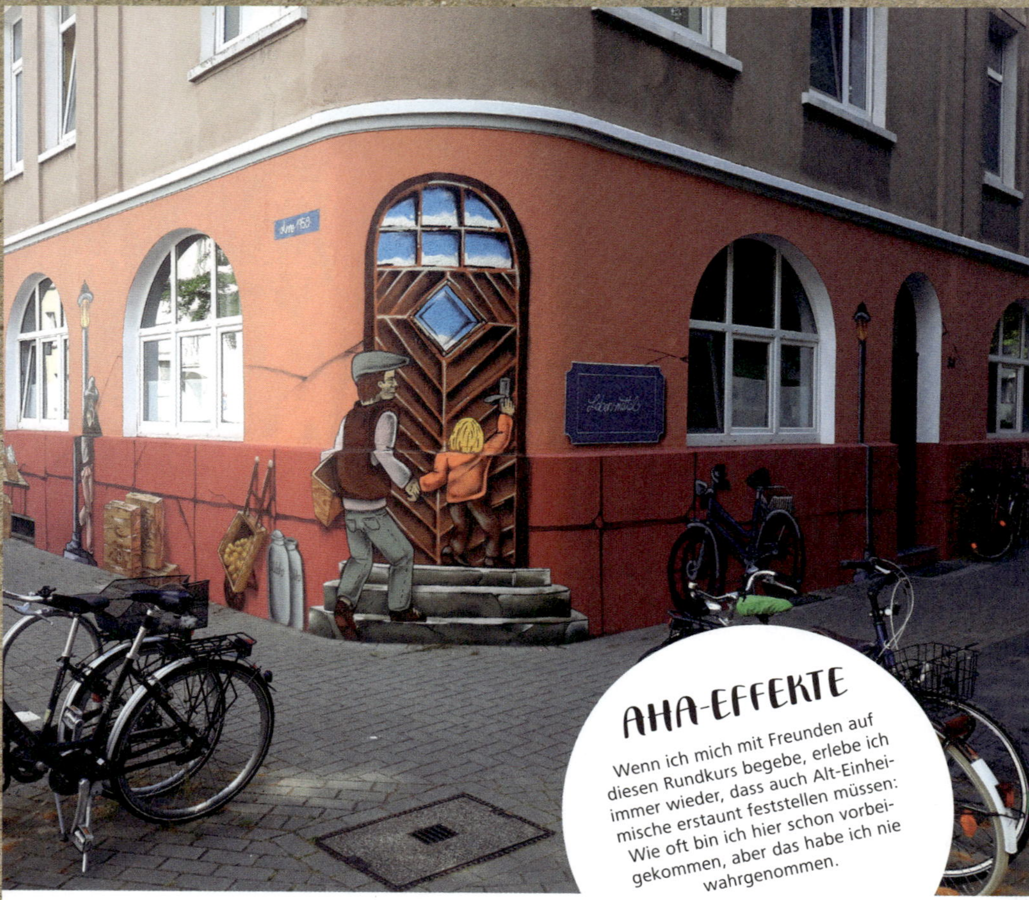

AHA-EFFEKTE

Wenn ich mich mit Freunden auf diesen Rundkurs begebe, erlebe ich immer wieder, dass auch Alt-Einheimische erstaunt feststellen müssen: Wie oft bin ich hier schon vorbeigekommen, aber das habe ich nie wahrgenommen.

- **1 /** Die Abluftsäule birgt viele Rätsel
- **2 /** Was soll das Gartentor an dieser Stelle?
- **3 /** Till Ossenbrügge heißt die Klempnerskulptur an der Hase
- **4 /** Anschauliche Bilder geben Einblick in die Zeit der Hexenverfolgung
- **5 /** Zwei düstere Wandbilder: Hexenwahn und Verspottung
- **6 /** Göttlich anzuschauen: die Waschfrau
- **7 /** Kleines Bild, makabere Geschichte: Der Teufel kackt der Oma ins Essen
- **8 /** „Koexistenz" von Natur und Kunst, die Natur wird triumphieren
- **9 /** Sooo gemütlich: das kleinste Studentenwohnheim für eine Person
- **10 /** Versteckt unterm Nussbaum-Museum: mittelalterliche Bogenbrücke
- **11 /** Nach unten offen, die älteste Toilette
- **12 /** Mecki, die Comicfigur am ehrwürdigen Schloss
- **13 /** Sechs unterschiedlichste Kunstobjekte beim Schloss
- **14 /** Wohltuendes Fassadenbild, der Glücksbringer
- **15 /** Der Rundbunker, ein schräges Mahnmal
- **16 /** Der 50er-Jahre-Laden verziert ein Eckhaus

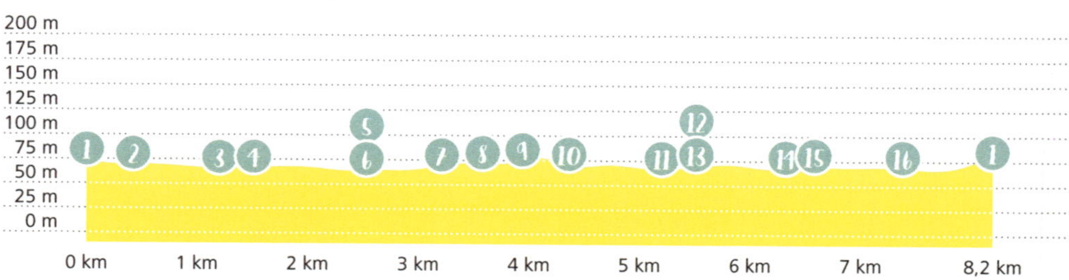

KOPFSCHÜTTELN UND STAUNEN

Ungewöhnliche Orte in Osnabrück: Von Kunst bis Kitsch, von Skulptur bis skurril

Diese Radelrunde hat weniger als 10 km, aber viele Stationen in der Innenstadt. Es ist mehr eine Führung zu ungewöhnlichen Orten in Osnabrücks Zentrum. Das Fahrrad dient eher dazu, die etwa 30 Orte anzufahren.

9 Kilometer
30 Höhenmeter
30 Höhenmeter
1:45 Stunden
Rundtour

Abluftsäule und einsames Gartentor

Wir starten an der Johanniskirche, Johannisstraße 91, am Ständebrunnen und der 1 / Abluftsäule. Seit 1980 zeigen bewegbare Bronzefiguren am Brunnen, wie die Gesellschaft damals eingeteilt war, in Ritterschaft, Geistlichkeit und Bürgertum. Gleich nebenan steht unscheinbar die braune Abluftsäule, die ab 1929 für die Belüftung der unterirdischen Toilette zuständig war und deshalb auch Pinkelsäule genannt wurde. Und dann die vielen Bilder: Hinter jedem steckt ein altes Sprichwort. Da muss der Betrachter oft lange grübeln. Vor dem Parkhaus des Marienhospitals steht unscheinbar ein uraltes steinernes 2 / Gartentor, ohne Garten. Das wirkt hier so etwas von deplaziert, war aber vor langer Zeit das Tor zum Garten der Familie

CHARAKTER

Sportlich ●○○○○
Abkühlung ●○○○○
Schlemmen ●○○○○
Panorama ●○○○○

TOUR, DIE DU SO NIE GEMACHT HÄTTEST

TOURENINFO / Diese kleine feine Rundtour erfordert viele Stopps, aber keinerlei Anstrengung. Obacht, weil oft verkehrsreiche Straßen gekreuzt werden müssen.

< links / Graffiti lassen einen Eckladen auferstehen

TOUR, DIE DU SO NIE GEMACHT HÄTTEST

Hoberg, worauf auch das Wappen hinweist. Über den auf Stelzen über der Hase laufenden Fuß-/Radweg begegnen wir dem erstaunt dreinblickenden Spezialisten 3 / Till Ossenbrügge, der grübelt, wie er ein Leck in einem Wasserrohr an der Hase reparieren soll.

Hier wurden einmal Hexen verbrannt

Wir passieren den Angelnden Hasen am Cup & Cino und gelangen zu der beeindruckenden Darstellung der 4 / Hexenverfolgung an der Rückwand von L&T. Hier wird durch Bilder mit Namen von im Mittelalter verbrannten Hexen, Zeichnungen von damals sowie, im Kontrast dazu, Fotos von Frauen von heute, an das üble Geschehen vor 400 Jahren erinnert. Wenn man vorübergeht, kippen die Bilder je nach Blickwinkel. Von der Brücke sehen wir dann den Bronzekrieger in der Hase stehen, der uns auf Knopfdruck nass spritzt (wenn das denn gerade funktioniert). Vor uns erhebt sich majestätisch der Haarmannsbrunnen, Deutschlands ältestes Arbeiterdenkmal. Wir radeln entlang des herrlichen baumbestandenen Herrenteichswalls, passieren das wie ein Fremdkörper aus der Stadt herausragende Iduna-Hochhaus und überqueren die Hase zu zwei oft unentdeckten Fassadenbildern zum Westfälischen Frieden, fast in einem Hinterhof. An der Mühlenstraße hängen versteckt zwei große verstörende, düstere Bilder, 5 / „Hexenwahn“ und „Verspottung“, von Axel Gundrum. Wegen des provokativen Inhalts gab es 1999 heftige Diskussionen. Die Obrigkeit und die Kirche kommen in den Werken schlecht weg. Die Hexenverfolgung ist ein Thema, ebenso der in der Nazizeit ermordete Osnabrücker Künstler Felix Nussbaum.

1909

entstand der Haarmannsbrunnen, eines der ältesten Arbeiterdenkmale überhaupt. Sonst wurden zu der Zeit eher Kaisern oder anderen Berühmtheiten gehuldigt.

Skulpturen, Bild und Installation

Man muss genau die ausdrucksstarken Gesichter studieren: die der beiden Kinder und vor allem jenes der Frau, der herrlichen Skulptur

---

➤ rechts oben / Ein Gartentor ➤ rechts Mitte / Bronzekrieger in der Hase

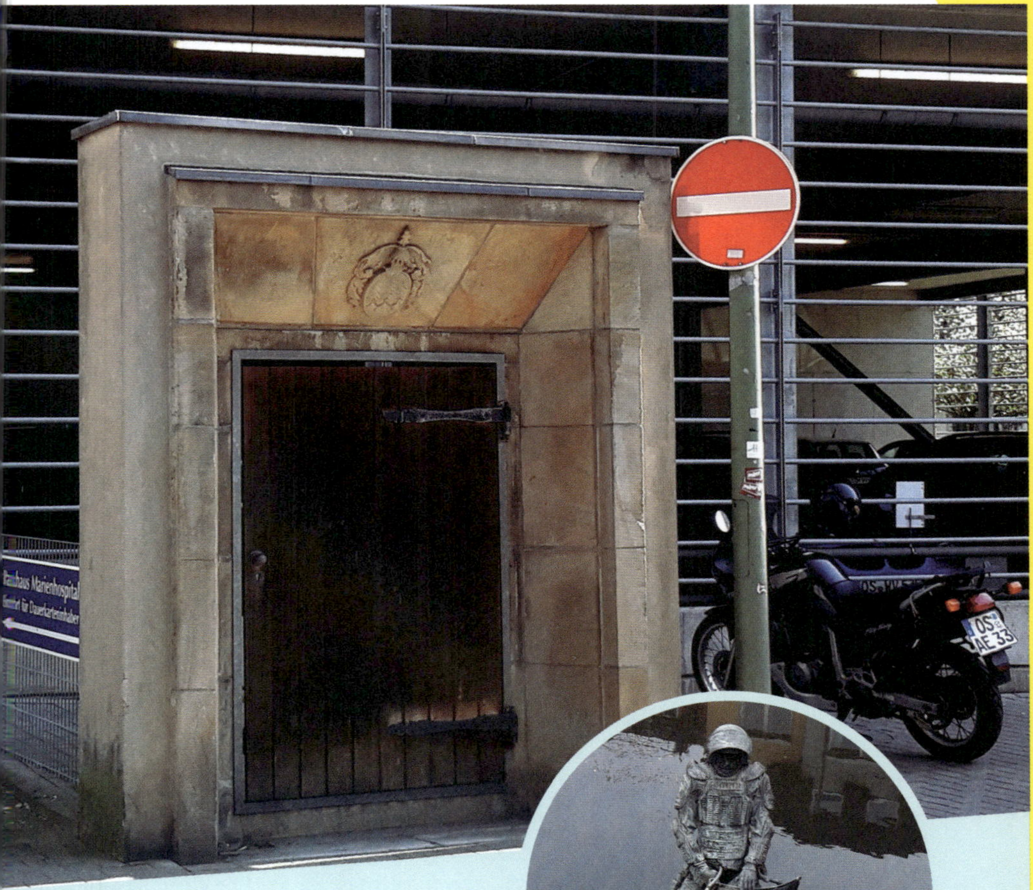

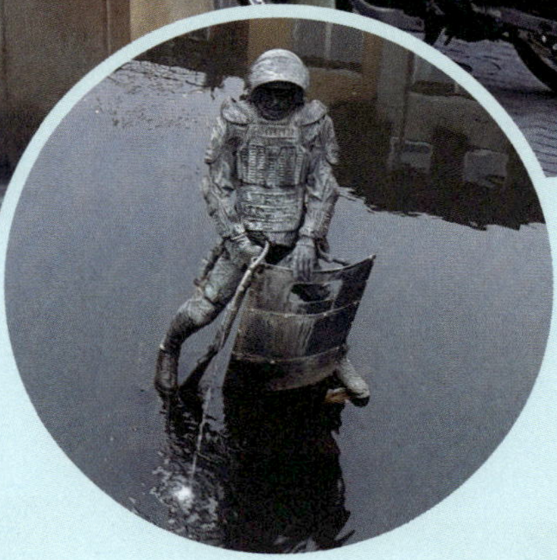

EINLADUNG

Noch ein Hinweis zu dieser Tour: Der Autor begleitet Interessierte gerne, Kontaktanfrage über osnaradeln@gmail.com.

HANS-GERD RUWE

Der Osnabrücker Bildhauer hat mehrere vielseitige und viel beachtete Bronzebrunnen in der Stadt gestaltet: Bürgerbrunnen, Steckenpferdreiter, Spezialist und, mein Liebling, die 6 / Waschfrau mit ihrem ausdrucksstarken Gesicht.

TOUR, DIE DU SO NIE GEMACHT HÄTTEST

6 / Waschfrau von Hans-Gerd Ruwe: Hier das Elend, mit kaltem Wasser gewaschen zu werden, dort die Geduld und Gleichmütigkeit der guten Frau. Wir bewegen den Hebel der Schwengelpumpe, schon spritzt das Wasser Knaben Nr. 1 nass. Knabe Nr. 2 zetert, er wird der nächste sein. Zwei Ecken weiter erwartet uns am Gerberhof die Industrieskulptur „Time is turning". Welch einen Kontrast stellt diese wuchtige Anhäufung von Schiffskurbelwellen dar, zu den menschlichen Gefühlen des Waschfrau-Ensembles. Ins Schmunzeln kommen wir aber wieder beim Anblick der Schuhfassade am Countdown, einer Kneipe im sogenannten Bermuda-Dreieck. Klein, aber eindrucksvoll ist das unscheinbare Bild am Hotel Walhalla in der Bierstraße: 7 / Der Teufel kackt der Oma ins Essen. Es heißt, eine frühere Version des Bildes soll vor Jahrhunderten von Wandergesellen abgemalt worden sein, damit sie beweisen konnten, dass sie in Osnabrück gewesen waren. Heute zücken die Besucher ihr Smartphone ob der unglaublichen Darstellung. Auf Jahre angelegt ist die recht große Installation 8 / „Koexistenz", eine senkrecht stehende Stahlplatte am verkehrsreichen „Wall". Ein Baum soll sich seinen Platz zurückerobern, die

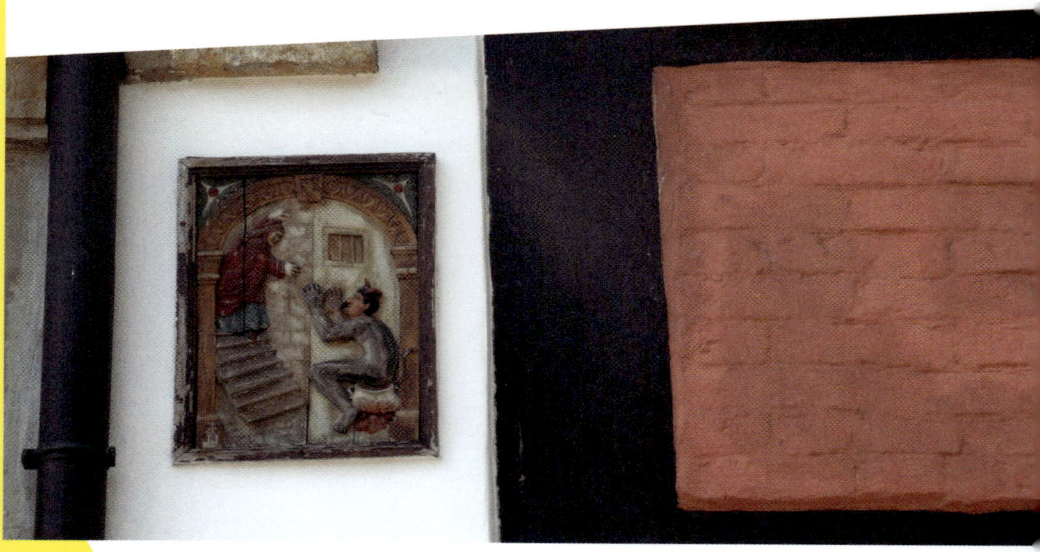

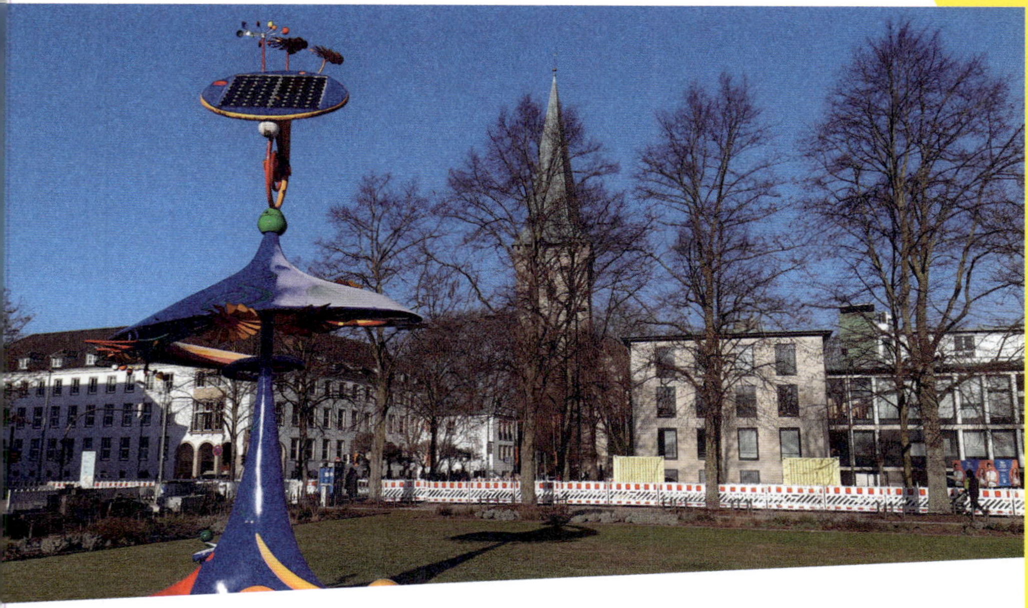

Natur soll die Kunst überwachsen. Wir verlassen vorübergehend die Innenstadt und überqueren den Wall, um sogleich die kleine feine Skulptur „Lügner" zu sehen. Zwei vornehme Herren hocken sich mit gaaanz langen Nasen gegenüber. Lügende Politiker?

Außergewöhnliche Orte

Erfolgreiches Studieren sollte im 9 / Kleinsten Studentenwohnheim möglich sein, eine Person kann hier wohnen. Das Fachwerkhäuschen an der Stadtmauer ist nur 19 qm groß. Nachdem wir die stark befahrene Lotter Straße überquert haben, der nächste ungewöhnliche Ort: Unter dem bekannten Nussbaum-Museum wurde beim Bau vor über 25 Jahren eine 10 / Mittelalterliche Bogenbrücke freigelegt. Der Architekt Libeskind änderte die Pläne und integrierte das Bauwerk von 1670. Wir kommen wieder in die Innenstadt und finden versteckt hinter dem großen Gebäude der Friedensschule den noch größeren Bunker Redlingerstraße, heute im Privatbesitz. Wir umfahren die Katharinenkirche mit dem über 100 m hohen Turm und bewundern den hübschen Steckenpferdreiter-Brunnen von Hans-Gerd Ruwe.

Älteste Toilette neben Comic und Kunst am Schloss

Vom neu gestalteten Ledenhof-Platz aus können wir sie sehen: die sicherlich 11 / älteste Toilette, außen an der Hauswand vom recht

100 JAHRE

oder mehr könnte die Skulptur 8 / „Koexistenz" den Wechsel aus Werden und Vergehen zeigen. 1999 schuf der Künstler Volker-Johannes Trieb eine 8 m hohe Stahlplatte in den Konturen des absterbenden Stammes einer Ulme. Nach etlichen Jahren war der Baum vermodert, unter der Stahlplatte wurde ein neuer gepflanzt, der jetzt schon mächtig gewachsen ist und die Stahlkonstruktion um-, über- und zerwachsen soll – ein spannender Kontrast zwischen Natur und Kunst.

< links / An einer Hausfassade: Der Teufel kackt der Oma ins Essen
^ oben / „Solara" vor der Katharinenkirche

„MECKI“,

bekannter Comic-Igel der Zeitschrift „HörZu“, ist beim Wiederaufbau des Schlosses von einem Steinmetz über ein Fenster gemogelt worden und passt somit überhaupt nicht zu den anderen jahrhundertealten Zierteilen.

hohen Steinwerk des historischen, aufwändig bemalten Gebäudes Ledenhof. Wir kreuzen den Neuen Graben und gelangen vorbei an der silbern blinkenden Bewegungsplastik mit zwei sich drehenden Scheiben zur Ostseite des Schlosses. Grinsend begrüßt uns hier der Igel 12 / Mecki als Steinmetzarbeit über dem Fenster ganz rechts. Diese Comic-Figur aus der Zeitschrift „HörZu“ passt natürlich überhaupt nicht an das 350 Jahre alte Schloss, da muss man schon schmunzeln über den Gag des Steinmetzes. Westlich des Schlosses sehen wir sechs 13 / Kunstobjekte, die alle komplett unterschiedlich sind. Allein dieses diverse Erscheinungsbild ist skurril: Die Säule „Identifikation“ hat etwas von einer Raketenrampe, die bunte verspielte „Solara“ stellt einen fröhlichen Kontrast dar, auch zu den beiden „Riesen“ am Eingang zum Uni-Keller und zur Holz-Metall-Konstruktion „Erneuerung der Erinnerung“. Die schrägen blauen Platten „Echo“ und der gelbe Käfig des Spielplatzes vervollständigen das Kuddelmuddel.

1

„Goldstück“ hat die Künstlerin Angelika Walter bei ihrem Fassadenbild 14 / „Glücksbringer“ auf den Mauersims geklebt. Seitdem legen Passanten ab und an eine Münze daneben, andere nehmen sie mit. Bleibt die Frage: Was macht glücklicher, eine Münze hinzulegen oder mitzunehmen?

Bunte Fassaden und einen schiefen Turm

gibt es am Schnatgang zu sehen: kunstvoll gestaltet sich das Haus Ecke Lange Straße, ebenso der Bücherschrank. An der Ecke Parkstraße reißt gerade das Seil, an dem der kleine Mann hochklettert. Doch bei Hausnr. 53 wartet der 14 / Glücksbringer auf uns: Aus einem „Fenster“ fallen bunte Bänder, die sich zu Glückssymbolen wandeln. Am Hoffmeyer-Platz liegt versteckt ein 15 / Rundbunker. Dieses Relikt aus dem Krieg hat sich zwei Sprengversuchen widersetzt, nur etwas zur Seite geneigt und ist so zu einem Denkmal geworden. Wir biegen noch kurz auf das Hochschulgelände, um den Fairteiler zu inspizieren. Hier kann man Lebensmittel deponieren, die andere Menschen sich dann einfach nehmen können. Die 50er Jahre werden gegenwärtig, wenn wir den 16 / 50er-Jahre-Laden an der Ecke Heinrichstr./Wiesenbachstr. mit all seinen Details betrachten. Uns präsentiert sich hier die vielleicht schönste Graffitiarbeit der Stadt. Nach der Überquerung des Walls sind wir wieder an der Johanniskirche.

TOUR, DIE DU SO NIE GEMACHT HÄTTEST

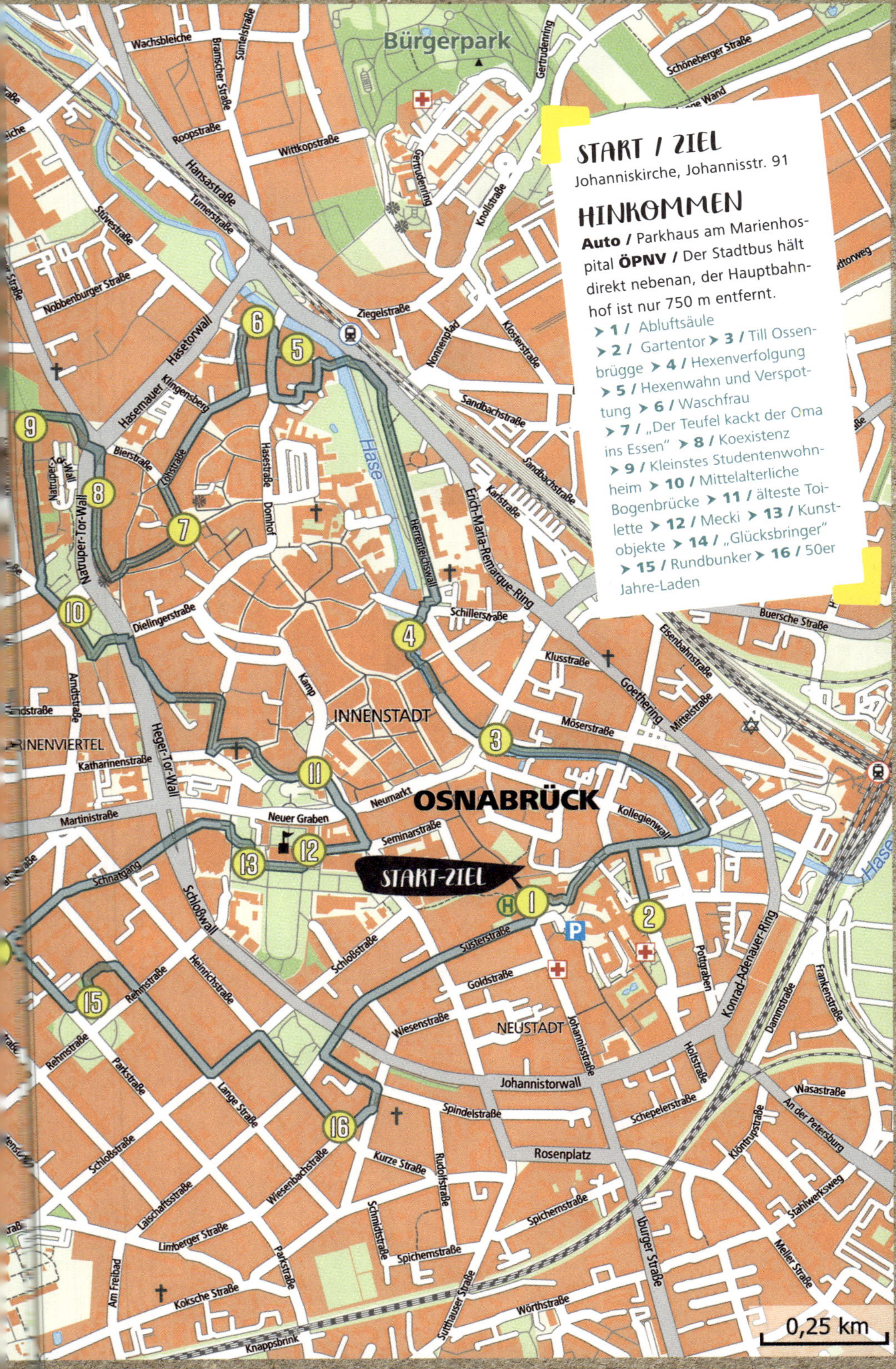

START / ZIEL

Johanniskirche, Johannisstr. 91

HINKOMMEN

Auto / Parkhaus am Marienhospital **ÖPNV /** Der Stadtbus hält direkt nebenan, der Hauptbahnhof ist nur 750 m entfernt.

➤ **1 /** Abluftsäule ➤ **2 /** Gartentor ➤ **3 /** Till Ossenbrügge ➤ **4 /** Hexenverfolgung ➤ **5 /** Hexenwahn und Verspottung ➤ **6 /** Waschfrau ➤ **7 /** „Der Teufel kackt der Oma ins Essen“ ➤ **8 /** Koexistenz ➤ **9 /** Kleinstes Studentenwohnheim ➤ **10 /** Mittelalterliche Bogenbrücke ➤ **11 /** älteste Toilette ➤ **12 /** Mecki ➤ **13 /** Kunstobjekte ➤ **14 /** „Glücksbringer“ ➤ **15 /** Rundbunker ➤ **16 /** 50er Jahre-Laden

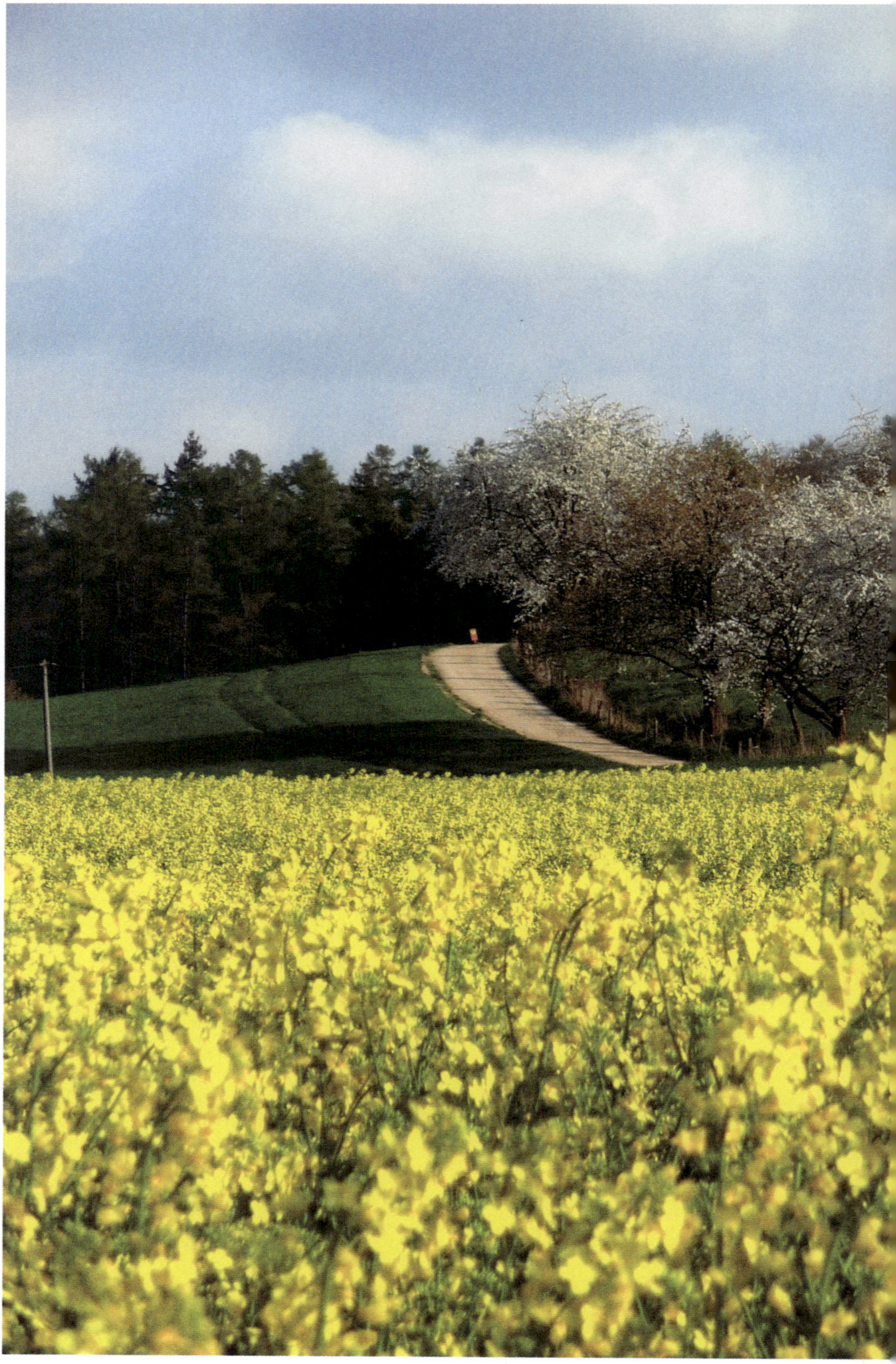

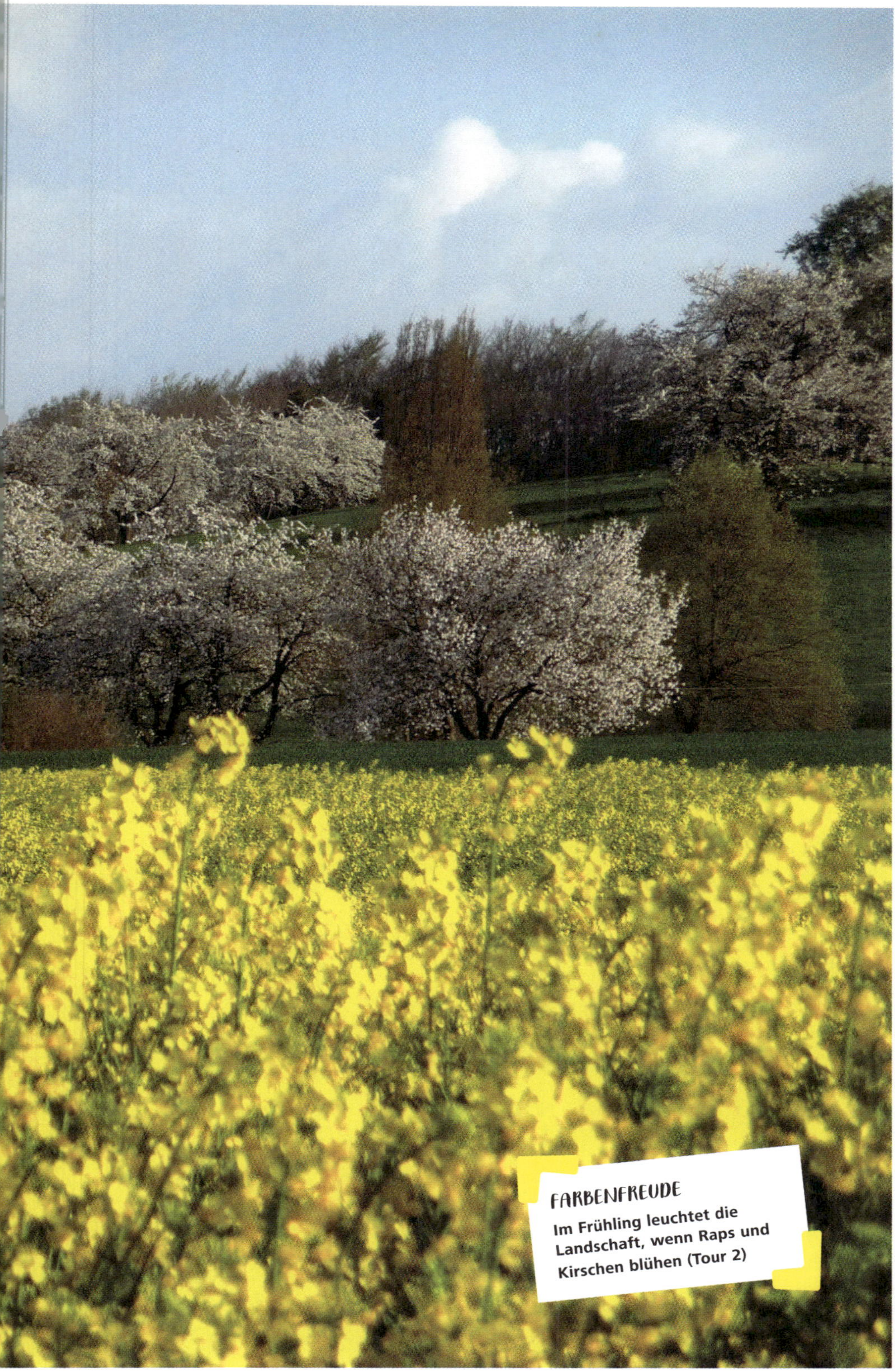

FARBENFREUDE

Im Frühling leuchtet die Landschaft, wenn Raps und Kirschen blühen (Tour 2)

MEHR ERFAHREN

SPANNENDE TAGESTOUREN, DIE JEDER SCHAFFT

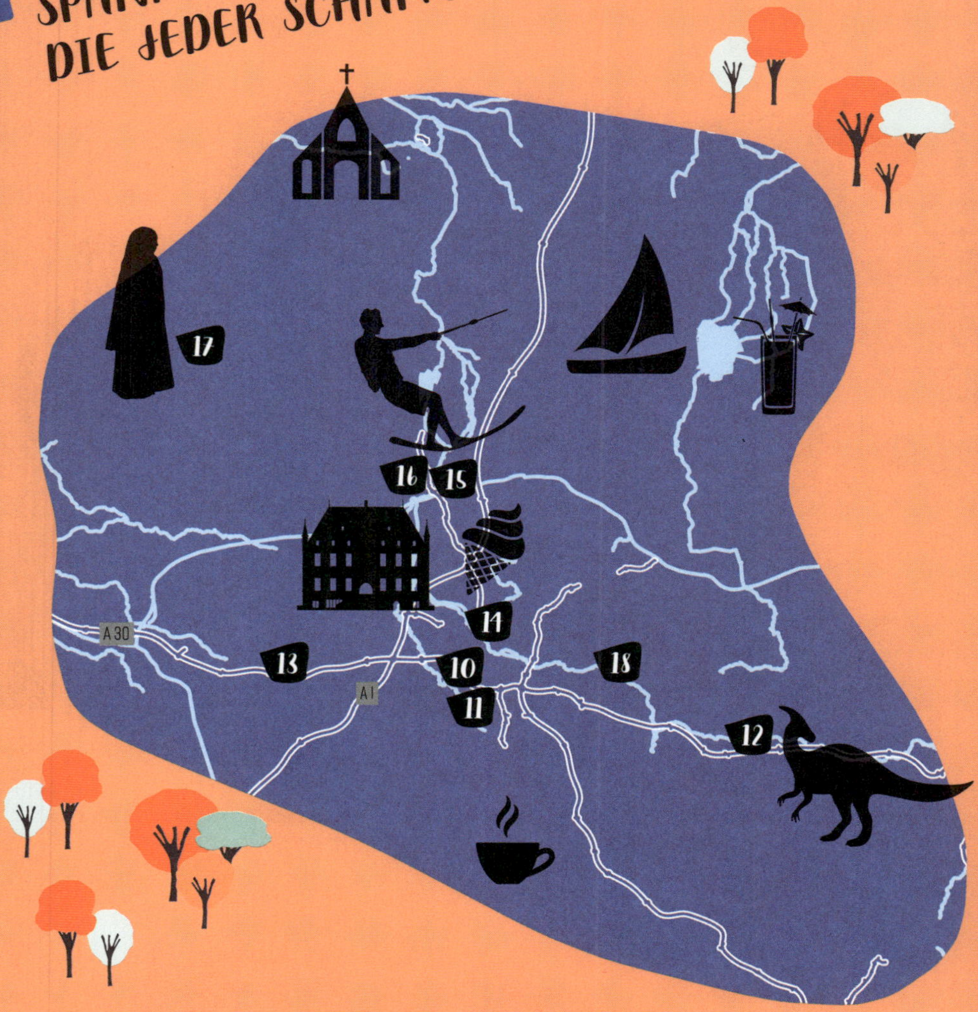

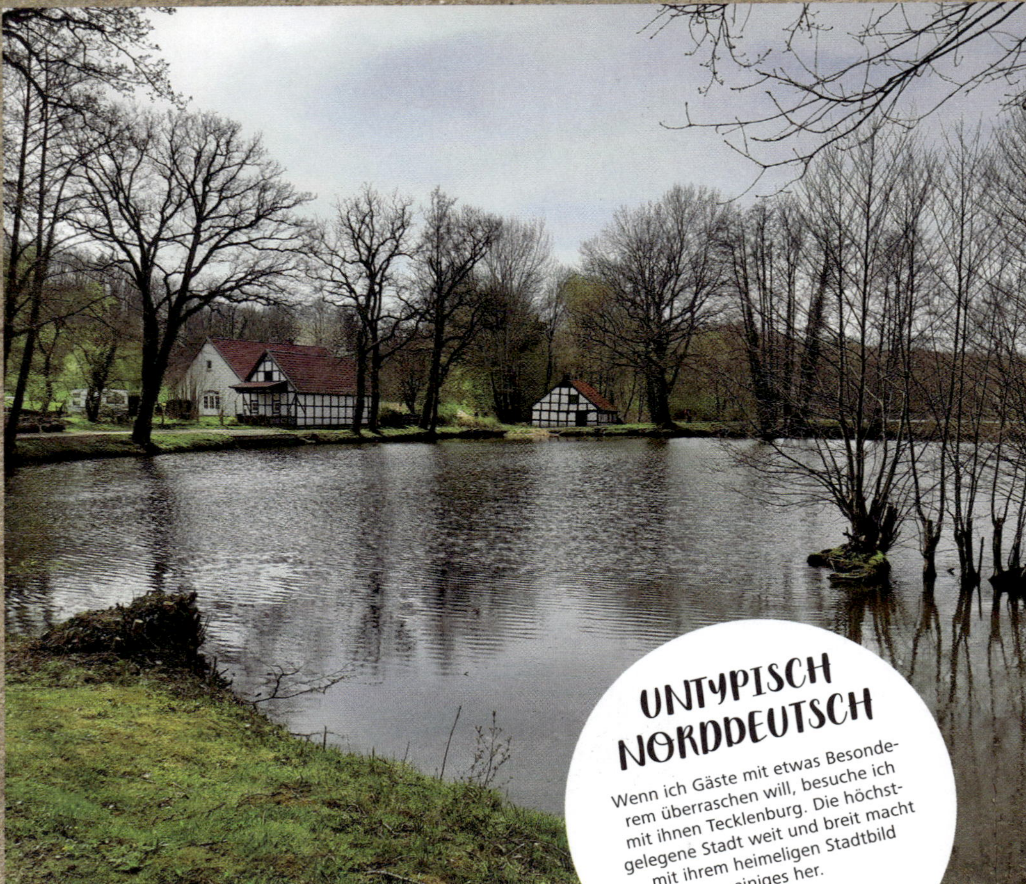

UNTYPISCH NORDDEUTSCH

Wenn ich Gäste mit etwas Besonderem überraschen will, besuche ich mit ihnen Tecklenburg. Die höchstgelegene Stadt weit und breit macht mit ihrem heimeligen Stadtbild einiges her.

➤ 1 / Start- und Endpunkt „Moskaubad"

➤ 2 / Groß-Kunstwerk „Musikexpress"

➤ 3 / Drachenskulptur aus Materialresten, von Auszubildenden geschaffen

➤ 4 / Stift Leeden, ein schöner Ort mit attraktivem Picknickplatz

➤ 5 / Die Königsteiche laden zum Verweilen ein

➤ 6 / Wasserschloss Haus Marck, eine hübsche Anlage

➤ 7 / Tecklenburg bietet sooo viel

➤ 8 / Ein recht spezieller Buchenwald

➤ 9 / Hasbergen ist stolz auf seine „Hüggelzwerge", obwohl es die gar nicht gibt

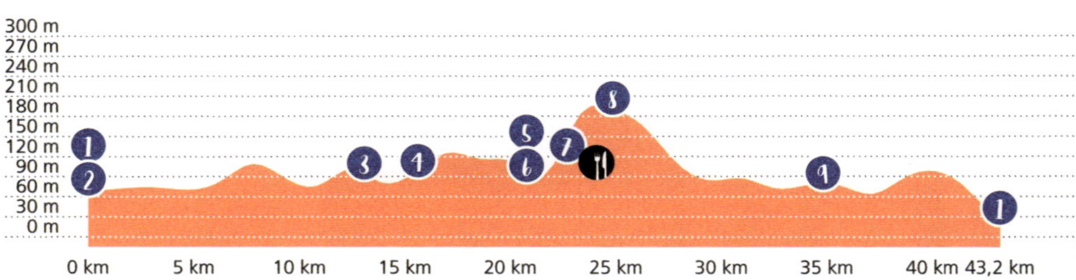

DROBEN EINST EIN MÄCHTIGER GRAF

Nach *Tecklenburg, Fachwerkstädtchen* mit reicher *Geschichte* und reichem *Angebot*

Zunächst ist die heutige Tour bestimmt von gemütlichem Radeln durch eine wellige, abwechslungsreiche Landschaft. Wir streifen die Orte Hasbergen, Natrup-Hagen und Leeden. Bevor wir das Tagesziel Tecklenburg erreichen, hat der Fahrradgott für uns allerdings eine nicht zu verachtende Steigungsstrecke vorgesehen. Doch der Rückweg, wieder über Hasbergen, ist dafür easy.

44 Kilometer
410 Höhenmeter
410 Höhenmeter
4 Stunden
Rundtour

Start am stadtbekannten „Moskaubad"

Startpunkt ist der Parkplatz am 1 / „Moskaubad" in Osnabrück, Limberger Str. 47. Kurz darauf erreichen wir eine lange Bahnunterführung – und bestaunen eine der größten Wandmalereien Deutschlands. Unter dem Motto 2 / „Musikexpress" hat die Künstlerin Angelika Walter in nahezu 30 Jahren eine Vielzahl inhaltsreicher Bilder an die Segmente des Tunnels gemalt. Je länger man Szenen betrachtet, desto mehr Details erschließen

CHARAKTER
Sportlich ●●●○○
Abkühlung ●○○○○
Schlemmen ●●○○○
Panorama ●●●○○

TOURENINFO / Am Beginn der Tour ist der Abschnitt durch den „Hörner Bruch" unbefestigt, der Rest ist nahezu komplett asphaltiert und auch wenig durch Autoverkehr belastet. Der Großteil weist kaum Steigungen auf, außer vor und hinter Tecklenburg, da geht es kurz mächtig bergauf.

< links / An den Königsteichen

sich einem. Wir durchqueren alsbald den Hörner Bruch, ein feuchtes Waldgebiet. Der unbefestigte Weg ist bei Regen oft ein wenig matschig. Bald darauf gelangen wir an Bahnschienen.

Hörne ist nur über eine Stichstraße erreichbar

Die Bahnüberquerung erfordert ein wenig Geschick, weil das Gatter recht eng ist. Schon sind wir im sehr kleinen Hörne, einem Ortsteil von OS-Hellern, das schnell durchquert ist. Nach einer Strecke entlang der Bahnlinie OS–MS kommen wir nach Hasbergen und durchfahren hier einige Wohnstraßen. Asphaltiert und dennoch autoarm sind von nun an unsere Wege, ein schönes Kurven durch die wellige Landschaft. Eine Linde an der Straße „Haslage" wollen wir etwas genauer in Augenschein nehmen. Denn aus dem knorrigen dicken Stamm wachsen viele einzelne Stämme, die sich dann zu einer großen Baumkrone vereinen.

ZISTERZIENSERORDEN

Die Stiftskirche des 4 / Stifts Leeden ist mit den Nachbargebäuden nicht nur schön anzusehen. Im Inneren befindet sich zudem noch das Stiftsmuseum.

Eine Metallskulptur im Gewerbegebiet

Ein unbefestigter Weg, wieder nahe der Bahn, führt uns, an Schranken vorbei, direkt ins Gewerbegebiet Natrup-Hagen. In der Bahnhofstr. 8 steht ein leibhaftiger haushoher 3 / „Drache" vor uns, allerdings aus Metallteilen zusammengeschweißt. Während der Ausbildung in der Firma „mabeo" erhalten die Azubis in einem 6-Wochen-Projekt die Gelegenheit, etwas Kreatives aus Schrott entstehen zu lassen. So entstand unter anderem dieser detailreich gestaltete und angsteinflößende Drache.

Stiftskirche und Stiftshaus in Leeden

Nach einigen km entlang der Hauptstraße biegen wir links ab nach Leeden. Schon bald erfreut uns ein wirklich attraktiver Picknickplatz, mit Hütte, Wassertretstelle, E-Bike-Ladestation sowie mit viel Grün

---

➤ rechts oben / „Musikexpress" der Künstlerin Angelika Walter ➤ rechts Mitte / Drache vor der Firma „mabeo"

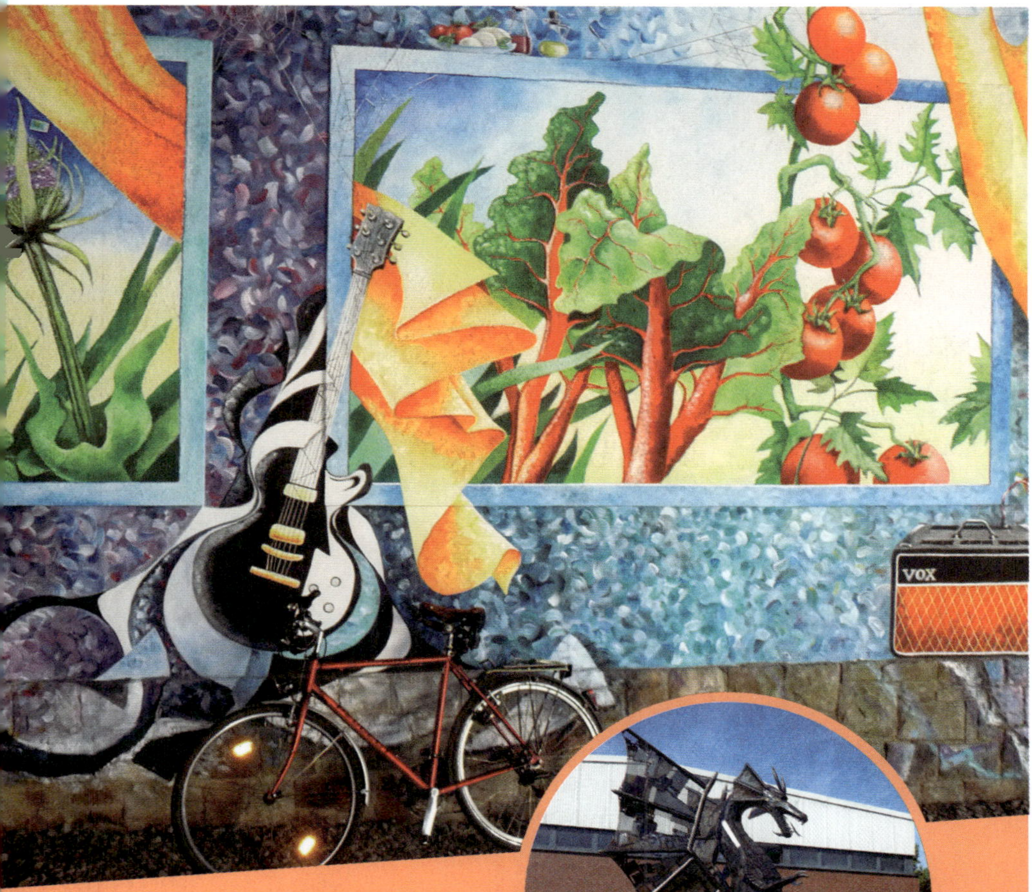

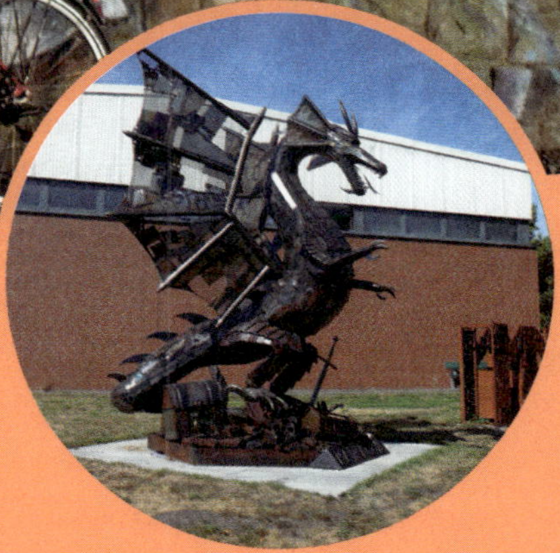

2.300

Sitzplätze hat das Freilichttheater Tecklenburg, die meisten überdacht. Das Programm ist vielseitig und sehr professionell. In der ganzen Region und weit darüber hinaus wird die Qualität der Aufführungen geschätzt (www.freilichtspiele-tecklenburg.de).

Breites Angebot

Es lohnt sich, auf die Homepage des **6 / Wasserschlosses Haus Marck** zu gehen, um das Angebot an Seminaren, Konzerten und anderen Events zu sichten. Und auch gerade dann, wenn die eigene Hochzeit etwas Besonderes werden soll (www.haus-marck.de).

drumherum. Gleich gegenüber ist das Fachwerkensemble der Klosteranlage mit 4 / Stiftskirche und Stiftshaus Leeden, die natürlich von uns inspiziert werden möchte. Von nun an geht es über viele Kilometer durch eine hügelige Landschaft, agrarisch geprägt, mit kleinen waldigen Abschnitten, erholsames Radeln. Wir hören sie dann, lange bevor wir sie unterqueren, die vielbefahrene Autobahn A 1. Sie stellt auch sichtbar einen beachtlichen Eingriff in die Landschaft dar. Sobald unser Exterheider Damm auf die breite Tecklenburger Straße trifft, könnten wir für eine Partie beim nahen „Abenteuergolf Tecklenburg" (Königstr. 4) reinschauen, oder aber geradeaus weiterfahren, vorbei am kleinen, feinen Campingplatz am Knoblauchsberg.

Fotostopp an den Teichen

Fotogen zu jeder Jahresezeit: Königsteiche

Schnell sind wir an den 5 / Königsteichen. Wunderschön liegen sie in grüner Landschaft. Manch ein Baum beugt sich graziös übers Wasser. Das umgebende Naturschutzgebiet Talaue Haus Marck ist ein Paradies für Naturfotografen, Grün in allen Abstufungen. Im Herbst wird dann alles aufregend bunt.

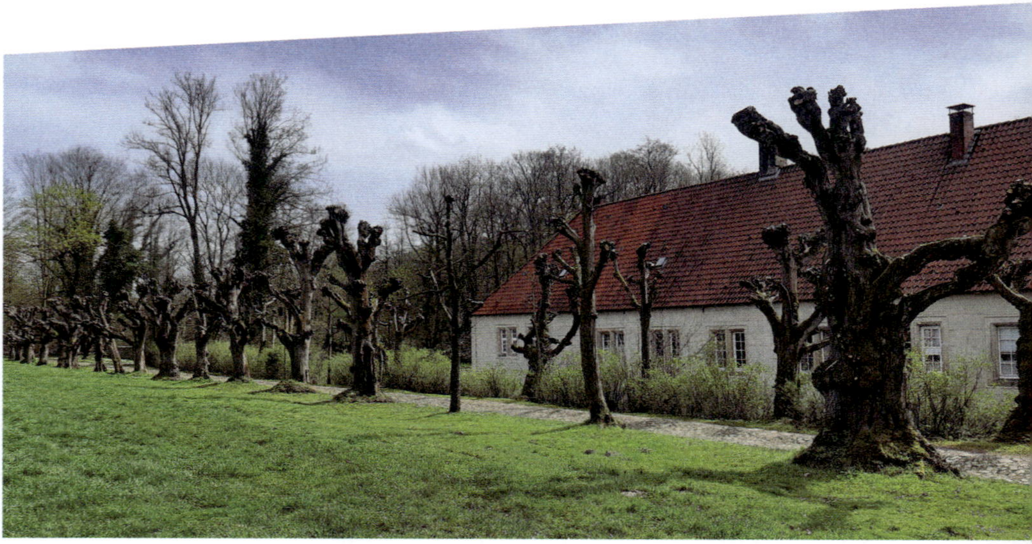

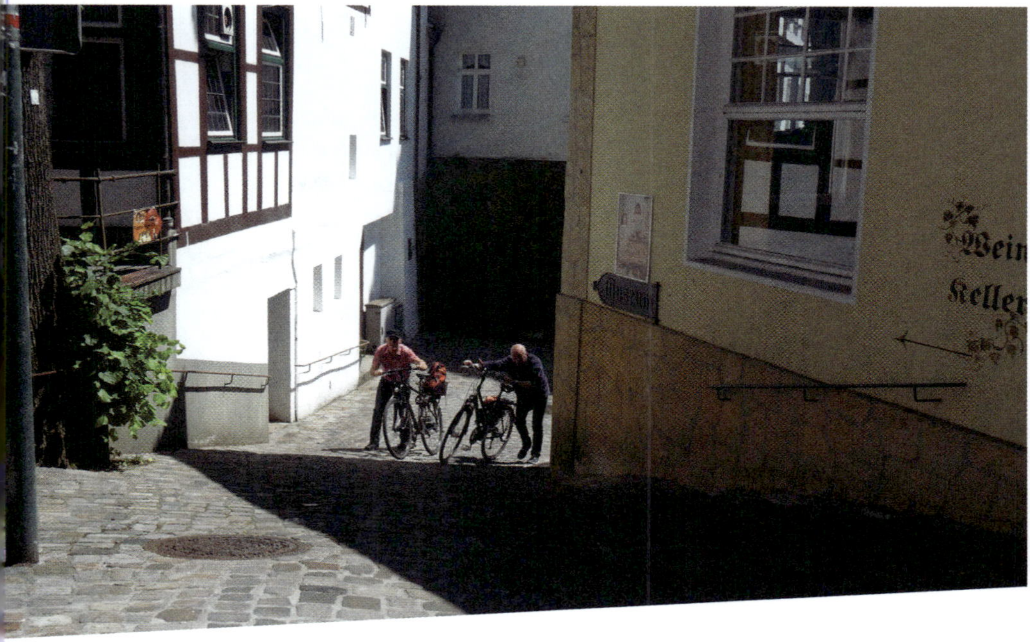

In Traumlage: Wasserschloss Haus Marck

Gleich nebenan und gleichzeitig Teil des attraktiven Naturgebietes ist das 6 / Wasserschloss Haus Marck, ein geschichtsträchtiger Ort, in dem der Westfälische Friede 1643 vorbereitet wurde. An jedem dritten Sonntag in den Sommermonaten gibt es um 10 und 11 Uhr eine öffentliche Führung, Gruppenführungen sind darüber hinaus möglich, Anmeldung über 05482 93890. Auch finden in dem ehrwürdigen Gemäuer unterschiedlichste Veranstaltungen statt (www.haus-marck.de). Über die Apfelallee nähern wir uns der Hauptstraße nach Tecklenburg. Allerdings müssen wir an deren Ende noch unser Fahrrad über 11 Stufen tragen. Wenn wir uns das sparen wollen und uns vielleicht auch noch der Sinn nach einer attraktiven Einkehr steht, biegen wir links auf den „Marcker Esch" und gelangen zum Restaurant und Lounge Fabula (www.fabula-te.de).

ÜBER 20%

Steigung hat die kurze Straße „Wellenberg" in 7 / Tecklenburg, die von uns bewältigt werden will. Das schaffen auch E-Bikes nur mit engagierter Unterstützung durch menschliche Beinarbeit.

Berg- und Festspielstadt

Die Bergstadt 7 / Tecklenburg, nur mit steilem Aufstieg erreichbar, begeistert nicht nur mit seinem schönen Fachwerkambiente, obgleich die Einkehr in einem Café am Markt oft zentraler Teil eines Besuchs ist. Umfassend und dennoch unvollständig wird die folgende Aufzählung der besonderen Angebote dieser ungewöhn-

‹ links / Haus Marck ^ oben / Radeln oder schieben auf dem Weg nach Tecklenburg?

lichen Stadt sein. Neben exklusiven Shops, Gaststätten, Eisdielen und Hotels gibt es etwa das Puppenmuseum und das Otto-Modersohn-Museum. Ein Rundgang durch die Stadt mit interessanten Winkeln, der Burgruine und tollen Blicken in die Landschaft sollte nicht versäumt werden. Bei ausreichender Zeit wählt man dafür den beliebten „Hexenpfad", ein vielseitiger 4,5-km-Rundgang, der auch Kinder begeistern wird. Auch für viele Niederländer ist diese Stadt ein attraktives Ziel, ist es doch für sie das nächstgelegene „Gebirge". Und wer Tecklenburg nochmals einen Besuch abstatten will, der wird vielleicht das Freilichttheater besuchen, das Waldfreibad, eines der häufigen kulturellen Events oder eine der vielen legendären Teutoschleifen abwandern (www.tecklenburger-land-tourismus.de).

BUCHEN

über Buchen stehen an einem Abschnitt der Grafenstraße. Mächtig und stolz ragen die altehrwürdigen Gewächse in den Himmel und erlauben keiner Pflanze, unter ihnen zu gedeihen.

Welch schöner Buchenwald!

Bald hinter Tecklenburg biegen wir rechts ab in die Grafenstraße, ein toller Weg für viele km. Schnell kommen wir in einen 8 / Buchenwald, licht und dennoch voller majestätischer Bäume. Kaum haben wir dieses spezielle Baumensemble verlassen, gelangen wir bald an eine Stelle mit tollem Panorama zum Schafberg Richtung Ibbenbüren. Und dann er-

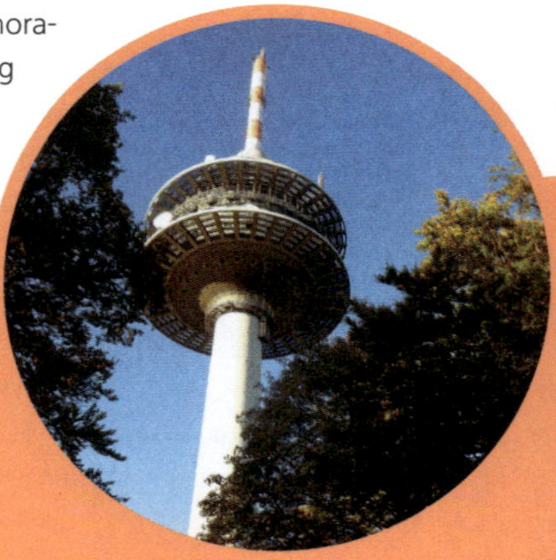

111 METER

hoch ist der Fernsehturm Tecklenburg, zusammen mit seinem Hausberg ist er 300 m über Normal Null. Ursprünglich diente er dazu, den Menschen, die hier im Schatten von Radio- und Fernsehwellen lebten, Kontakt zur Ätherwelt zu ermöglichen. Mittlerweile erfüllt er vor allem andere Funk-Funktionen.

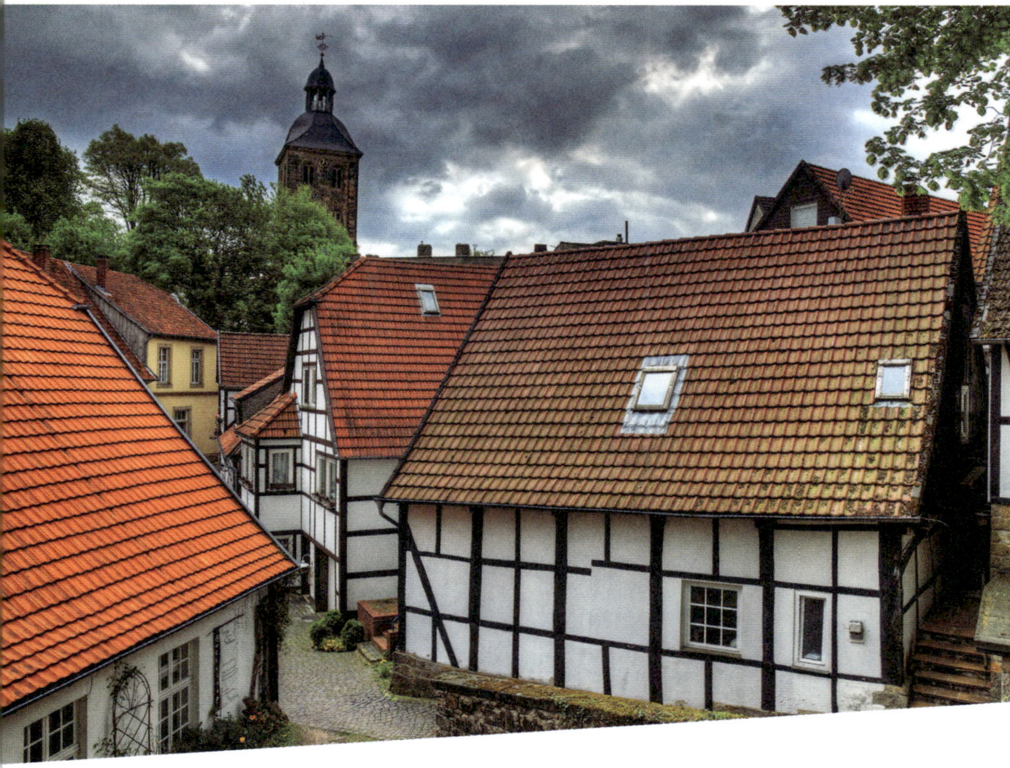

scheint an höchster Stelle der Fernsehturm. Eine lange Abfahrt liegt nun vor uns, erhebend, durch so eine schöne Landschaft abwärts zu rauschen.

Hüggelzwerge

Bis ins Zentrum von Hasbergen sind es nun noch fünf entspannte Kilometer, auch wenn wir teilweise einen Radweg neben der Straße vermissen. Der Ort bietet wenig Spektakuläres, aber jede Menge Einkaufsmöglichkeiten, ein Naturbad und vor allem mit dem Freizeitland attraktive Sport- und Saunaaktivitäten (www.freizeitland-hasbergen.de). Der erzhaltige „Hüggel" brachte die Geschichte der geheimnisvollen fleißigen 9 / Hüggelzwerge hervor, die uns hier und da begegnen. Zehn ruhige km sind es noch nach Osnabrück. Über den schmalen Eselspatt gelangen wir durch OS-Hellern und die Weststadt zurück zu unserem Ausgangspunkt 1 / Moskaubad.

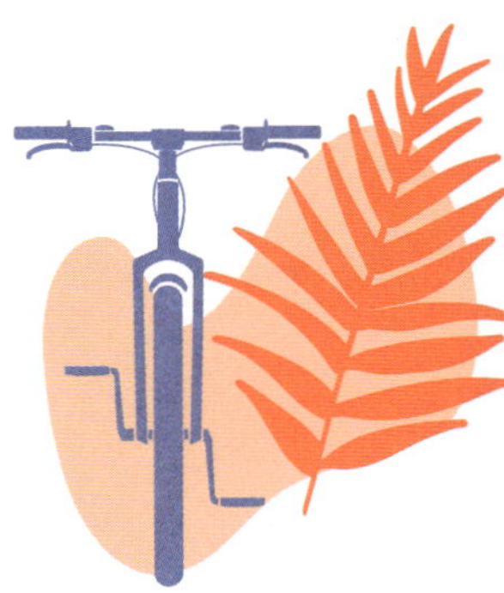

< links / Fernsehturm Tecklenburg ^ oben / Tecklenburg ist immer einen Besuch wert

Tour 10

START / ZIEL

Parkplatz „Moskaubad" in Osnabrück-Wüste

HINKOMMEN

Auto / Parkplatz am „Moskaubad" **ÖPNV /** Der Hbf. liegt 2 km östlich

➤ **1 /** „Moskaubad" ➤ **2 /** „Musikexpress" ➤ **3 /** Drachenskulptur ➤ **4 /** Stift Leeden ➤ **5 /** Königsteiche ➤ **6 /** Wasserschloss Haus Marck ➤ **7 /** Tecklenburg ➤ **8 /** Buchenwald ➤ **9 /** „Hüggelzwerge"

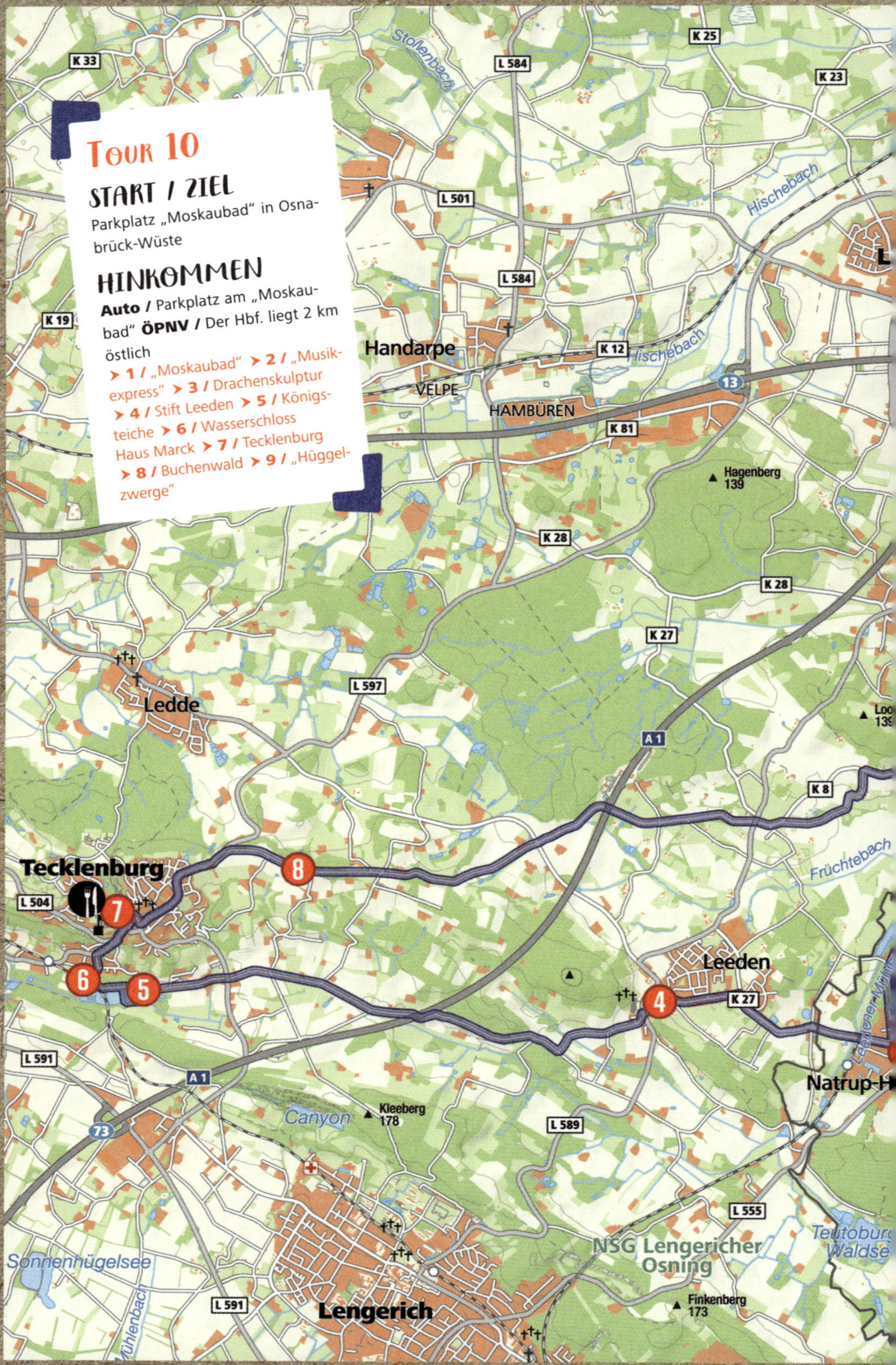

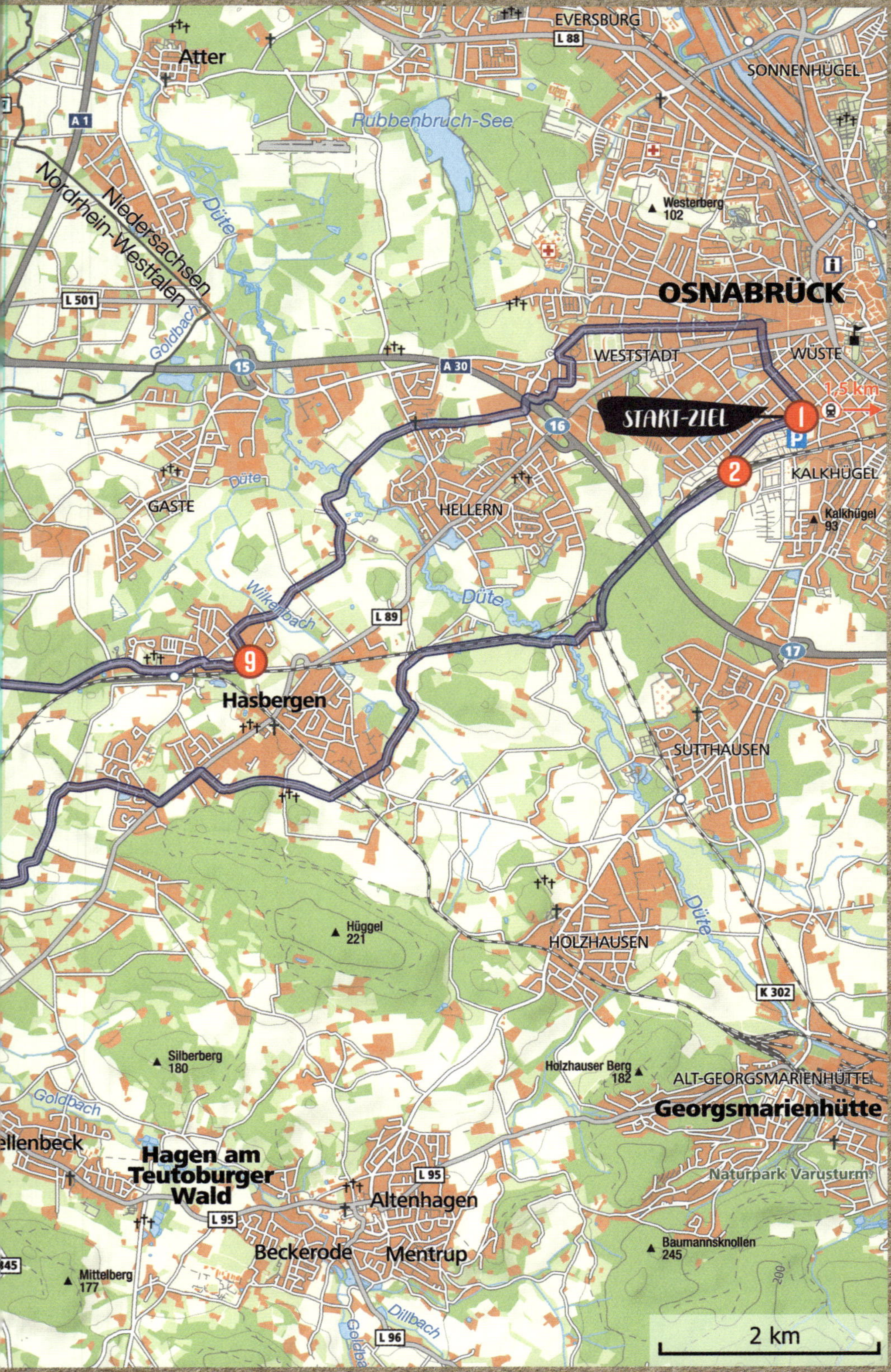

EVERSBURG
L 88
SONNENHÜGEL
Atter
A 1
Rubbenbruch-See
Niedersachsen
Nordrhein-Westfalen
Düte
Westerberg
102
L 501
Goldbach
OSNABRÜCK
WESTSTADT
WÜSTE
15
A 30
16
START-ZIEL
1,5 km
KALKHÜGEL
GASTE
HELLERN
Kalkhügel
93
Wilkenbach
Düte
L 89
17
Hasbergen
SUTTHAUSEN
Hüggel
221
HOLZHAUSEN
Düte
K 302
Silberberg
180
Holzhauser Berg
182
ALT-GEORGSMARIENHÜTTE
Georgsmarienhütte
Goldbach
ellenbeck
Hagen am Teutoburger Wald
L 95
Naturpark Varusturm
Altenhagen
L 95
Beckerode
Mentrup
Baumannsknollen
245
Mittelberg
177
Dillbach
L 96
2 km

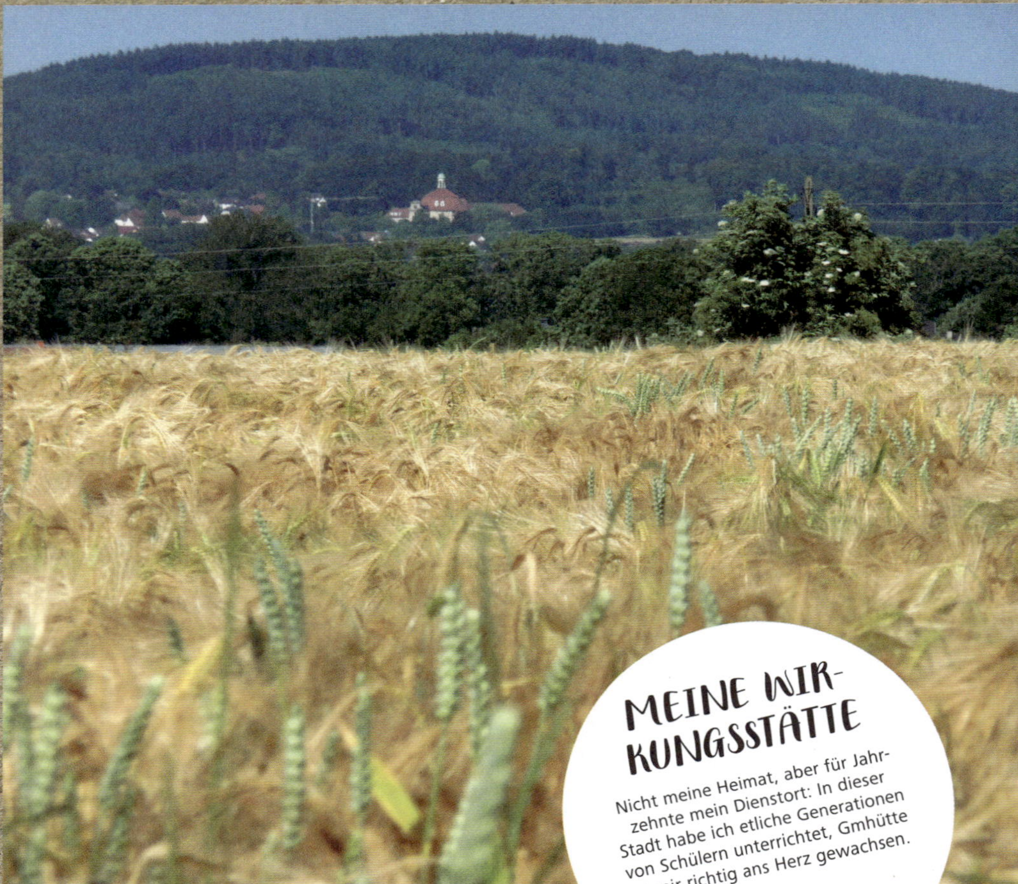

MEINE WIRKUNGSSTÄTTE

Nicht meine Heimat, aber für Jahrzehnte mein Dienstort: In dieser Stadt habe ich etliche Generationen von Schülern unterrichtet, Gmhütte ist mir richtig ans Herz gewachsen.

➤ **1 /** Start- und Endpunkt ist am Bahnhof OS-Sutthausen mit dem Atelier Trieb

➤ **2 /** Der Klosterkomplex gab Kloster Oesede den Namen

➤ **3 /** Alles ist grün rund um den Mühlenteich in Kloster Oesede

➤ **4 /** Mitten im Wald liegt das Gasthaus Forsthaus Oesede

➤ **5 /** Das Kloster Ohrbeck prägt das Ortsbild von Holzhausen

➤ **6 /** Der Augustaschacht erinnert an eine schlimme Vergangenheit

➤ **7 /** Die Anlage rund um das Gut Sutthausen ist ein idealer Erholungsort

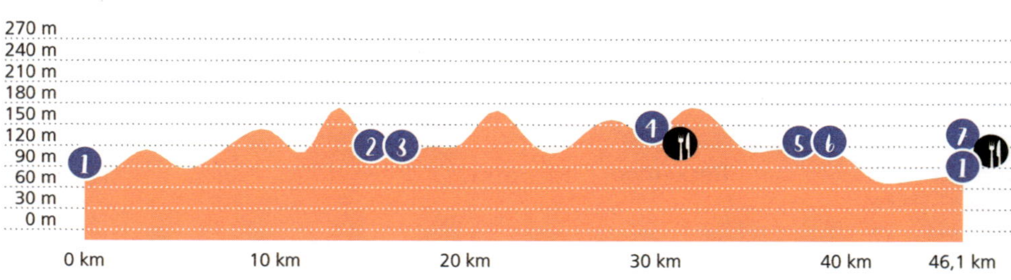

Bergige Umgebung

Panoramablicke rund um Georgsmarienhütte

Der Ortsname von Georgsmarienhütte deutet sofort auf das Stahlwerk hin, aber „Gmhütte" hat eine fantastische Umgebung, nennt sich denn auch Stadt im Grünen. Allein schon die Lage im Teutoburger Wald verheißt Abwechslung und viele Stellen mit schönen Ausblicken. So umfahren wir auf dieser Tour das Gebiet der Stadt, tangieren fast alle Ortsteile und kommen auf etlichen Steigungsstrecken ins Schwitzen.

46 Kilometer
600 Höhenmeter
600 Höhenmeter
4:30 Stunden
Rundtour

Los geht's in Osnabrück-Sutthausen

Startpunkt der Tour ist der Bahnhof Osnabrück Sutthausen, aber in diese Rundtour lässt sich natürlich an jedem Punkt einsteigen. Am 1 / Bahnhof OS-Sutthausen zeigt sich schon das Wirken des Künstlers Volker-Johannes Trieb mit den vielen schräg hochstehenden Eisen-

Charakter

Sportlich ●●●●●
Abkühlung ●○○○○
Schlemmen ●●○○○
Panorama ●●●●●

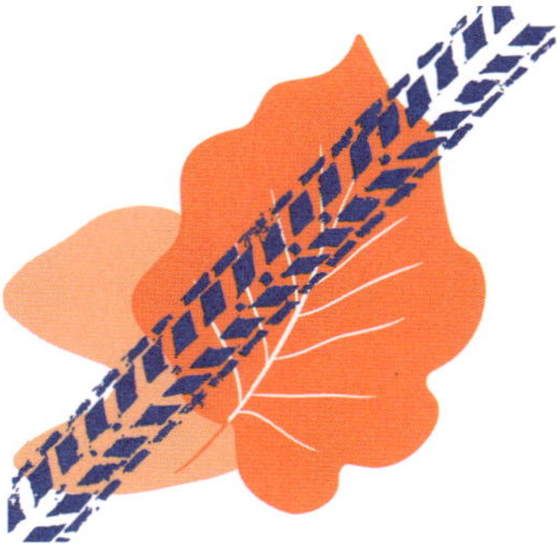

Toureninfo / Der weitaus größte Teil der Tour ist asphaltiert, Waldwege und schmale Pfade an Bächen kommen vor, wirklich schlechte Wegequalität gibt es zweimal für ganz kleine Abschnitte. Der gesamte Rundkurs kommt ohne Hauptstraßen aus, zweimal muss aber die heftige B 51 überquert werden. Wer nicht sehr sportlich ambitioniert ist, wählt für diese Tour mit etlichen Steigungsabschnitten besser ein E-Bike.

◀ links / Blick bis zum Kloster Ohrbeck

bahnschienen. IKTOMIA, eine Wortschöpfung des Künstlers, steht am Bahnhofsgebäude, unter dieser Überschrift findet sich gleich neben dem Parkplatz auch das Gelände des Ateliers voller origineller Keramiken wie auch Skulpturen aus Holz und Stahl. Nach wenigen hundert Metern liegt das Gut Wulften an unserem Weg. Wir umrunden nun Sutthausens Osten auf einem wunderschönen Waldweg entlang eines Baches. Die erste richtige Steigung erwartet uns hoch zur „Rennbahn". Bevor wir endgültig in das Gmhütter Stadtgebiet eindringen durchfahren wir, in Ermangelung eines brauchbaren Weges in den Ortsteil Harderberg, noch OS-Nahne. Einmal noch kurz an der A 30 entlang, dann heißt es einen kleineren Gang einschalten, richtig schön in die grüne Landschaft eintauchen und beim Umschauen schon mal ein Panorama genießen. Die „Obere Bauerschaft" präsentiert uns stattliche Bauernhöfe und an höchster Stelle einen weiten Blick bis hin zum Kloster Ohrbeck, unser späteres Ziel. Verschiedenste Wohnstraßen führen uns durch Harderberg, bis wir mit der „Lindenbreede" wieder eine fette Steigung vor uns haben. Nach rechts öffnet sich ein weiter Blick über Oesede zum Dörenberg, beim letzten Haus kurz vor dem Wald stoppen wir kurz und blicken dann weit nach links in die Landschaft zum Harderberg. Herrlich, anschließend durch den Laubwald zu radeln.

OESEDE

hat sich zum Hauptort der Gemeinde gemausert. Ein belebtes städtisches Zentrum mit Angeboten aller Art, nicht nur Geschäften.

Kloster Oesedes Schmuckstück:
der Komplex des ehemaligen Klosters

An Wiesen vorbei rollen wir hinunter in den Ort Kloster Oesede. Straßennamen wie „Ottoschacht" verraten die Bergbauvergangenheit. Ganz in der Nähe ist die Waldbühne. Die Aufführungen der lokalen Laienspieler hier sind legendär und weit im Land bekannt. Wir passieren den wenig spektakulären Marktplatz und gelangen zur ehrwürdigen Klosteranlage 2 / Kloster Oesede mit Kloster-

---

➤ **rechts oben / Altes Gemäuer – Klosterkirche in Kloster Oesede**
➤ **rechts Mitte / Junge Mauern – Kirche in Harderberg**

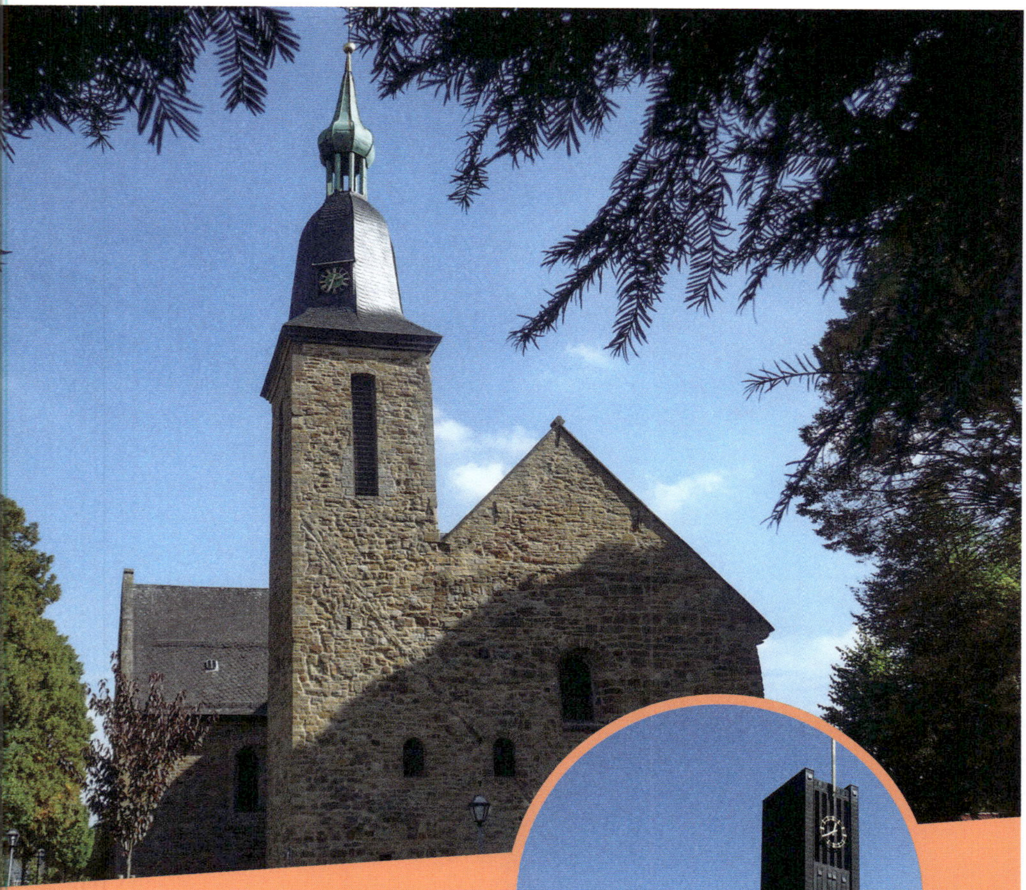

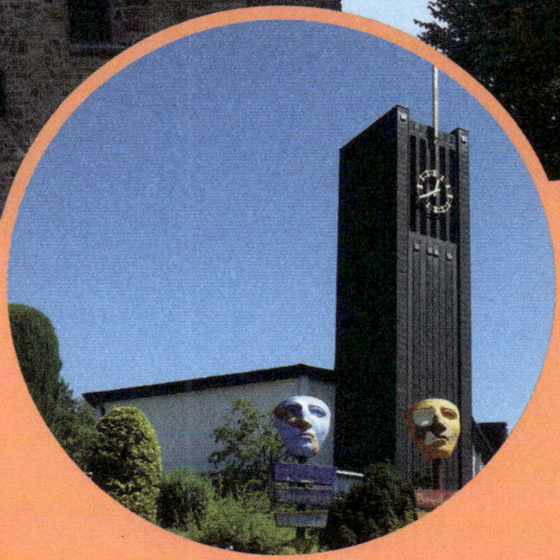

17

Buchstaben hat der Stadtname Georgsmarienhütte, im Internet sogar 18. Damit ist er wohl der längste Städtename Deutschlands. Kein Wunder, dass die Menschen stattdessen meist Gmhütte sagen. Oft hört man auch auf die Frage: „Wo wohnst du?“ Als Antwort „In Hütte“, womit dann meist der Ortsteil Alt-Gmhütte gemeint ist.

GMHÜTTE

Die Stadt Georgsmarienhütte existiert seit dem Zusammenschluss einiger Landgemeinden 1970. Heute erfreuen sich etwa 32 000 Bewohner an der Kommune mit vielseitiger Gewerbestruktur, schönen Wohngelegenheiten und einer wohltuenden Natur.

ZU BESUCH BEI FRÖSCHEN, GÄNSEN, SEEROSEN

pforte und der St. Johann Kirche. Der Bahnhof Kloster Oesede gleich nebenan, eine Haltestelle des „Haller Willem“, ist ebenfalls ein guter Ausgangspunkt für diese Tour. Eine Oase der Ruhe ist der 3 / Mühlenteich, direkt neben dem Waldfriedhof. Allerdings kann uns im Frühjahr ein enormes Froschkonzert beweisen: Hier herrscht Natur. Unbefestigt, aber schön ist der Weg entlang des Schlochterbachs. Eine Bank ist so platziert, dass man nochmal von Weitem auf das Kloster sehen kann. Bald erscheint links ein großer Teich, der mal für eine Gänsefamilie das Zuhause ist, mal von einem Teppich aus Seerosen bedeckt wird. Ab jetzt ist Asphalt für etwa zehn Kilometer unser Bodenkontaktmaterial. Die Hänge des Limbergs und des Musenbergs bieten Steigungen und schöne Ausblicke in eine recht dicht besiedelte Landschaft oder ein Eintauchen in Wald. Den Schlenker durch Dröper kann man sich sparen mit einem Weg vom „Strehlande“ zu „Hof Musenberg“, der eine Privatstraße ist, aber zu Fuß passiert werden kann, also mal in Ruhe unseren Drahtesel schieben und die Landschaft noch intensiver genießen. Vorbei am Gasthof Tobergte sind wir nun auf

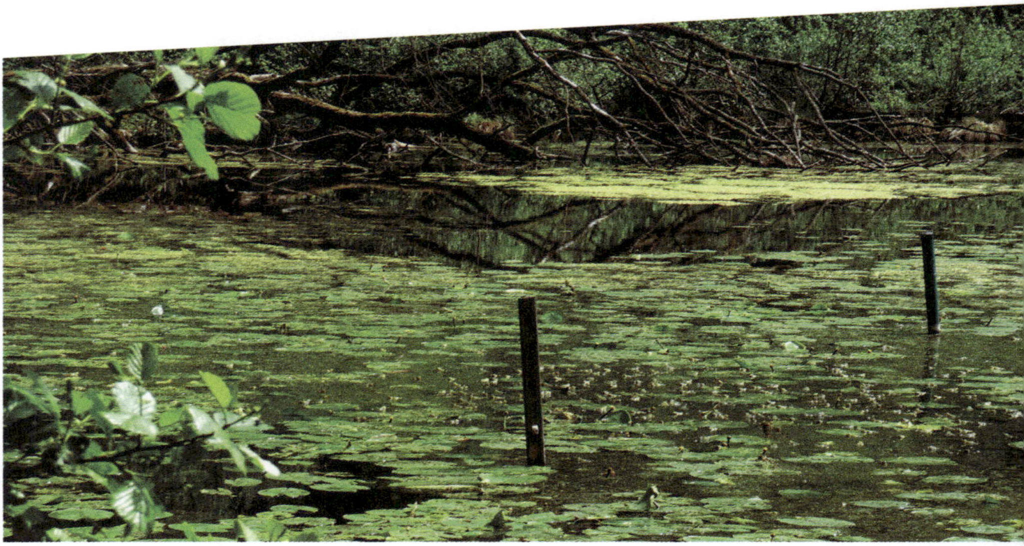

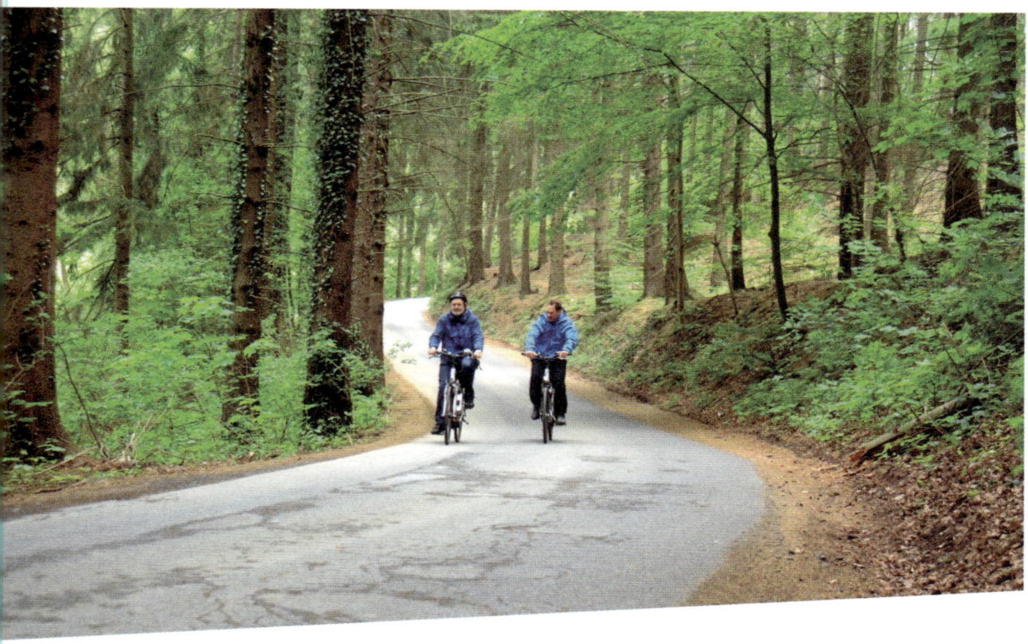

den welligen Straßen von Oesede-Süd, an den Hängen des Dörenbergs. Ein recht holperiges Wegstück führt uns über einen Bach und dann recht hübsch am Waldrand entlang zur Straße „Teckelhagen". Vorbei an Häusern in herrlichen Hanglagen kommen wir dann aber richtig in den Wald. Für zwei Kilometer rollen unsere Reifen nun über Waldwege.

Eine Gaststätte mitten im Wald

Recht bald kommen wir zum 4 / Forsthaus Oesede, einer Gaststätte mit Außenbestuhlung, somit eine willkommene Einkehrmöglichkeit inmitten der Natur. Schließlich erreichen wir die Besiedlungsausläufer von Alt-Georgsmarienhütte. Im „Kohlgarten" können wir uns entscheiden. Wollen wir rechts eine kleine Wanderung auf den 192 m hohen Lammersbrink zum Varus-Aussichtssturm wagen oder links „Am Zuckerhut" weiterradeln, den gibt's also nicht nur in Rio de Janeiro. Bevor es auf der „Heggestraße" so richtig bergab geht, stoppen wir mal kurz: welch ein Blick in die Ferne! Auch die nächsten vier Kilometer sind für uns ein Auf und Ab, stets auf Asphalt und durch eine herrliche Landschaft. Wer mag, nimmt noch den Abstecher zum einen Kilometer entfernten Holzhausen auf sich. Der Weg dahin ist schon klasse. Das Wahrzeichen

331 m

hoch ist der Dörenberg und damit die höchste Erhebung im Teutoburger Wald. Der Aussichtsturm da oben ermöglicht uns einen Rundblick ins Münsterland wie ins Osnabrücker Land. Das ist dann aber etwas für eine Wanderung.

< links / Mühlenteich in Kloster Oesede ^ oben / „Zur Hüggelschlucht" bei Holzhausen

Holzhausens, das 5 / Kloster Ohrbeck mit seinem markanten Kuppeldach ist beeindruckend. Eine viel besuchte Fortbildungsstätte ist hier untergebracht.

Erinnerung an eine düstere Vergangenheit: der Augustaschacht

Am Fuße des „Hüggels" am Rande des Teutoburger Waldes liegt ein großes, eher unscheinbares Gebäude. Der 6 / Augustaschacht war im Dritten Reich ein Arbeitserziehungslager für Zwangsarbeiter, viele aus Holland und der Ukraine, die auffällig geworden waren. Ihnen wurde das Dasein hier zur Hölle gemacht, etliche kamen ums Leben. Gut dokumentiert ist dieses Geschehen nun hier in der Gedenkstätte Augustaschacht (www.gedenkstaetten-augustaschacht-osnabrueck.de). Zudem ist gleich nebenan ein vom Trägerverein eingerichteter wunderschöner Picknickplatz. Ein kurzer Schotterweg noch, wieder mit einem Panoramaangebot, dann rollen wir bergab in flaches Land.

PANORAMABAD

heißt sinnigerweise das Hallenbad in Gmhütte, passend benannt nach dieser Tourbeschreibung.

Ein Plätzchen, um wirklich zu entspannen: Gut Sutthausen

Nach vier Kilometern überqueren wir das Flüsschen

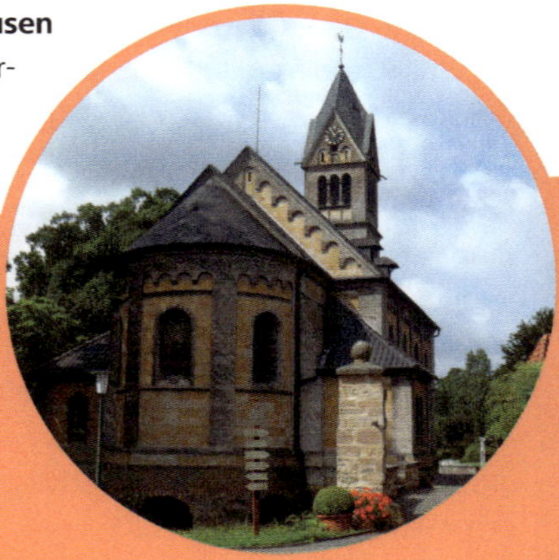

ÜBER 150 JAHRE

reicht die Geschichte des Stahlwerks zurück. Schon längst wird keine Kohle mehr aus Kloster Oesede und Eisenerz vom Hüggel hergekarrt. Heutzutage wird im „Elektrolichtbogenofen" Schrott geschmolzen und zu edlen Stählen verarbeitet.

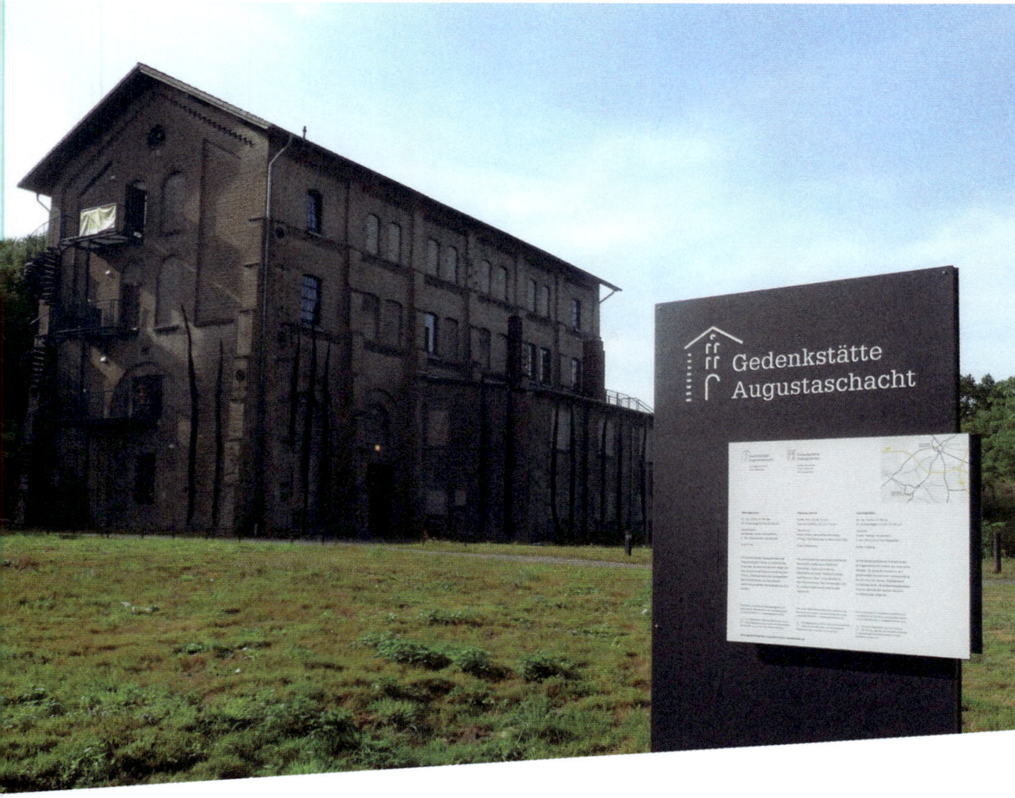

Düte in den Ministadtteil OS-Hellern-Hörne. Eine schöne Straße führt durch dessen weites Tal nach Sutthausen und wir entdecken sogleich die Gaststätte „Sutthauser Mühle" mit ansprechendem Außengelände. Das ganze Gelände vom 7 / Gut Sutthausen ist eine echte Erholungsoase. Der Park mit großartig ausladenden Bäumen und Skulpturen von Volker-Johannes Trieb, das Ensemble der Gebäude, Zentralbau, Mühle, Teich, vor allem die beliebte kleine Kirche und dann der liebevoll gehegte Bauerngarten begeistern eigentlich jeden. Mit seinen geschwungenen Blumenbeeten und den Bänken ist er ein echter Ort der Muße. Da stört es auch nicht, dass man morgens mal das Pausengemurmel von Schülern der nahen Marienschule vernimmt oder kurz erschrickt, wenn in der Weidenlaube ein forscher Besucher mal gegen die riesige Klangschale schlägt. Zum Zielpunkt 1 / Bahnhof OS-Sutthausen sind es nur noch wenige hundert Meter.

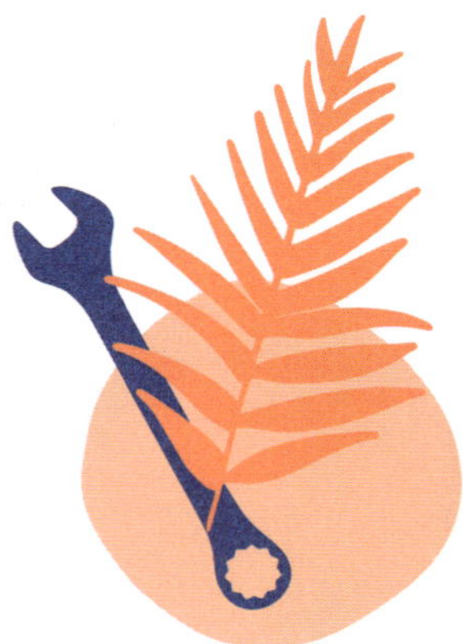

◂ links / Prachtvolles Gut Sutthausen mit einladender Gartenanlage
▴ oben / Gedenkstätte Augustaschacht

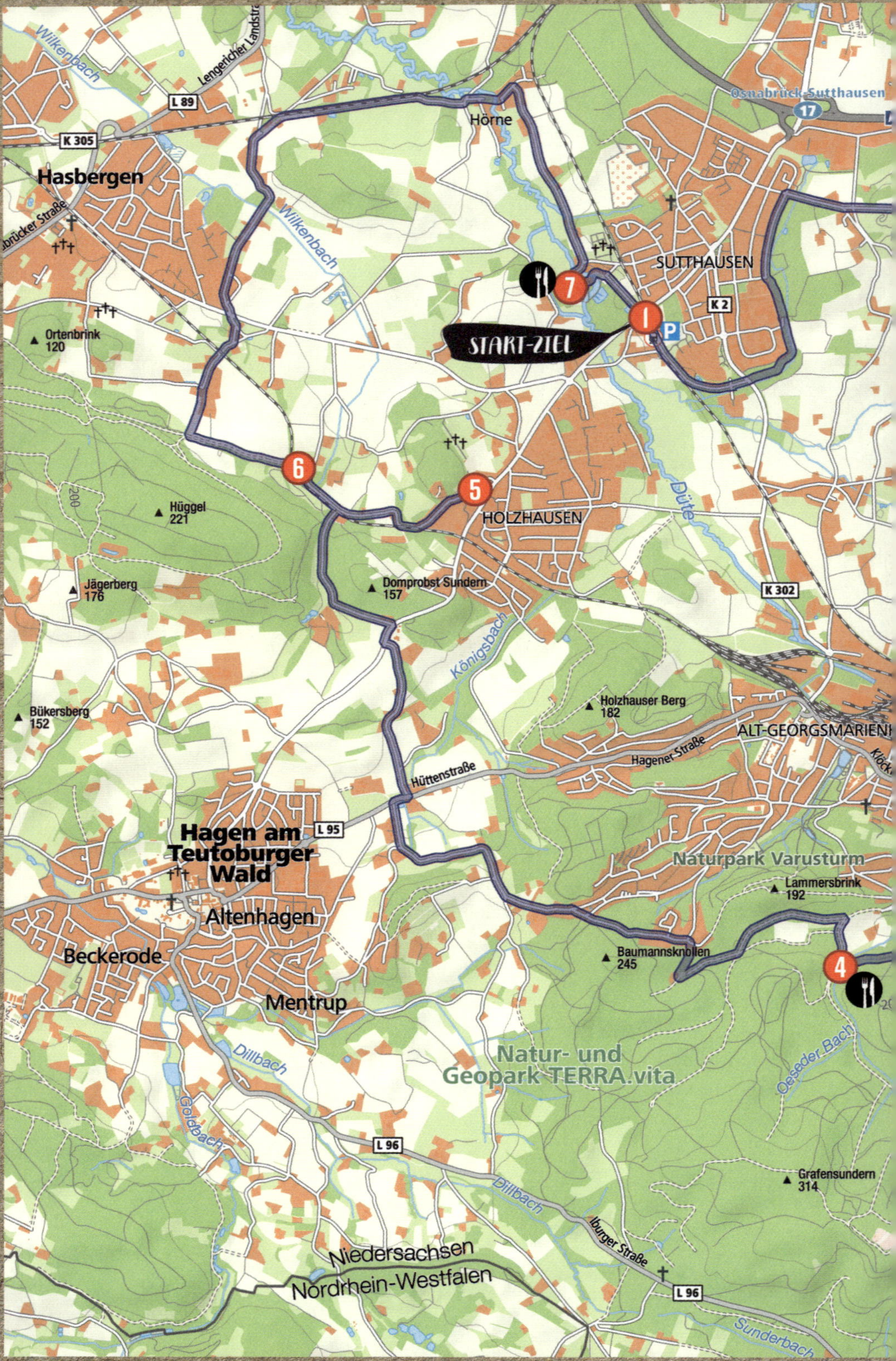

Wilkenbach
Lengericher Landstr.
L 89
K 305
Hörne
Osnabrück-Sutthausen
17
Hasbergen
Osnabrücker Straße
Wilkenbach
SUTTHAUSEN
7
K 2
1
START-ZIEL
P
Ortenbrink 120
6
5
HOLZHAUSEN
Hüggel 221
Düte
Jägerberg 176
Domprobst Sundern 157
K 302
Königsbach
Holzhauser Berg 182
Bükersberg 152
ALT-GEORGSMARIEN
Hagener Straße
Hüttenstraße
Hagen am Teutoburger Wald
L 95
Naturpark Varusturm
Lammersbrink 192
Altenhagen
Beckerode
Baumannsknollen 245
4
Mentrup
Natur- und Geopark TERRA.vita
Dillbach
Oeseder Bach
Goldbach
L 96
Grafensundern 314
Dillbach
Iburger Straße
Niedersachsen
Nordrhein-Westfalen
L 96
Sunderbach

Tour 11

START / ZIEL

Bahnhof Osnabrück-Sutthausen

HINKOMMEN

Auto / Parkgelegenheit am Bhf.
ÖPNV / RB 75 („Haller Willem") fährt die Strecke Osnabrück–Bielefeld stdl. Haltepunkte sind OS-Sutthausen, Oesede, Kloster Oesede oder Wellendorf.

➤ **1 /** Bahnhof OS-Sutthausen ➤ **2 /** Kloster Oesede ➤ **3 /** Mühlenteich ➤ **4 /** Forsthaus Oesede ➤ **5 /** Kloster Ohrbeck ➤ **6 /** Augustaschacht ➤ **7 /** Gut Sutthausen

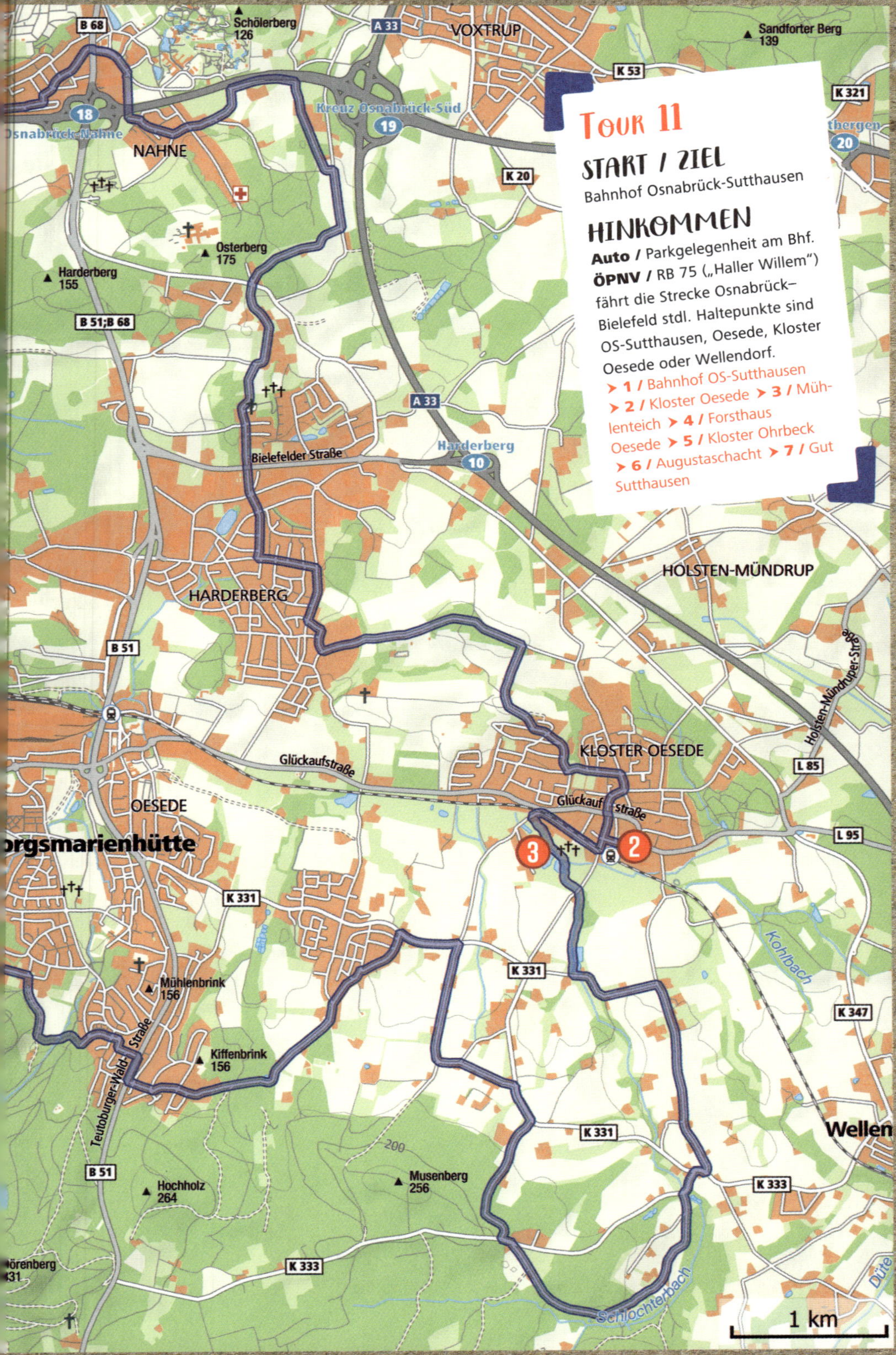

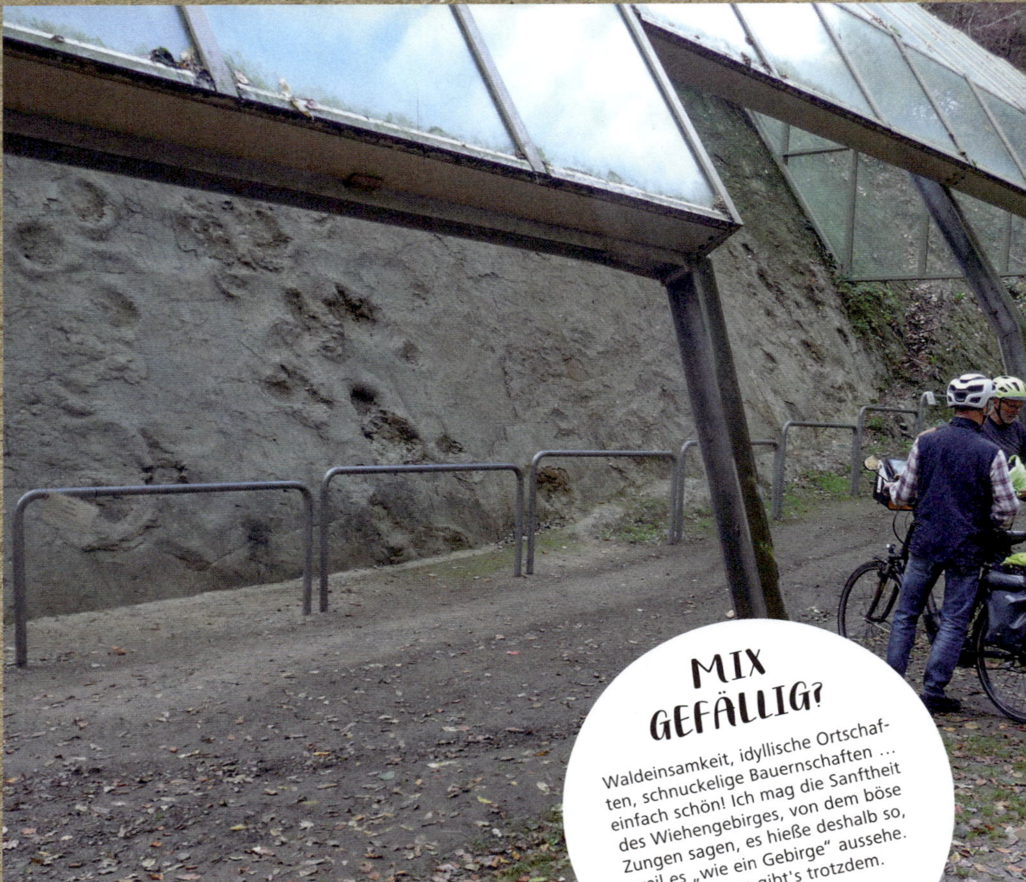

MIX GEFÄLLIG?

Waldeinsamkeit, idyllische Ortschaften, schnuckelige Bauernschaften … einfach schön! Ich mag die Sanftheit des Wiehengebirges, von dem böse Zungen sagen, es hieße deshalb so, weil es „wie ein Gebirge" aussehe. Steigungen gibt's trotzdem.

➤ **1 /** Start und Ziel ist der Bahnhof Melle

➤ **2 /** Das Strandcafé ist ein schön auf einem Bauernhof gelegenes Café am Teich

➤ **3 /** Der Kirchplatz Buer: ein Oval aus schönen Häusern inkl. einer Gaststätte

➤ **4 /** Die Saurierfährten von Barkhausen bei Bad Essen sind ziemlich einmalig auf der Welt

➤ **5 /** Der Dorfplatz Hüsede ist ein wunderschöner Picknickplatz

➤ **6 /** Bad Essen hat mit dem historischen Kirchplatz, der modernen Marina und dem Familienpark viele attraktive Anlaufpunkte

➤ **7 /** In Schledehausen lädt das ruhige Zentrum mit dem Kurpark zur Pause ein

➤ **8 /** Das recht ungewöhnliche Automuseum Melle ist für Interessierte ein Muss

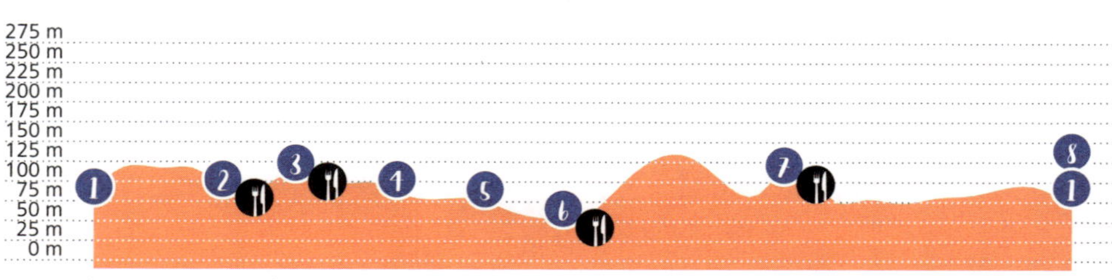

ZWISCHEN MELLE UND BAD ESSEN

Im Wiehengebirge, wo sich Fuchs und Dino Gute Nacht sagen

Vorbei am Meller Wald überqueren wir zweimal das Wiehengebirge, kommen durch teils malerische Ortschaften wie Bad Essen und Schledehausen. Man erkennt recht bald, dass Melle von ausgedehnten Waldflächen umgeben ist, durchbrochen von Arealen landwirtschaftlich genutzter Flächen. Gemächlich fahren wir durch die Landschaft des Grönegau und kehren so an den Ausgangsort zurück.

54 Kilometer
470 Höhenmeter
470 Höhenmeter
4:30 Stunden
Rundtour

Startpunkt ist der Bahnhof Melle

Wir verlassen den 1 / Bahnhof Melle über die Bahnhofs- und Buersche Straße. Die Alte Buersche Straße ist für Kfz eine Sackgasse, Fahrradfahrer und Fußgänger können jedoch die Bahntrasse unterirdisch kreuzen. Auf der Waldstraße geht es stetig bergan durch Siedlungen im äußeren Stadtrand, doch dann wird die Straße ihrem Namen gerecht, wir fahren durch Wald. Wir streifen Eicken-Bruche. Vorbei an der herrlich gelegenen Waldorfschule geht es endgültig in die offene Landschaft.

CHARAKTER
Sportlich ●●●●○
Abkühlung ●●○○○
Schlemmen ●●○○○
Panorama ●●●●○

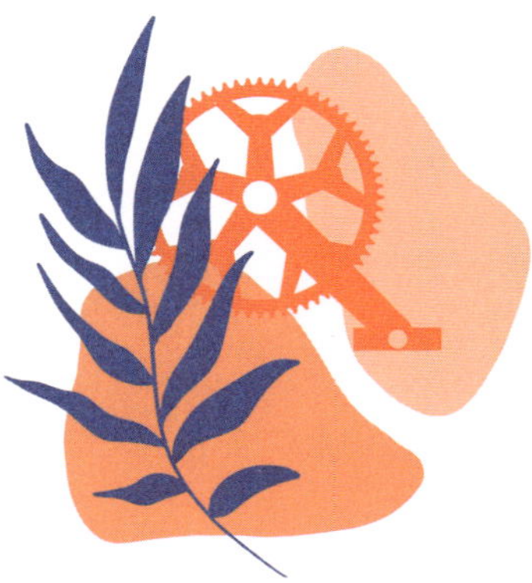

TOURENINFO / Diese Radelstrecke hält einige Steigungen für uns bereit. Dafür ist sie fast komplett asphaltiert, nur drei ganz kurze Abschnitte sind unbefestigt.

‹ links / Die Dinosaurier waren schon vor uns hier

Auf zum Strand

Zunächst bleiben wir unterhalb der aufsteigenden Hänge des Wiehengebirges. Über Barkhausen, den Ort gibt es heute glatt zweimal, fahren wir in die Buermanns Heide und können am Niedereschweg 15 bereits ein schönes Café am Teich, das 2 / Strandcafé Melle aufsuchen, geöffnet von Freitag bis Sonntag. Ab dem kleinen Tittingdorf nehmen wir für 2 km den Radweg neben der größeren Kreisstraße bis in den Ort Buer. Der 3 / Kirchplatz Buer mit einer Zufahrt durch ein Fachwerkhaus wird durch den hoch aufragenden Kirchturm der St. Martinikirche bestimmt. Umgeben von zahlreichen Fachwerkhäusern lädt das Areal zum Verweilen ein, auch wegen der Einkehrmöglichkeit, etwa im Gastwerk Buer (www.gastwerk-melle.com). Wir durchfahren das kleine Torhaus und umrunden den Ortskern, um in die Bremer-Tor-Straße einzubiegen. Hier folgen wir der Ausschilderung „Mühlentour", die uns erst bei den Saurierspuren verlässt.

EIN TURM WIE EIN ANGESPITZTER BLEISTIFT

57 m hoch ist der schlanke Turm der St. Martini-Kirche in Melle-Buer. Wirklich etwas Besonderes ist die Zufahrt durch ein Fachwerkgebäude zum Kirchplatz, der mit den umgebenden Gebäuden die historische Kirchenburg erahnen lässt.

Panorama pur

Über Meesdorf geht es bergan, mit zahlreichen Abbiegesituationen. Es ergeben sich immer wieder grandiose Aussichten auf bewaldete Berghänge, ein besonders schönes Panorama bietet sich „Am Bergsiek". Mit ordentlichem Gefälle fahren wir zur Huntetalstraße hinab. Zum Glück müssen wir dieser Hauptstraße nur 500 m folgen.

Die Dinosaurier grüßen

Bald geht links ein Weg hoch und schon erscheint ein übergroßer Dinosaurier. Gut, dass er hinter einem Zaun steht, sonst kriegten wir es mit der Angst zu tun. Wenig weiter, nach extrem steilen 200 m, sind dann die originalen 4 / Saurierfährten von Barkhausen zu bewundern, echt beeindruckend. Schließlich sind diese Fußstapfen

---

➤ rechts oben / Zehen in den Sand im Strandcafé Melle am Teich
➤ rechts Mitte / Kirchturm der St. Martini-Kirche in Melle-Buer

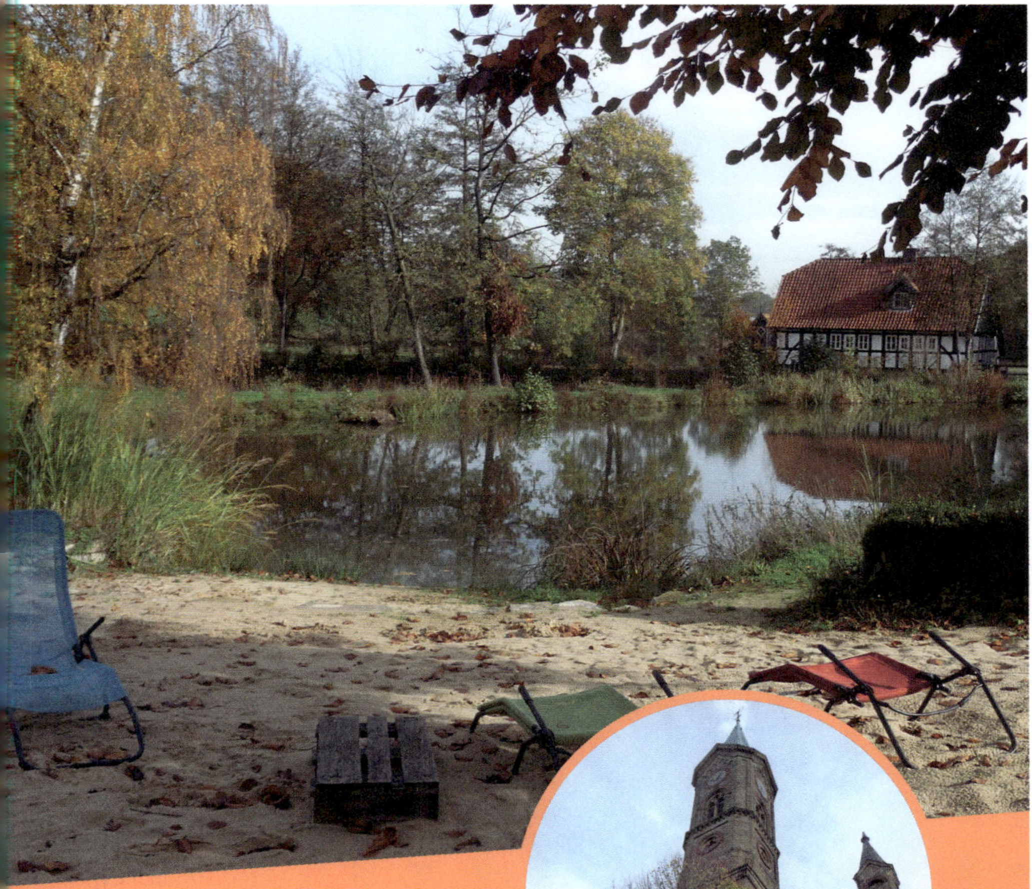

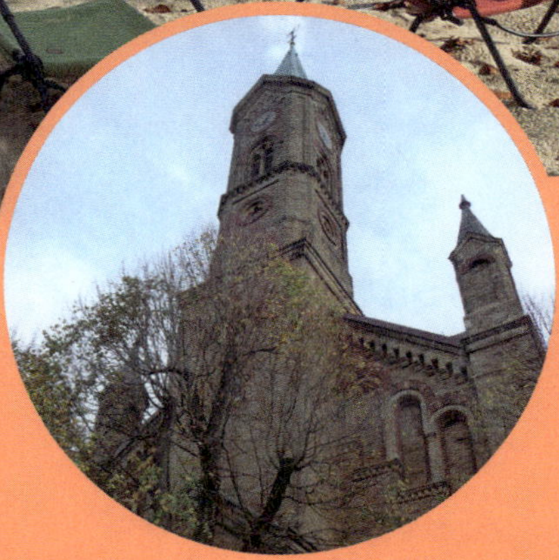

150 MIO.

Jahre alt sind die 4 / Saurierfährten von Barkhausen. Gerade Kinder sind ja oft von Dinosauriern fasziniert, hier können sie nicht nur echte Fußspuren bewundern, sondern auch ein Tiermodell in Originalgröße.

DER WITTEKINDSWEG

ist ein äußerst beliebter Wanderweg, der von Osnabrück über den Kamm des Wiehengebirges über fast 100 km bis Porta Westfalica führt. Wir kreuzen ihn zweimal und behalten ihn als alternatives Freizeiterlebnis im Hinterkopf.

AUF ABENTEUERLICHEM PFAD

Millionen Jahre alt. Ausführlich werden wir hier über die Saurierspuren informiert und erfahren, was hier früher alles anders war. Die weitere eindrucksvolle Skulptur eines realistisch nachgebildeten Dinosauriers steht dort in der Landschaft und macht mächtig was her. Der Wittekinds-Wanderweg ist nun ein kurzes Stück unser etwas abenteuerlicher Pfad. Er führt am Hang des Linner Berges entlang, schmal, aber mit dem Fahrrad – abgesehen von extremen Wettersituationen – gut befahrbar. Er mündet ein auf die Hüseder Straße, die dann als Asphaltstraße bergabführt. Mitunter blickt man zur einen Seite auf die Hänge des Wiehengebirges und gegenüber auf die Weiten der Norddeutschen Tiefebene.

Fachwerkhäuser am Wegesrand

Nach sehr gefälligen 4 km ist die nächste Station 5 / Hüsede, eine Ortschaft mit zahlreichen Fachwerkhäusern. Ein herrliches Picknickgelände ist der liebevoll angelegte Dorfplatz (Im Dorfe 17) mit Backhaus, Nebengebäuden und einladenden Bänken. Beeindruckt hat mich der Tisch ohne Tischbeine in einer Hütte.

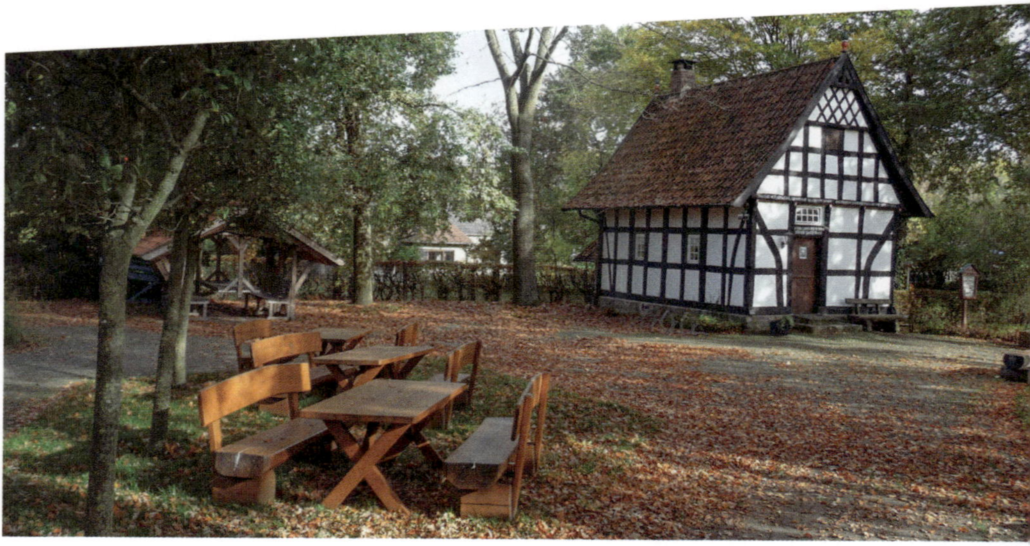

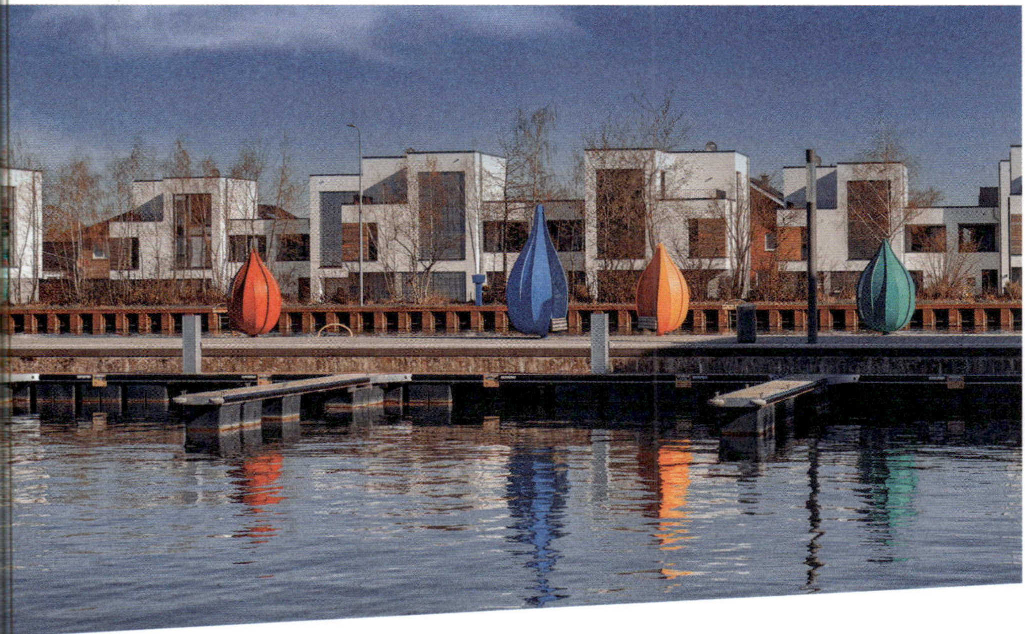

Pause für einen kurzen „Kur"-Aufenthalt

Weiter geht es für drei km über Eielstädt nach 6 / Bad Essen, ein Ort, der von Radtouristen gerne aufgesucht wird und das aus guten Gründen (siehe auch Tour 21). Neben den Schönheiten der Ortsmitte gibt es zahlreiche Angebote in der Gastronomie, diverse Einkaufsmöglichkeiten, ein Sole-Freibad, Kureinrichtungen, den Familienpark, die Marina am Kanal etc. Wir verlassen Bad Essen vom außergewöhnlich heimeligen Kirchplatz aus auf einem Weg durch die Felder, an einem Gewerbegebiet vorbei, um dann im Ortsteil Wehrendorf über „Klosterkamp" alsbald der Wehrendorfer Straße bergauf zu folgen. In einer Kurve biegen wir links ab, die „Kirchegge" hoch, jetzt wird es richtig anstrengend. Im Vorteil ist, wer mit einem Pedelec ausgestattet ist. Nach einem kurzen Stück auf der stark befahrenen Bad-Essener-Straße geht es geradeaus auf den Heerweg. Sehr schöne sechs km haben wir jetzt vor uns bis zum nächsten Stopp. Kaum sind wir nun einen Berg hochgefahren, geht es auch wieder bergab, das Ganze wiederholt sich. Die Fahrt entlang am Waldrand erlaubt Ausblicke in die hügelige, gewellte Landschaft. Das letzte Stück Heerweg ist wegen des Untergrundes etwas beschwerlich zu fahren, jedoch oben angekommen wird man durch ein besonderes Panorama belohnt.

MARINA

Die Marina Bad Essen liegt inmitten einer herausgeputzten Flaniermeile mit autofreier Uferpromenade am Mittellandkanal, womit 6 / Bad Essen einen weiteren schönen Aufenthaltsort hat.

< links / Dorfplatz Hüsede ^ oben / Marina Bad Essen

Auf nach Schledehausen – abwärts

Jetzt geht es endgültig bergab, ein kleiner Wermutstropfen ist das Abbremsen und Abbiegen an den Wegkreuzungen. In leichtem Zickzack gelangen wir nach 7 / Schledehausen. Hier gibt es Einkaufsmöglichkeiten, eine Eisdiele, sogar einen Kurpark, darüber hinaus gibt es ein schön gelegenes Waldbad. Wir durchfahren diesen Ort, passieren eine Ampelkreuzung und biegen in den Linner Kirchweg ein. Es geht nochmal richtig hoch. Sobald sich das hügelige Waldgelände öffnet, überschauen wir die vor uns liegende Landschaft. Ab der Linner Landstraße bewegen wir uns von nun an im Grönegau. Wie der Name schon andeutet, traditionell genutztes grünes Weideland.

DER GRÖNEGAU

ist eigentlich identisch mit dem Landkreis Melle, aber Grönegau hört sich deutlich besser an. Es ist eine für Radler und Wanderer sehr attraktive Landschaft, vom Wiehengebirge rüber zum Teutoburger Wald.

Plötzlich alles flach

Wir überqueren die Mindener Straße und die Eisenbahn und fahren durch ein weitläufiges Wiesengelände. Oftmals lassen sich in dieser Bruchlandschaft der Hase-Aue Störche beobachten. Oder eine Schafherde bewegt sich auf den großen Flächen. Am Ende des Hörsteweges beginnt ein frei befahrbarer Privatweg, der schließlich den Firmenparkplatz einer Möbelfabrik überquert

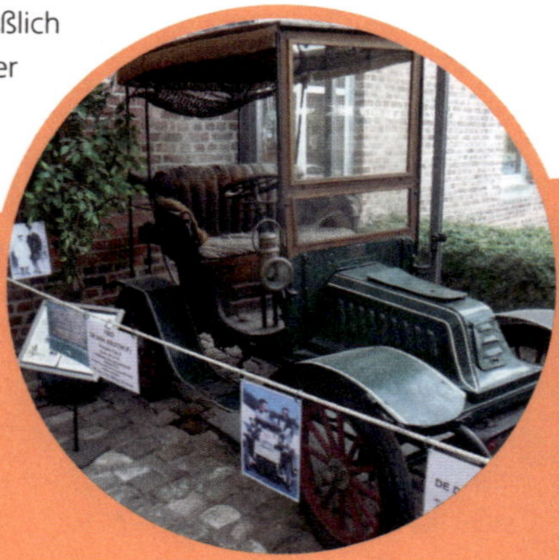

ÜBER 300

Fahrzeuge beherbergt das 8 / Automuseum Melle. Das Besondere ist, dass die Ausstellung immer wechselt, weil Oldtimerbesitzer ihre Schätze für eine gewisse Zeit dem Museum überlassen. Es sind alles fahrbereite Autos, häufig eben auch statt Exoten Alltagsfahrzeuge aus den 50er bis 80er Jahren.

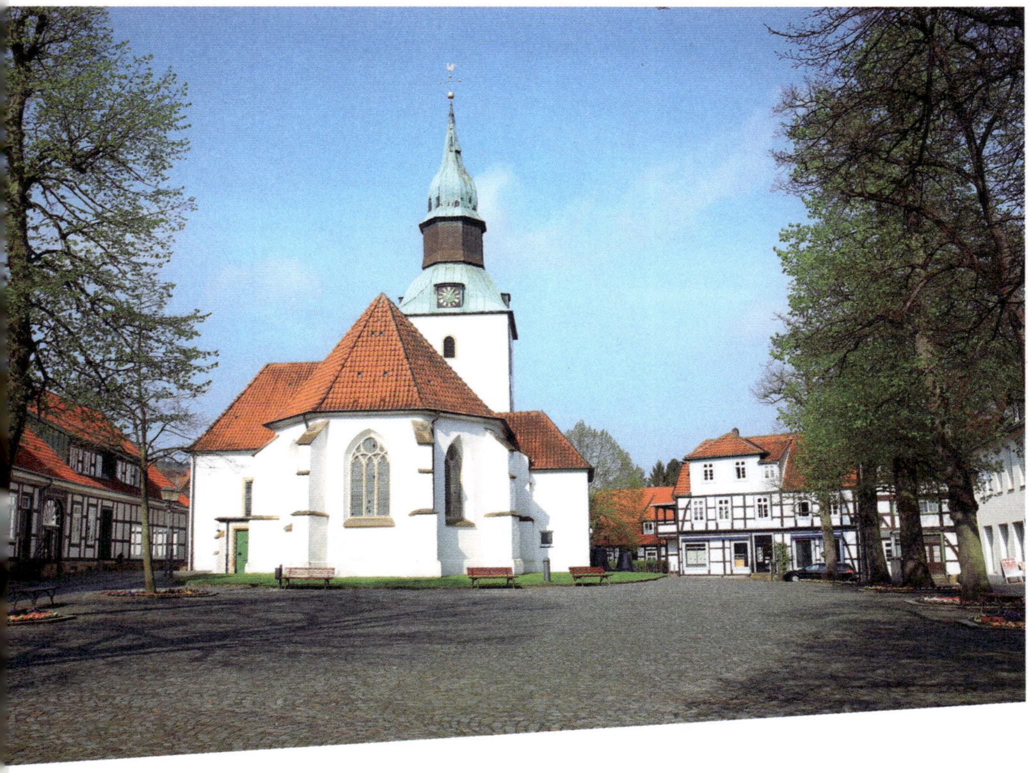

und in die Vinkenaue einmündet. Wir streifen ein Siedlungsgebiet von Westerhausen, ein Ort mit Bahnstation, jedoch sonst ohne erkennbare Ortsmitte und besondere Aufenthaltsqualitäten. Gut sechs km sind es noch bis Melle. Auf den folgenden Straßen geht es oft abwechselnd rechts und wieder links ab. Wir fahren dann im Anblick der Meller Berge nach Bakum, einem Ortsteil von Melle. Ein letztes Mal geht es über die Bakumer Straße bergauf, um dann vor der Bahn in die Pestelstraße einzubiegen.

Das Automuseum Melle

Wir sind wieder in Melle gelandet, und wer jetzt von Fahrrädern nichts mehr wissen möchte, dem sei ein Besuch des großartigen 8 / Automuseums Melle anempfohlen. Hier sind ständig wechselnde Exponate von historischen fahrbereiten Alltagsautos und auch Raritäten ausgestellt. Nach einem Schwenk im Rechtsbogen, um die Bahnschienen zu überqueren, sind wir alsbald am Ausgangspunkt 1 / Bahnhof Melle angekommen.

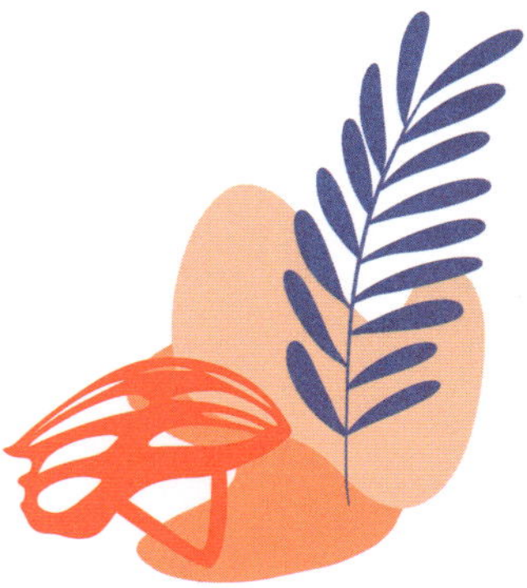

< links / Automuseum Melle ^ oben / Kirchplatz Bad Essen

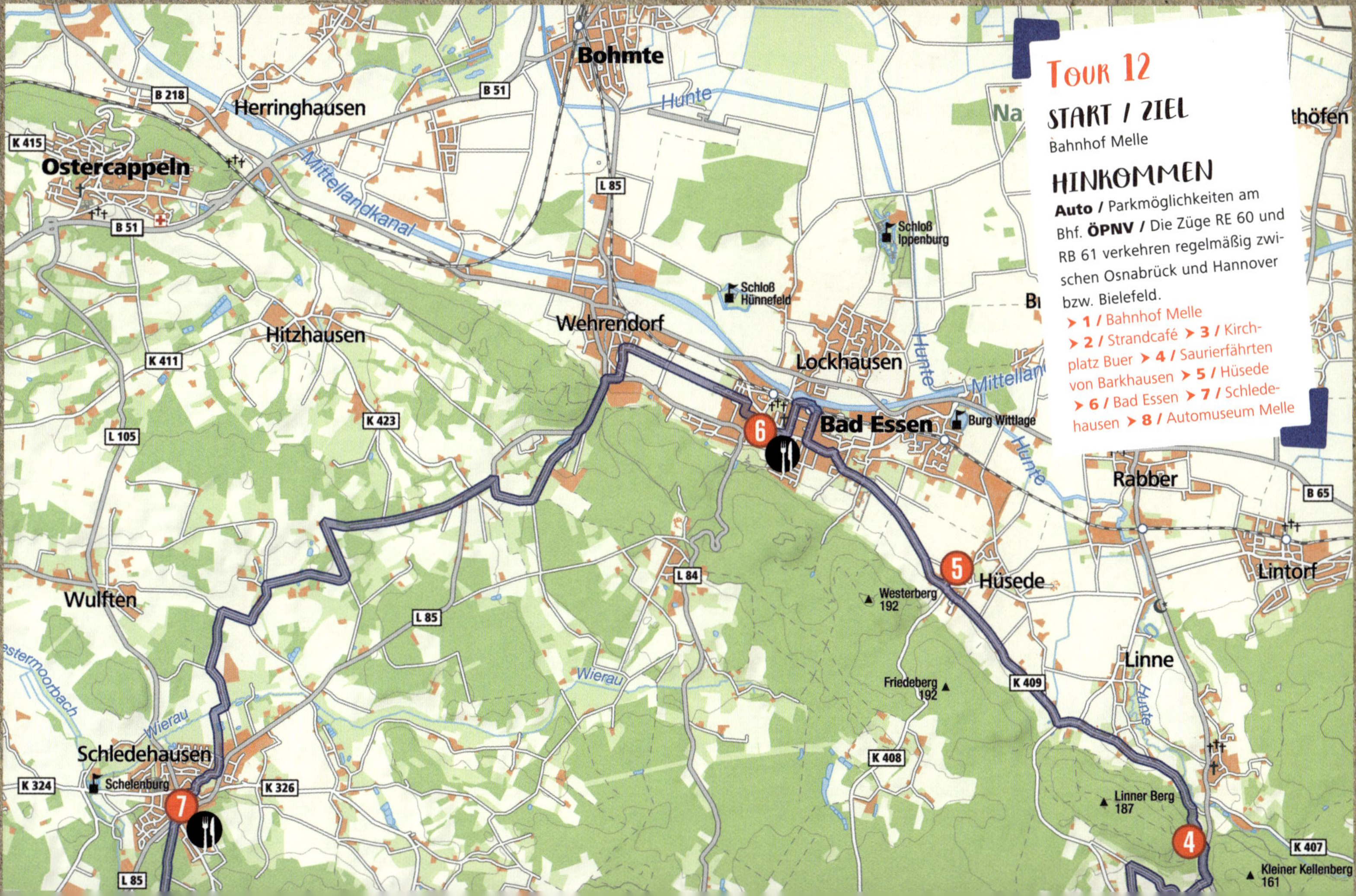

Tour 12

START / ZIEL

Bahnhof Melle

HINKOMMEN

Auto / Parkmöglichkeiten am Bhf. **ÖPNV /** Die Züge RE 60 und RB 61 verkehren regelmäßig zwischen Osnabrück und Hannover bzw. Bielefeld.

> **1 /** Bahnhof Melle > **2 /** Strandcafé > **3 /** Kirchplatz Buer > **4 /** Saurierfährten von Barkhausen > **5 /** Hüsede > **6 /** Bad Essen > **7 /** Schledehausen > **8 /** Automuseum Melle

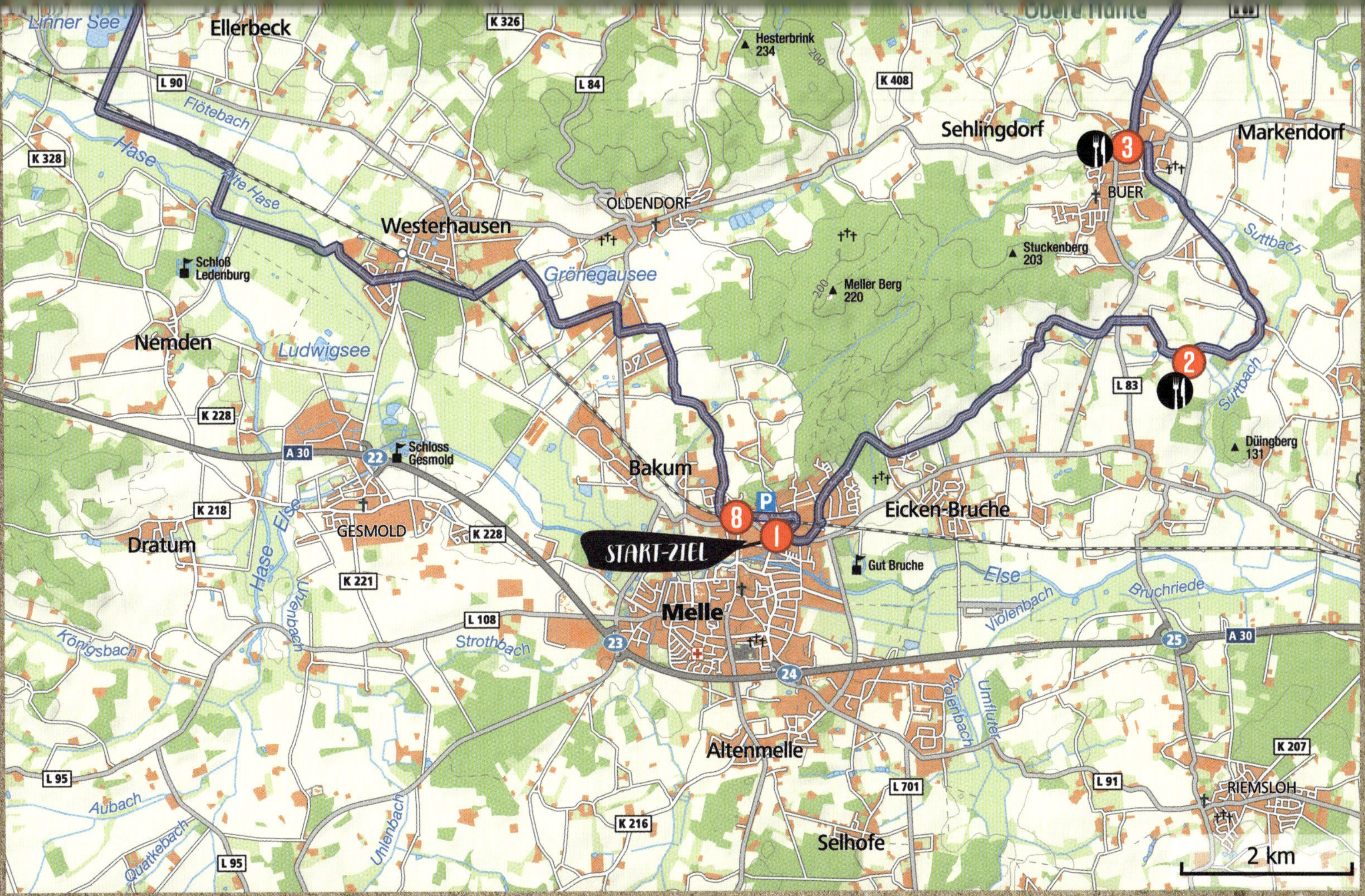

Linner See
Ellerbeck
K 326
Hesterbrink 234
K 408
L 90
L 84
Flötebach
K 328
Hase
Alte Hase
Sehlingdorf
Markendorf
3
BUER
OLDENDORF
Westerhausen
Stuckenberg 203
Suttbach
Schloß Ledenburg
Grönegausee
Meller Berg 220
200
Nemden
Ludwigsee
2
L 83
K 228
A 30
22
Schloss Gesmold
Bakum
Düingberg 131
K 218
GESMOLD
8
P
Eicken-Bruche
1
K 228
Dratum
START-ZIEL
Gut Bruche
Else
K 221
Uhlenbach
Bruchriede
Violenbach
L 108
Melle
Königsbach
Strothbach
23
24
25
A 30
Umfluter
Altenmelle
K 207
L 95
L 701
L 91
RIEMSLOH
Aubach
K 216
Quakebach
Uhlenbach
L 95
Selhofe
2 km

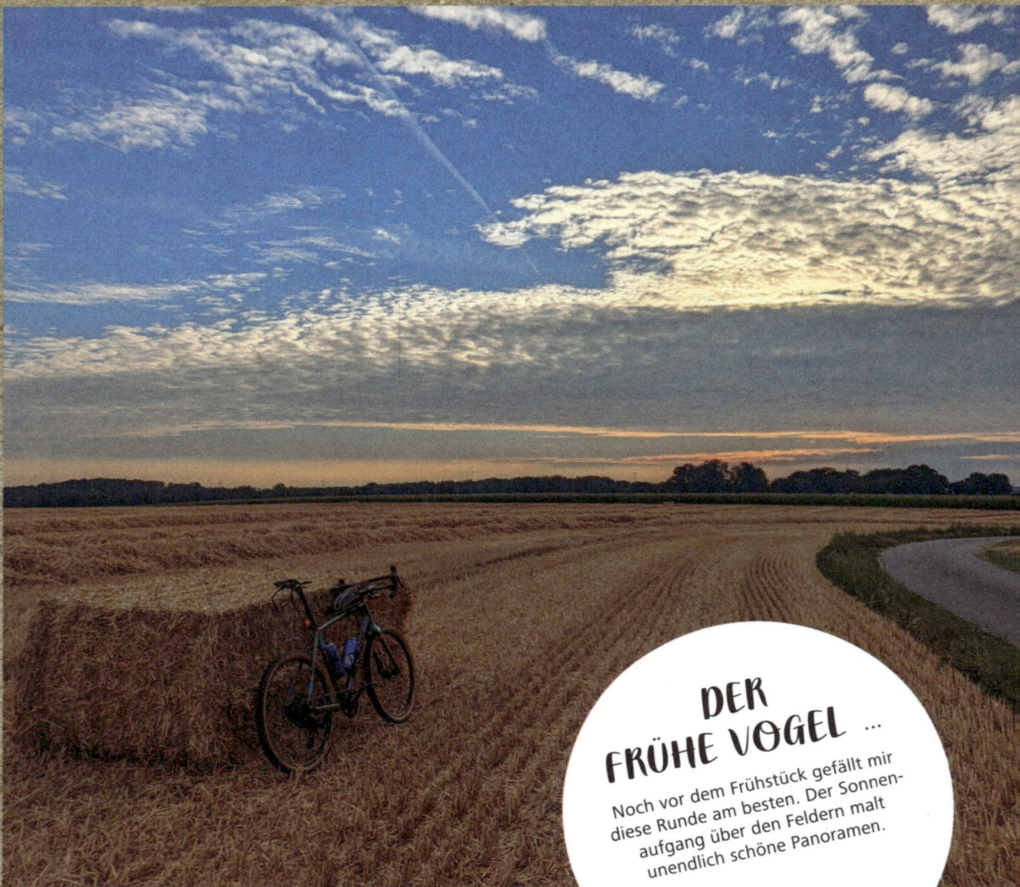

DER FRÜHE VOGEL …

Noch vor dem Frühstück gefällt mir diese Runde am besten. Der Sonnenaufgang über den Feldern malt unendlich schöne Panoramen.

➤ **1 /** Der Bahnhof Laggenbeck inkl. P+R-Station ist der ideale Ein- und Ausstieg in die Tour

➤ **2 /** Am Windmühlenhof Neyer gibt's saisonale und regionale Lebensmittel direkt vom Erzeuger

➤ **3 /** Der Hopfengarten Osterberg blickt zurück auf die Tradition des ehemaligen Klosters

➤ **4 /** Das Osnabrücker Land ist reich an Flussläufen. Neben der Hase und Else ist die Düte wichtig

➤ **5 /** Im Eiscafé Aida zuschlagen. Alternativer Start-/Zielpunkt für einen Start in Osnabrück

➤ **6 /** Das Landcafé am Goldbach liegt im Grünen zwischen Lotte und Gaste

➤ **7 /** Ein kleiner Pausenplatz gesucht? Eine Tischgruppe mit wundervoller Aussicht erwartet uns

➤ **8 /** In Mettingen gibt das Haus Telsemeyer Einblicke in das Leben der Tüötten

➤ **9 /** Der Minigolfplatz Mettingen lädt ein für eine Partie

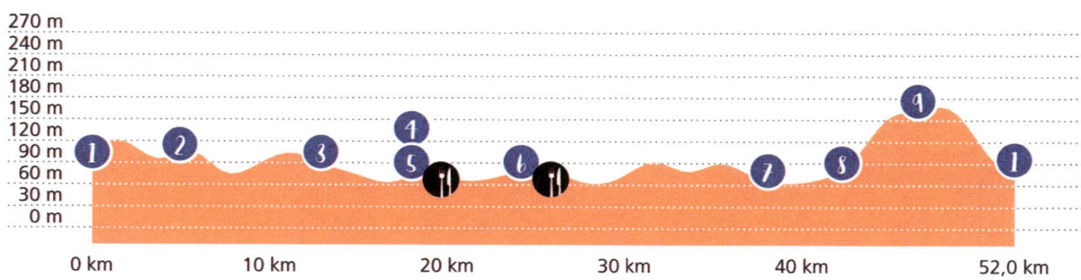

Tüötten auf der Spur

Am frühen Morgen mit Tau auf den Feldern

Im Westen Osnabrücks gelegen, erkunden wir das Grenzgebiet zu Nordrhein-Westfalen. Der Startpunkt unserer Route liegt dabei bereits im nordrheinwestfälischen Laggenbeck, ist aber von Osnabrück aus sehr gut mit dem Auto oder der Bahn zu erreichen. Unterwegs sehen wir schöne Landschaften und erklimmen den einen oder anderen Höhenmeter, welcher durch die Ausläufer des Teutoburger Waldes zu spüren ist.

52 Kilometer
390 Höhenmeter
390 Höhenmeter
4 Stunden
Rundtour

Auf geht's!

Wir starten die heutige Tour am 1 / Bahnhof Laggenbeck und begeben uns südlich vom Bahngleis zunächst auf die schön ausgebaute Fahrradstraße. Leider ist dieser Bahnhalt noch nicht komplett barrierefrei ausgebaut, aber immerhin unterstützt eine kleine Rampe seitlich an den Treppenstufen das Hinauf- und Hinunterschieben des Fahrrades, um auf die gegenüberliegende Gleisseite zu kommen. Sollte es hier zu Problemen kommen, ist über die Permer Straße und die Gebrü-

Charakter

Sportlich ●●●○○
Abkühlung ●○○○○
Schlemmen ●●●○○
Panorama ●●●●○

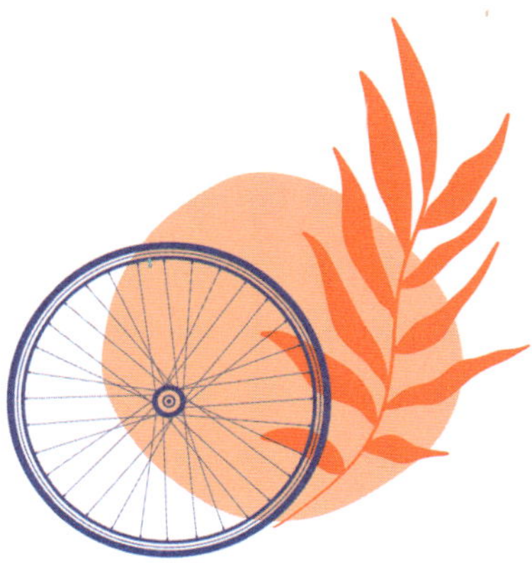

Toureninfo / Überwiegend asphaltierte Wege mischen sich mit kürzeren Schotterpassagen. Die Steigungen sind allerdings spürbar. Gute Waden oder ein elektrischer Rückenwind sind von Vorteil.

< links / Je früher, desto schöner ist das Panorama bei Sonnenaufgang

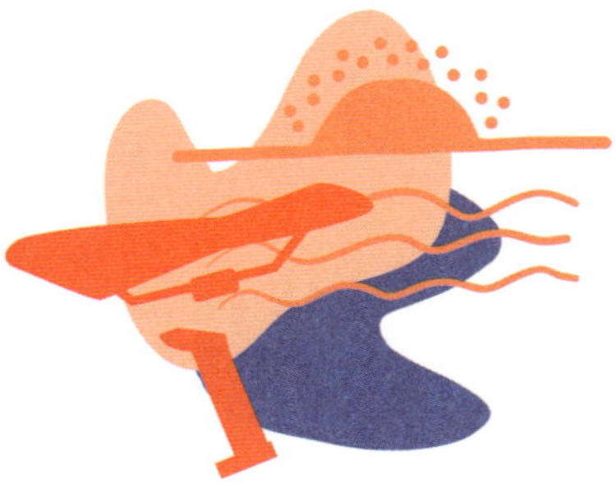

der-Grimm-Straße eine Umfahrung der Treppen in wenigen Minuten möglich. Laggenbeck, ein Stadtteil von Ibbenbüren ist mit nicht ganz 10.000 Einwohnern eher ein ruhiger Ortsteil. Dennoch hat auch Laggenbeck seinen Charme. In unmittelbarer Nähe unserer Route liegt das Freibad Laggenbeck, das eine Abkühlung nach der Tour bieten kann, außerdem gibt es eine jährliche Kirmes im Zeitraum Ende Juli/ Anfang August, welche die Tecklenburger Straße in ein kleines Volksfest verwandelt. Wer aber einfach nur aufs Rad steigen möchte und in die Natur will, kann bei Bedarf z.B. in der Bäckerei Werning schon in der Früh noch eine Stärkung für den Weg erhalten.

Ledde, Lotte und der hohe Berg

TIERWELT

Je nach Tages- und Jahreszeit lassen sich einige Anwohner der heimischen Tierwelt beobachten. Wildgänse, Störche, Rehe und Hasen sind vielerorts zu finden.

Beim Verlassen der Siedlungsbebauung von Laggenbeck und dem Überfahren der Autobahn A30 kommen wir in den landwirtschaftlich geprägten Raum. Wir touchieren das Dörfchen Ledde, das ein Ortsteil von Tecklenburg ist, und kommen an der Windmühlenstraße am 2 / Windmühlenhof Neyer vorbei. Ein Besuch lohnt sich (www.windmuehlen-hof.de). Im Anschluss geht es den Windmühlenberg hinauf. Hierfür wird ein wenig Kraft in den Waden benötigt und auch die Gangschaltung am Fahrrad sollte nicht verrostet sein. Die Ledder Windmühle selbst, die der Anhöhe ihren Namen gab und aus dem Jahr 1864 stammte, war nicht allzu lange in Betrieb. Im Jahr 1910 fiel sie einem Brand zum Opfer, sodass wir leider keine schöne Mühlentour machen können. Nach einer schönen Abfahrt in Richtung Osten steht dann abermals ein Anstieg vor uns. Wem hier schon die Puste ausgeht, der kann den kleinen Umweg über die südlich parallel verlaufende Hagelstraße (K28) machen. Dieser ist nur minimal länger, dafür aber asphaltiert und mit weniger Höhenmetern. Über beide Wege erreichen wir die Bauerschaft Osterberg. Diese geht zurück auf ein 1410 gegrün-

---

➤ rechts oben / Die Hühner des Windmühlenhofs Neyer ➤ rechts Mitte / Zaungäste wie Pferde und Kühe sind auf dieser Tour keine Seltenheit

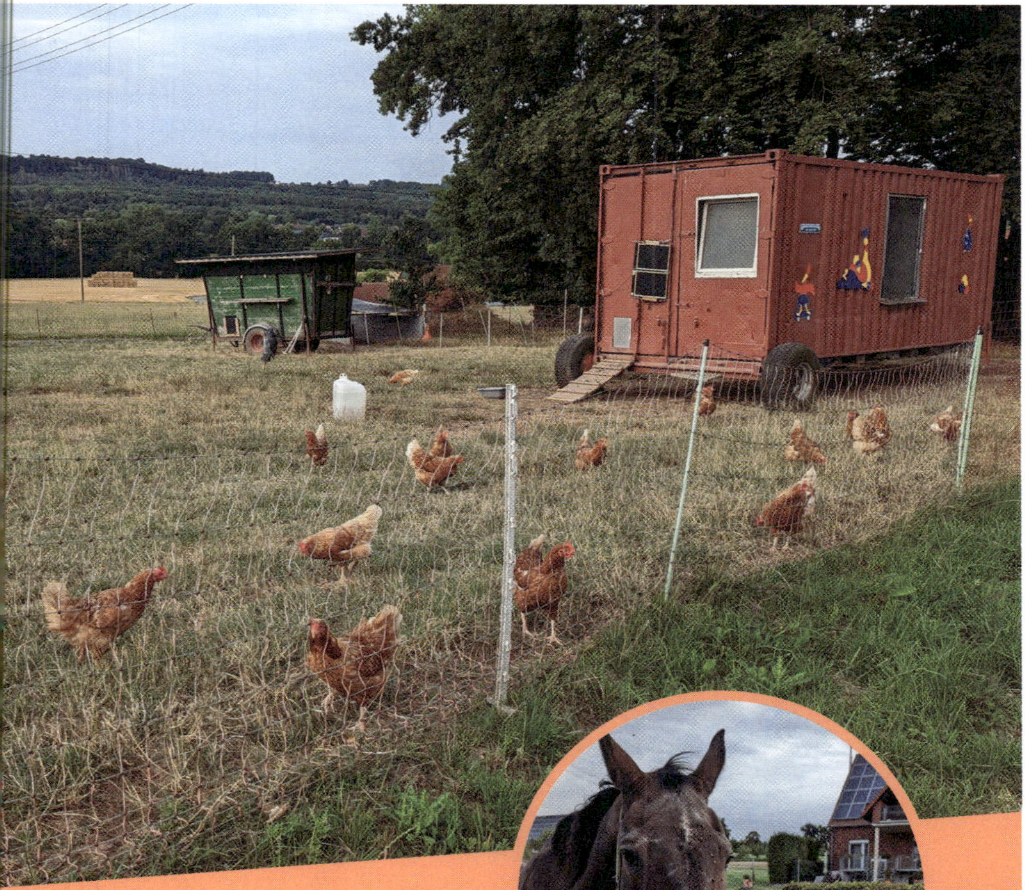

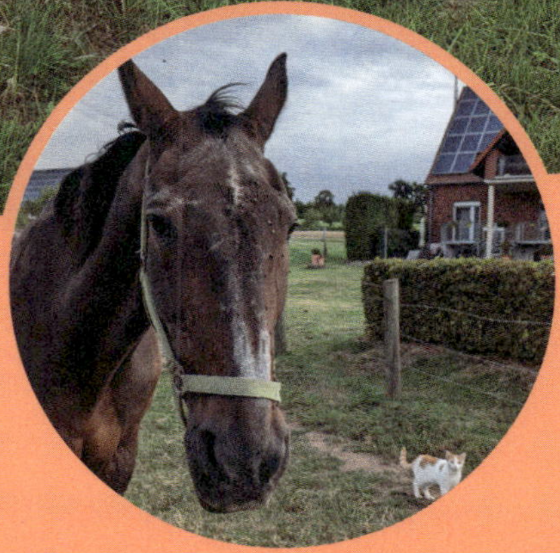

MEHR ALS 60

Schausteller verwandeln das kleine Städtchen Laggenbeck Ende Juli zu einer großen Kirmes. Von Samstag bis Montag steht dabei der ganze Ort im Zeichen von Fahrgeschäften, Zuckerwatte und Co.

KM 13

Der **3 / Hopfengarten Osterberg** geht zurück auf das Kloster Ostberg aus dem Jahre 1427 bis 1633. Mit dem kleinen Hopfenanbau wird dem Wirken der Mönche aus dieser Zeit gedacht

detes Kloster und zählt heute als Ortsteil von Lotte. Vom Kloster selbst sind nur noch Ruinen zu sehen, dafür gibt es aber einen kleinen, aber feinen 3 / Hopfengarten zu bestaunen, der zum 750. Jahrestag der Ortschaft in 2001 neugestaltet und angelegt wurde.

ZWISCHEN HOPFEN-STAUDEN

Relikte vergangener Zeiten

Unser Weg führt uns weiter in Richtung Osten mit Fahrtrichtung Osnabrück. Wir passieren das Werk des Landmaschinenherstellers Amazone. Auf dessen Parkplatz kann man meist das eine oder andere Arbeitsgerät der aktuellen Produktion sehen. Hier wird einem schnell und eindrücklich bewusst, dass Landwirtschaft heutzutage mit Dreschflegel und Sense nicht mehr viel zu tun hat, sondern hochindustrialisiert und digital ist.

Schmale Pättchen an der Düte

Nach einem kurzen Abschnitt über den linksseitigen Zweirichtungsradweg entlang der Hauptstraße von Gaste biegen wir links ab in den Erlenweg. Dort können wir nach wenigen Metern dem

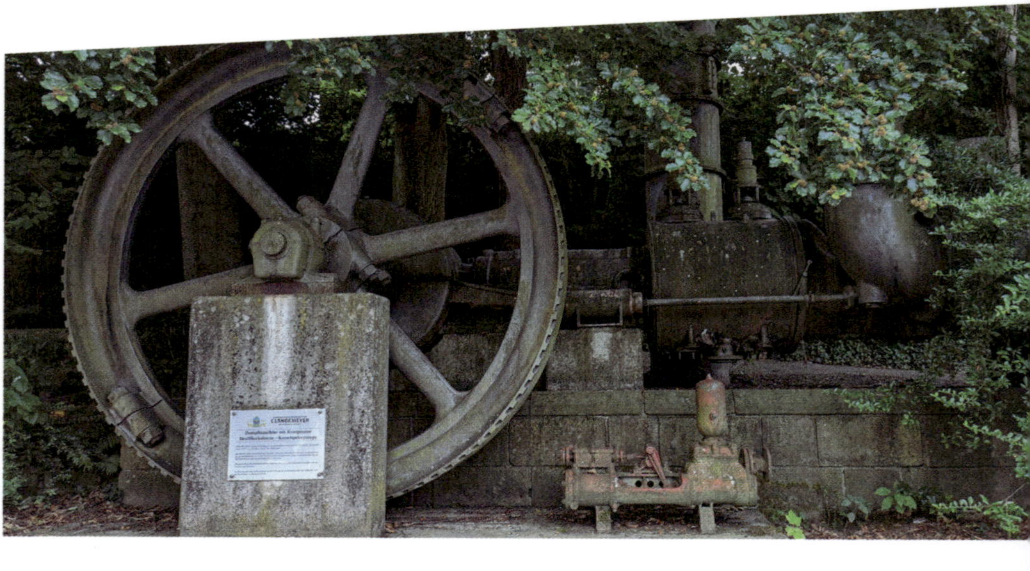

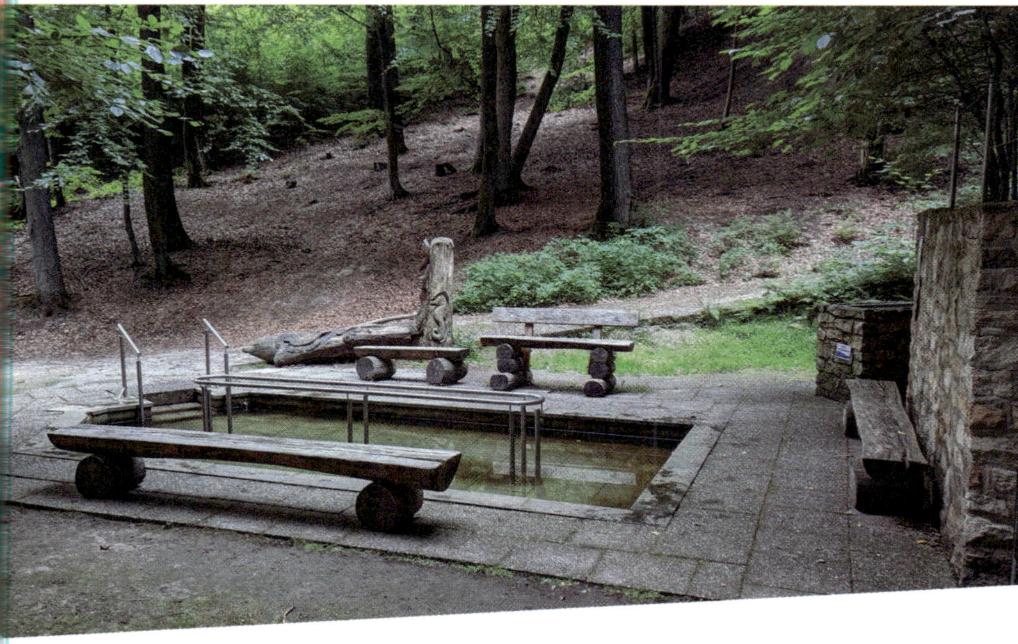

geringen Charme des Gewerbegebiets entfliehen und schlängeln uns mit einem schmalen Radweg entlang des Heinkenbachs. Bei Gegenverkehr ist hier gegenseitige Rücksicht und Vorsicht geboten, aber ein kurzes Anhalten und ein freundlicher Gruß an das Gegenüber hat noch keinem geschadet. Es folgt noch eine Überquerung der 4 / Düte – eines Flusses, dessen Quelle im Teutoburger Wald liegt und der im späteren Verlauf die Hase und somit die Ems speist – bis wir dann unsere erste Einkehr auf dem Osnabrücker Stadtgebiet erreichen. Vorsicht, zu Beginn des Eselpatts steht ein halbseitiges Gitter etwas unauffällig in der linken Radweghälfte. Gerade an sonnigen Tagen ist die Einfahrt in den kleinen Waldabschnitt mit Gegenlicht möglicherweise ein kurzer Schreckmoment.

176 METER Ü.N.N.

Der Schafberg zwischen Mettingen und Laggenbeck ist die höchste Erhebung unserer Tour.

Pausenzeit oder Abkürzung

Im 5 / Eiscafé Aida können wir uns mit Kuchen und Eis (auch beides ist legitim) von der bisherigen Tour eine kleine Auszeit gönnen. Wer bis hierhin die Zeit ein wenig vertrödelt hat, kann notfalls auch die Route ändern und den Osnabrücker Bahnhof ansteuern, der von hier aus keine 6 km entfernt liegt.

< links / Eine alte Dampfmaschine aus der Kornbrennerei Mettingen aus dem Jahre 1948 ^ oben / Eine Wassertretstelle ist die perfekte Abkühlung für Füße und Waden nach einer Radtour an heißen Sommertagen

Zeit für Derbystimmung – vorbei am Stadion

Nach einer Stärkung geht es weiter. Die Große Schulstraße hinauf, um den Kreisel und schnell sind wir wieder im Grünen. Links und rechts passieren wir die Gebäude des Osnabrücker Tierheims und machen uns wieder in westlicher Richtung auf die Strecke, teils südlich, teils nördlich der Autobahn A 30. Wer zuvor noch keine Pause gemacht hat, kann das 6 / Landcafé am Goldbach (www.landcafe-goldbach.de) für eine Einkehr nutzen, bevor es kurz durch die Innenstadt von Lotte geht, vorbei am Stadion der Sportfreunde Lotte sowie dem Eiscafé Cristallo am sogenannten Europakreisverkehr.

Flach durchs Grüne vorbei an Westerkappeln

Im Anschluss geht es erstmal wieder längere Zeit durch die Natur und den ländlichen Raum. Vorbei am Traktormuseum Westerkappeln geht es durch traumhafte Landschaften. Als zusätzliche Herausforderung lässt sich abermals der Windmühlenhügel (diesmal als Teil von Westerkappeln) heraufradeln, vorbei am Wasserhochbehälter. Alleen durchfahrend, am Feldrand über den etwas unebenen Feldweg und schließlich nach dem Umrunden eines schönen 7 / Pausenplatzes kommen wir in Mettingen an.

INTERESSIERT AN LANDMASCHINEN?

Das Traktorenmuseum Westerkappeln hat nach vorheriger telefonischer Anmeldung an den Wochenenden geöffnet.

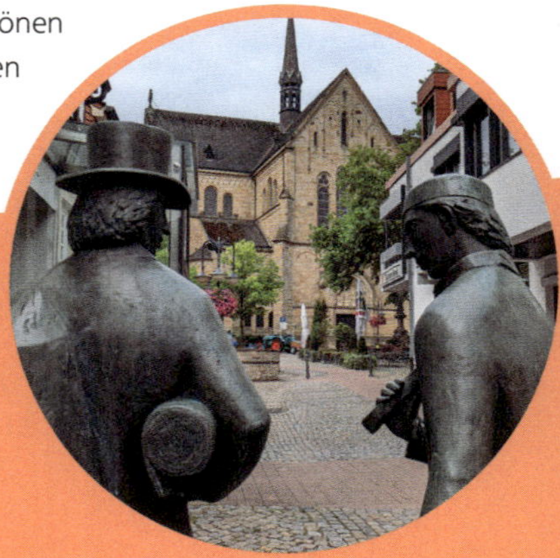

KÖSTLICHKEITEN METTINGENS

Egal ob ofenfrischer Streuselkuchen oder Eiscafé. Die historische Innenstadt von Mettingen hat für jeden Geschmack etwas zu bieten. Im schnuckeligen Foto Café Heyday (Landrat-Schultz-Straße 8, 49497 Mettingen) sitzt man auf Vintage-Möbeln und genießt selbstgemachte Kuchen und Crêpes.

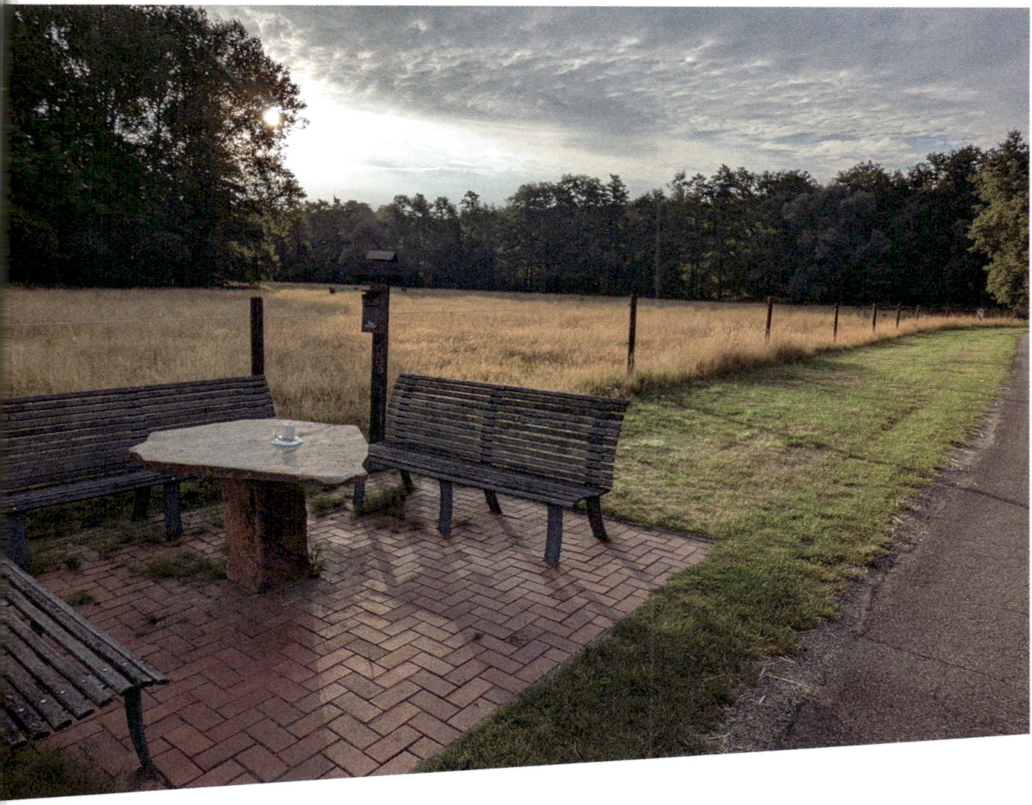

Tüötten von Mettingen

Tüötten oder auch Tödden waren saisonal wandernde Kaufleute, denen mit dem 8 / Haus Telsemeyer ein eigenes Museum gewidmet ist (mettingen-tourismus.de/touristik-und-freizeit/museen/tueoettenmuseum). Mettingen ist neben der kulturellen Prägung durch die damalige Kaufmannschaft vom Bergbau der RAG Steinkohle geprägt. Der Nordschacht ist noch heute zu sehen, wenn auch seit 2018 stillgelegt. Zukünftig soll auf dem Gelände der RAG Anthrazit ein naturnahes Wohnkonzept umgesetzt werden. Golfprofis dabei? Wer den Nachmittag noch mit einer Partie Geschicklichkeit ausklingen lassen will, bevor es die letzten rund 6 km zum Bahnhof zurück geht, ist am 9 / Minigolfplatz Mettingen an der richtigen Stelle. Nur kurze Zeit später erreichen wir wieder den Bahnhof Laggenbeck und sind am Ende unserer Tour.

‹ links / Den Tüötten ist in Mettingen ein Denkmal gesetzt ^ oben / Wer keine Lust auf eine Einkehr hat, findet an diesem Pausenplatz eine ruhige Auszeit

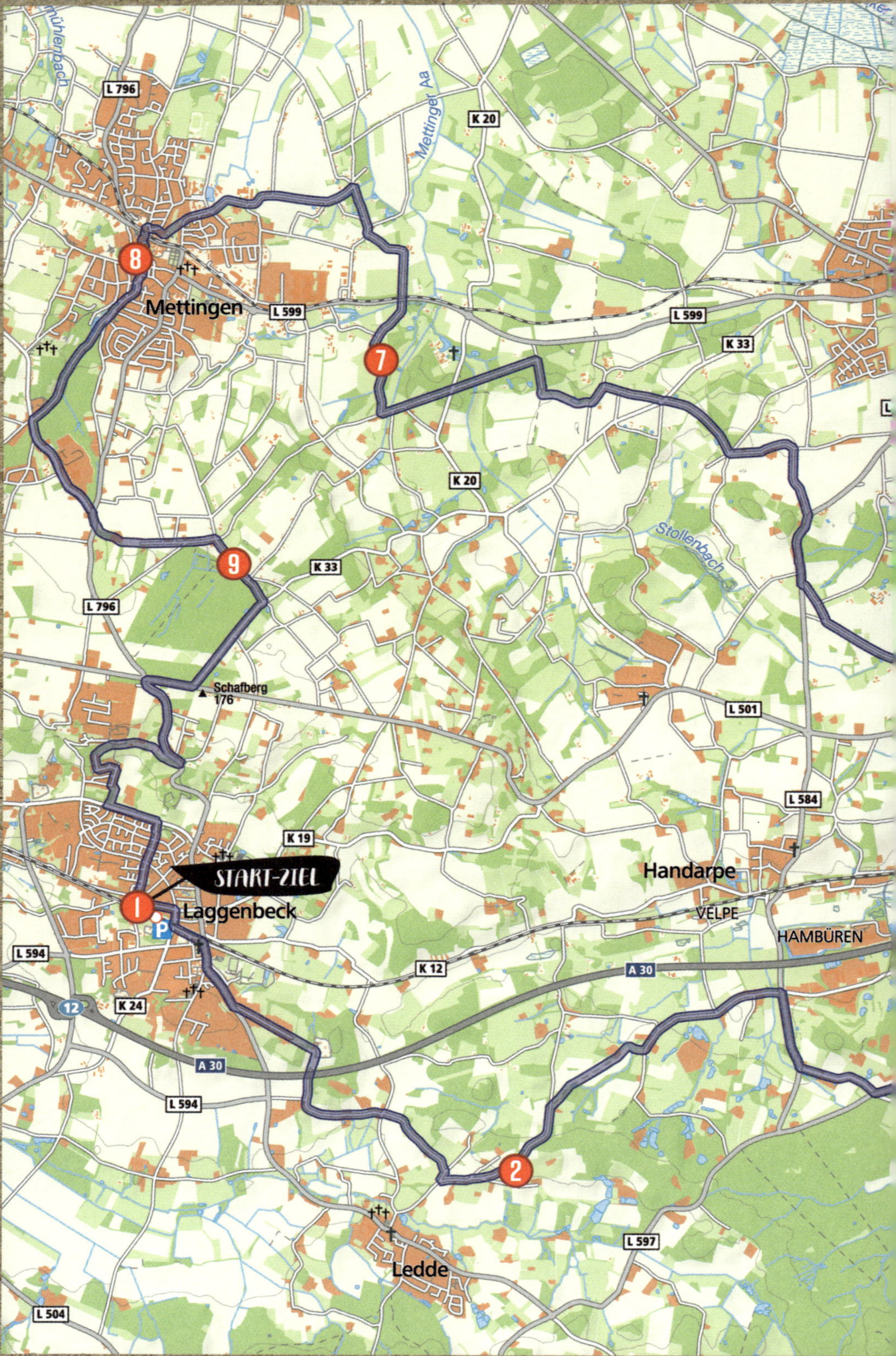

L 796
Mettinger Aa
K 20
Mettingen
L 599
L 599
K 33
K 20
Stollenbach
K 33
L 796
Schafberg
176
L 501
L 584
K 19
START-ZIEL
Handarpe
Laggenbeck
VELPE
HAMBÜREN
L 594
K 12
A 30
12
K 24
A 30
L 594
L 597
Ledde
L 504

Tour 13

START / ZIEL

Bahnhof Laggenbeck-Ibbenbüren

HINKOMMEN

Auto / Ausreichend P+R-Parkplätze auf der Nordseite des Bhfs. **ÖPNV /** RB zwischen Osnabrück und Rheine hält stdl. in Laggenbeck. Gelegentlich ergänzt von einer halbstündlichen Westfalenbahn. Die Route lässt sich in beide Fahrtrichtungen starten.

➤ **1 /** Bahnhof Laggenbeck
➤ **2 /** Windmühlenhof Neyer
➤ **3 /** Hopfengarten Osterberg
➤ **4 /** Düte ➤ **5 /** Eiscafé Aida
➤ **6 /** Landcafé am Goldbach
➤ **7 /** Pausenplatz ➤ **8 /** Haus Telsemeyer ➤ **9 /** Minigolfplatz Mettingen

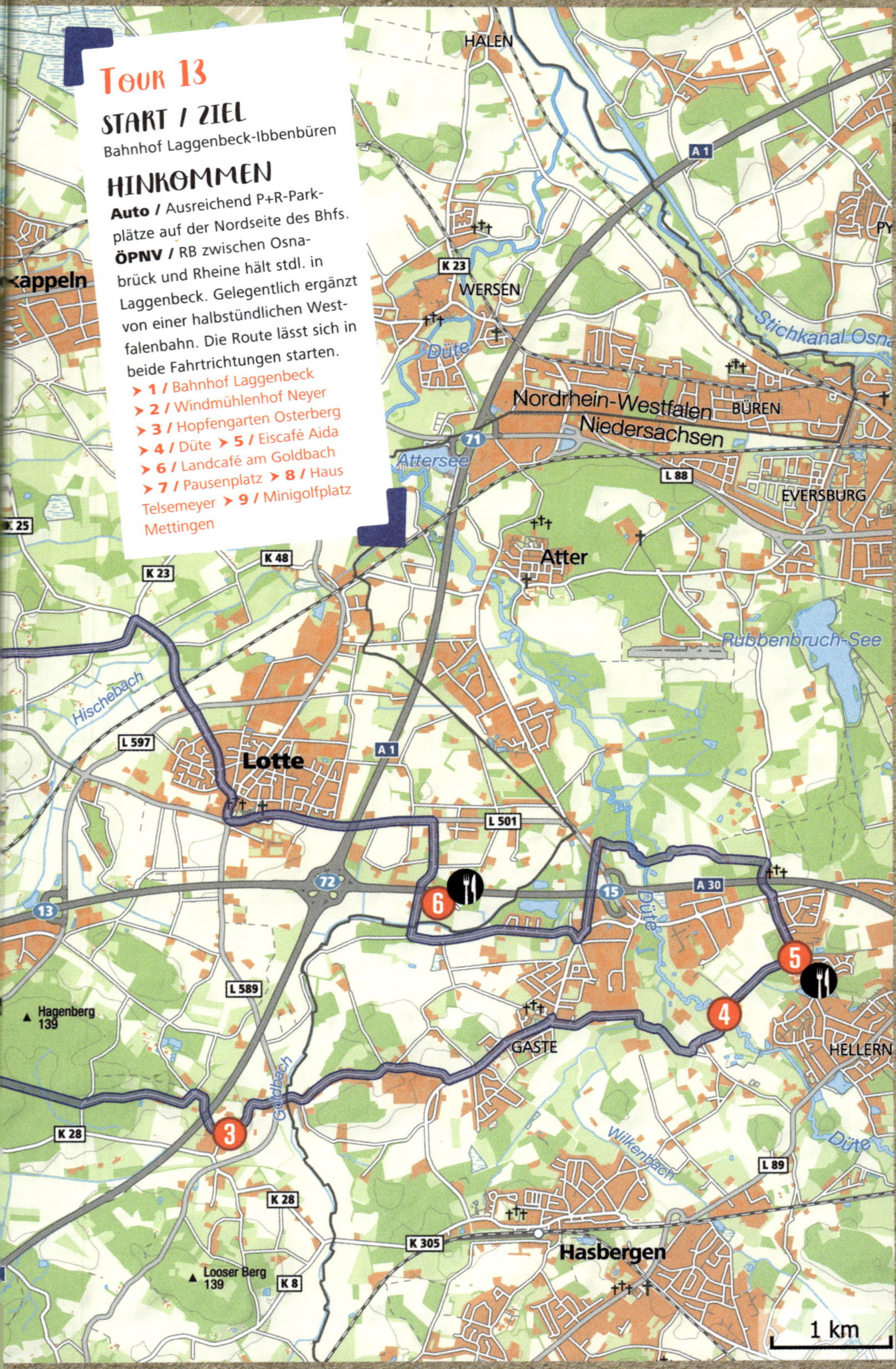

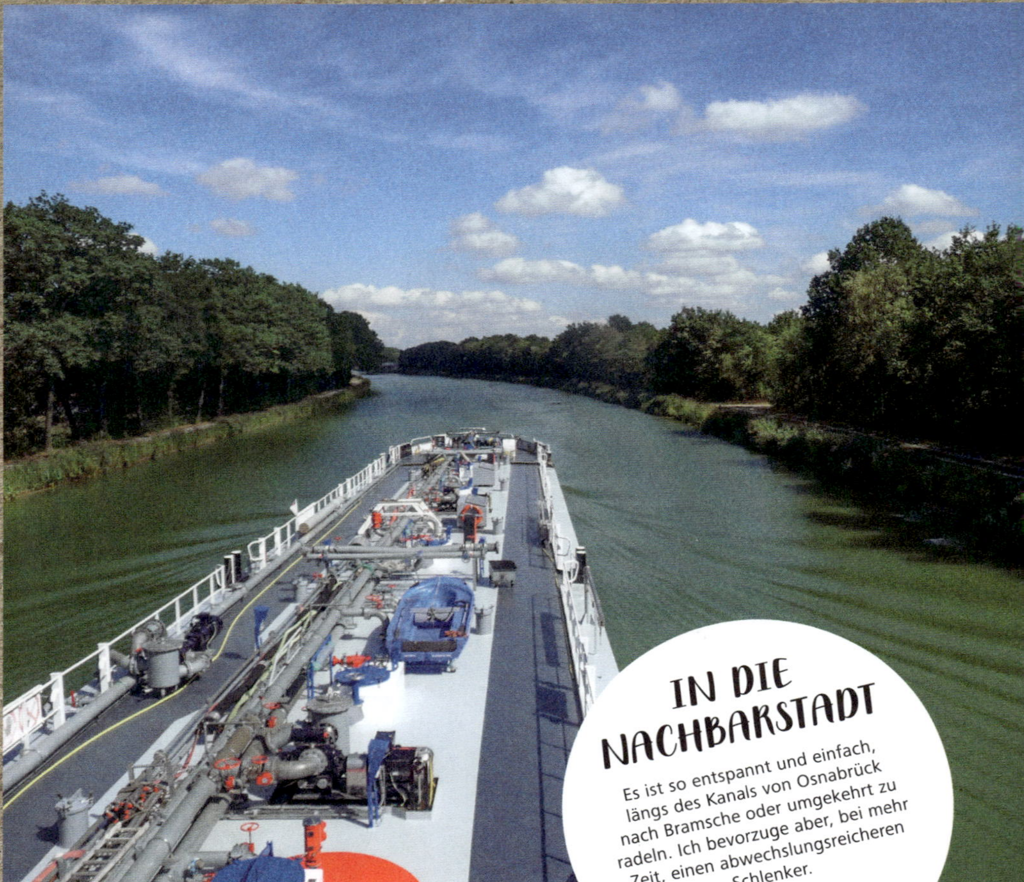

IN DIE NACHBARSTADT

Es ist so entspannt und einfach, längs des Kanals von Osnabrück nach Bramsche oder umgekehrt zu radeln. Ich bevorzuge aber, bei mehr Zeit, einen abwechslungsreicheren Schlenker.

➤ 1 / Start- und Endpunkt ist der Bahnhof Osnabrück-Altstadt

➤ 2 / Innovatives Kreativzentrum im Hafengebiet: der Laute und der Leise Speicher und das K.A.F.F

➤ 3 / Uralt ist die Everseiche, doch leider auch gebrechlich

➤ 4 / Das etwas abgelegene lebendige Kulturzentrum Piesberger Gesellschaftshaus ist mit Rad bestens über den Haseuferweg erreichbar

➤ 5 / Der Osnabrücker Stichkanal mit der Hollager Schleuse ist ein sehr ruhiger Landschaftsstreifen

➤ 6 / Das Zentrum Bramsches bietet etwas für jeden Geschmack

➤ 7 / Die Alte Alexanderkirche in Wallenhorst hat eine interessante Geschichte

➤ 8 / Ideale Fotoobjekte: Die Lechtinger Mühle und der bunte Turm des Mausefallenmuseums

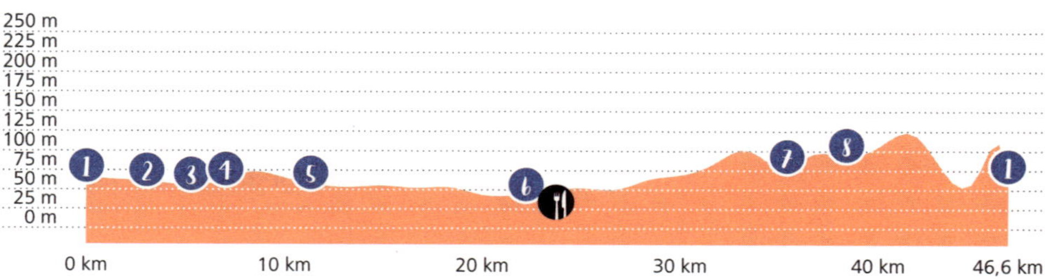

STADT – LAND – KANAL

Einmal Osnabrück–Bramsche und zurück, bitte

Gut 20 km ist Bramsche von Osnabrück entfernt und sehr einfach per Fahrrad zu erreichen. Denn es gibt auf unserem Hinweg praktisch keine Steigungen und so gut wie keinen Autoverkehr: Wir radeln auf dem Haseuferweg dem Kanal entlang. Für den Rückweg habe ich einen kleinen Schlenker gewählt, landschaftlich etwas abwechslungsreicher und welliger, aber nicht ganz frei von Autos.

47 Kilometer
320 Höhenmeter
320 Höhenmeter
4 Stunden
Rundtour

Auf den Haseuferweg

Vom Startpunkt am 1 / Bahnhof OS-Altstadt meistern wir, umsichtig wie wir sind, zunächst die unübersichtliche und dazu sehr stark befahrene Kreuzung, um in die kopfsteingepflasterte Turnerstraße zu gelangen. Sehr bald sehen wir gegenüber die Terrassen des Cafés „Herr von Butterkeks". Über etliche Kilometer radeln wir dann über den genialen Haseuferweg gen Norden.

CHARAKTER

Sportlich ●●○○○
Abkühlung ●●○○○
Schlemmen ●●●○○
Panorama ●●○○○

TOURENINFO / Es ist überhaupt kein Problem, dass der Haseuferweg und der Weg am Kanal nicht asphaltiert sind, wie der Rest der Strecke. Alles lässt sich sehr gut befahren. Auch die Steigungen im zweiten Abschnitt dürften niemanden überfordern.

‹ links / Blick auf den Mittellandkanal bei Bramsche

Lauter und Leiser Speicher

An der Römereschstraße verlassen wir kurz unseren Radelpfad und überqueren den Stichkanal. Sogleich erblicken wir links das Nette Café. Ein leckeres belegtes Brötchen, wär das nicht was? Etwas weiter links stehen zwei große Gebäude mit den Namen 2 / Lauter und Leiser Speicher (Am Speicher 1–2, www.speicher-osnabrueck.de). Sie wurden in den 30er Jahren gebaut und unterstanden dem Heeresverpflegungsamt. Nach dem Krieg nutzen die Engländer das ganze Areal. Nach deren Abzug wurden beide Speicher innerlich komplett umgekrempelt zu Kreativzentren. Im lauten Speicher, von der Musikszene in Beschlag genommen, wird etwa Schlagzeug geübt und getrommelt, im leisen Speicher, einer Kreativszene, büffeln eher Architekten und Programmierer an ihren Projekten. Mit dem Mellows gibt es hier auch Gastronomie, mit dem Dock 49 eine Eventlocation. Ergänzt wird das Areal noch durch das K.A.F.F. (kaff-os.de, Am Speicher 3a), das „K Am Fantastischen Freihafen“. Vor Ort wird ein vielseitiges Kulturprogramm auf die Beine gestellt, so auch im Sommer ein viel beachtetes Hafenfest.

HERR VON BUTTERKEKS
heißt das Café mit Bar am Haseufer (Stüvestr.32, nahe dem Tourstart bzw. -ende) mit Terrasse zur Hase. Ein ruhiger Ort, wenn nicht gerade ein Zug über die Stahlbrücke nebenan donnert.

Beliebter Ausflugsort: Piesberger Gesellschaftshaus

Wir umfahren das Werksgelände des Spezialpapierherstellers Kämmerer. Nachdem unser Haseuferweg die Dornierstraße überquert hat steht sie rechts, die 3 / Everseiche, ein wohl an die 1000 Jahre alter Baumkoloss. Über dem knorrigen Stamm mit über 8 m Umfang verästelt sich eine Baumkrone, die aktuell nicht mehr so stattlich aussieht wie noch vor einiger Zeit. Es ist nicht mehr gut bestellt um dieses Naturdankmal. Bald nach Überquerung des Stichkanals fahren wir rechts und kommen vorbei am schönen Bruchsteingebäude der Piesberger Steinindustrie zum 4 / Piesberger Gesellschaftshaus, ebenfalls ein hübscher Bruchsteinbau aus der Bergbau-

---

➤ rechts oben / Everseiche ➤ rechts Mitte / Piesberger Gesellschaftshaus

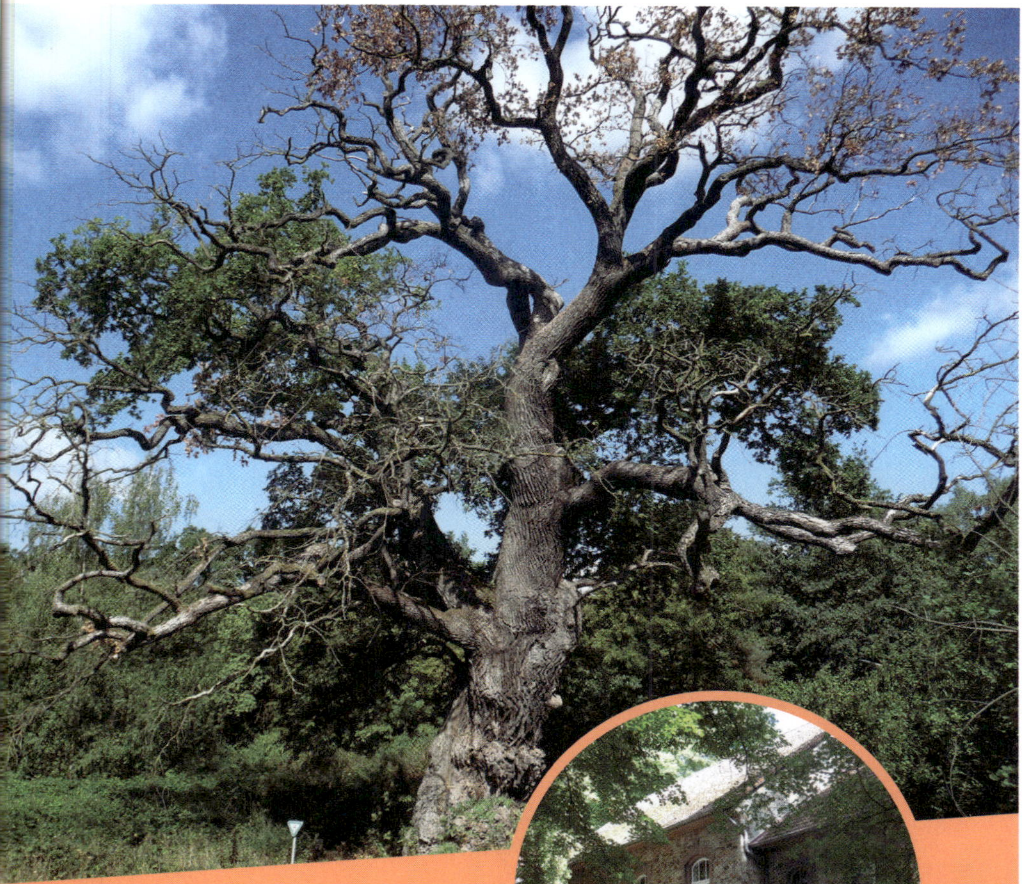

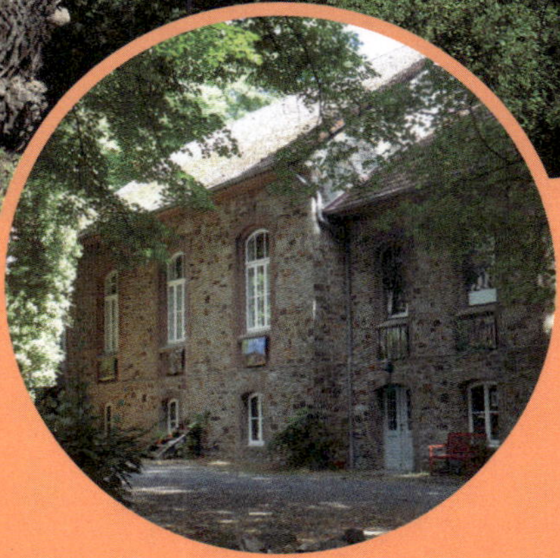

150

beachtliche Jahre hat das 4 / Piesberger Gesellschaftshaus schon auf dem Buckel. Schon damals war es ein beliebtes Ausflugslokal und es herrschte ein reges Vereinsleben. Nach Renovierungen ist es in den letzten 30 Jahren zu einer festen Säule des Osnabrücker Kulturlebens geworden. Der Veranstaltungssaal ist wunderschön.

Der Hasesee

mitten in Bramsche ist ursprünglich zum Hochwassserschutz gebaut worden. Heute erfreut er sich als Naherholungsgebiet großer Beliebtheit. Für Kinder gibt es Spielgelegenheiten, für Familien Minigolf und für alle das „Cafe am Hasesee" oder das Restaurant „Idingshof".

zeit. Mittlerweile wird hier ein äußerst vielseitiges Kulturprogramm angeboten. Gleich nebenan ist der alte Zechenbahnhof mit vielen Fahrzeugen der Dampflokfreunde. Von deren Gelände führt der Hasestollen über 300 m unterirdisch direkt ins Museum Industriekultur (www.piesberger-gesellschaftshaus.de, www.mik-osnabrueck.de). Das ganze Piesberggelände ist vielleicht Osnabrücks spannendstes Ausflugsziel, gerade für Kinder.

Bergbau hautnah

Entlang dem Stichkanal

Vorbei am Hof Gößling mit einer Milchtankstelle sowie später am Hof Hawighorst, gerade in der Spargelzeit gerne besucht, erreichen wir die 5 / Hollager Schleuse. Sie ist eine von zwei Schleusen des 14 km langen Stichkanals zwischen dem Mittellandkanal und dem Hafen Osnabrück. Dass ein Lastschiff eine der etwa fünf Zielfirmen im Hafen ansteuert, hat Seltenheitswert. Die Chance, ein Freizeitschiff aus dem Yachthafen Hollage oder einen Ruderer oder Kanuten einschlägiger Osnabrücker Vereine zu erblicken ist deutlich höher. Das Ausflugsschiff „Lyra" ankert auch am Kanal. Mittlerweile ist

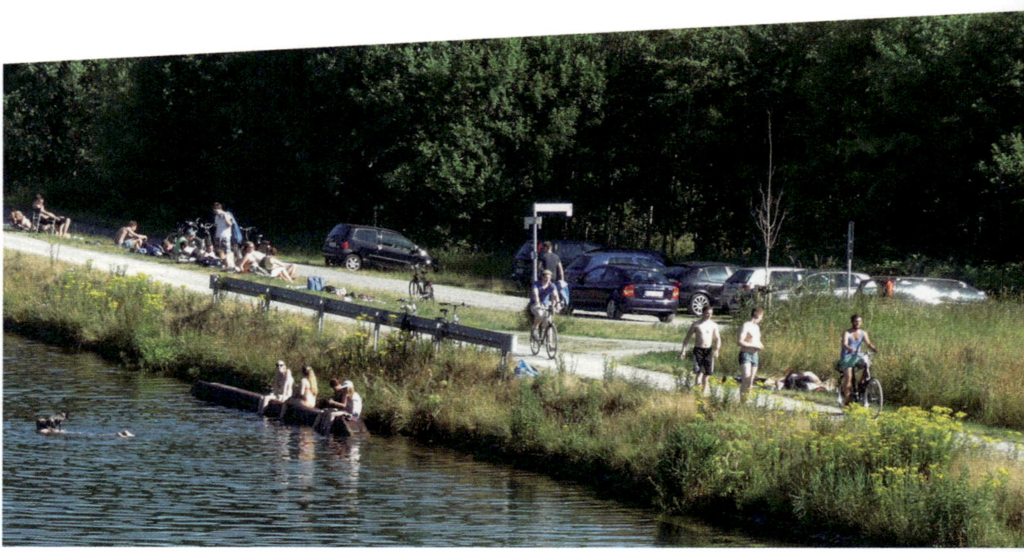

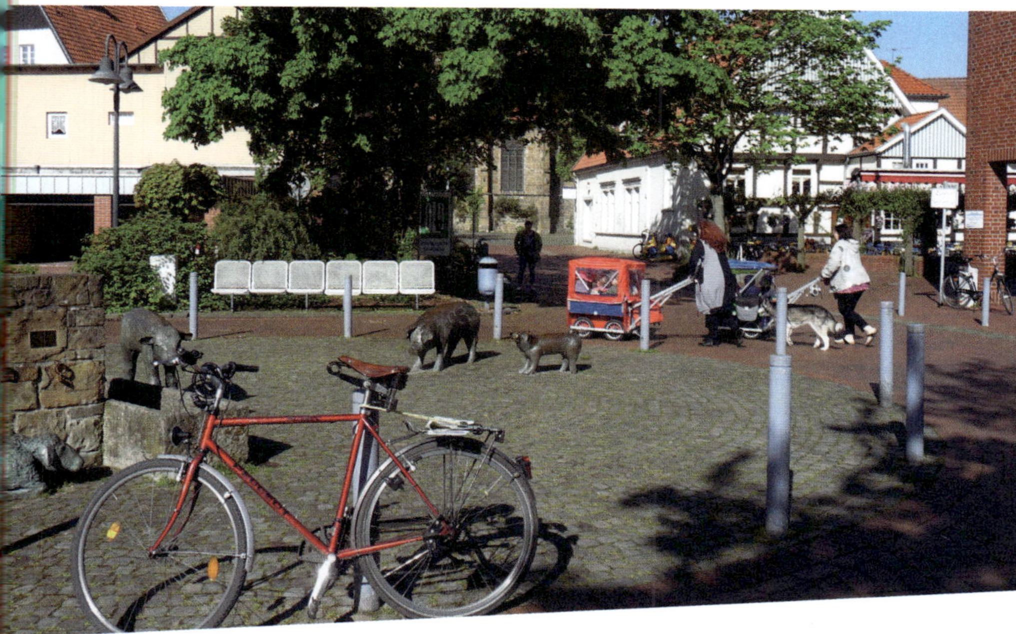

das Kanalufer zum Ausflugsziel geworden, bei passendem Wetter plantschen einige Städter gerne im Wasser, obwohl das eigentlich in einem Schifffahrtsweg gar nicht erlaubt ist.

Nette Ecken in Bramsches Innenstadt

Entspannt rollen wir nun diesem Kanal bis zum Abzweig entlang. Über kurz oder lang soll der Weg einen besseren Belag bekommen und Teil des Radschnellweges Wallenhorst–Osnabrück werden, was die ganze Etappe bis Bramsche auch für Pendler attraktiv machen dürfte. Hinter dem Mittellandkanal radeln wir auf einem traumhaften Radweg an der Hase und einer jungen Apfelbaumallee entlang. Auch Tour 16 nutzt diesen Abschnitt und beschreibt das Tuchmachermuseum, das links unweit unseres Weges liegt. Flugs gelangen wir in das 6 / Zentrum Bramsche. Da diese Bereiche zum Teil Fußgängerzonen sind, müssen wir auf diesen Abschnitten unser Vehikel schieben. Eine Einkehr bietet sich fast zwingend an, egal ob Eisdiele, Café oder Restaurant. Wir passieren das innerstädtische Naherholungsgebiet „Hasesee“ und radeln Richtung Osten aus der Stadt heraus, um dann gen Norden über den Mittellandkanal ins ländliche Schleptrup zu kommen. Eine Wand durchschneidet die Landschaft, es sind die Schallschutzwände der Autobahn A 1.

14 KM

ist der Osnabrücker Stichkanal lang. Gerne fahren die Städter zum Relaxen an dieses Gewässer. Es ist vor etlichen Jahren verbreitert worden, alle Brücken sind neu, damit moderne Europaschiffe Osnabrück anfahren können bzw. sollen. Aber die beiden Schleusen, letztlich über 100 Jahre alt, sind nur gerade passend für kleinere Lastkähne, tja. Binnenschiffe sieht man sowieso kaum.

◄ links / Naherholungsgebiet Osnabrücker Stichkanal ▲ oben / im Zentrum von Bramsche

Das Wiehengebirge liegt vor uns, der riesige Sendemast auf der Schleptruper Egge begrüßt uns von Weitem.

Richtig alt, die Alte St. Alexanderkirche in Wallenhorst

Über 2,3 km fahren wir nun auf dem Radweg entlang einer Hauptstraße Und müssen dabei noch den ersten Höhenzug des Wiehengebirges überwinden. Gut, dass wir dann bald am Gasthof Beckmann, mit Spielplatz, in den „Hammweg" einbiegen, nach einem km liegt rechts eine ruhige Picknickstelle mit sehr informativer Info-Tafel von TerraVita. Gegenüber führt ein schmaler Holzbohlenweg zur Kirche, wir nehmen lieber das kurze Stück Straße. Die Ursprünge der 7 / Alten Alexanderkirche hier „Im Alten Dorfe" liegen 1000 Jahre zurück. Sie war 100 Jahre ungenutzt, im Ortskern steht eine neuere größere Kirche. In den letzten Jahrzehnten wurde das alte Bauwerk gründlich restauriert. Die Turmspitze ziert hier eine goldene Henne, sie soll helfen weitere Kirchen in der Umgebung auszubrüten.

MÄUSE, MÄUSE

sind das Thema am auffällig bemalten Trafoturm des 8 / Mausefallenmuseums. Es sind Bilder aus dem Leben verschiedener Mäuse – und auch der Mäusefeinde.

Ein liebevoll restauriertes Kleinod

Drei Kilometer weiter wird uns ein markantes Highlight unserer Tour begeistern, die

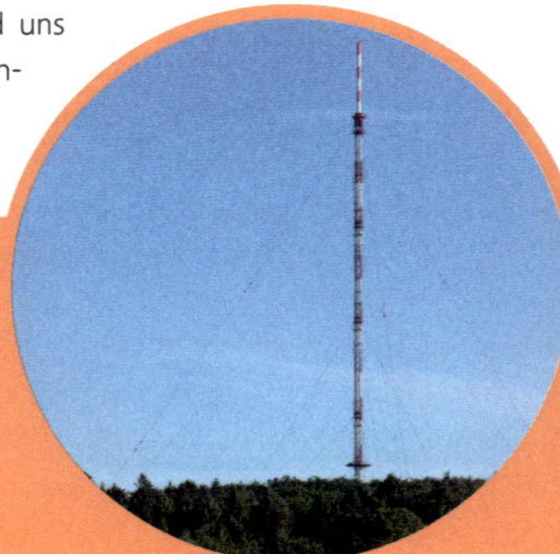

234 METER

hoch ist der Sendemast auf der Schleptruper Egge. Seile halten die schmale Säule stabil. Er versorgt die Region mit Radio- und Fernsehprogrammen.

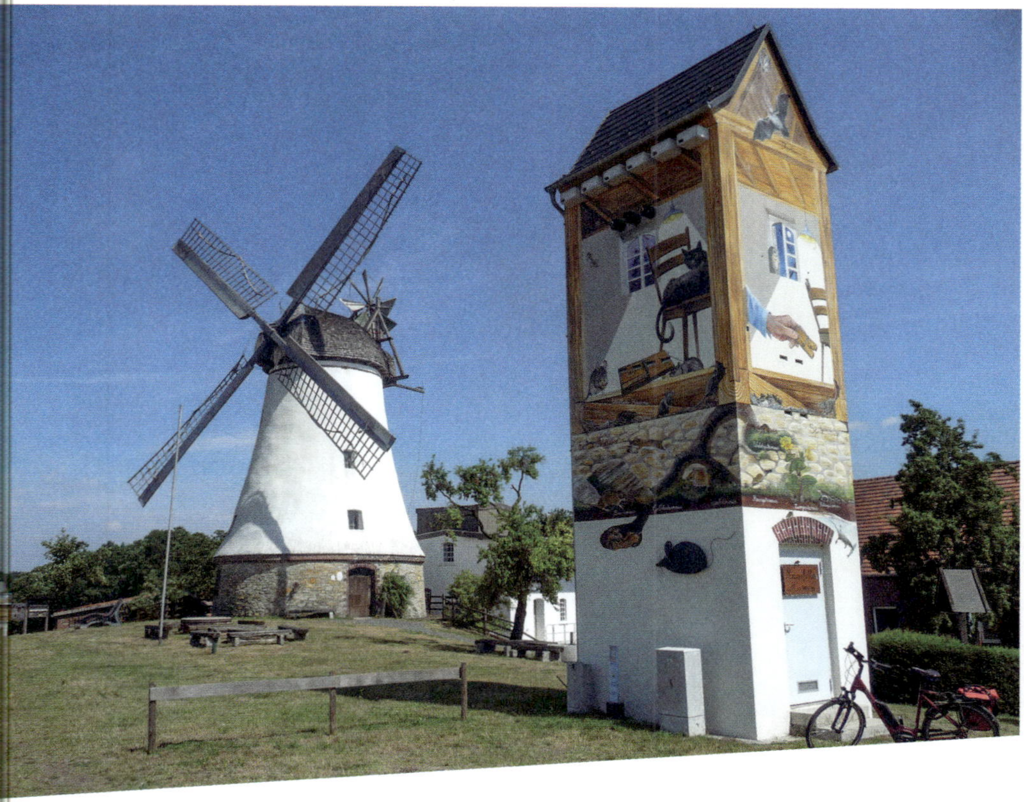

8 / Lechtinger Windmühle und der Trafoturm mit dem Mausefallenmuseum. Perfekt restauriert und funktionsfähig präsentiert sie sich, dreht sich zu bestimmten Anlässen und beeindruckt mit ihrer Lage und dem Drumherum: Don Quichote, eine originell zusammengeschweißte Pferdeskulptur, kämpft gegen die Flügel. Eine regelrechte Augenweide ist zudem der zum Thema „Maus" gestaltete Turm, der im Inneren verschiedenste Mausefallen bereit hält. Für Besichtigungen müssen wir die Öffnungszeiten checken (www.windmuehle-lechtingen.de). Die verbleibenden neun km erlauben uns einmal einen schönen Blick auf das Kloster Rulle (siehe Tour 7), den alten Platz des Burenbaum und die Gebäude des WABE-Zentrums, Teil der agrarwissenschaftlichen Fakultät der Hochschule Osnabrück. Im leichten Zickzack durchfahren wir die Osnabrücker Stadtteile Haste und Sonnenhügel zum Ausgangspunkt, dem 1 / Bahnhof OS-Altstadt.

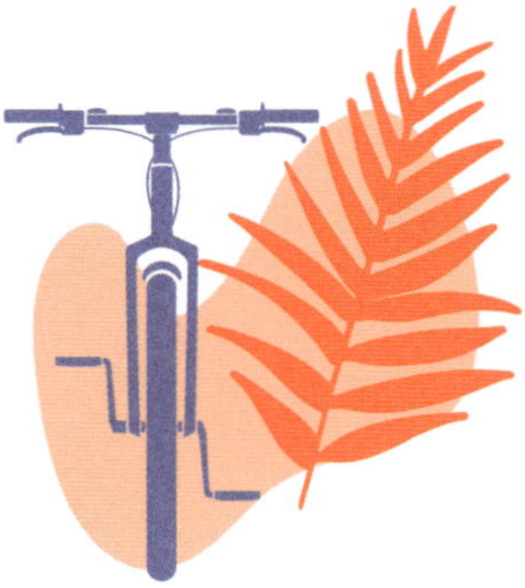

< links / Zu hoch, als dass er ins Bild passt: Sendemast auf der Schlepptruper Egge ^ oben / Lechtinger Windmühle und der Trafoturm mit dem Mausefallenmuseum

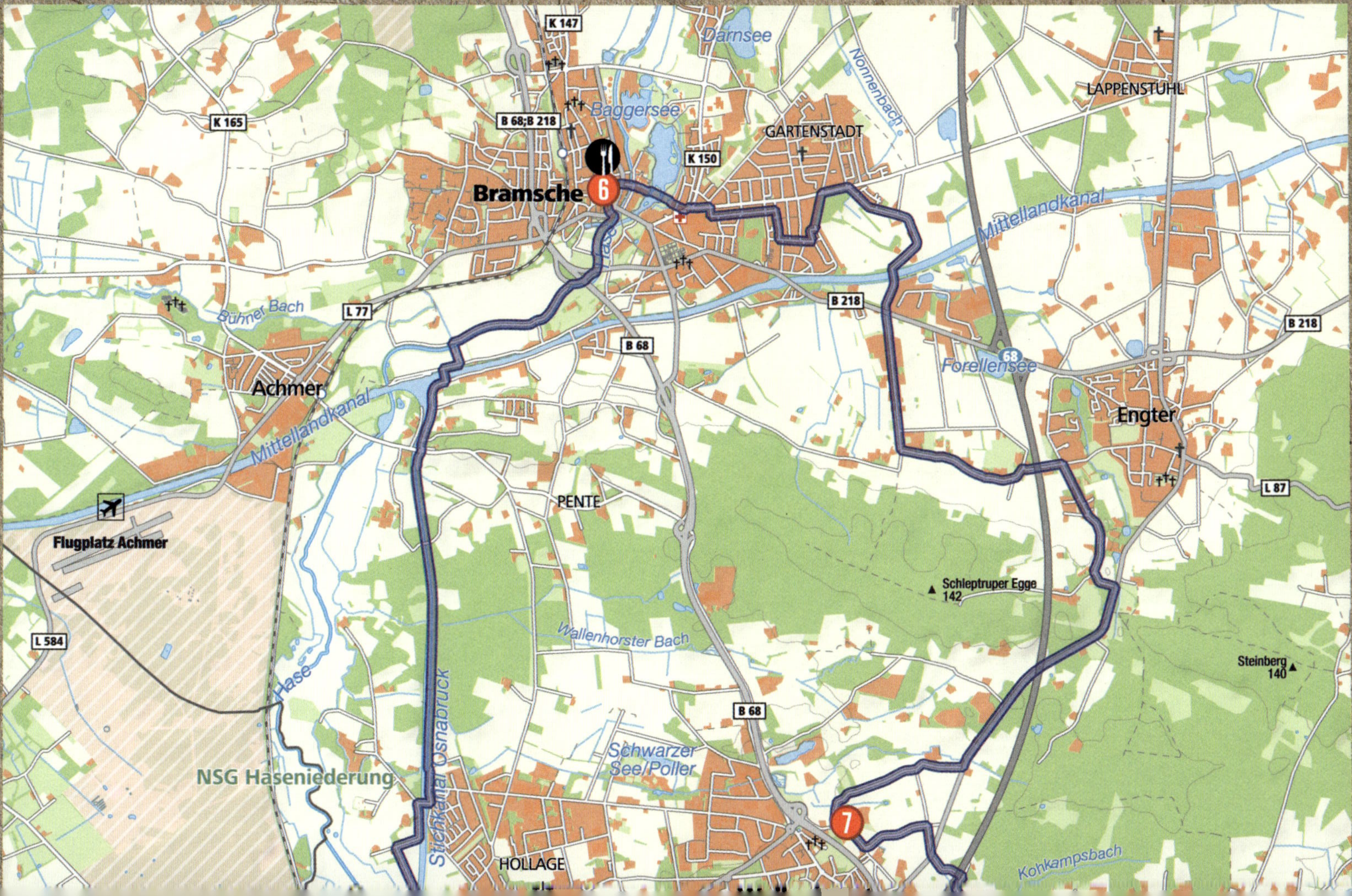
K 147
Darnsee
LAPPENSTUHL
K 165
B 68;B 218
Baggersee
GARTENSTADT
Nonnenbach
K 150
Bramsche
6
Mittellandkanal
Hase
Bühner Bach
L 77
B 218
B 218
B 68
68
Forellensee
Achmer
Mittellandkanal
Engter
PENTE
L 87
Flugplatz Achmer
Schleptruper Egge
142
L 584
Wallenhorster Bach
Steinberg
140
Hase
B 68
Schwarzer See/Poller
NSG Haseniederung
Stichkanal Osnabrück
7
HOLLAGE
Kohkampsbach

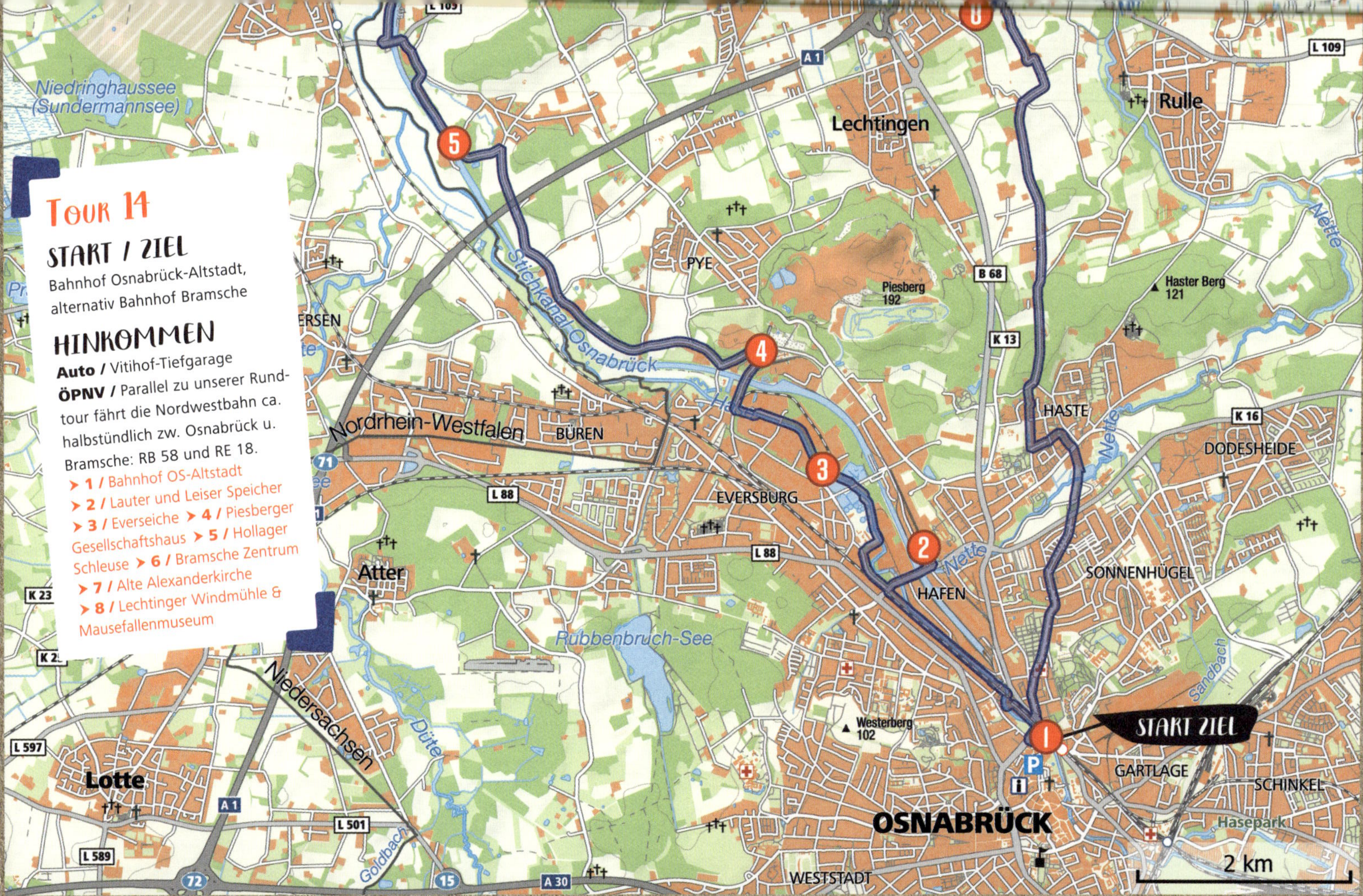

Tour 14

Start / Ziel

Bahnhof Osnabrück-Altstadt, alternativ Bahnhof Bramsche

Hinkommen

Auto / Vitihof-Tiefgarage

ÖPNV / Parallel zu unserer Rundtour fährt die Nordwestbahn ca. halbstündlich zw. Osnabrück u. Bramsche: RB 58 und RE 18.

➤ **1 /** Bahnhof OS-Altstadt ➤ **2 /** Lauter und Leiser Speicher ➤ **3 /** Everseiche ➤ **4 /** Piesberger Gesellschaftshaus ➤ **5 /** Hollager Schleuse ➤ **6 /** Bramsche Zentrum ➤ **7 /** Alte Alexanderkirche ➤ **8 /** Lechtinger Windmühle & Mausefallenmuseum

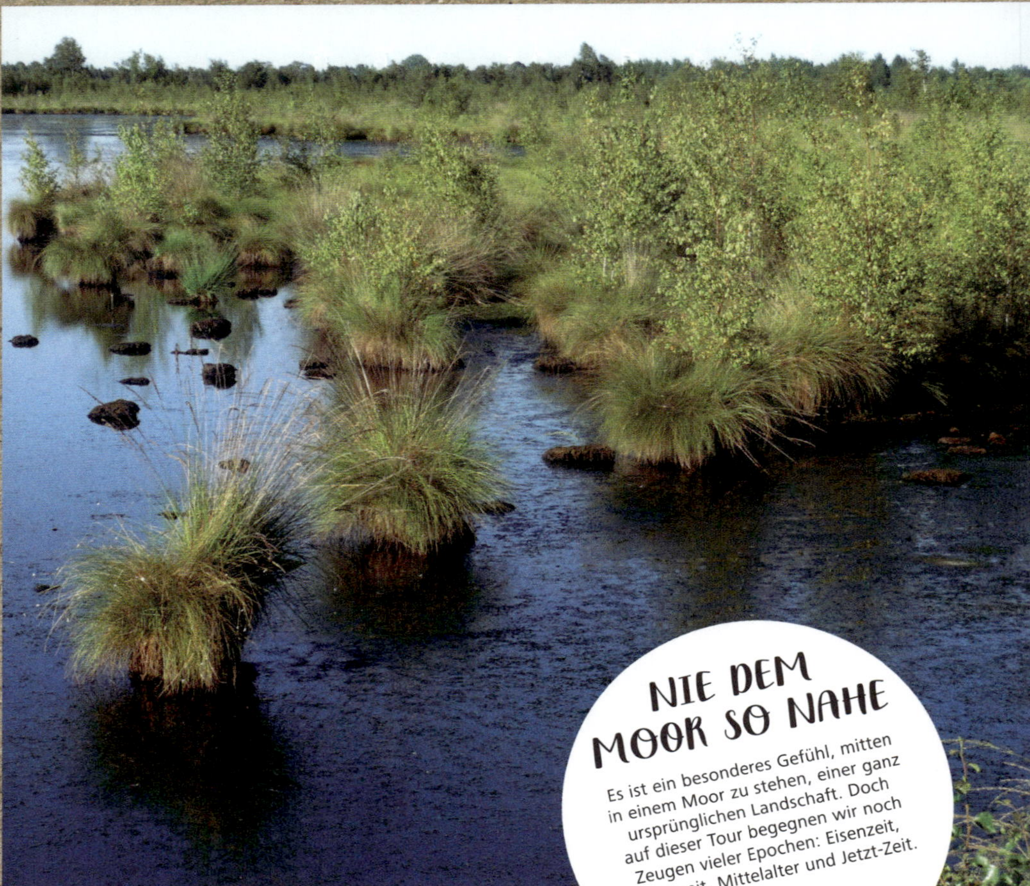

NIE DEM MOOR SO NAHE

Es ist ein besonderes Gefühl, mitten in einem Moor zu stehen, einer ganz ursprünglichen Landschaft. Doch auf dieser Tour begegnen wir noch Zeugen vieler Epochen: Eisenzeit, Römerzeit, Mittelalter und Jetzt-Zeit.

➤ **1 /** Die Tour startet und endet am Bahnhof der Stadt Bramsche

➤ **2 /** Das Kloster Malgarten bietet erstaunliche Überraschungen

➤ **3 /** Im Campemoor wird Torfabbau und Renaturierung sichtbar

➤ **4 /** Wollgras, absterbende Birken und mehr im Venner Moor

➤ **5 /** Bei Alt-Barenaue steht die urigste Allee ever

➤ **6 /** Die Mühleninsel in Venne ist ein schön restauriertes Kleinod

➤ **7 /** Im Eisenzeithaus halten sich nostalgische Träume der guten alten Zeit in Grenzen

➤ **8 /** Hoch genug, um weit gucken zu können: Der Venner Aussichtsturm

➤ **9 /** Interessant wie auch schaurig: Das Museum zur Varusschlacht im Jahre 9 nach Christi

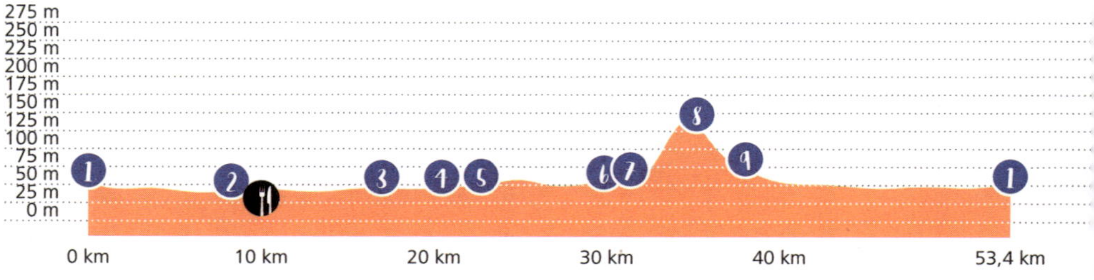

Geschichte, Moor & Much More

Reichlich Abwechslung zwischen Bramsche und Venne

Die Radelabschnitte unserer heutigen Tagestour sind teils unspektakulär, auf jeden Fall erholsam. Aber die Highlights auf der Strecke könnten kaum abwechslungsreicher sein: Überraschendes in der Klosteranlage Malgarten, Wege durch Moore, die liebevoll restaurierte Mühleninsel Venne, ein Haus aus der Eisenzeit, ein Aussichtsturm mit tollem Rundumblick, das großartige Varusschlacht-Museum und dann noch ein Bad im versteckt liegenden Darnsee. Was will man mehr?

54 Kilometer
260 Höhenmeter
260 Höhenmeter
4:30 Stunden
Rundtour

Für jede Ausdauer

Abgesehen von dem Anstieg zum Venner Turm ist die Strecke praktisch ohne Steigungen. Wem Steigungen nicht gefallen, der kann den Ausflug ins Wiehengebirge auslassen.

Charakter
Sportlich ●●○○○
Abkühlung ●●●○○
Schlemmen ●●○○○
Panorama ●●●●○

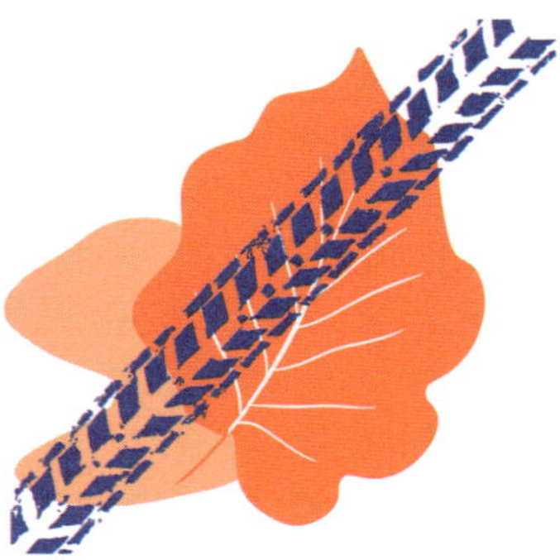

Toureninfo / Familienfreundliche, ruhige und flache Tour, mit folgenden Ausnahmen: 1. Anhaltende Steigung zum Venner Aussichtsturm, auf diesen Abschnitt kann man aber verzichten. 2. Manchmal etwas schwer zu befahrende Wege im Moor. Einkehrmöglichkeiten bestehen in Malgarten im „Zum Amtsrichter“, in der „Darpvenner Deele“ (auch E-Bike-Ladestation) sowie im Zentrum von Bramsche. Kinder werden sich total freuen über ein Bad im Darnsee, wenn das Wetter passt. Ein gut einstündiger Gang durch das Venner Moor verlängert die Tourdauer entsprechend.

‹ links / Venner Moor

Ausgangs- und Endpunkt ist der 1 / Bahnhof Bramsche, an dem die Züge praktisch halbstündlich nach Norden und Süden fahren.

Ein Ort mit vielen Highlights: Klosteranlage Malgarten

Das 2 / Kloster Malgarten ist schon ein ungewöhnlicher Ort. Inspiration und Erholung heißt es auf der Homepage (www.forum-kloster-malgarten.de). Wir sollten tatsächlich etwas länger hier verweilen und Gelände und Gebäude erforschen. Jeder wird Überraschendes entdecken rund um die Gebäude, die Galerie im Kreuzgang, schilfbestandene Teiche, die Hohe Hase, Skulpturen, verwunschene Winkel. Die alte Klosteranlage stand vor einem halben Jahrhundert fast vor dem Abriss, heute beherbergt sie eine Künstlerkolonie, ein Seminarcenter, die Museumsscheune, die Kirche und vieles andere. Und das beste für uns Radtouristen ist, das Gelände ist frei zugänglich: Wir sind willkommen! Für eine Einkehr bietet sich das Gasthaus „Zum Amtsrichter" an, das gleich hinter dem Torgebäude liegt.

LEBENSWELT MOOR

Das 4 / Venner Moor gehört zu den zehn bekanntesten Mooren Deutschlands. Mittlerweile brüten dort sogar Kraniche.

Ein Moor wird renaturiert

Auf den ruhigen Straßen durch landwirtschaftlich geprägte Gegend, vorbei an etlichen großen Windkraftanlagen, können wir uns kaum vorstellen, dass das hier alles einmal ein großes Moor war. Zwei Restgebiete werden wir gleich kennenlernen. Diese Flächen aus jahrhundertealten, meterdicken Schichten abgestorbener Pflanzen waren für die Menschen öfter Fluch als Segen. Wo es ging, wurden die Moore trockengelegt, Torf abgebaut und „kultiviert". Jedenfalls strahlen sie auch heute noch eine ganz spezielle Atmosphäre aus. Schon komisch, auf schwankendem Boden zu gehen. Durch das 3 / Campemoor führt ein ausgeschilderter, einigermaßen befahrbarer Radweg. Hier wird noch eindrucksvoll Torf abgebaut. Nicht mehr für den Hausbrand, sondern zur Produktion von Blu-

---

➤ rechts oben / Das Kloster Malgarten ist idyllisch gelegen ➤ rechts Mitte / Auf Tuchfühlung mit Kunstschaffenden im Kloster

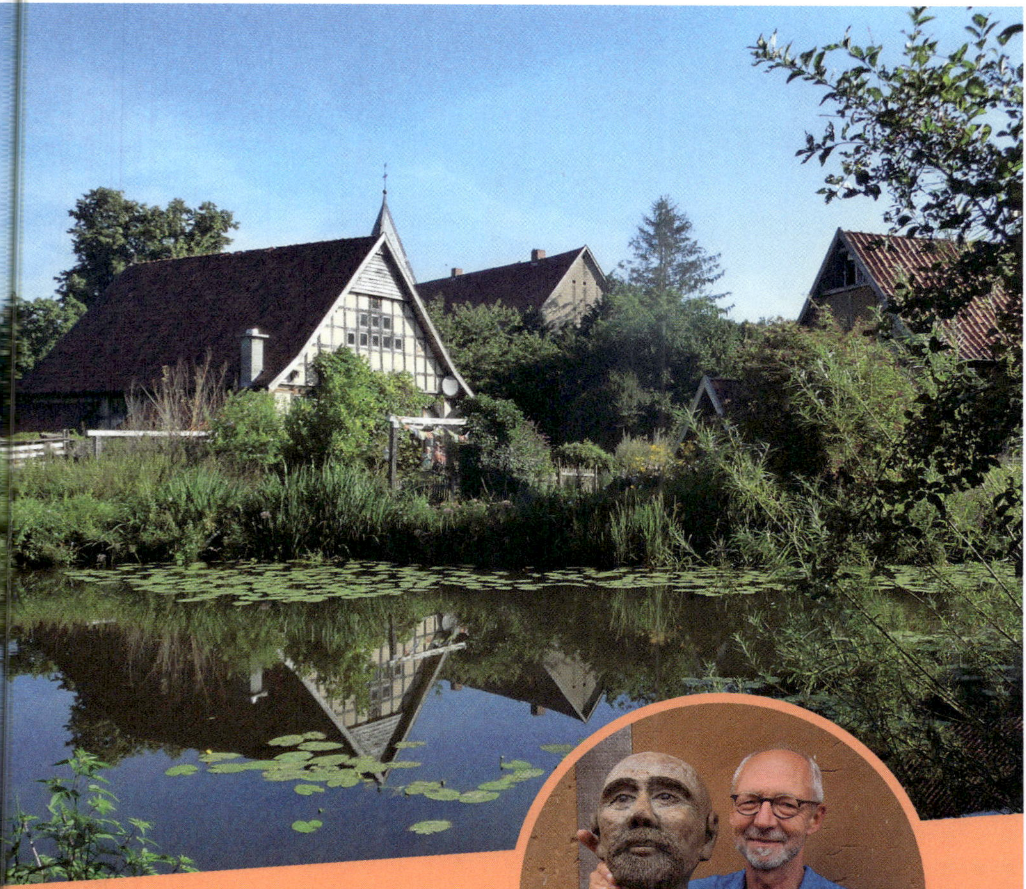

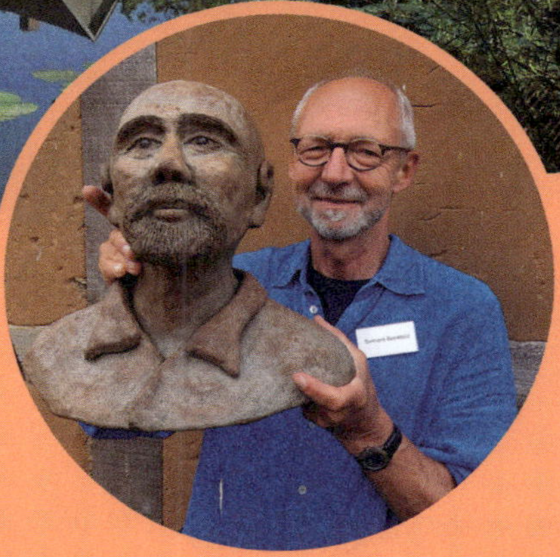

1194

gilt als Gründungsjahr des 2 / Klosters Malgarten. Über 600 Jahre war es ein Nonnenkloster, danach lange Zeit Verwaltungsgebäude. In den 1980er Jahren schien es dem Verfall preisgegeben. Durch privates Engagement setzte eine gründliche Restaurierung ein und die Öffnung für Kunst- und Kulturschaffende sowie verschiedenste Veranstaltungen.

Energiewende?

Vom 8 / Venner Aussichtsturm sieht man die großen Anlagen des Kohlekraftwerks Ibbenbüren und des Atomkraftwerks Lingen, beide sind stillgelegt. Und man sieht ganz viele Windräder und Photovoltaikanlagen.

In die Stille des Moors

menerde und zum kleinen Teil sogar für die pharmazeutische Industrie. Mittlerweile werden aber immer mehr Flächen wieder vernässt. Man weiß um den Wert und die Bedeutung natürlicher Moore. Im 4 / Venner Moor sieht das schon viel eindrucksvoller aus. Aber da natürliche Moore unwegsam sind, kann und darf man da eigentlich keine Radtour vorschlagen. Besser, man stellt die Räder an der Schranke des Weges Richtung Venner Moor ab und plant Zeit für einen aufregenden Spaziergang ein, der nach etwa 1 km in eine unwirtliche Naturregion führt. Am Moor scheiden sich aber auch oft die Geister, die einen finden es langweilig, andere faszinierend, manche auch bedrohlich, allein schon diese Stille. Vom Gasthof Beinker aus, östlich des Moores, gibt es einen Moorlehrpfad.

Alle kurz vorm Umfallen? Linden am Schloss Alt-Barenaue

Dem kleinen Wasserschloss 5 / Alt-Barenaue sieht man das Alter an. Es ist nicht herausgeputzt und damit irgendwie authentisch, doch leider nur von Weitem zu bewundern. Ein Highlight des Osnabrücker Landes ist jedoch die Straße hier: Alte krüppelige Wasserlinden

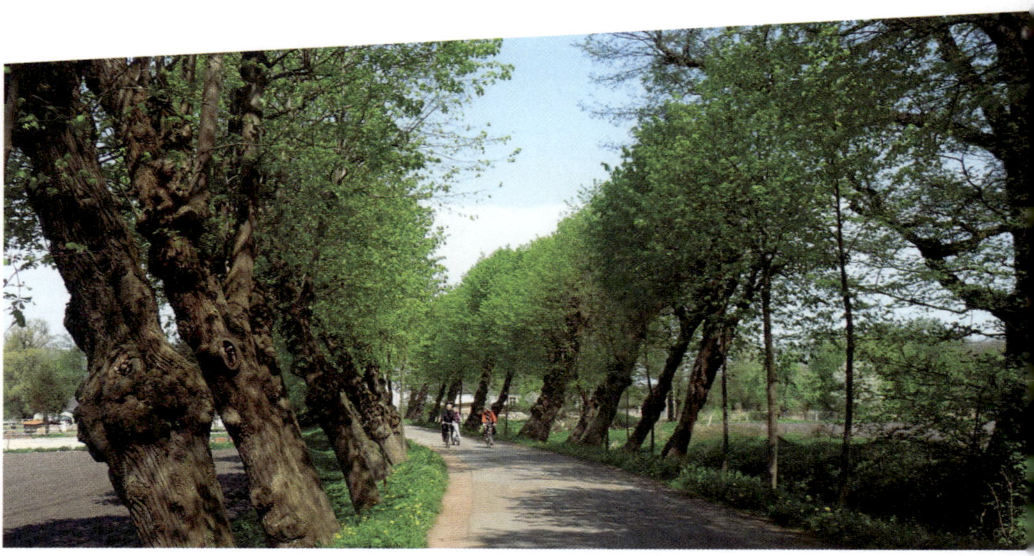

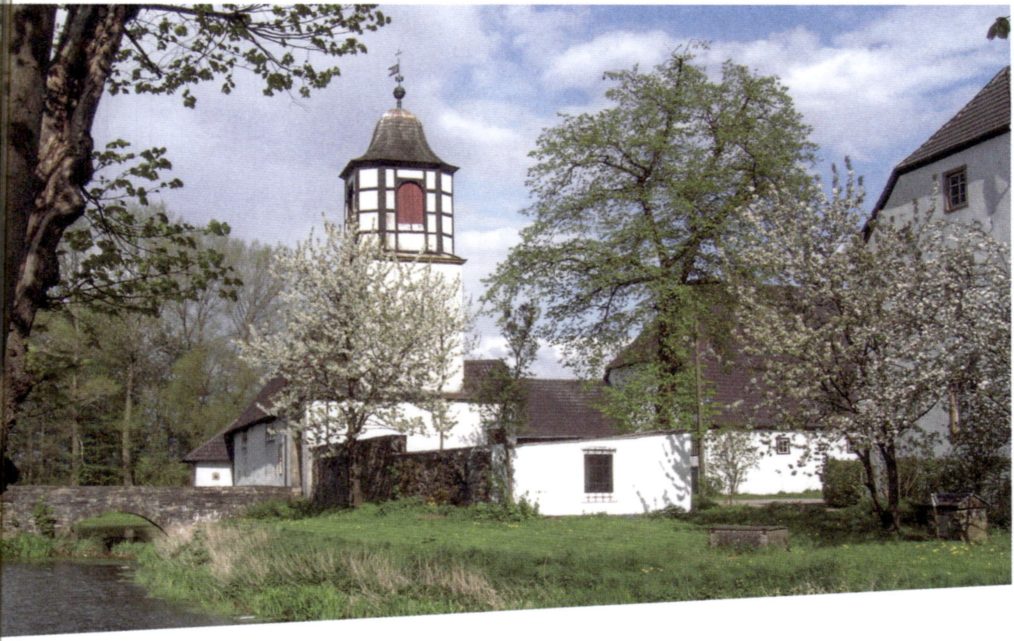

stehen heftig schräg, neigen sich bedrohlich von der Straße weg, und zwar beidseitig. Da staunt jeder! Naja, es ist ja auch mooriger Untergrund. Nach 7 km, vorbei am Golfclub Varus, erreichen wir das Dorf Venne, bekannt für sein vielseitiges Festival Folk-Frühling Anfang Mai. Auf der wunderschönen 6 / Mühleninsel Venne befinden sich fünf Fachwerkgebäude, ein Bauerngarten und noch reichlich Platz für das Festival. Für uns eine willkommene Ruhepause in angenehmer Umgebung. Über die Holzbrücke führt uns ein schmaler Pfad entlang des Mühlenbaches zum Knostweg.

3.000

Einwohner hat Venne, die aber einiges auf die Beine stellen: Die Mühle ist ein Dorfmuseum, die Mühleninsel ein kleines Freilichtmuseum, ein Netz aus Wanderwegen will betreut werden und schließlich organisiert das Dorf das Venner Folkfrühling Festival.

So war es hier vor Christi Geburt: Das Eisenzeithaus

Knapp 1 km lang ist der Abstecher zum 7 / Eisenzeithaus, einer originalen Nachbildung eines Gebäudes aus dem Jahr 300 v. Chr. Der Zweiraumbau für Mensch und Vieh aus Eichenstämmen, Weidengeflecht, Lehm mit Reetdach und das umgebende Areal wird genutzt für Führungen und Aktivangebote für Schüler, die so in das Leben ihrer Urahnen eintauchen können. Danach bietet sich an, für Kaffee und Kuchen in die – innen wie außen – verwinkelte „Darpvenner Diele" einzukehren und sich von der auskunftsfreudigen Betreiberin Geschichten erzählen zu lassen. Sie kann auch den Schlüssel für das neuzeitliche Schloss des urzeitlichen Eisenzeithauses herausgeben.

< links / Schräge Wasserlindenallee beim Wasserschloss
^ oben / Wasserschloss Alt-Barenaue

Ein Kleintierzoo erfreut Kinder. Und zu guter Letzt lässt sich hier auch unser E-Bike aufladen. Nun beginnt der Schlenker durchs Gebirge.

Dem Himmel nahe auf dem Aussichtssturm Venne

Recht lang zieht sich die Steigung hin auf der Straße „Schlingheide". Die Landschaft ist komplett anders, gebirgig eben, schöne Bauernhöfe erscheinen. An der höchsten Stelle sind wir 156 m über dem Meeresspiegel, dazu kommen noch die 20 Meter des 8 / Aussichtsturms. Das ermöglicht eine grandiose 360-Grad-Rundsicht. Wir sehen Osnabrück im Süden, links und rechts unser Wiehengebirge, die norddeutsche Tiefebene mit Kirchtürmen, Industriegebieten, Windkraftwerken. Mich begeistert aber mehr die nähere Umgebung, ich mag es, wie sich Straßen durch Felder und Wiesen schlängeln. Nach der herrlichen und hoffentlich nicht zu rasanten Fahrt hinab müssen wir ein Stück die B 218 begleiten, um dann rechts zur „Varusschlacht" zu gelangen.

3 MRD.

Eiswaffeln werden in der Venner Eiswaffelfabrik Waffel-Meyer im Jahr produziert, die größte Fabrik ihrer Art in Europa. Die Firma unterhält auch ein Waffelmuseum.

„Als die Römer frech geworden, zogen sie nach Deutschlands Norden …"

Das Drama der Niederlage des Varus', römischer Feldherr, durch die Germanen unter

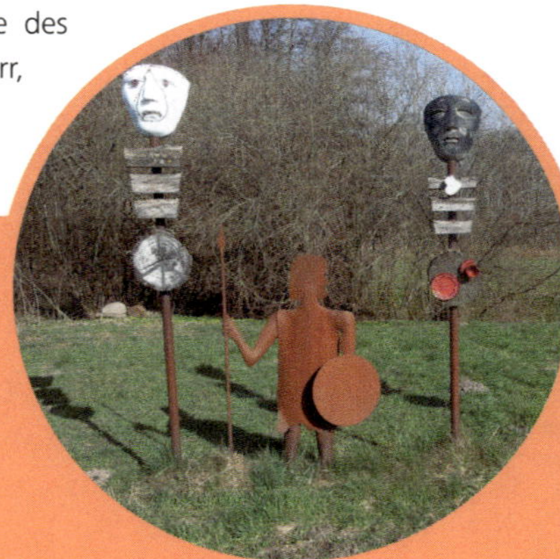

DIE VARUS-MASKEN

haben sich in viele Orte der Umgebung verteilt. Individuell gestaltet stehen sie als Friedenssymbol an Plätzen oder in Gärten.

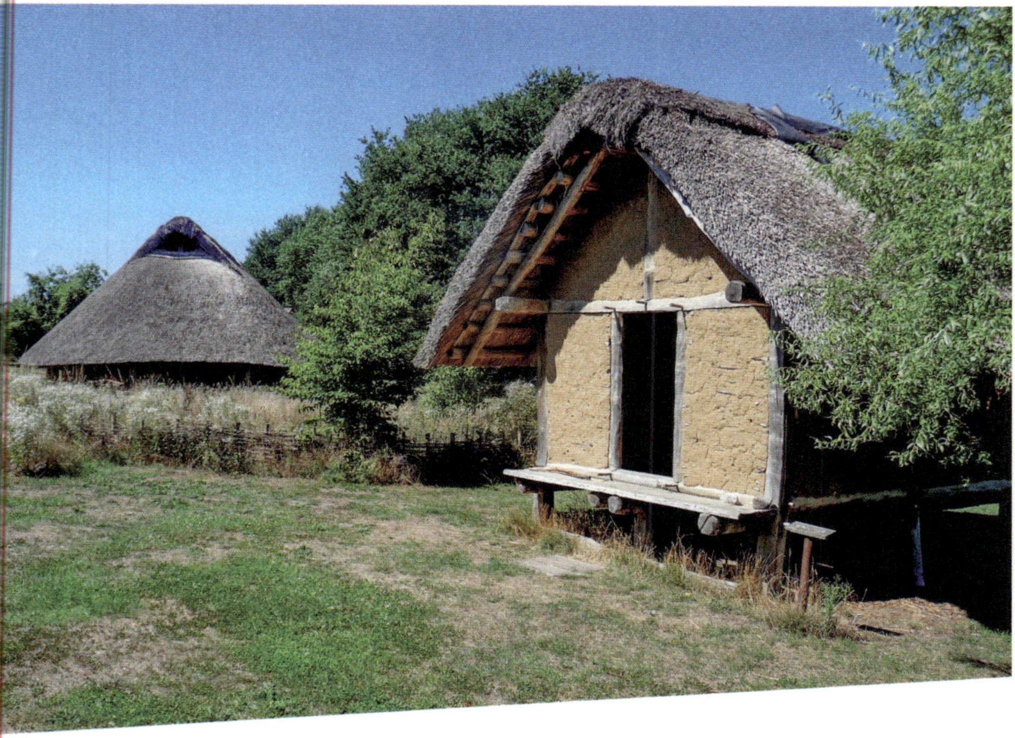

Arminius soll im Jahre 9 n.Chr. hier stattgefunden haben. Ein Freizeitarchäologe entdeckte 1987 bedeutende Funde, vor allem Münzen. Seither wird fleißig gebuddelt, 4.000 Teile, auch Knochen, wurden geborgen, darunter eine eiserne Gesichtsmaske. Sie ist das Logo der mittlerweile riesigen 9 / Museumsanlage Varusschlacht. Das Museum bietet eine große Zahl von Veranstaltungen an, von Ferienprogrammen bis zu Familiensonntagen. Besonders gut besucht sind die „Römer- und Germanentage". Damals muss das ein fürchterliches Mann-gegen-Mann-Gemetzel gewesen sein, was ein Achtel der römischen Armee vernichtete (www.kalkriese-varusschlacht.de). Der Rückweg nach Bramsche führt länger am Mittellandkanal entlang, um dann über ruhige Landstraßen durch den Ortsteil Lappenstuhl in die Stadt zu führen. Doch vorher sollten wir bei passendem Wetter unbedingt den beliebten und trotzdem recht beschaulichen, teilweise als Freibad genutzten Darnsee für ein erfrischendes Bad besuchen. Vorbei am attraktiven innerstädtischen Erholungsgebiet „Hasesee" und durch die auf andere Art ebenso attraktive Innenstadt mit Gastronomie und Fußgängerzone radeln wir zum 1 / Bahnhof Bramsche.

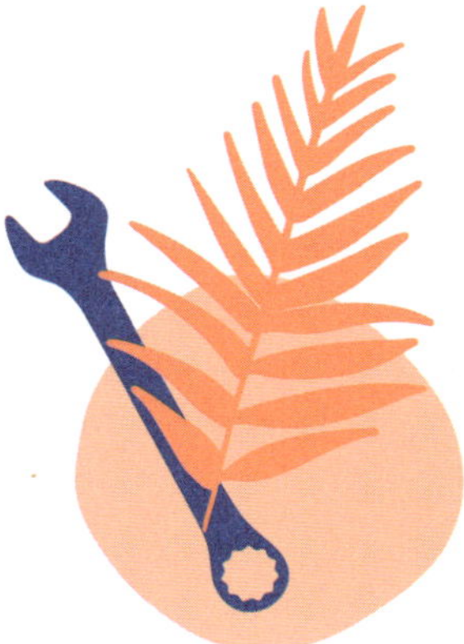

< links / Abbilder der römischen Gesichtsmaske, gefunden in Kalkriese, stehen vielerorts als Friedensmahnmal ^ oben / Beim Eisenzeithaus

Tour 15

START / ZIEL

Bahnhof Bramsche

HINKOMMEN

Auto / Parkplatz neben Bhf.
ÖPNV / Nordwestbahn: RE 18 von Osnabrück od. Oldenburg über Cloppenburg, etwa stdl. RB 58 von Osnabrück od. Bremen über Vechta, ebenfalls etwa stdl.

➤ **1 /** Bahnhof Bramsche ➤ **2 /** Kloster Malgarten ➤ **3 /** Campemoor ➤ **4 /** Venner Moor ➤ **5 /** Alt-Barenaue ➤ **6 /** Mühleninsel Venne ➤ **7 /** Eisenzeithaus ➤ **8 /** Aussichtsturm Venne ➤ **9 /** Varusschlacht Museum

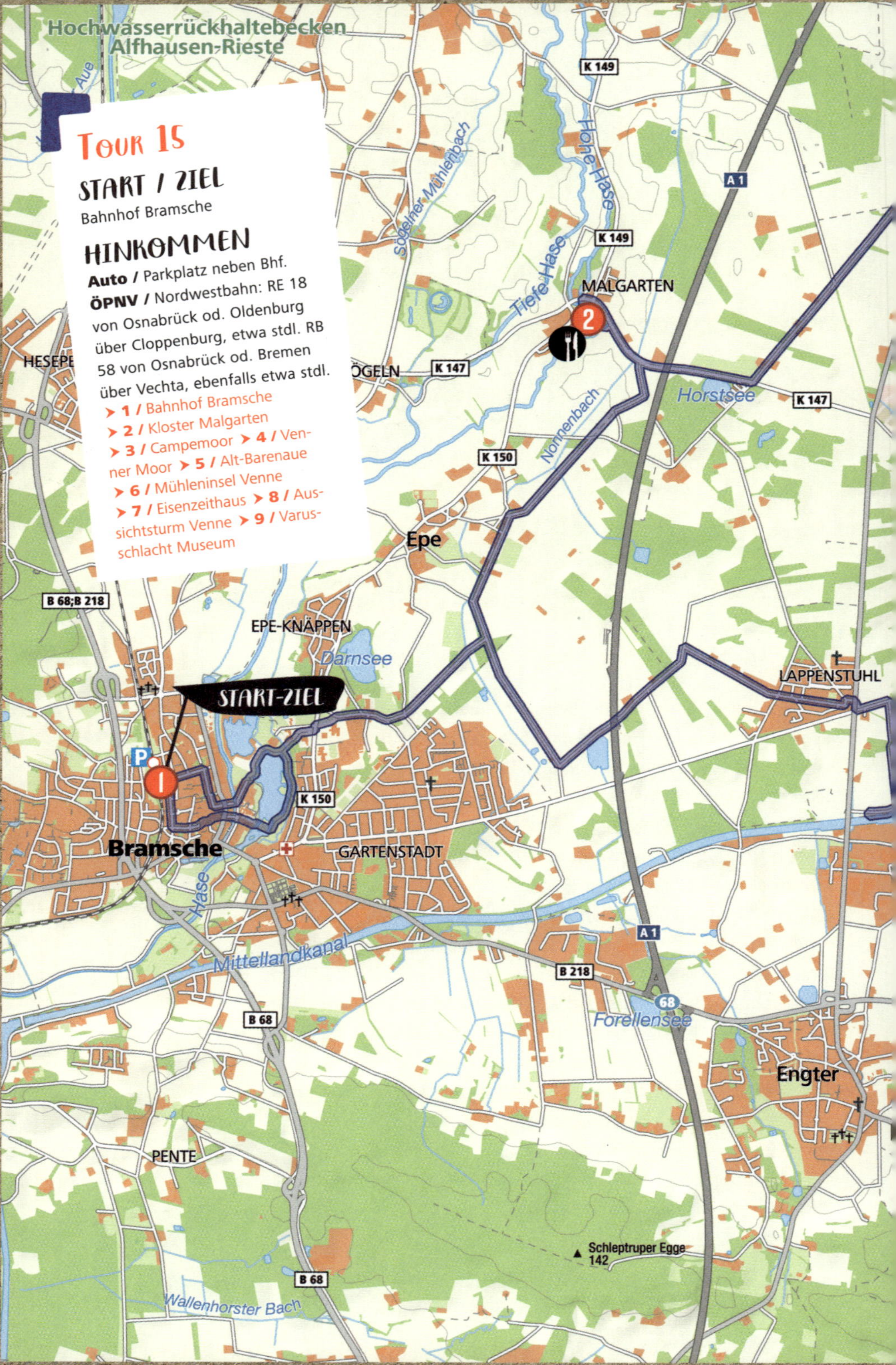

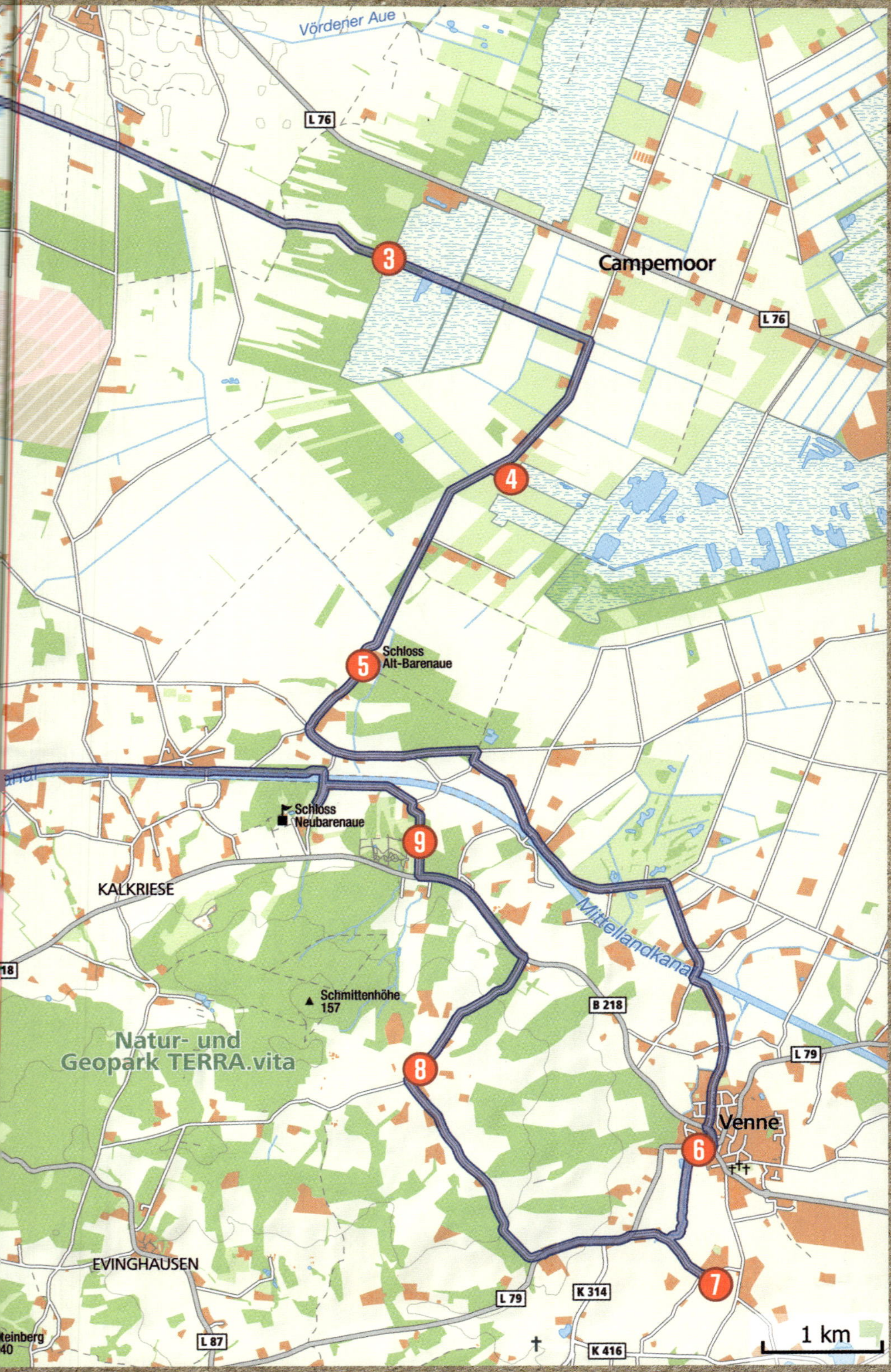

Vördener Aue
L 76
Campemoor
L 76
Schloss Alt-Barenaue
Schloss Neubarenaue
KALKRIESE
Mittellandkanal
Schmittenhöhe 157
B 218
Natur- und Geopark TERRA.vita
L 79
Venne
EVINGHAUSEN
L 79
K 314
L 87
K 416
1 km
3
4
5
6
7
8
9

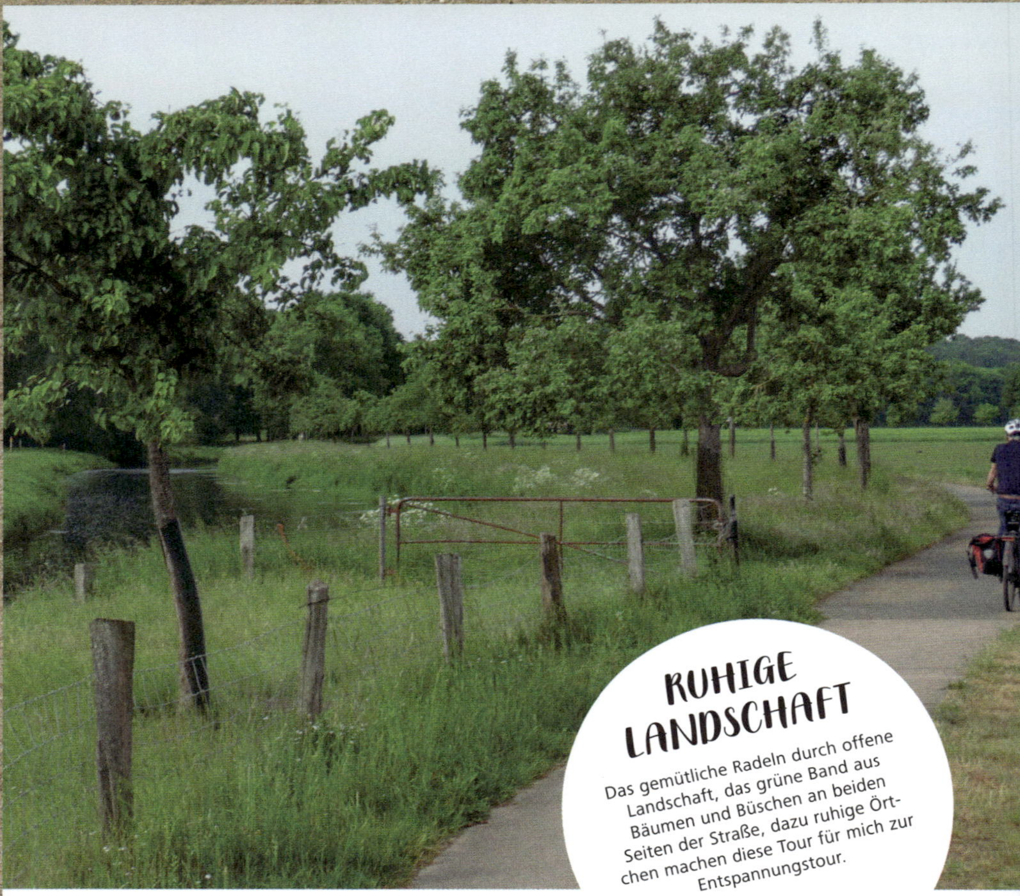

RUHIGE LANDSCHAFT

Das gemütliche Radeln durch offene Landschaft, das grüne Band aus Bäumen und Büschen an beiden Seiten der Straße, dazu ruhige Örtchen machen diese Tour für mich zur Entspannungstour.

➤ **1 /** In Bramsche starten wir am Bahnhof und können am Ende „Am Markt“ einkehren

➤ **2 /** Der lohnende Besuch des Tuchmachermuseums braucht extra Zeit

➤ **3 /** Beim Radeln am Mittellandkanal herrscht die Ruhe selbst

➤ **4 /** Im Dörfchen Voltlage besticht die Kirche durch innere Pracht

➤ **5 /** Merzen bietet sich für eine Pause an, zum Entspannen, zum Einkauf oder zur Einkehr

➤ **6 /** Sehr originell ist der Gasthof Dückinghaus

➤ **7 /** In Ägypten hingegen erwartet uns eigentlich – nichts

➤ **8 /** Neuenkirchen ist der Hauptort der gleichnamigen Samtgemeinde

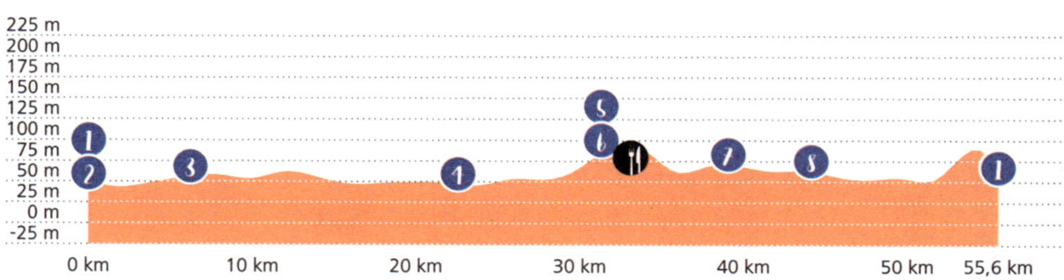

IN MERZEN DER BAUER …

Westlich von **Bramsche**
gemütlich durch **Felder** *und* **Dörfer**

Das westliche Bramgau durchquert diese Rundtour, wir besuchen die Dörfer der Samtgemeine Neuenkirchen, Voltlage und Merzen. Aber im Mittelpunkt steht das gemütliche Radeln auf kleinen, meist asphaltierten Straßen durch eine von einer vielseitigen Landwirtschaft geprägten Region. Nicht sensationelle Highlights stehen im Vordergrund, sondern Ruhe und Entspannung.

56 Kilometer
250 Höhenmeter
250 Höhenmeter
4:30 Stunden
Rundtour

Tuchmachermuseum in Bramsche

Vom Bahnhof 1 / Bramsche fahren wir auf der Breuelstraße südwärts über Eschstraße und Mühlenort zum ersten Stopp. Ein Highlight und auch der Stolz von Bramsche ist das 2 / Tuchmachermuseum (www.tuchmachermuseum.de), das wir so schon nach einem Kilometer erreichen. Bramsche war sehr lange eine Tuchmacherstadt. Die Verarbeitung von Wolle reicht 500

CHARAKTER
Sportlich ●●○○○
Abkühlung ●○○○○
Schlemmen ●○○○○
Panorama ●●○○○

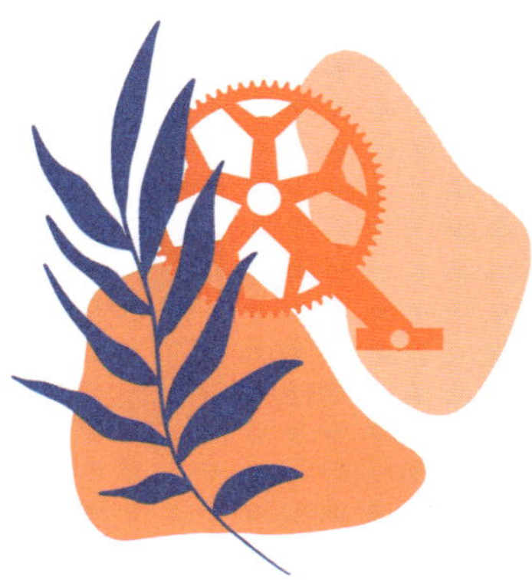

TOURENINFO / Nennenswerte Steigungen gibt es nicht. Fast alle Abschnitte sind ruhige asphaltierte Straßen außer dem sandigen Weg nach Ägypten. Wer sich das ersparen will, kann auch ab Merzen die direkte Straße „Im Hackemoor" nehmen, verpasst aber dadurch schöne Streckenabschnitte.

< **links / Idyllisch der Hase entlang**

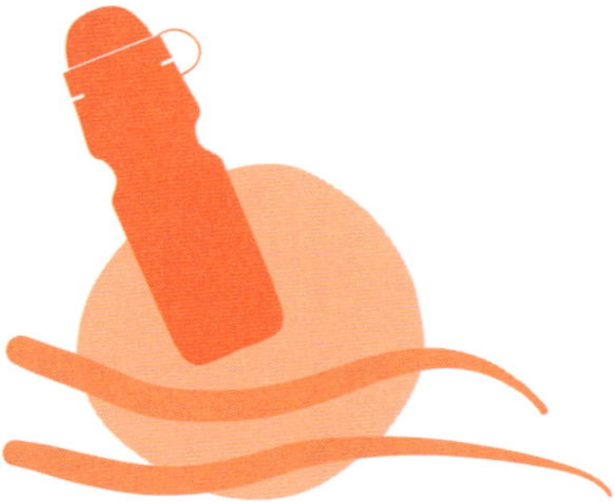

Jahre zurück, damals als Handwerk, später als Industrie, und das bis vor etwa 50 Jahren, eine lange Tradition. Dieses Museum hält sie im wahrsten Sinne des Wortes lebendig. Denn über 100 Jahre alte Maschinen laufen noch und beeindrucken die Besucher. Anschaulich erfährt man die vielen Arbeitsschritte, die nötig sind, bis eine Wolldecke fertig ist. Bramscher Rot war ein Qualitätsmerkmal. Sinnigerweise heißt eine Ausstellung „Rotrotrot“. In den Räumlichkeiten finden zudem Kurse zu kreativem Arbeiten statt sowie ab und zu auch Konzerte.

Hase-Aue und Kanal

Sogleich radeln wir ins Grün der Haseaue. Dieser sympathische schmale Radweg ist Teil der 330 km langen Hase-Ems-Tour von der Quelle bis zur Mündung bei Meppen und zurück über Rheine nach Osnabrück. Dieser Abschnitt hier windet sich so durch die Wiesen, wie es die Hase tut. Die noch jungen Bäume entlang des Weges machen das Radeln zu einem Naturgenuss. Die Ruhe hält auch an, wenn wir entlang des 3 / Mittellandkanals dahinrollen. Allerdings ist der Weg nicht befestigt. Industrieanlagen am Ufer zeigen aber auch, dass es eine wichtige Wasserstraße ist und kein Flüsschen.

SCHIFF AHOI

Wichtigste Ost-West-Wasserstraße Deutschlands ist der 3 / Mittellandkanal, das zentrale Bindeglied zwischen Ems, Weser und Elbe, zwischen Ruhrgebiet und Berlin.

Voltlage

An der vierten Brücke biegen wir rechts ab. Zwölf Kilometer sind es nun durch die ebene Landschaft bis Voltlage. Da passt es doch, dass bei km 13 an der Straße Langen Hülsen ein Picknickhäuschen zum Päuschen einlädt. Bei km 16, Ecke Bergstr./Schulstr., kommt man nach Pielepoggen City. Was das ist? Wir sehen ein kleines Wäldchen und vielleicht einen unscheinbaren Teich zwischen den Bäumen. Es ist das Reich von Fröschen, denn Pielepoggen nennt man auch Kaulquappen. Also, zu sehen gibt es hier nichts, aber

---

➤ rechts oben / Reger Schiffsverkehr auf dem Mittellandkanal ➤ rechts Mitte / Ehemaliges Gebäude der Tuchmacher-Innung: heute ein Museum

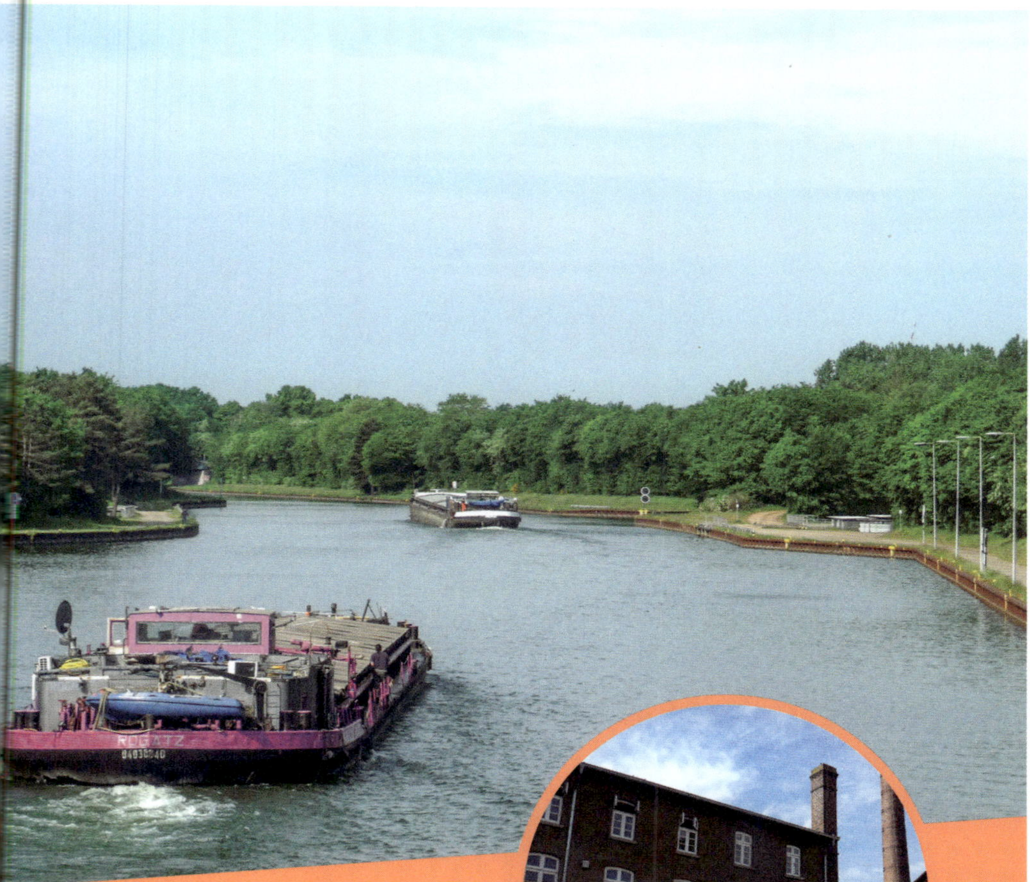

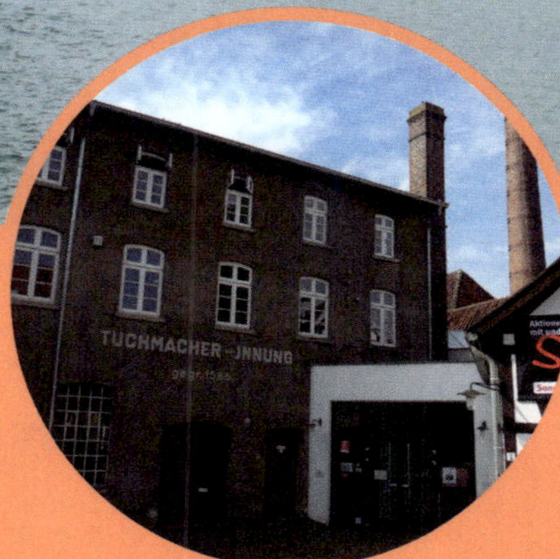

500

Jahre ist die Tuchmacherei in Bramsche beheimatet. Stets mussten die Schafe ihre Wolle hergeben, damit daraus hochwertige Decken („Tuch") hergestellt werden konnten. Alte Maschinen zur industriellen Tuchherstellung sind heute im 2 / Tuchmachermuseum noch in Aktion.

Regenerativ

Ein großer Teil der landwirtschaftlichen Gebäude hat mittlerweile Photovoltaikanlagen auf dem Dach. Ebenso sieht man recht häufig die Kuppeln der Biogasanlagen.

Den Bäckern über die Schulter schauen

der Name macht doch was her. Sieben gemütliche Kilometer nehmen wir noch unter die Räder, dann sind wir im übersichtlichen Ortskern von Voltlage. Verglichen mit den Nachbargemeinden Merzen, Ueffeln und Neuenkirchen scheint 4 / Voltlage äußerlich die schlichteste Kirche zu haben. Tatsächlich ist das Innere von St. Katharina regelrecht prunkvoll. Die Barockausstattung erstaunt in seiner Üppigkeit auch deswegen, weil man so etwas in einem norddeutschen Ort nicht erwartet. Ebenso wenig erwartet man, dass es in der gegenüberliegenden Bio-Bäckerei Knuf nicht den gewohnten Verkaufstresen gibt. Hier gilt Vertrauensverkauf, Selbstbedienung am Brotregal und Bezahlen in die Vertrauenskasse. Spannender ist, dass man hier in der Tagesbäckerei den Bäckern bei vielen Tätigkeiten zuschauen kann. Was es noch über Voltlage zu erzählen gibt? Der überregional bekannte katholische Pädagoge Bernhard Overberg wurde 1754 hier geboren und wird im Ort verehrt, unter anderem mit einer Statue.

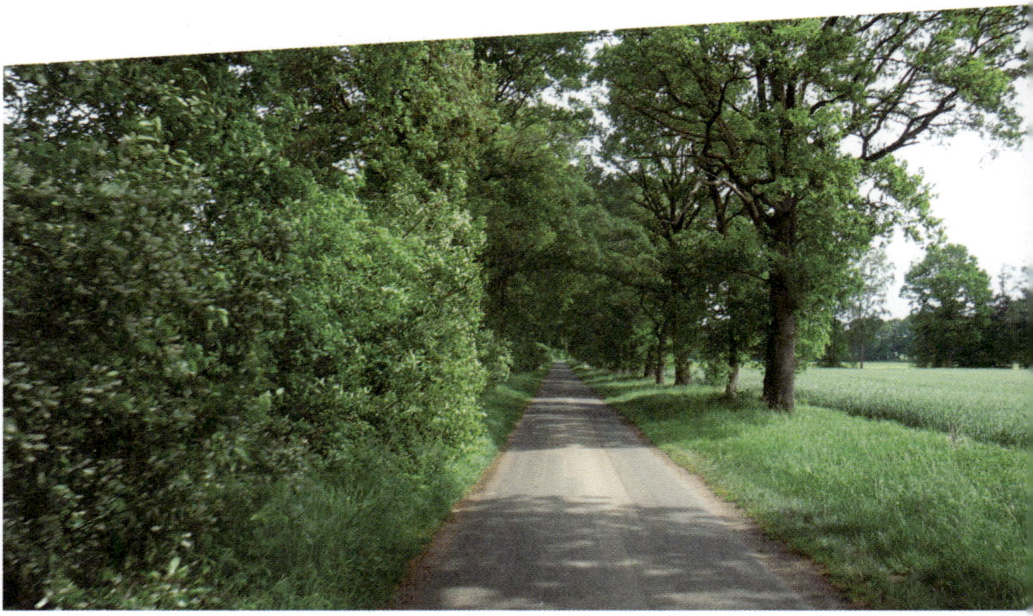

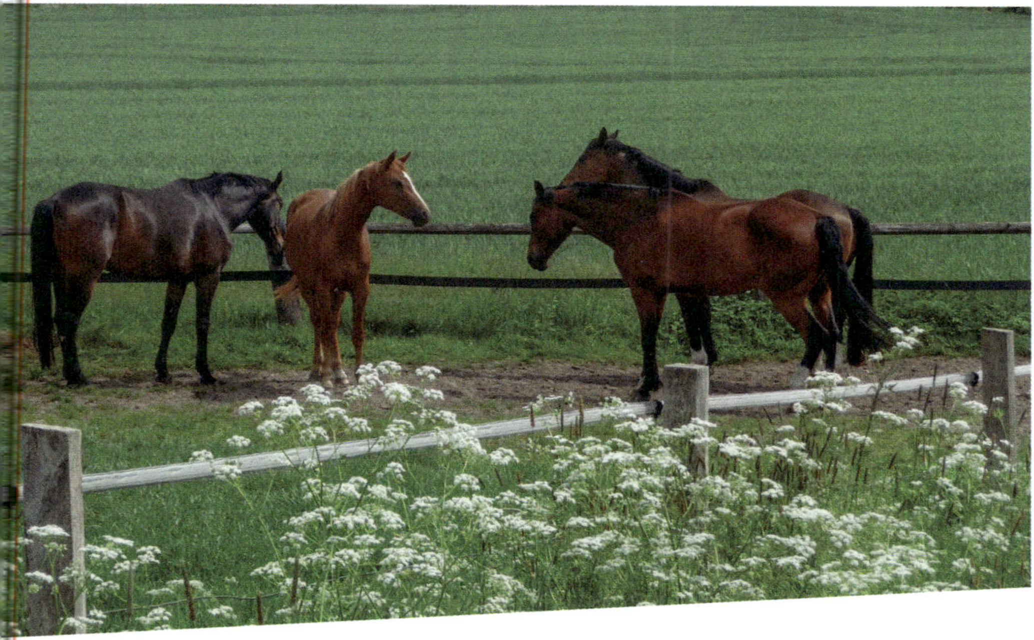

Merzen

Felder links und rechts begleiten uns die nächsten zehn Kilomater zuerst nach Osten, dann Norden bis Merzen. Summend kam mir das Kinderlied „Im Märzen der Bauer die Rösslein einspannt …" in den Kopf. Schließlich sind wir in Merzen. Jedoch spannt hier der Agrarökonom eher den Sechs-Schar-Pflug hinter den Traktor mit 300 Pferdestärken – moderne Zeiten statt verklärter Idylle. Im 5 / Zentrum Merzens, das etwa doppelt so groß ist wie Voltlage, steht die beeindruckend große St. Lambertuskirche. Rast machen können wir an den Dorfteichen. Doch spannender ist eine Einkehr im knapp einen Kilometer entfernten 6 / Gasthof Dückinghaus mit Hotel-Bahnhof. Hier wird ein besonderer Service geboten, genannt „zügiger Service". Denn eine Modelleisenbahn bringt die Getränke an den Tisch, jeder Tisch hat also einen eigenen Bahnhof. Zum Übernachten kann man in alte zum Hotel umgebaute Eisenbahnwaggons einziehen. Alles sehr originell (www.dueckinghaus.de). Ein wenig ändert sich anfangs die Landschaft, es gibt Wälder und Hügel. Wir sind am Rande der Ankumer Höhen, die wir auf Tour 20 durchradeln. Doch für uns geht es ab Bottum wieder Richtung Süden durch eine uns schon bekannte Landschaft.

KM 39

Hier geht es durch schöne Natur, aber über eine Sandpiste, um einmal in 7 / Ägypten gewesen zu sein.

◄ links / Entspanntes Dahingleiten bei Merzen ▲ oben / Ob hier ein „Umsatteln" möglich wäre?

Ägypten

Bevor wir den Hauptort der Samtgemeinde, Neuenkirchen, erreichen, wollen wir 7 / Ägypten durchqueren. Der Weg dorthin ist bekanntlich beschwerlich. Bei km 39 sind wir für mehrere Hundert Meter auf einem sandigen Weg, den ich eigentlich Radlern nicht anbieten dürfte. Die Reifen sacken ein und rutschen, nach Regen ist es auch nicht besser. Doch sogleich sind wir in Ägypten, was außer dem Namen auch eher unspektakulär daherkommt. Eine Handvoll Häuser, einige davon recht repräsentative Bauten, stehen hier, das war es. Aber jeder kann jetzt prahlen, in Ägypten gewesen zu sein. Beim Weiterradeln passieren wir sinnigerweise noch ein Sandabbaugebiet. Ein Alternativweg nach Ägypten schneidet zwar ein schönes Stück Landschaft ab, erspart uns geplagten Radlern aber den Weg durch Pudersand. Dazu nimmt man in Merzen die Hauptstraße Richtung Südwesten. Etwa 500 m hinter dem Ort biegen wir rechts in „Im Hackemoor" ab und erreichen nach wenigen Kilometern den Abzweig nach links, über die Schützenstraße nach Ägypten, und alles ist asphaltiert!

UMSTRITTENES DENKMAL

Intensiv wurde in 1 / Bramsche diskutiert, ob das in der Nazizeit gebaute Krieger-Ehrenmal restauriert werden soll. Als zeitgeschichtliches Zeugnis soll es nun erhalten bleiben.

Neuenkirchen

Vier Kilometer später sind wir dann in 8 / Neuenkirchen, ein Ortsname, den es so

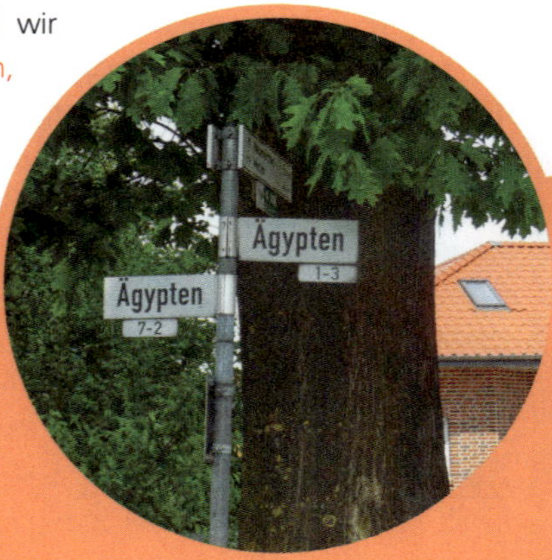

18 Mal gibt es Neuenkirchen in Deutschland, etwa genauso häufig noch Neunkirchen. Von Alleinstellungsmerkmal kann man da nicht mehr sprechen.

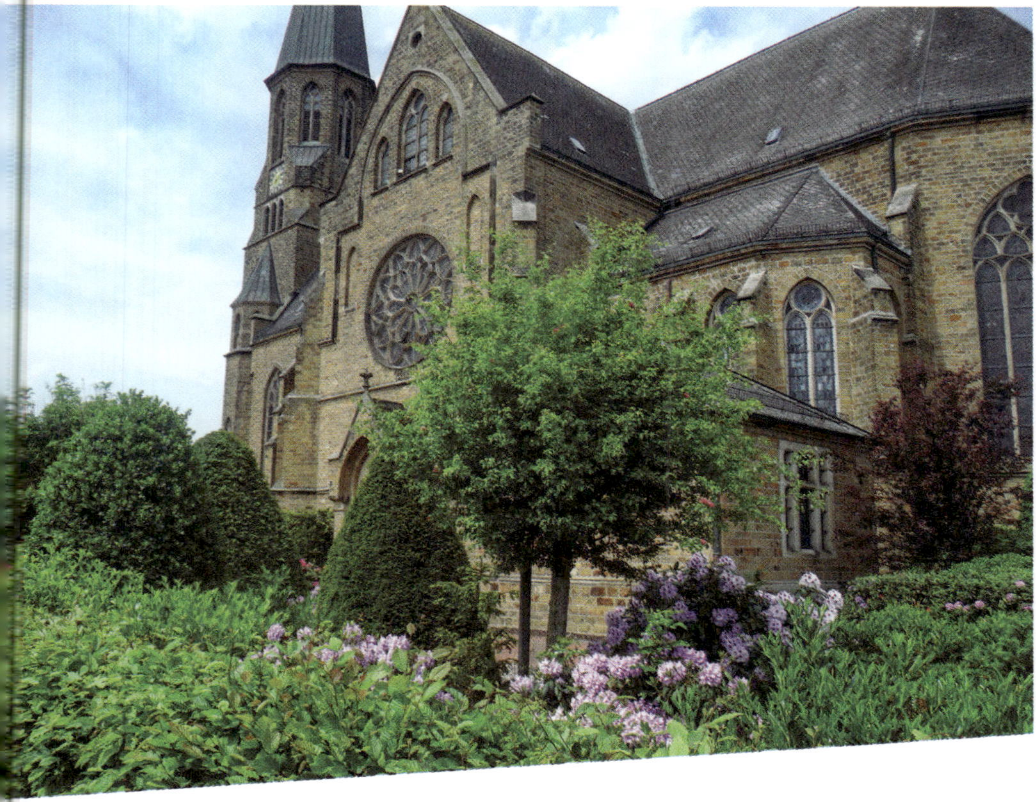

oft gibt. Einheimische hängen oft noch „im Hülsen" an. Fremde sagen eher Neuenkirchen bei Bramsche, denn in der Nähe gibt es Neuenkirchen-Vörden sowie Melle-Neuenkirchen. Der Ort bietet alle Infrastruktur, Supermärkte, Café, Imbiss, Gastronomie. Im Zentrum ragt die große St. Laurentiuskirche hervor. Die letzten zehn Kilometer nach Osten bis Bramsche verlaufen in ebenso ruhiger sanfter Landschaft wie der Start heute und eigentlich die ganze Tour – geeignet zum Runterkommen, zum Entschleunigen. Einen Kilometer vor dem Ziel bietet sich in dem Park an dem Ehrenmal noch eine Gelegenheit zum Verweilen. Das Denkmal selbst ist 1934 erbaut worden und stammt damit aus dunklen Zeiten unserer Geschichte. Statt zum Ziel am Bahnhof in 1 / Bramsche können wir aber auch noch ins Zentrum fahren, um „Am Markt" noch die Aufenthaltsqualität zu genießen und den Tag mit einem gemütlichen Mahl abzurunden.

< links / Ein Ort mit einem Allerweltsnamen hat einen außergewöhnlichen Ortsteil ^ oben / An der St. Laurentiuskirche in Neuenkirchen

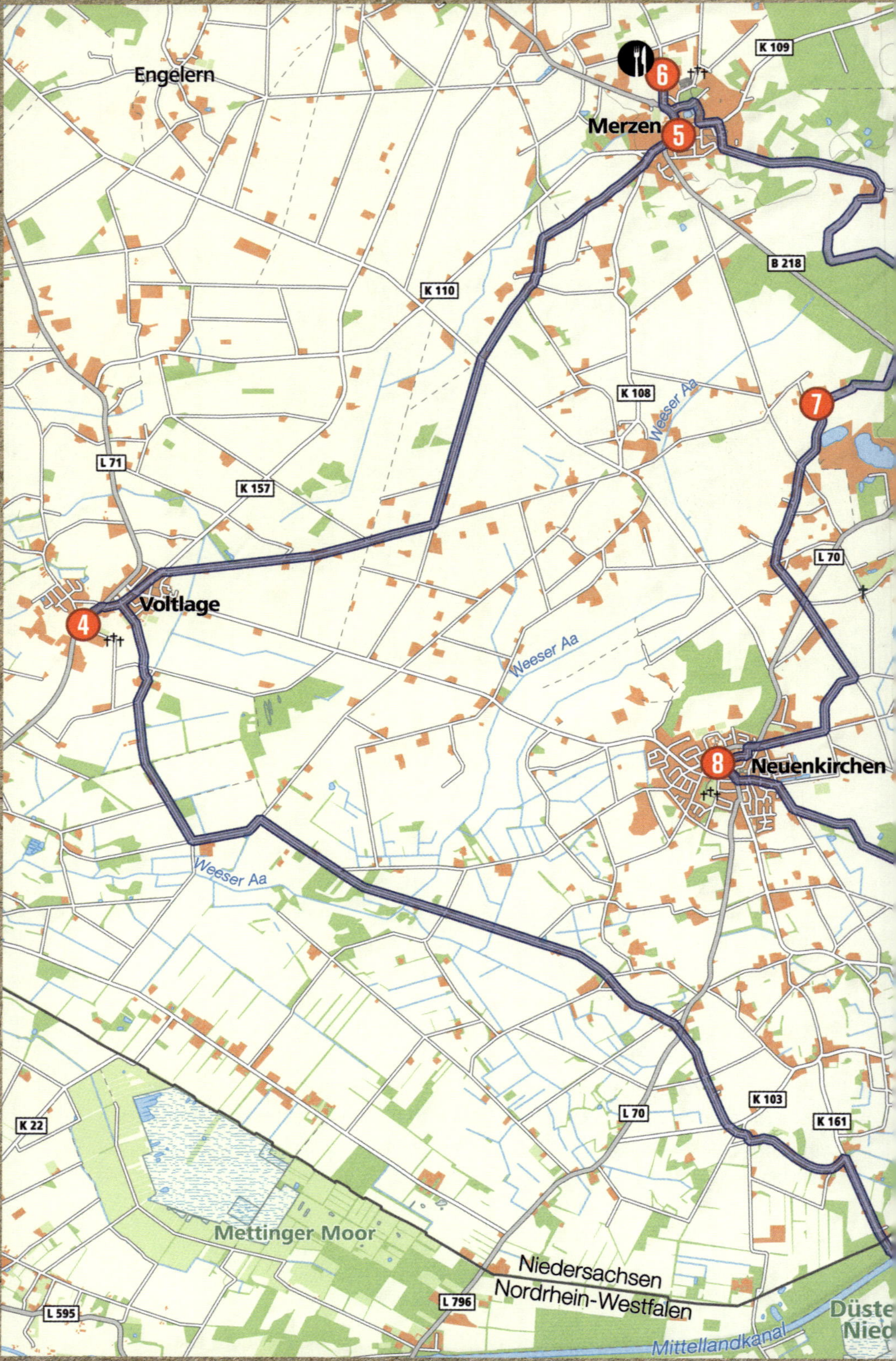
Engelern
6
K 109
Merzen
5
B 218
K 110
K 108
Weeser Aa
7
L 71
K 157
L 70
Voltlage
4
Weeser Aa
8
Neuenkirchen
Weeser Aa
K 103
L 70
K 161
K 22
Mettinger Moor
Niedersachsen
Nordrhein-Westfalen
L 796
L 595
Mittellandkanal

Tour 16

START / ZIEL

Bahnhof Bramsche

HINKOMMEN

Auto / Bahnhofstr. 7, 49565 Bramsche **ÖPNV** / Nordwestbahn: RE 18 Osnabrück-Cloppenburg-Oldenburg. RB 58 Osnabrück-Vechta-Bremen, jeweils stdl.

➤ **1** / Bramsche ➤ **2** / Tuchmachermuseum ➤ **3** / Mittellandkanal ➤ **4** / Voltlage ➤ **5** / Zentrum Merzen ➤ **6** / Abzweig zum Gasthof Dückinghaus ➤ **7** / Ägypten ➤ **8** / Neuenkirchen

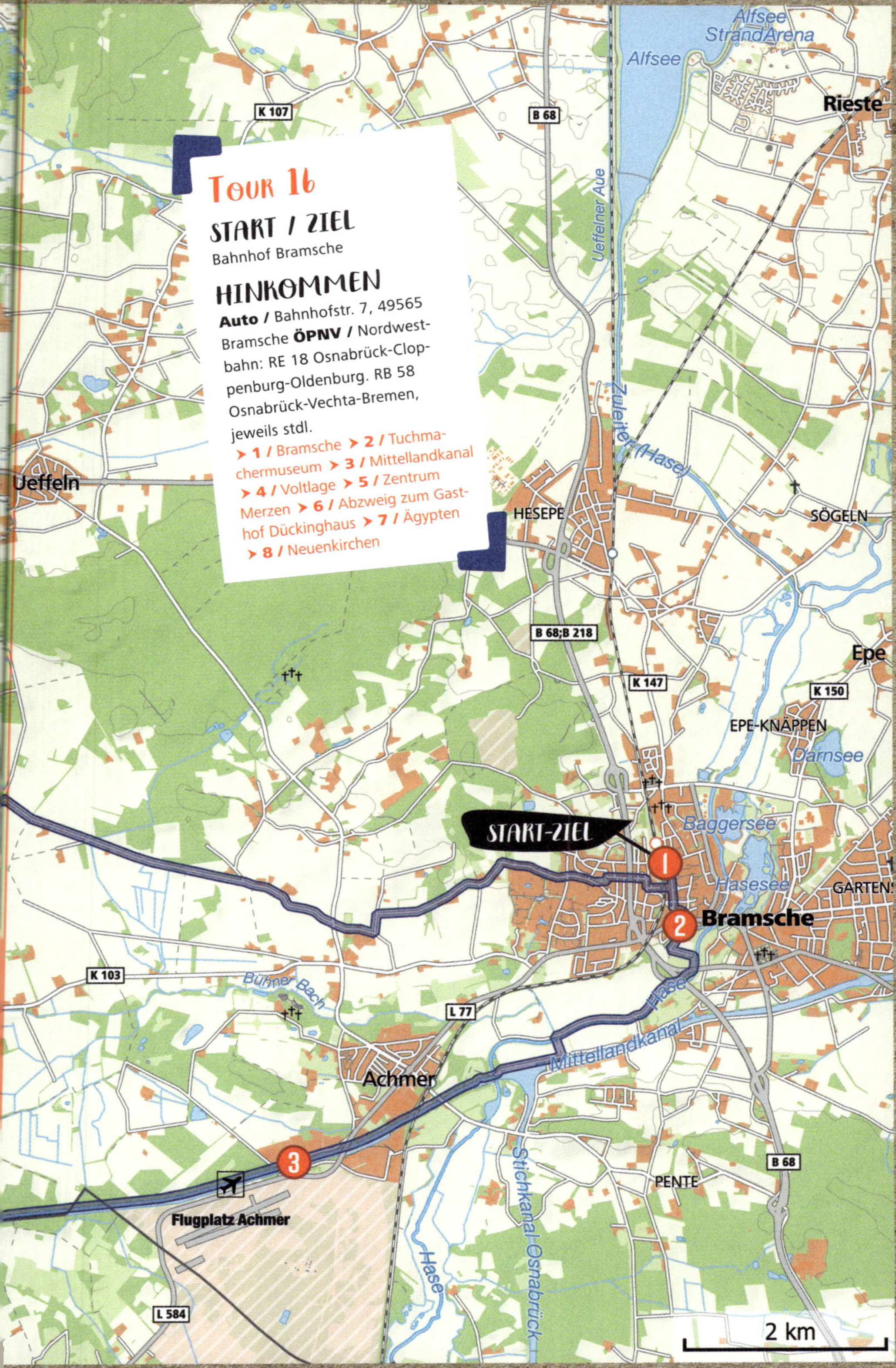

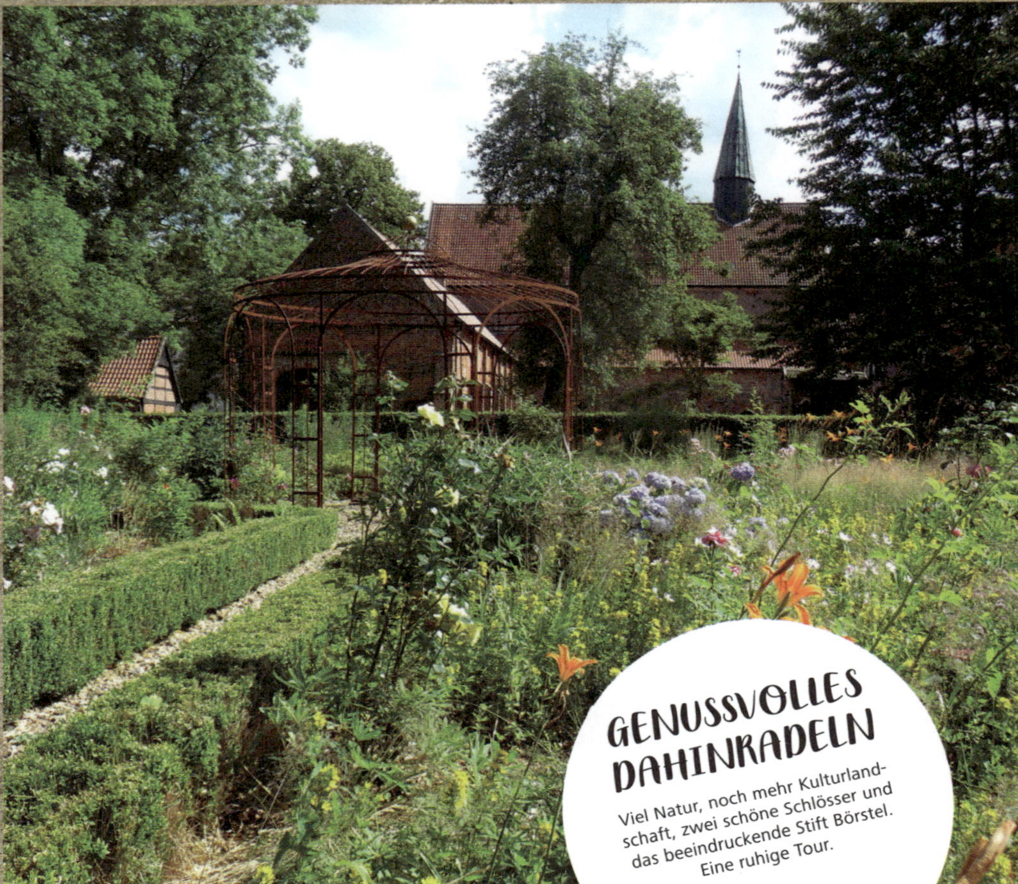

GENUSSVOLLES DAHINRADELN

Viel Natur, noch mehr Kulturlandschaft, zwei schöne Schlösser und das beeindruckende Stift Börstel. Eine ruhige Tour.

➤ **1 /** Das Schloss Fürstenau ist Start- und Endpunkt und gleich erster Höhepunkt

➤ **2 /** Hübsch anzusehen, das Wasserschloss Eggermühlen

➤ **3 /** Ruhiger Ort für eine Pause, Telgkamps Mühle in Kettenkamp

➤ **4 /** Das Zentrum von Berge bietet Einkehr wie Einkauf, dazu einen kleinen Teich – und zwei Kirchen

➤ **5 /** Stift Börstel, ein Ort mit ganz besonderer Ausstrahlung

➤ **6 /** Im Hofcafé Nyenhuis bei Kaffee und Kuchen Kraft tanken

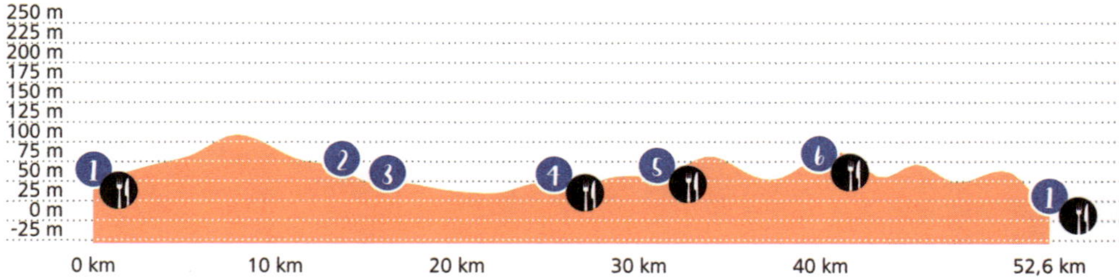

ABWECHSLUNGSREICH

Natur und Kultur nördlich von Fürstenau

Diese Rundtour im Nordwesten des Osnabrücker Landes bietet überraschende Landschafts- und Kultureindrücke. Es ist die Mischung aus abwechslungsreichen Aussichten beidseitig des Weges und kulturellen Höhepunkten, die diesen Ausflug attraktiv machen. Es ist die einzige Tour im Band, weit entfernt von einem Anschluss ans Bahnnetz.

53 Kilometer
345 Höhenmeter
345 Höhenmeter
4 Stunden
Rundtour

Höhepunkt am Start: Schloss Fürstenau

Direkt vom Parkplatz aus erkunden wir zunächst die Anlage des 1 / Schlosses Fürstenau. Der Wehrturm mit der markanten Turmspitze überragt das Gelände, das durch die umgebenden Gräben und Teiche fast einer Insel ähnelt. Die vielen Gebäudeteile, der Portalbogen am Eingang, die Schlosskapelle, die kreisförmige Bastion, alles geht einher mit den ruhigen grünen Bereichen, die zum Aufenthalt einladen. Insgesamt ein wohltuendes Areal, nicht zu Unrecht der Stolz der Stadt. Früher war hier die Residenz des Fürstbischofs, heute nutzt die Verwaltung der Samtgemeine Fürstenau

CHARAKTER
Sportlich ●●○○○
Abkühlung ●○○○○
Schlemmen ●●○○○
Panorama ●●●○○

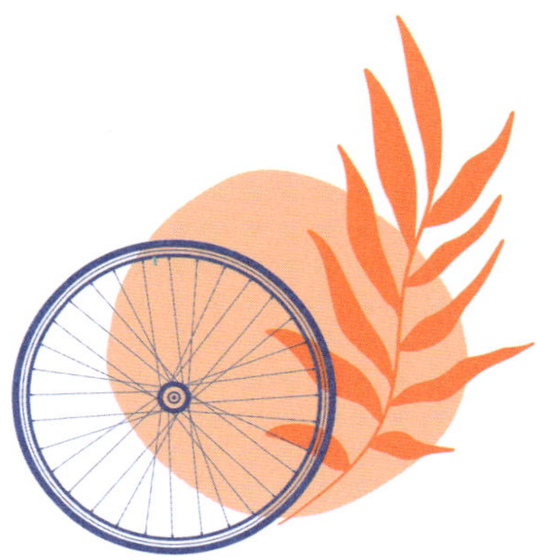

TOURENINFO / Weitgehend sehr verkehrsarme Wege mit festem Belag, an wenigen Stellen etwas schwierige unbefestigte Abschnitte, ab und zu leichte Steigungen.

‹ links / Blumenparadies im Garten von Stift Börstel

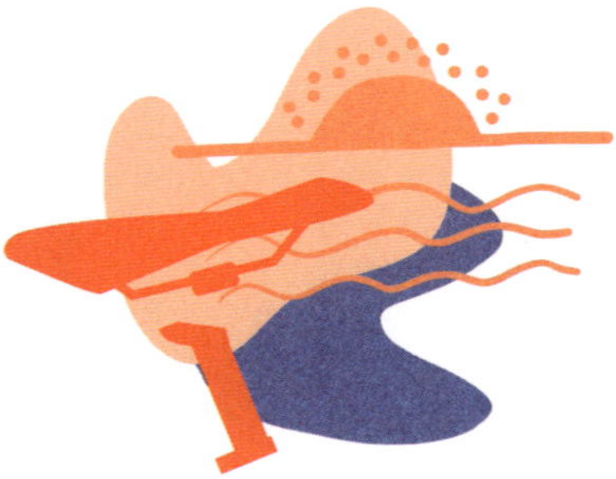

einige Räumlichkeiten. Das Restaurant Torhaus lädt zur Einkehr. Über die gemütliche Große Straße am Hohen Tor vorbei gelangen wir hinaus ins Grüne. Die nächsten 13 Kilometer bis Eggermühlen sind ein besonders schöner Abschnitt der Tour. Wir passieren die Boyemühle und durchradeln eine lieblich wellige, alles andere als langweilige Gegend: Artenreiche Wälder wechseln sich ab mit in die geschwungene Landschaft eingebetteten Feldern, die Wege sind meist von Laubbäumen und Buschwerk gesäumt. Auch wenn Abschnitte nicht asphaltiert sind, stört dies nicht das insgesamt angenehme, sehr ruhige Dahingleiten.

SCHULBANK DRÜCKEN

50 Jahre besteht die IGS Fürstenau, an der wir vorbeiradeln. Diese integrierte Gesamtschule war die erste im ländlichen Raum Niedersachsens und ist längst fester Bestandteil des lokalen Wir-Gefühls geworden

Schloss Eggermühlen ist auch ein Ferienhof

Das barocke 2 / Wasserschloss Eggermühlen mit Kapelle und Orangerie war vor 800 Jahren ein Rittersitz und macht mächtig Eindruck. Die Funktion hat sich grundlegend geändert. Auf dem kinderfreundlichen Ferienhof mit Gästewohnungen sind auch private Events möglich (schloss-eggermuehlen.de). Die nur gut zwei Kilometer bis Kettenkamp radeln wir entlang einer Hauptstraße. Ein Hinweisschild führt uns alsbald rechts und dann zu 3 / Telgkamps Mühle. Die Mühle ist nicht so spektakulär wie die nette direkte Umgebung mit Nebengebäuden, dem Bächlein unter der Steinbogenbrücke und vor allem einem herrlichen Picknickplatz mit Hütte, ein im gleichmäßig leisen Rauschen des Wasserrades entspannendes Idyll. Die nächsten neun Kilometer bis Berge haben meist einen festen Belag, sind aber dennoch recht verkehrsarm. Auf etwa halber Strecke liegt der Gasthof Zu den Hünensteinen, nahe des gleichnamigen Großsteingrabes Hünensteine Hekese. In den Ort 4 / Berge fahren wir über die ruhige Tempelstraße mit recht interessanten Wohnhäusern in die Ortsmitte. Interessierte können hier zwei Kirchen ansehen, Einkehrwillige bevorzugen vielleicht das Gasthaus

---

➤ rechts oben / Pause an Telgkamps Mühle ➤ rechts Mitte / Hübsch gestalteter Wegweiser für den fremden Besucher

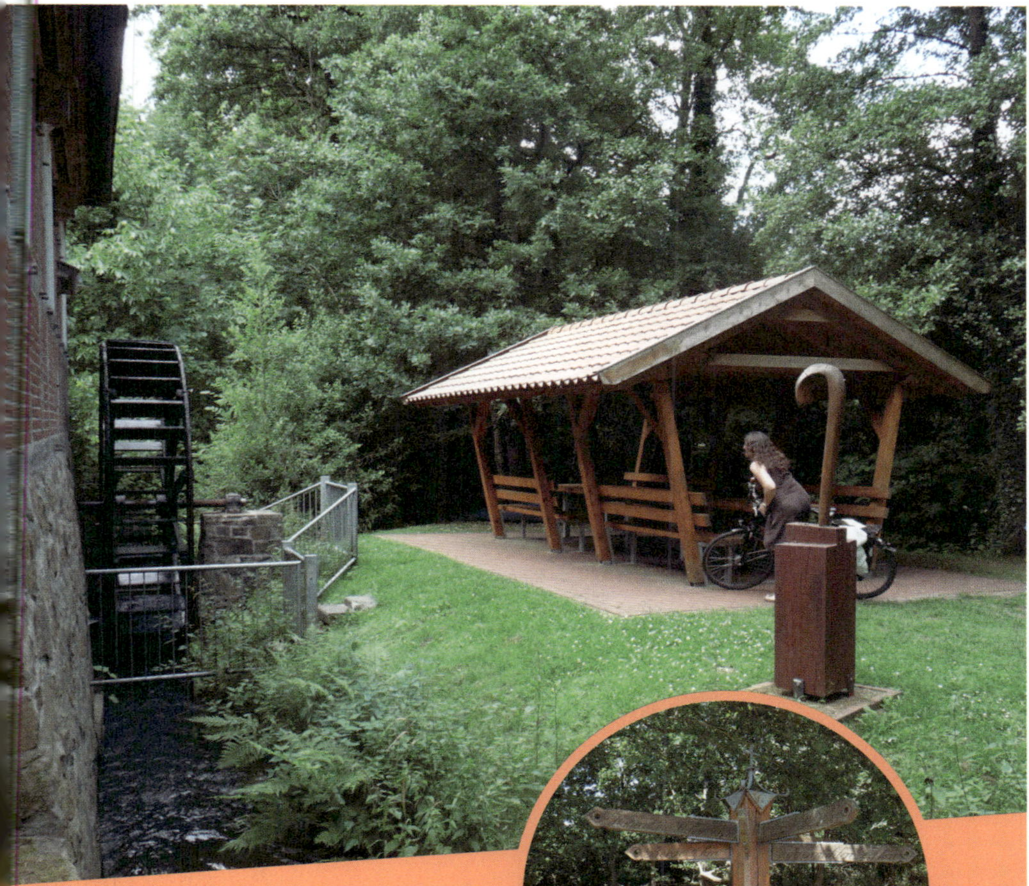

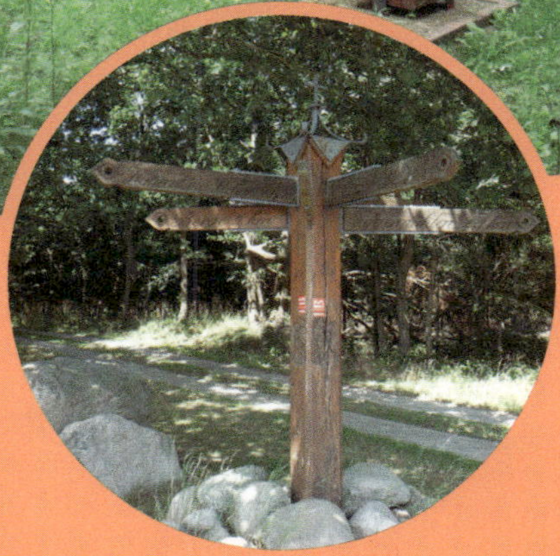

MEHR ALS 50 METER

lang ist die Anlage des Hünengrabs Hekese. Sie besteht aus zwei megalithischen Grabkammern und einer Steinreihe dazwischen.

Nostalgische Strecke

Früher waren Wege unbefestigt oder gepflastert, womöglich mit Kopfsteinen, beides nichts für Radler. Auf dem Weg nach Börstel können wir nostalgischen Sanduntergrund „genießen".

Alte Heimat. Die verbleibenden fünf Kilometer bis zu unserem Tourhöhepunkt, dem 5 / Stift Börstel, führen durch schönen Wald auf allerdings manchmal nicht so schönen Wegen, unbefestigt und zum Teil sandig. Aber die Freude an der Natur entschädigt.

Zwischen knorrigen Bäumen und blühenden Blumen

Stilles Kleinod: Stift Börstel

Ursprünglich war es ein Zisterzienserinnenkloster, heute ist es ein freies Stift für evangelische und katholische Frauen. Es ist schon ein sehr besonderer Ort: abgelegen, alt, ehrwürdige Gemäuer in authentischem Zustand, uralte knorrige Linden, ein Bauerngarten … Ganz besonders beeindruckend sind die gewölbten Kreuzgänge und die Stiftskirche. In ihr finden auch Musikveranstaltungen statt, bei denen die tolle Akustik zum Tragen kommt. Alles zusammen ergibt eine wohltuende ruhige Atmosphäre. Tatsächlich herrscht hier aber durchaus Lebendigkeit. Über das Jahr verteilt finden Seminare statt mit Themen, die zur Umgebung passen. Innere

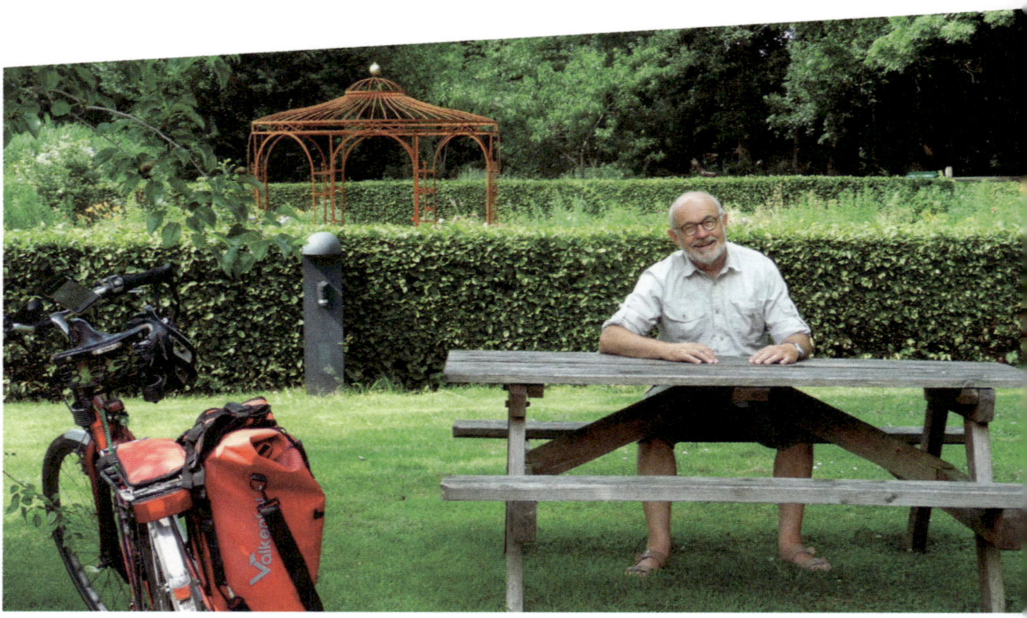

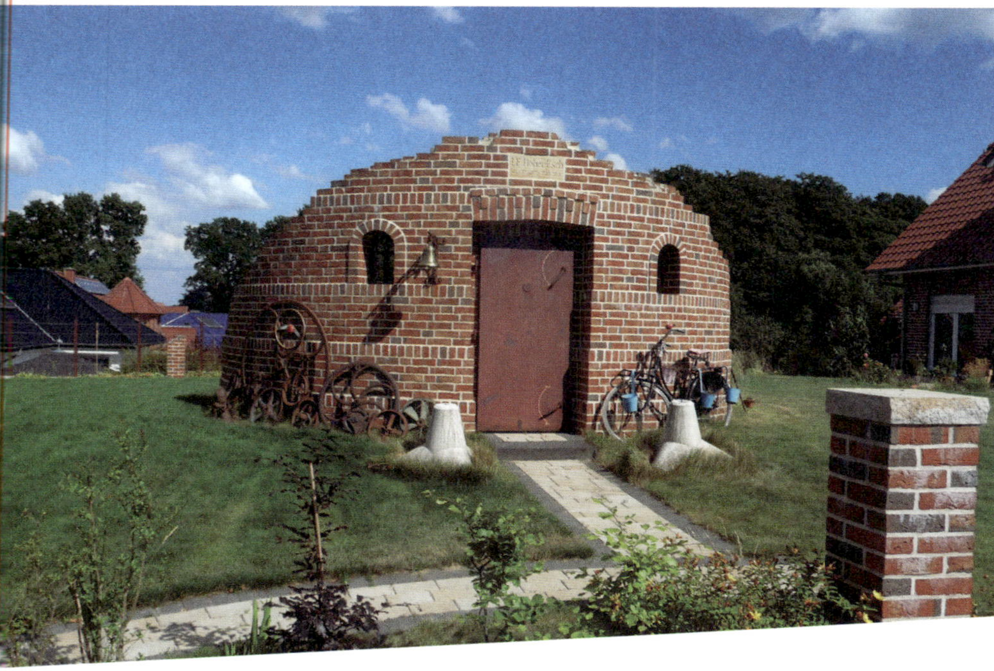

Einkehr, Entspannung, Wohlfühlen und Meditation, christliche Veranstaltungen, aber auch Walderlebnistage für Kinder, Musikseminare und etwa „Meditatives Bogenschießen". Zudem sind einige der baulich ebenso interessanten Nebengebäude wie das Pastorenhaus, der Kornspeicher oder die Villa Huhn zu Tagungs- und Gästehäusern umgestaltet (boerstel.de). Die alte Architektur strahlt eine ganz eigene Stimmung aus. Vielleicht steigt ab hier ja der eine oder andere wie beseelt auf sein Fahrrad. Für das leibliche Wohl bietet sich noch eine Einkehr in der nahen Stiftschänke Börstel an.

800

Jahre ist es fast her, dass das 5 / Stift Börstel gegründet wurde. Traditionell lebten hier Frauen adeliger Herkunft. Auch heute noch ist es von Stiftsdamen bewohnt.

Über Berge zurück nach Fürstenau

Der Rückweg nach Berge teilt sich in drei Wegequalitäten: Der erste Kilometer führt auf einem Weg mit lockerem Untergrund durch Wald, vorbei an einem abseits gelegenen Friedhof. Darauf folgen zwei Kilometer über die Landstraße, leider ohne Radweg. Diesen gibt es aber für die letzten beiden Kilometer in den Ort Berge hinein. Mitten in der Siedlung Hoher Esch hat jemand die Ruine eines Leuchtturms in seinen Garten gebaut, mit 64 m über Normal Null und weit entfernt vom Meer sicher etwas deplaziert. Aber wie mir der Bauherr erklärte, entsprechen diese 64 m genau der Höhe, die

< links / Im Garten von Stift Börstel ^ oben / Kuriosum am Wegesrand: Leuchtturmfundament im Vorgarten

die Weltmeere erreichen würden, wenn die Polkappen komplett abschmelzen. Dann bekäme er vielleicht die Genehmigung, ihn komplett aufzubauen. So kann man das also auch sehen. 3,5 Kilometer weiter taucht links am Weg ein Hofcafé auf, wie gerufen für ein Päuschen. Auf dem 6 / Ferienhof Nyenhuis kann man für Kaffee und Kuchen oder ein Bierchen einkehren, aber Unterkünfte und Campingmöglichkeiten werden auch geboten. Nicht nur Kinder kommen hier auf ihre Kosten, wenn es um anschauliche Landwirtschaft oder um Einblicke in die Haltung von Rindern geht (ferienhofnyenhuis.de). Das nur 1,5 km hinter dem Ferienhof gelegene Bippen hat noch Weiteres zu bieten, siehe rechts. Uns bleiben noch gut 10 Kilometer zum Ausgangspunkt 1 / Fürstenau. Wir streifen die Bauerschaft Hartlage und den Gasthof Frese. Bald erstaunt uns wieder, wie wunderschön waldreich diese Gegend ist. Auch wenn ein unbefestigtes Wegstück durch diesen Wald verläuft, so entschädigt uns doch die baumreiche Umgebung.

FÜRSTENAU

hat einerseits eine vielseitige Gewerbestruktur, bietet andererseits aber auch viel Natur mit Wandermöglichkeiten und vier weiteren ausgeschilderten Radtouren.

Alternative Bahnfahrt mit der Draisine

Dass es für diese Tour keine Bahnlinie gibt, stimmt nicht ganz. Auf der stillgelegten Bahnstrecke Fürstenau–Bip-

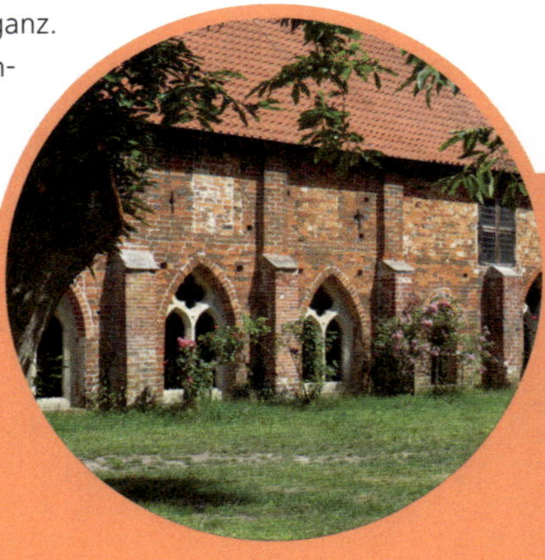

STEINREICH

Die Eiszeit hat nicht nur die Landschaft geformt, sondern viele Steine aus Skandinavien hierher transportiert. Die großen Exemplare haben unsere Vorfahren zu Hünengräbern aufgestapelt. Kleinere haben spätere Generationen für Hausfundamente genutzt, so auch für das 5 / Stift Börstel.

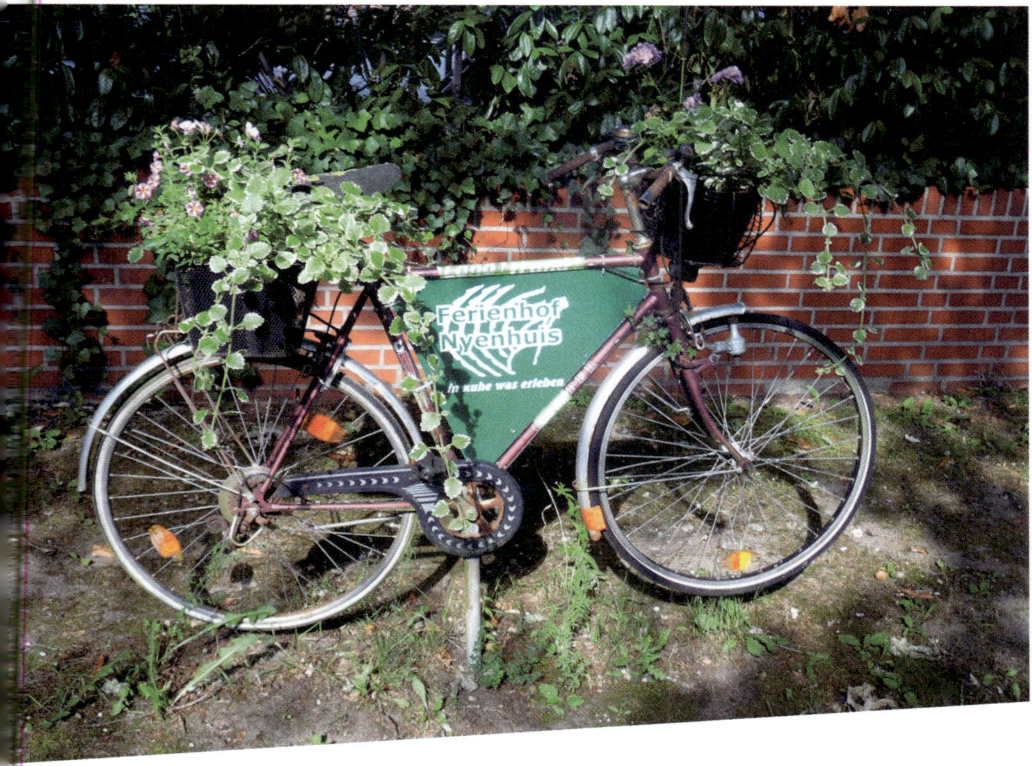

pen–Nortrup–Quakenbrück verkehren Fahrzeuge: von Menschen angetriebene Draisinen. Von den Draisinenbahnhöfen aus lassen sich Ausflüge machen, mit Fahrraddraisinen für bis zu 4 Personen oder Hebeldraisinen für sogar bis zu 19 Personen (draisine-hasetal.de). Die Schienen verlaufen zum Teil auf einem Damm, Brücken überqueren Straßen, zwischendurch gibt es Picknickmöglichkeiten. Der Bahnhof Fürstenau ist von der Bürgerschützenstraße aus erreichbar. Der Draisinenbahnhof Bippen liegt ebenfalls sehr nahe an unserer Tour. Überhaupt bietet Bippen einiges, gerade für Kinder. Im Bildungszentrum Kuhlhoff (Bergerstr.8) gibt es ein Haifischzentrum. Denn in weit zurückliegenden Vorleuchtturm-Zeiten war hier ein Meer. Hier wurden Zähne von Haien gefunden, Kinder können die Urzeit im HaiLab erforschen oder die Natur auf Lehrpfaden erkunden (lernenaufdemlande.de). Dazu hat Bippen auch noch ein frisch renoviertes Freibad.

‹ links / Stift Börstel ˄ oben / Der Ferienhof Nyenhuis heißt Radler willkommen

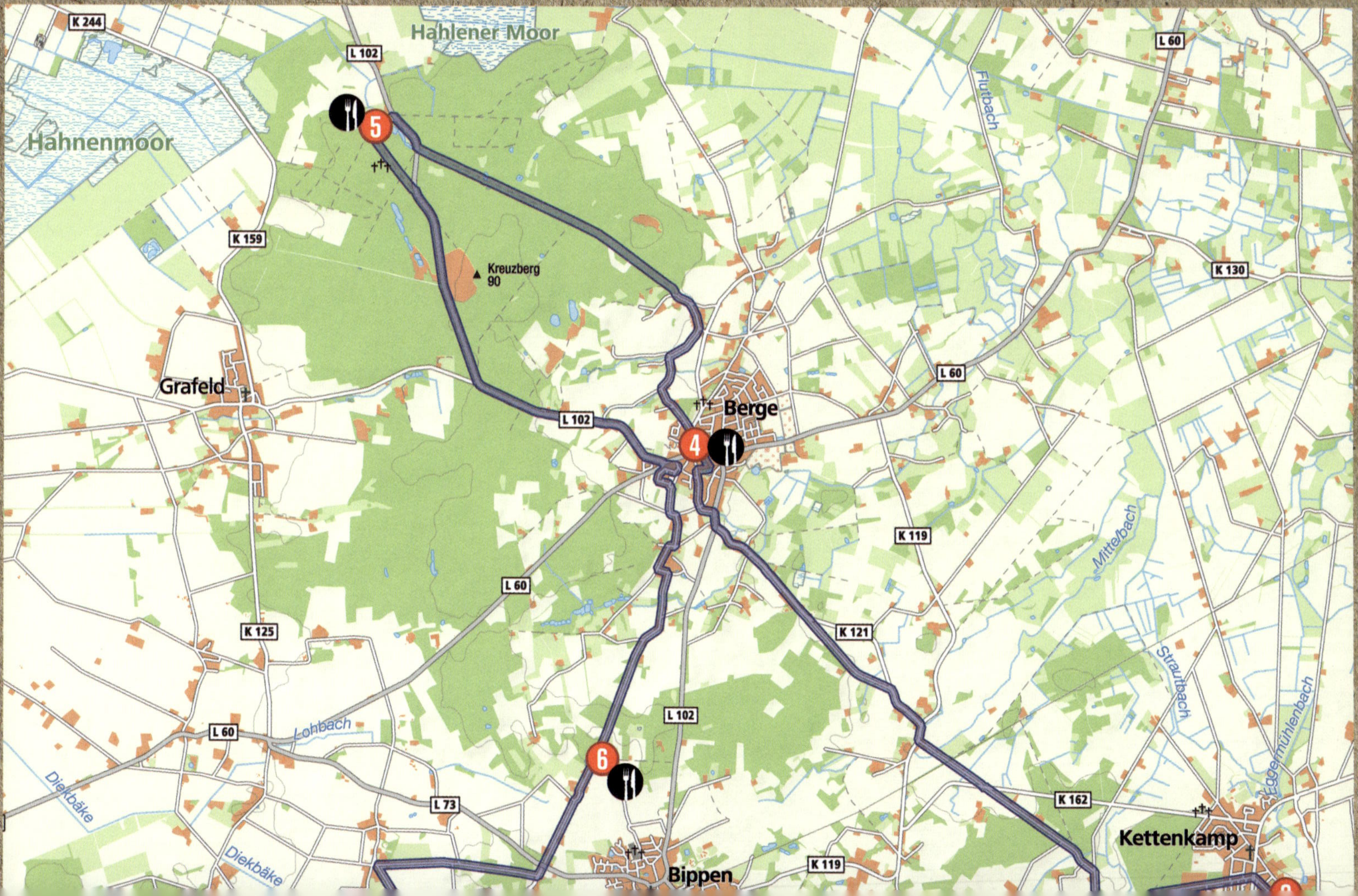

K 244
Hahlener Moor
L 102
L 60
Hahnenmoor
5
Flutbach
K 159
Kreuzberg
90
K 130
L 60
Grafeld
Berge
L 102
4
K 119
Mittelbach
L 60
K 125
K 121
Strautbach
L 102
Eggermühlenbach
L 60
Lohbach
6
Diekbäke
L 73
K 162
Diekbäke
Kettenkamp
K 119
Bippen

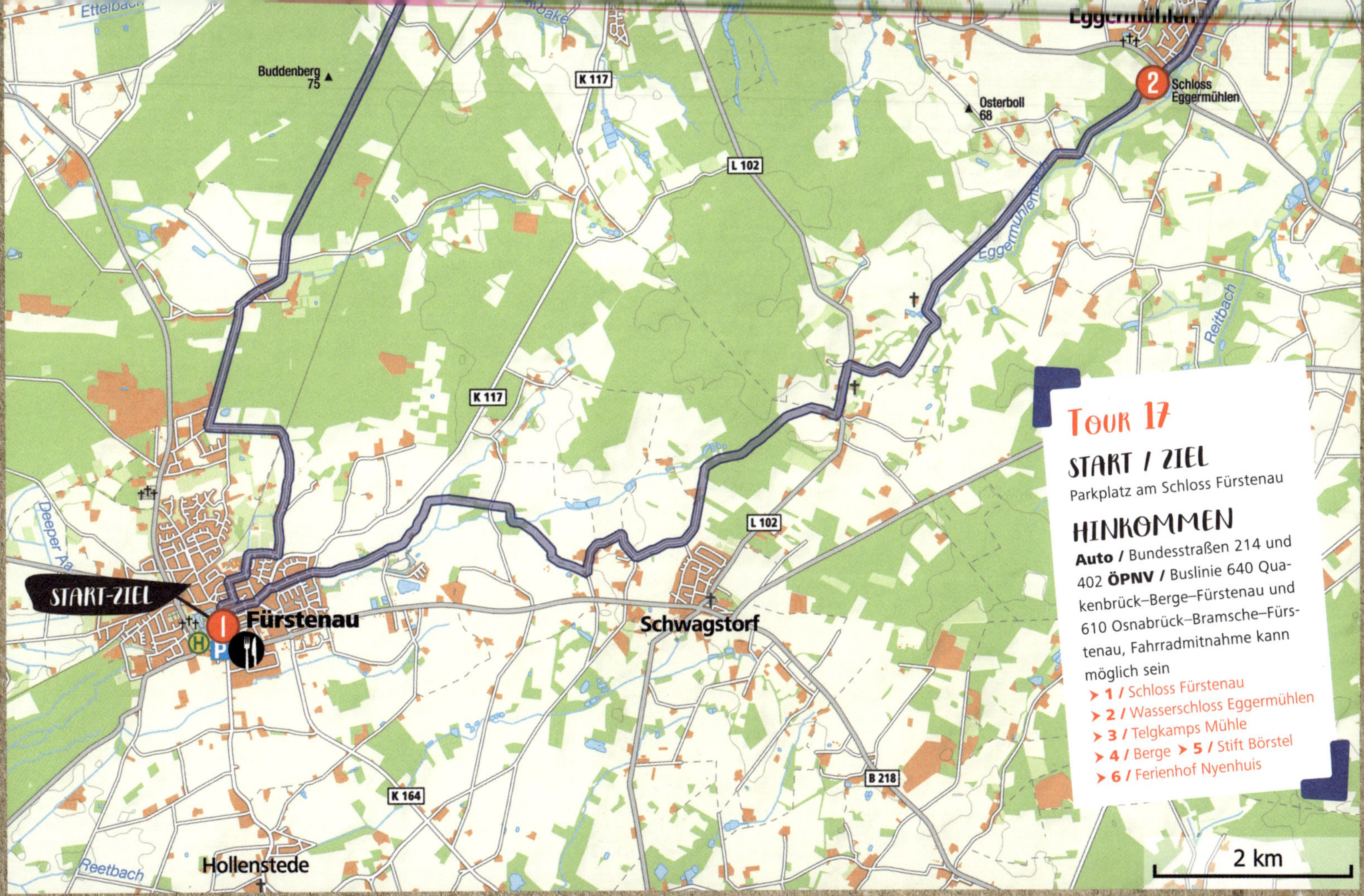

Tour 17

START / ZIEL

Parkplatz am Schloss Fürstenau

HINKOMMEN

Auto / Bundesstraßen 214 und 402 **ÖPNV /** Buslinie 640 Quakenbrück–Berge–Fürstenau und 610 Osnabrück–Bramsche–Fürstenau, Fahrradmitnahme kann möglich sein

➤ **1 /** Schloss Fürstenau
➤ **2 /** Wasserschloss Eggermühlen
➤ **3 /** Telgkamps Mühle
➤ **4 /** Berge ➤ **5 /** Stift Börstel
➤ **6 /** Ferienhof Nyenhuis

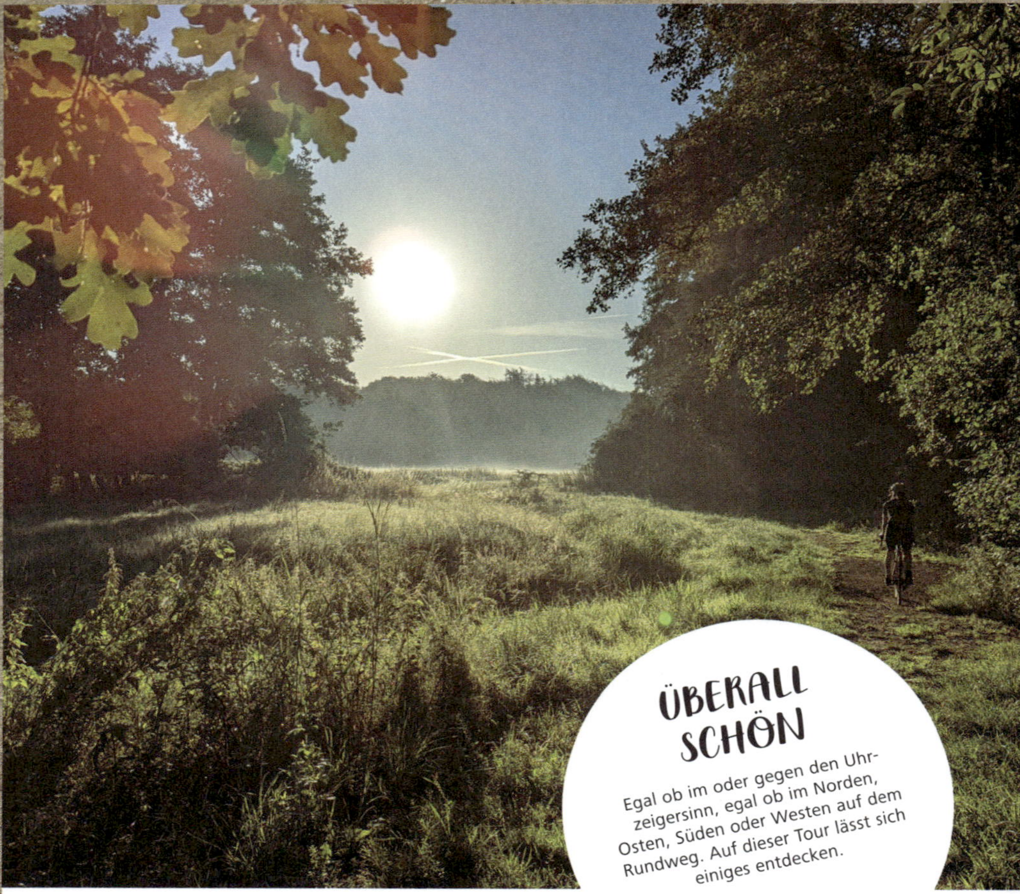

Überall schön

Egal ob im oder gegen den Uhrzeigersinn, egal ob im Norden, Osten, Süden oder Westen auf dem Rundweg. Auf dieser Tour lässt sich einiges entdecken.

➤ **1 /** Start und Ziel ist der Parkplatz an der Sportanlage Königsfeld

➤ **2 /** Die Minigolfanlage im Nettetal ist für Groß und Klein ein Highlight

➤ **3 /** Die Karlsteine, ein Relikt aus der Jungsteinzeit

➤ **4 /** Stüveschachtanlage: Erinnerung an die Zeit des Bergbaus in Osnabrück

➤ **5 /** Stichkanal Osnabrück: Für den Stadtteil Hafen die Anbindung ans Bundeswasserstraßennetz

➤ **6 /** Kuchen essen und Flugzeugen zuschauen: Im Café Leonardo kommt Fernweh auf

➤ **7 /** Lust auf eine kleine Runde mit dem Tretboot? Das Café am Rubbenbruchsee macht's möglich

➤ **8 /** Der kleine Heidesee liegt versteckt in einem Waldstück

➤ **9 /** Das Eiscafé Eisberg bietet hervorragende Erfrischung

➤ **10 /** Auf der Grasrennbahn Nahne wirds hin und wieder durch Motocross-Rennen lauter

➤ **11 /** Bäckerei Kröger bietet Backwaren in traditioneller Handwerkskunst

➤ **12 /** Die drei Alpakas sind von Frühling bis Herbst auf dieser Wiese anzutreffen

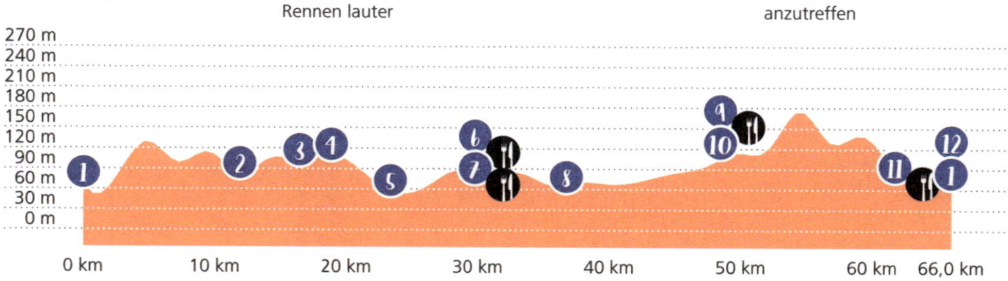

ABENTEUERLUST?

Rund um Osnabrück, ganz nah dran, aber doch weit abgelegen

Der Osnabrücker Rundweg lässt uns auf teils abenteuerliche Weise auf Nebenstrecken rund um das Osnabrücker Stadtgebiet die Wälder und Felder erkunden. Dabei sind wir häufig auf schmalen Pfaden abseits von asphaltierten Wegen unterwegs. Als Hinweis sei gesagt, dass je nach Jahreszeit die Vegetation schon einmal mit der einen oder anderen Brennnessel oder Brombeerranke den Pfad einengen kann.

66 Kilometer
640 Höhenmeter
640 Höhenmeter
5:30 Stunden
Rundtour

Auf geht's!

Unsere Tour starten wir im Osten Osnabrücks am 1 / Parkplatz der Sportanlage Königsfeld. Einer von vielen möglichen Einstiegsorten in diese Rundtour. Sowohl per Bahn als auch per Auto lässt sich einer der vielen Startpunkte erreichen. Die insgesamt rund 66 Kilometer lange Tour muss niemand scheuen, da zu nahezu jedem Zeitpunkt der Rückweg in das Stadtzentrum mög-

CHARAKTER

Sportlich ●●●○○
Abkühlung ●○○○○
Schlemmen ●●○○○
Panorama ●●●○○

TOUR, DIE DU SO NIE GEMACHT HÄTTEST

TOURENINFO / Viele nicht asphaltierte Strecken. Sowohl Steigungen als auch loser Waldboden. An manchen Stellen kann die Vegetation die Fahrt einschränken. Etwas breiteres Reifenprofil und Abenteuerlust sind von Vorteil.

◂ links / Lieblingsstelle zwischen Hasbergen und Sutthausen bei Sonnenaufgang und leichtem Nebeltau

TOUR, DIE DU SO NIE GEMACHT HÄTTEST

lich ist. So lässt sich dieser Rundkurs in beliebig viele Kreissegmente unterteilen und abschnittweise nach und nach erfahren.

Warum? Darum!

Wir starten zunächst in Richtung Norden und erkunden die kleinen Waldabschnitte im Grenzbereich von Stadt und Landkreis. Die Gemeinden Darum, Gretesch und Lüstringen sind gemeinsam zu einem Stadtteil Osnabrücks zusammengefasst und ähnlich wie das Nettetal im Norden, der Hörner Bruch im Süden oder der Westerberg im Westen geprägt durch große Grünflächen. Während wir nach dem Umrunden des Schinkelbergs einmal quer durch Belm fahren, können wir wieder den aus Tour 6 bekannten Schinkelturm sehen. Quer durch die sich anschließende Bramheide entlang von Feldkanten gibt es das erste Highlight. Die 2 / Minigolfanlange Nettetal und die dazugehörige Knollmeyers Mühle (s. auch Tour 7), sind immer ein guter Spot für eine kurze Unterbrechung.

(NICHT NUR) FÜR FRÜHAUFSTEHER

Mit dem Fahrrad ins Idyll. Besonders frühmorgens immer wieder beeindruckend.

Die Karlsteine – eine megalithische Grabanlage

Nun geht es vom Nettetal hinauf zum Haster Berg und weiter in Richtung Westen. Hierbei durchqueren wir überwiegend Waldgebiet und schmale Pfade. Der Autoverkehr ist weit von uns entfernt und wir können die Ruhe der Natur genießen. Was ist hier passiert mitten im Wald? Die 3 / Karlsteine sind ein megalithisches Großsteingrab. Der Sage nach hat Karl der Große damals den Deckstein mit einer Peitsche in zwei Teile geschlagen. Tatsächlich sind die Steine ebenso wie viele andere Großsteingräber in dieser Region aus der Jungsteinzeit, rund 3500–2800 v. Chr. Wir radeln weiter und umkurven den Osnabrücker Piesberg. Heutzutage hauptsächlich ein Steinbruch für den Piesberger Kalksandstein, der den einen oder anderen Vorgarten schmückt. Damals aber mit dem Haseschacht

---

➤ **rechts oben / Stüveschacht am Piesberg** ➤ **rechts Mitte / Karlsteine**

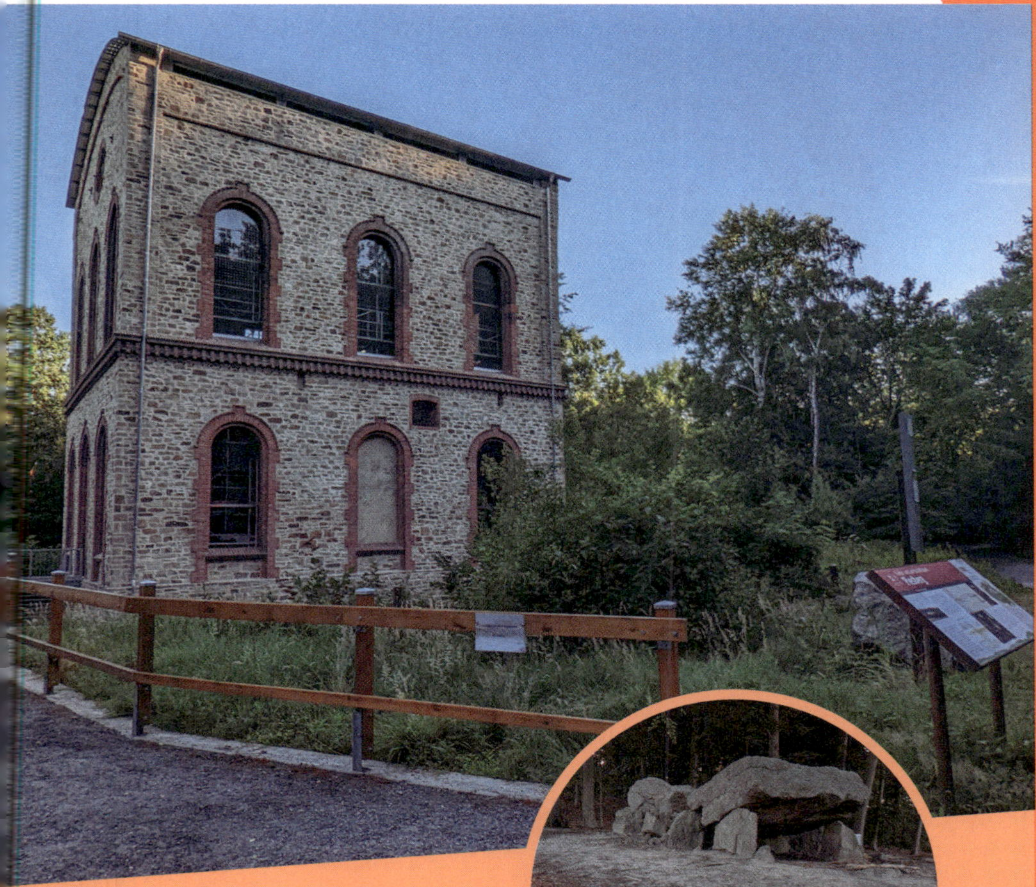

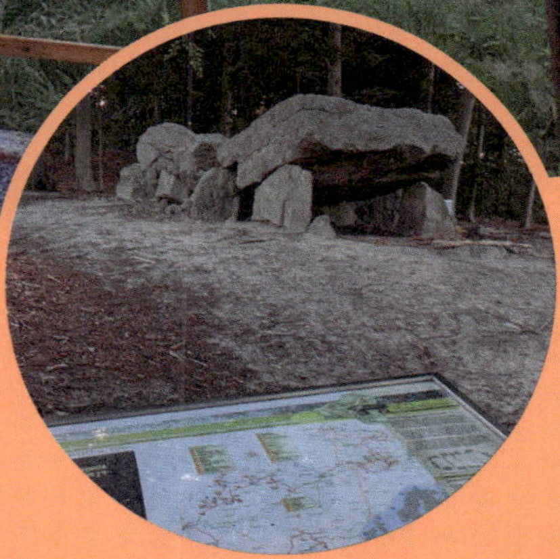

STEINKOHLE-VERGANGENHEIT

Frisch restauriert zeigt der 4 / Stüveschacht nach seinem mehr als 100-jährigen Dornröschenschlaf wieder die Spuren des Osnabrücker Bergbaus.

Bergbau-Relikt

Von der **4 / Stüveschachtanlage** ist der Weg zum Museum Industriekultur nicht mehr weit. Für Interessierte ein lohnenswerter Besuch.

und der 4 / Stüveschachtanlage ein Teil der Zeche Piesberg, die zum Ibbenbürener Steinkohlerevier gehörte. Im nahegelegenen Museum Industriekultur lassen sich viele spannende Details rund um den Osnabrücker Bergbau erfahren.

Tour, die du so nie gemacht hättest

Der Stichkanal – Anschluss an die großen Wasserstraßen

Vom Stadtteil Pye aus gelangen wir mit konstant leichtem Gefälle zum 5 / Stichkanal Osnabrück. Er ist ein Abzweig des Mittellandkanals und für den Osnabrücker Hafen der Anschluss an die großen deutschen Binnenwasserstraßen. Mit zwei Schleusen in Hollage und Haste kann die Versorgung des Osnabrücker Stadthafens mit Schiffen gewährleistet werden (s. auch Tour 14). Wir genießen die Aussicht auf das zumeist glatte Wasser des Kanals und können häufig Sportler der Osnabrücker Ruder- und Kanuvereine ihre Bahnen ziehen sehen.

Die Seele baumeln lassen an Hase und Rubbenbruchsee

Im Anschluss geht es weiter zur nächsten Wasserstelle. Wir kreuzen die natürlichen Flussläufe der Hase, schlängeln uns durch die Wald-

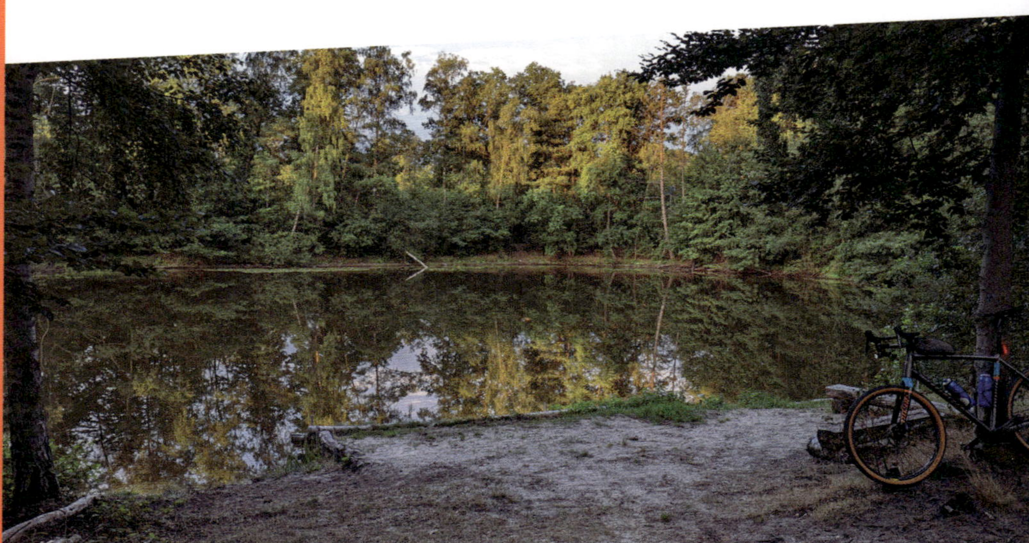

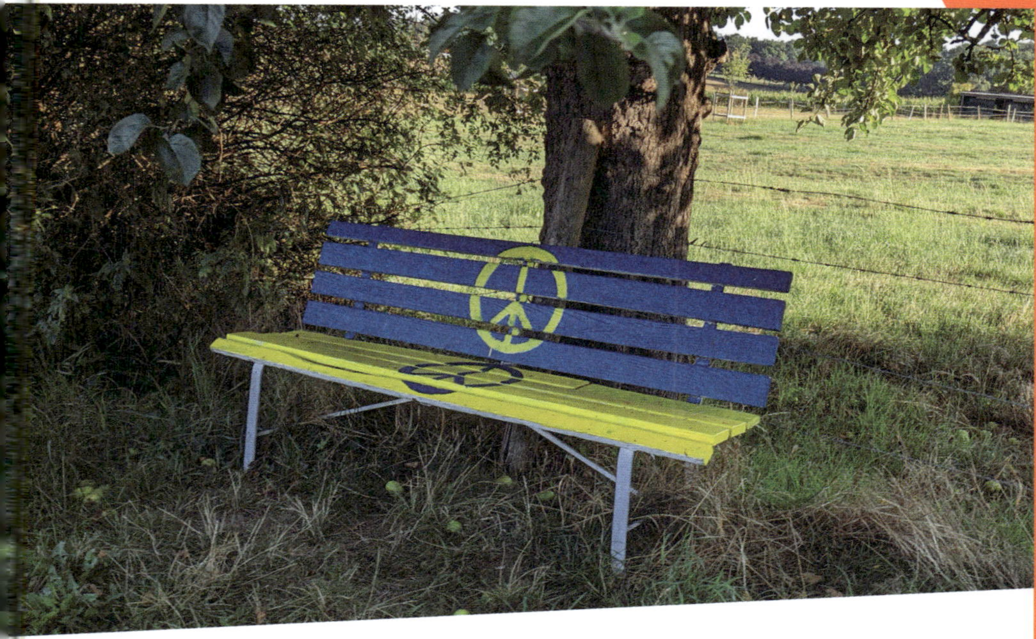

flächen des Heger Holz und erkennen das Gut Leye. So gelangen wir zum Flugplatz Atterheide, einem kleinen Regionalflughafen. An Wochenenden lässt sich von der Terrasse des 6 / Cafés Leonardo das emsige Treiben an Start- und Landebahn bei einem Stück Kuchen betrachten. Wer hier keinen Platz gefunden hat oder noch weiterfahren möchte: Der nahe gelegene Rubbenbruchsee ist ein künstlich angelegter See, dessen Ausbaggerung in den späten 60er Jahren begann. Heute ist er das Naherholungsgebiet Nummer 1 für Menschen jeden Alters. Im gleichnamigen 7 / Café am Rubbenbruchsee lässt sich dieses Idyll hervorragend von der Terrasse aus bei Speis und Trank genießen. Auch der Verleih von Tretbooten ist möglich, wobei der See zu rund zwei Dritteln als Naturschutzgebiet geschützt und daher nicht zugänglich ist. Baden ist verboten.

14,5 KM

beträgt die Länge des 5 / Stichkanals Osnabrück vom Mittellandkanal aus bis in den Osnabrücker Stadtteil Hafen.

Die Südhälfte, weniger kulinarisch, dafür umso idyllischer

Mittlerweile haben wir weit mehr als die Hälfte der Tour geschafft. Im Grenzgebiet zwischen den Stadtteilen Atter und Gaste wartet nochmal ein kleines Abenteuer-Highlight auf uns. Parallel zum Autobahnkreuz Lotte/Osnabrück führt uns eine abgelegene Straße ohne Vorwarnung zum kleinen verwunschenen 8 / Heidesee. Sofern man die Geräusche der Autobahn ein wenig ausblendet oder günstige

---

‹ links / Heidesee ˄ oben / Am Wegesrand

Windverhältnisse erwischt, kann man hier wundervolle Momente mit spiegelnden Sonnenstrahlen auf dem Wasser einfangen. Um unsere Route weiterzuverfolgen, gibt es zwei Möglichkeiten. Abenteuerlustige wählen den schmalen Pfad entlang des Goldbachs. Dieser führt unweigerlich unter der Autobahn A30 hindurch, wobei wir absteigen, schieben und den Kopf einziehen müssen. Wem, z.B. bei zu starker Vegetation von Brennnesseln und Brombeerranken, der Weg nicht zusagt, der nimmt die Route für rund 500 m zurück, um dann über die Sunderstraße mit einer Brücke auf die südliche Seite der A30 zu gelangen. Die nächsten Kilometer sind weniger spannend, bis wir in Hasbergen ankommen. Mit dem Bahnhof Hasbergen haben wir abermals eine Möglichkeit des Ein- und Ausstiegs aus der Tour. (Nur die Gleisseite in Fahrtrichtung Münster ist barrierefrei. Richtung Osnabrück muss das Rad über eine Treppe den Bahnsteig erreichen.) Von dort aus geht es weiter an die Grenze des Stadtteils Sutthausen. Wer abermals Appetit auf eine Süßspeise hat, dem ist in wenigen Metern geholfen. Zunächst besichtigen wir noch das Gut Sutthausen, ein schöner Gutshof mit kleiner, aber liebevoll gestalteter Gartenanlage. Nach kurzem, aber knackigem Anstieg den Gröbelweg hinauf haben wir dann das 9 / Eiscafé Eisberg erreicht und können uns eine Abkühlung gönnen.

TOUR, DIE DU SO NIE GEMACHT HÄTTEST

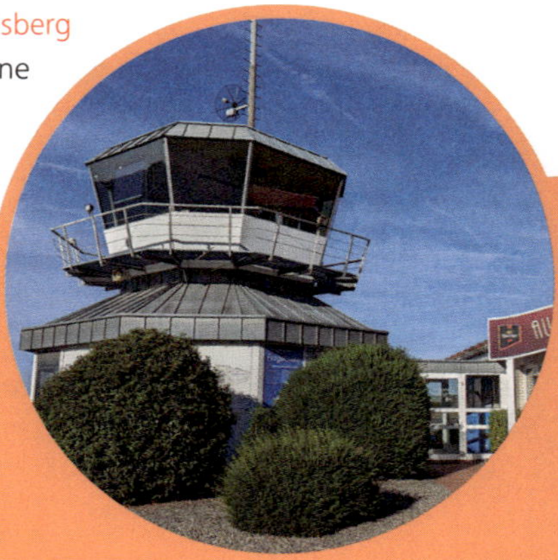

10.000

Ist die Anzahl der Start- und Landebewegungen auf dem Flugplatz Atterheide.

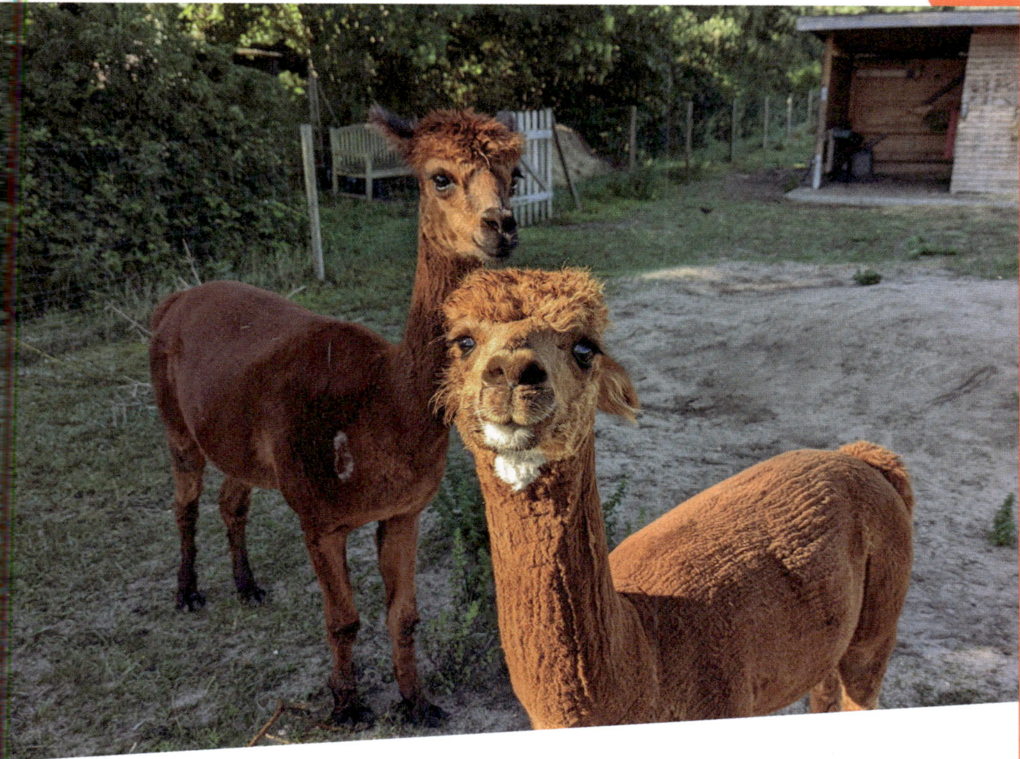

Zwischen Harderberg und Osterberg

Auf dem weiteren Weg sehen wir die alte 10 / Grasrennbahn in Nahne, auf der gelegentlich Motocross-Rennen gefahren werden. Außerdem erreichen wir den südlichsten Punkt unserer Tour zwischen den Erhebungen Harderberg und Osterberg. Kurz nach dem Überqueren der B 51 kann es dann auch nochmal tierisch werden. Je nach Jahreszeit stehen hier gern Schafe am Zaun, die aufmerksam die Radfahrenden beim Anstieg beobachten. Während der nächste Hügel, der Sandforter Berg, nicht lange auf sich warten lässt, unterfahren wir vorab noch ein letztes Mal die A 30. Durch die Bauernschaft Eistrup hindurch vorbei an der 11 / Bäckerei Kröger machen wir noch einen kurzen Stopp bei den drei flauschigen Tierchen Bruno, Eddie und Piet. Sie sind in der Regel auf der 12 / Alpakawiese in Natbergen zu sehen. Anschließend kommen wir nach einem kurzen Stück entlang des Haseuferwegs wieder an unserem Startpunkt an.

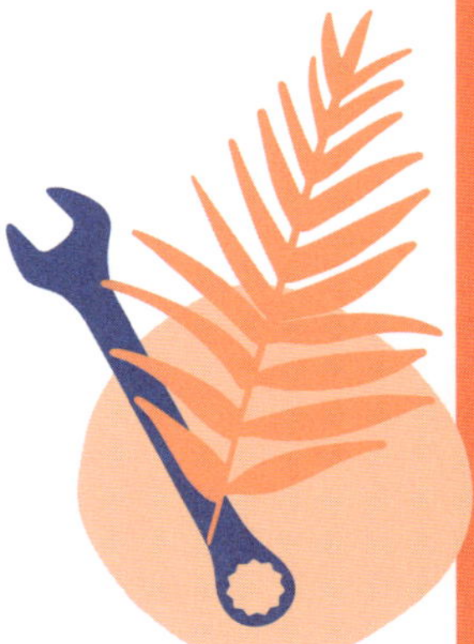

< links / Flughafentower Atterheide mit Leonardo Café ^ oben / Neugierige Alpakas begrüßen uns

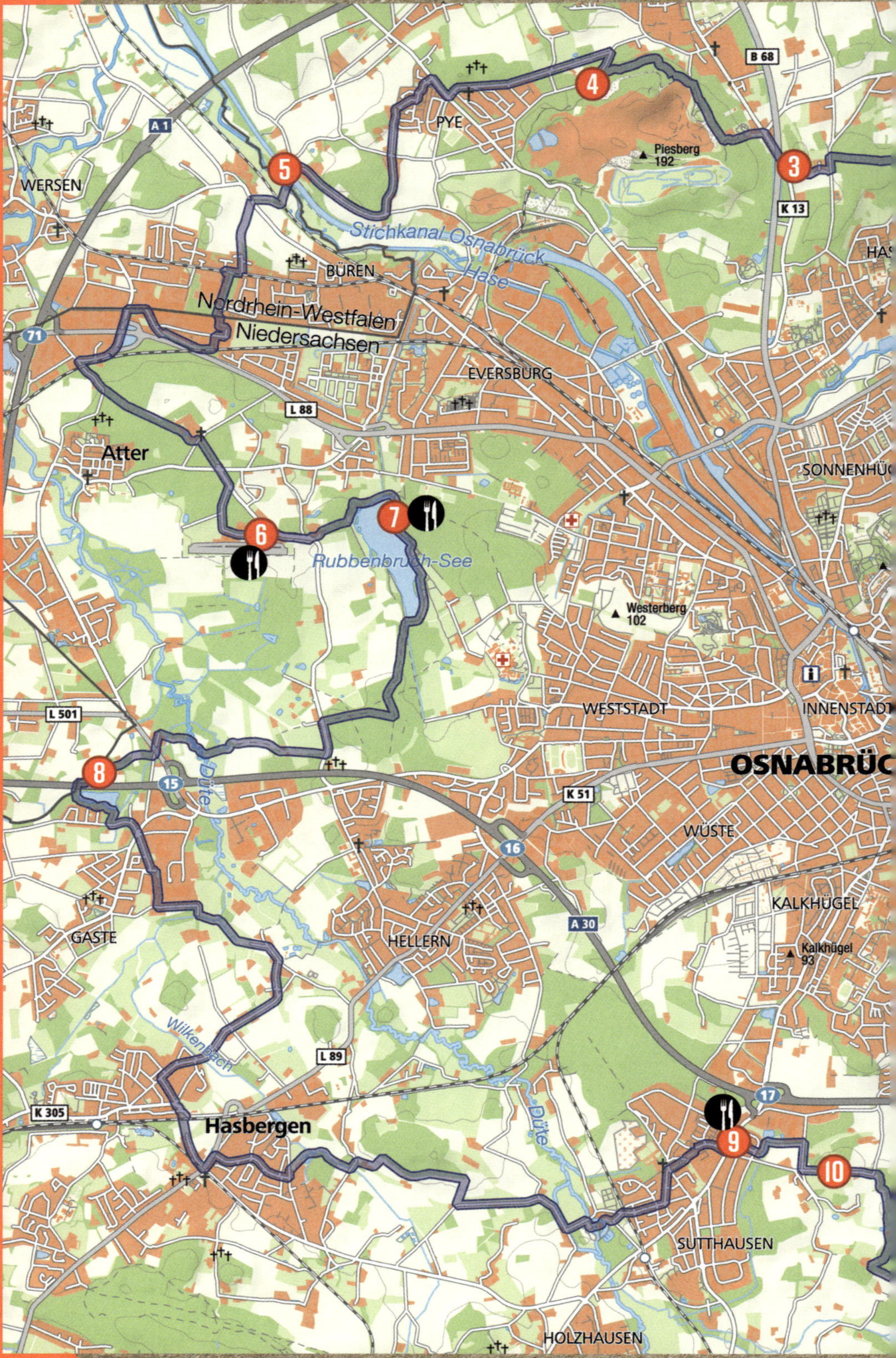

B 68
A 1
PYE
Piesberg
192
WERSEN
K 13
Stichkanal Osnabrück
Hase
BÜREN
Nordrhein-Westfalen
Niedersachsen
71
EVERSBURG
L 88
Atter
SONNENHÜ
Rubbenbruch-See
Westerberg
102
L 501
WESTSTADT
INNENSTADT
OSNABRÜC
15
Düte
K 51
WÜSTE
16
GASTE
HELLERN
KALKHÜGEL
A 30
Kalkhügel
93
Wikenbach
L 89
17
K 305
Hasbergen
Düte
SUTTHAUSEN
HOLZHAUSEN
3
4
5
6
7
8
9
10

Tour 18

START / ZIEL

Parkplatz gegenüber des SC Lüstringen und des Grünabfallsammelplatzes, Hasewinkel 1, 49086 Osnabrück

HINKOMMEN

Auto / Von der A 33-Abfahrt Lüstringen/Schinkel-Ost rund 2 km zum Start. **ÖPNV /** Vom Bhf. Osnabrück 6 km entlang des Haseuferwegs zum Start.

➤ **1 /** Parkplatz an der Sportanlage Königsfeld ➤ **2 /** Minigolfanlage Nettetal ➤ **3 /** Karlsteine ➤ **4 /** Stüveschachtanlage ➤ **5 /** Stichkanal Osnabrück ➤ **6 /** Café Leonardo ➤ **7 /** Café am Rubbenbruchsee ➤ **8 /** Heidesee ➤ **9 /** Eiscafé Eisberg ➤ **10 /** Grasrennbahn in Nahne ➤ **11 /** Bäckerei Kröger ➤ **12 /** Alpakawiese

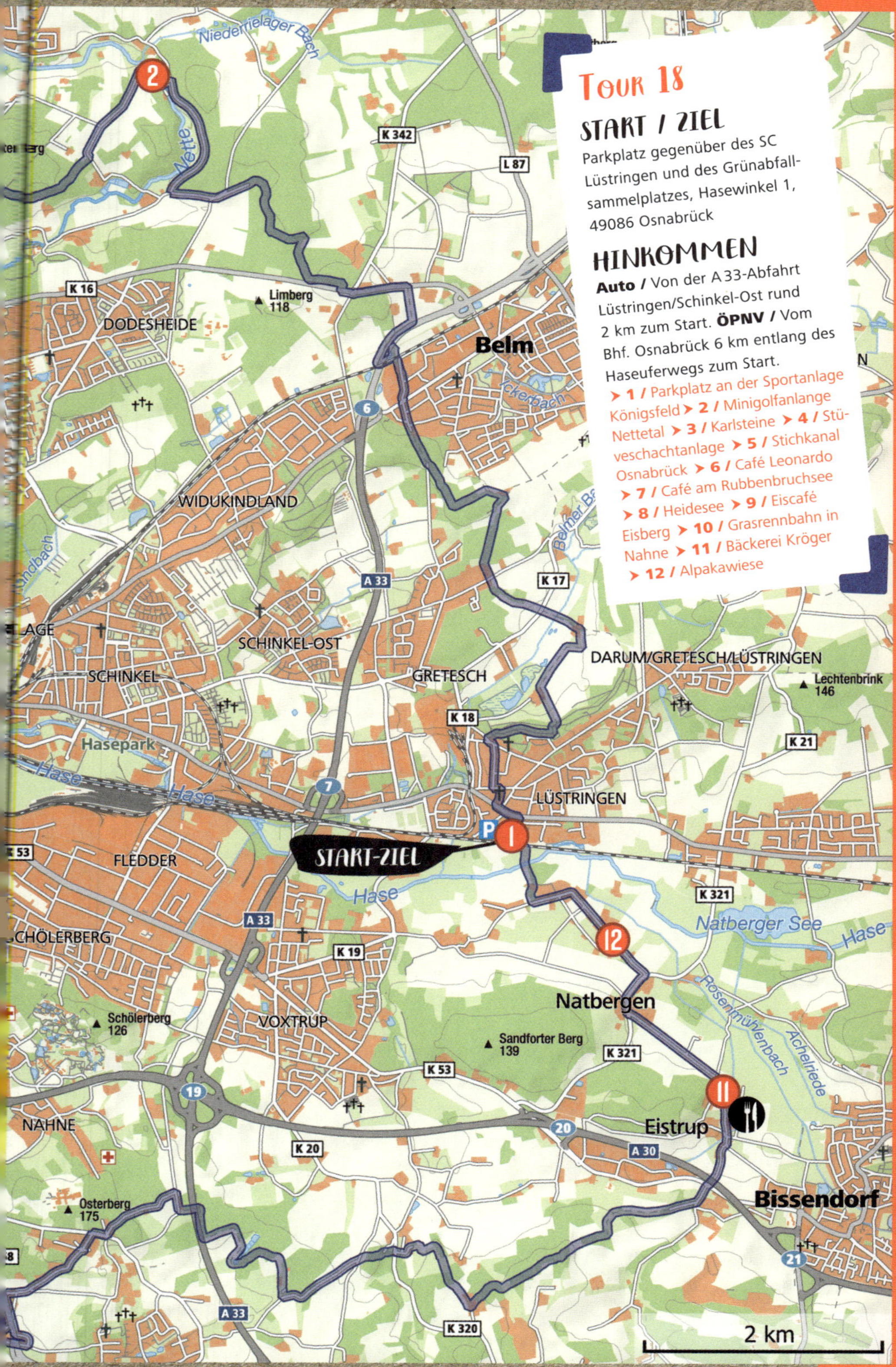

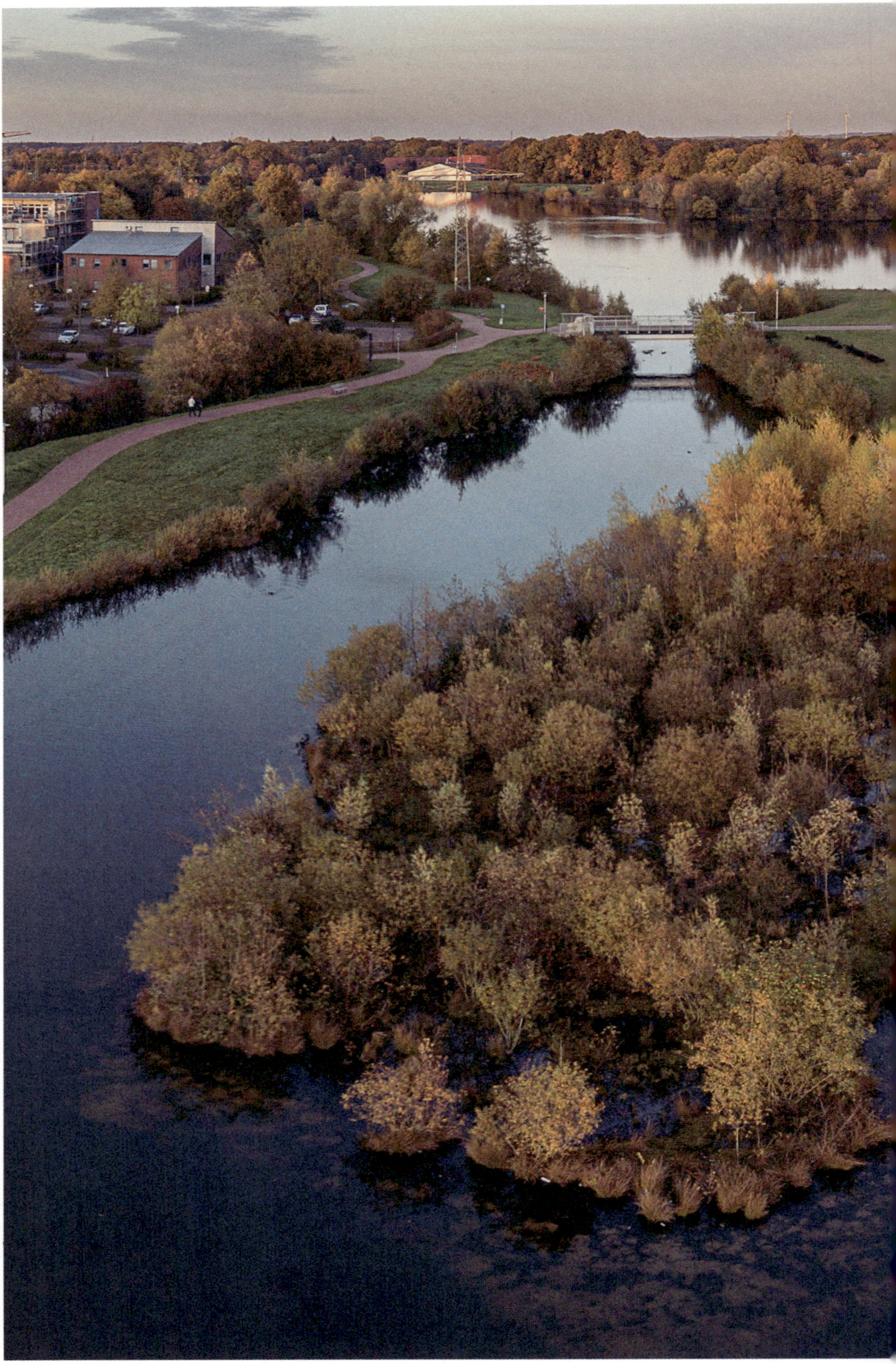

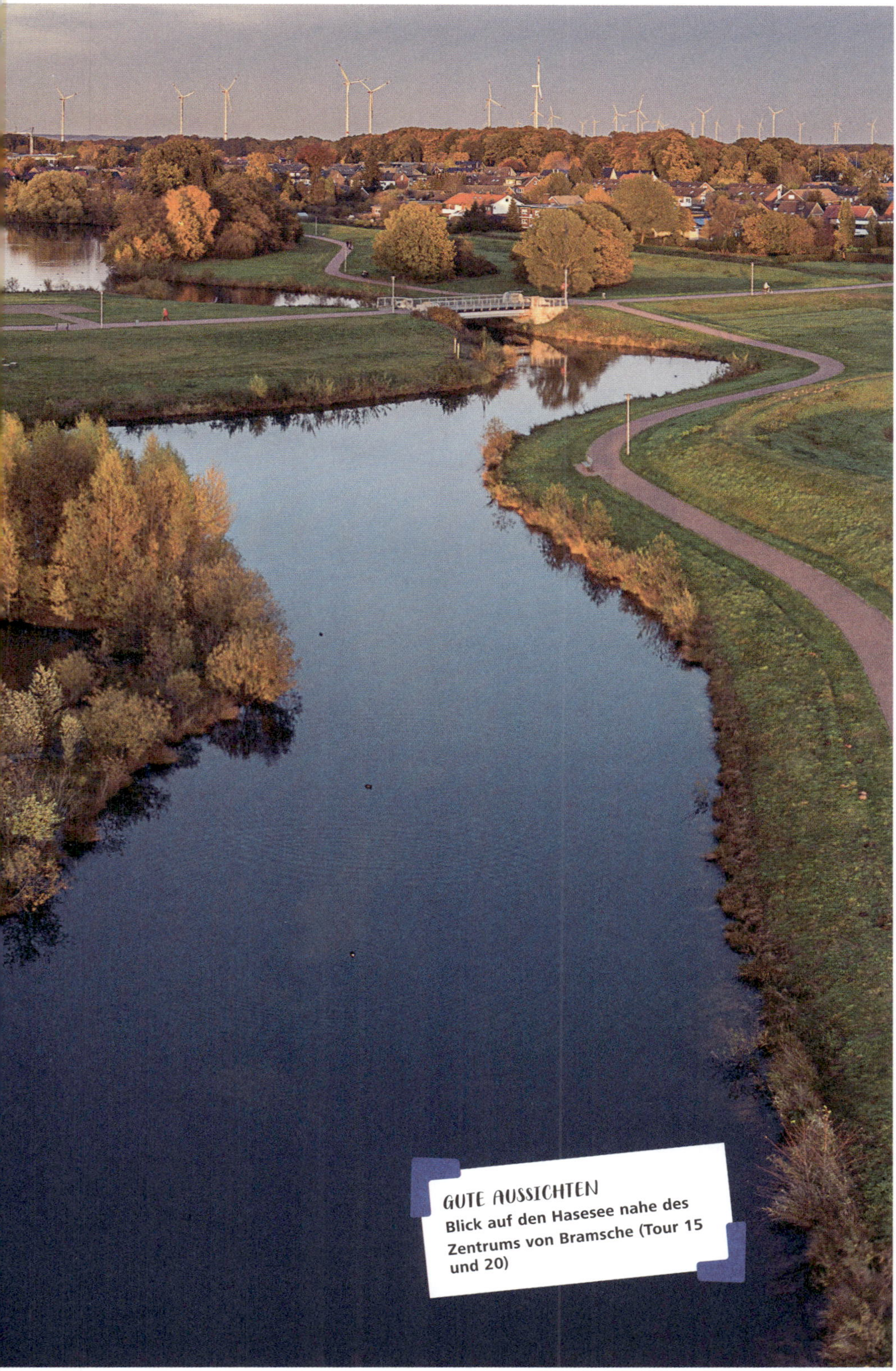

GUTE AUSSICHTEN
Blick auf den Hasesee nahe des Zentrums von Bramsche (Tour 15 und 20)

WOCHENEND-BIKEAWAYS

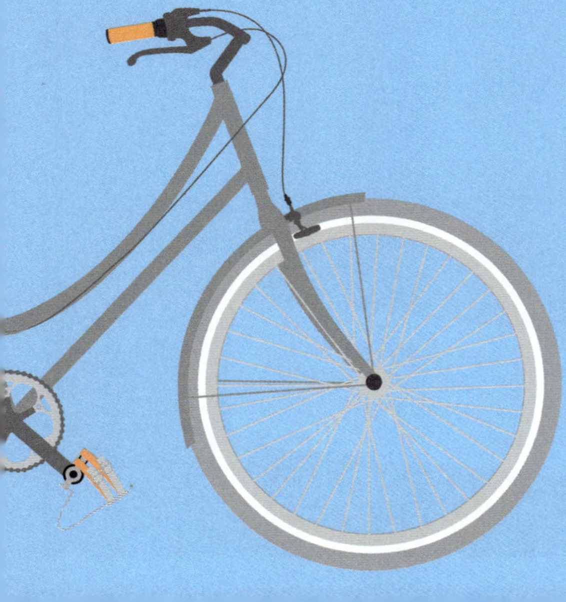

MINI-URLAUBS-TOUREN MIT ÜBERNACHTUNG

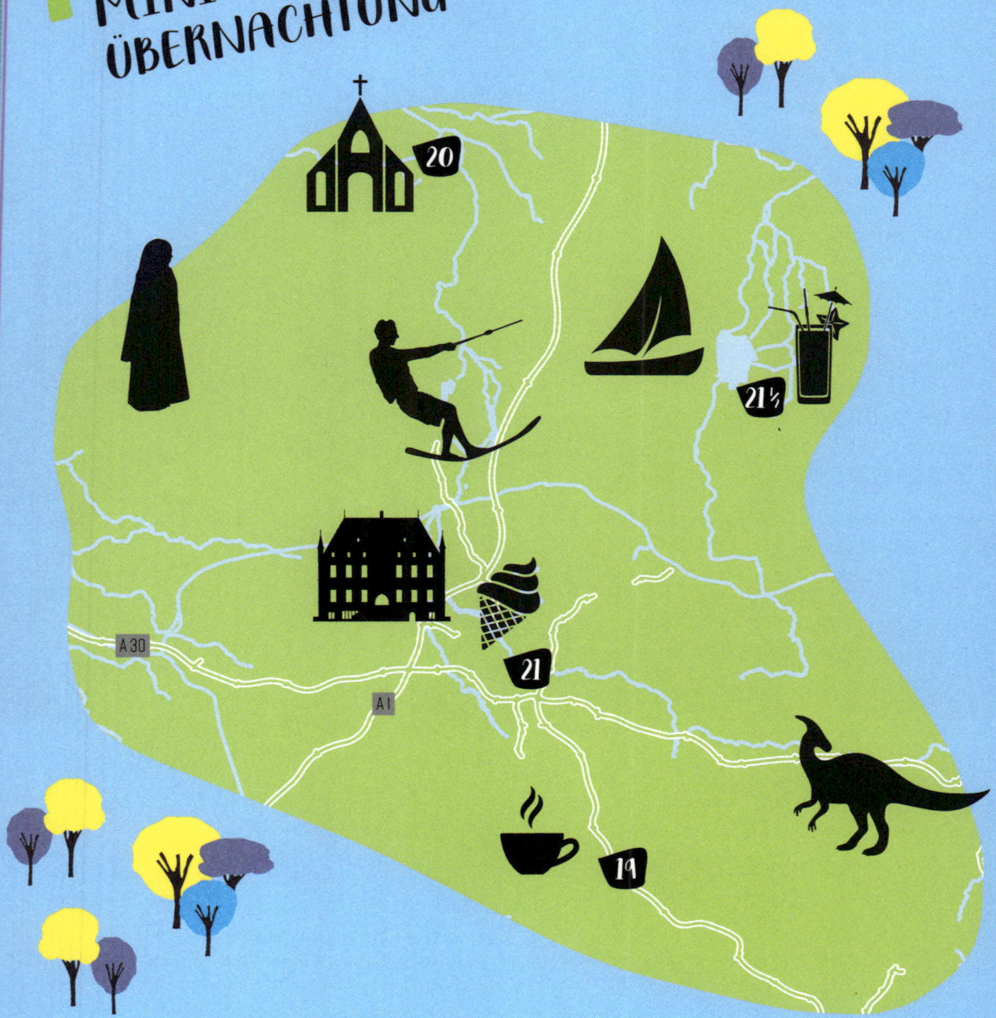

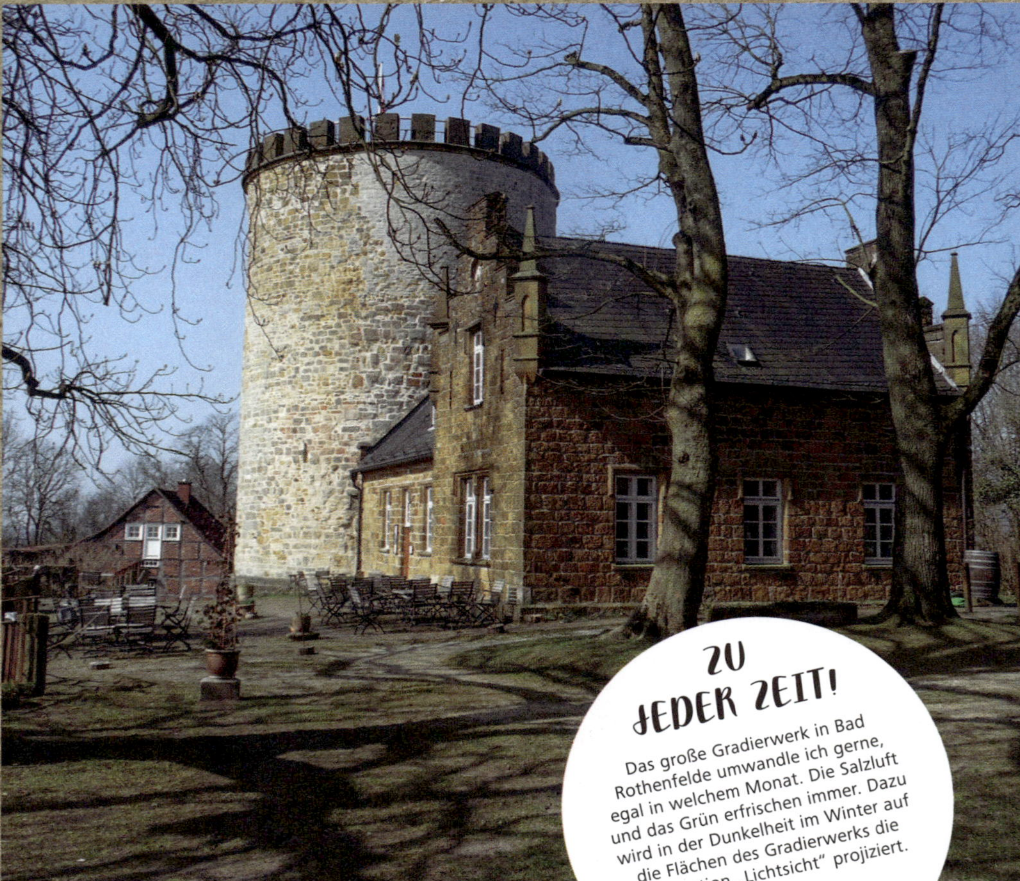

ZU JEDER ZEIT!

Das große Gradierwerk in Bad Rothenfelde umwandle ich gerne, egal in welchem Monat. Die Salzluft und das Grün erfrischen immer. Dazu wird in der Dunkelheit im Winter auf die Flächen des Gradierwerks die Illumination „Lichtsicht" projiziert.

➤ **1 /** Wir starten am Bahnhof Dissen-Bad Rothenfelde

➤ **2 /** Gesunde Entspannung in Bad Rothenfelde

➤ **3 /** Bad Laer ist weniger aufregend, was nicht für den Kirchturm gilt

➤ **4 /** Hilter punktet vor allem mit der schönen Umgebung

➤ **5 /** In Sentrup gibt es den vielleicht schönsten Platz für eine Pause

➤ **6 /** Der Baumwipfelpfad in Bad Iburg macht mächtig was her

➤ **7 /** Eine hübsche kleine Wohlfühloase findet sich in Lienen

➤ **8 /** Die Doppelschlösser Harkotten beeindrucken jeden Besucher

➤ **9 /** Versmold bietet sich für eine etwaige Übernachtung an

➤ **10 /** Der heimeligste Kirchplatz findet sich in Bockhorst

➤ **11 /** Die Fassade von Wasserschloss Holtfeld bewundern

➤ **12 /** Der Wehrturm der Burg Ravensberg thront hoch über der Landschaft

➤ **13 /** Borgholzhausen liegt in einem Tal des Teutoburger Walds

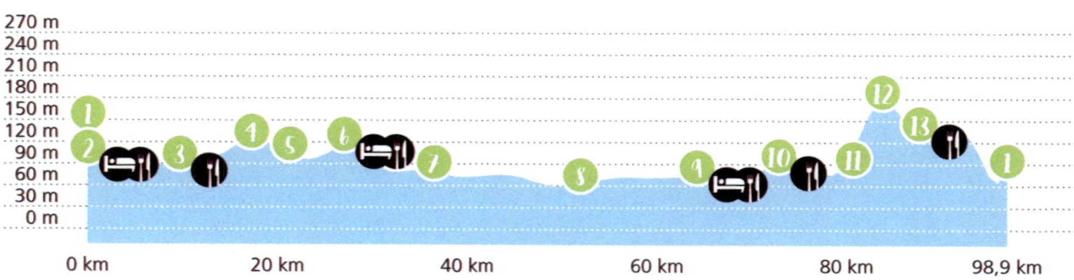

BÄDER, SCHLÖSSER UND MEHR

Burgen und Berge, Sole und Spargel im Südkreis Osnabrück

Unsere Rundtour durch den Südkreis Osnabrück und das angrenzende Nordrhein-Westfalen bietet ein vielseitiges Zwei-Tage-Radelerlebnis. Auf der Karte hat der Rundweg etwa die Form einer gezackten Niere. Das bedeutet, dass man auch nur Teile des Rundkurses befahren oder Abschnitte abkürzen kann. In vielen Bereichen folgt die Tour der ausgeschilderten „Grenzgängerroute".

Tag 1 + Tag 2
64 + 35 Kilometer
340 + 280 Höhenmeter
370 + 250 Höhenmeter
6 + 4 Stunden
Rundtour

TAG 1: Bad Rothenfelde, markantester Ort der Region

Wir starten am 1 / Bahnhof Dissen - Bad Rothenfelde. Das beeindruckend lange Gradierwerk bildet das Herz von 2 / Bad Rothenfelde. Man spürt beim Flanieren regelrecht die wohltuende salzige (Nordsee-) Luft. Viele Kureinrichtungen, große Parkanlagen, der Rosengarten, das Wellnesscenter Carpesol, attraktive Geschäfte, gemütliche Cafés – alles Gründe, wieso hier viele Menschen hinreisen oder im

CHARAKTER

Sportlich ●●●○○
Abkühlung ●●○○○
Schlemmen ●●●○○
Panorama ●●●●○

TOURENINFO / Fast durchgängig asphaltierte Wege, außer beim Ausflug zur Burg Ravensberg, wo es auch sehr steil wird. Deshalb und wegen der autoarmen Straßen ist die Tour für Familien geeignet. Für Kinder begeisternde Punkte sind aber eher dünn gestreut.

< links / Wehrturm der Burg Ravensberg

Alter wohnen wollen. Böse Zungen erzählen, dass die Leute hier, die keine grauen Haare haben, diese gefärbt haben. Aber tatsächlich sind Familien mit Kindern gerne hier, es gibt viele Spielplätze. In Bad Rothenfelde liegt die Zahl der Hotels und Gästehäuser deutlich im zweistelligen Bereich, was etwas über die Attraktivität aussagt.

Rund um den „Kleinen Berg" nach Bad Laer und Hilter

Über ruhige kleine Landstraßen und die Flecken Aschendorf und Müschen kommen wir nach 7 km in den nächsten Kurort, 3 / Bad Laer. Hier ist der Kurbetrieb eine eher kleine Ausgabe, es ist ruhiger im Kurpark. Der Ort besticht mit einem weithin sichtbaren Kirchturm mit markantem Treppengiebel. Der Kirchplatz rund um diese Pfarrkirche St. Mariae Geburt mit beeindruckenden Bäumen ist eine Oase der Ruhe. Bad Laer bietet Eiscafés, Restaurants und Hotels wie das zentral gelegene Haus Große Kettler (www.haus-grosse-kettler.de). Bis Hilter sind es 8 km über angenehm zu radelnde Nebenstraßen nördlich des Kleinen Bergs. Solche Wege zwischen den Orten sind das eigentliche Radelvergnügen im Osnabrücker Land. Kurz durch Remsede, schon sind wir in dem Städtchen.

PIEPSTEIN

oder richtig „Sinterkalk" ist der Baustoff der Kirche in 3 / Bad Laer. Entstanden ist er, weil vor Urzeiten Minerale des Wassers die Pflanzen umhüllten, bevor sie versteinerten.

Von Hilter nach Bad Iburg dem Teuto entlang

Der Hauptort der Gemeinde 4 / Hilter ist Teil der Reihe, den etliche Orte an der Südseite des Teutoburgers Waldes bilden. Hilter bietet nicht so Sensationelles wie die Bäder, aber ein Kleinod finden wir am zentralen Kreisverkehr, das Rathaus. Früher wurde in der Nähe Ocker abgebaut und als begehrte Farbe bearbeitet und weiterverkauft. Dies erklärt den Bau des Herrensitzes Hartmann vor etwa 100 Jahren. Wir schlängeln uns nun 7 km bis Bad Iburg durch eine bunte wellige Welt aus Wiesen, Feldern und Häusern, alt und neu. Und immer blicken wir rechts auf die bewaldeten Hänge des Teutos, die

---

➤ rechts / Gradierwerk und Teich in Bad Rothenfelde

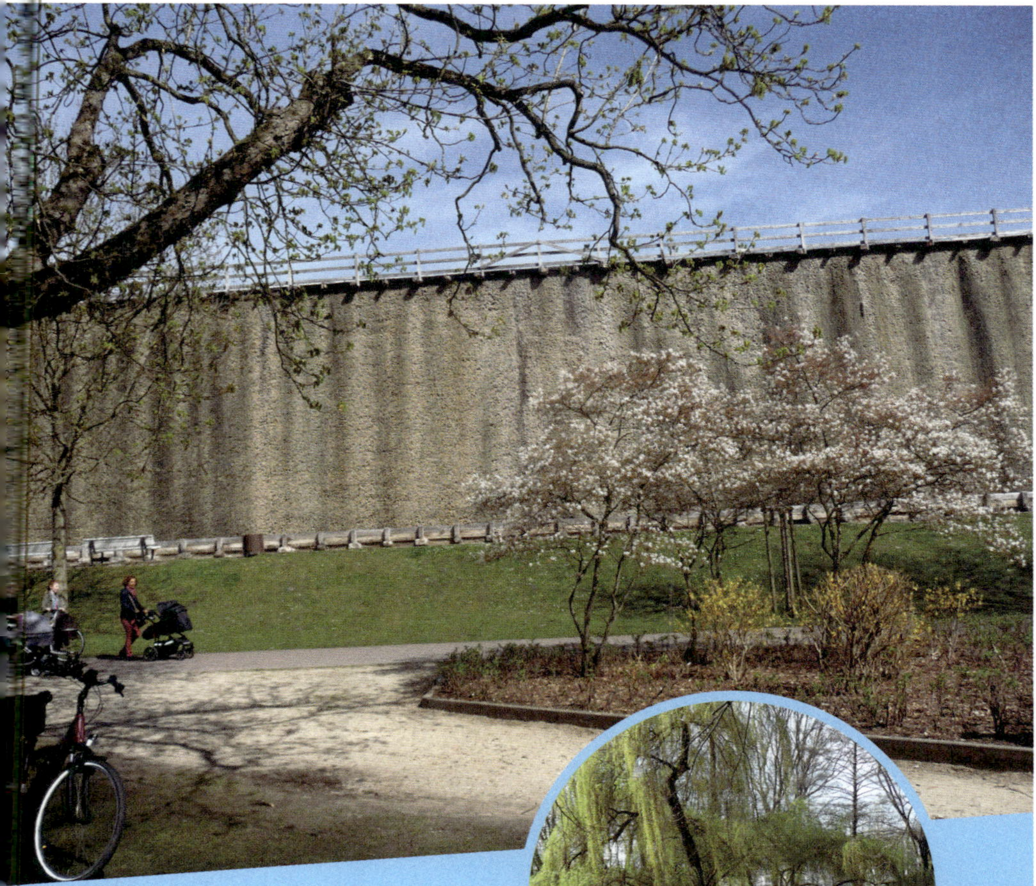

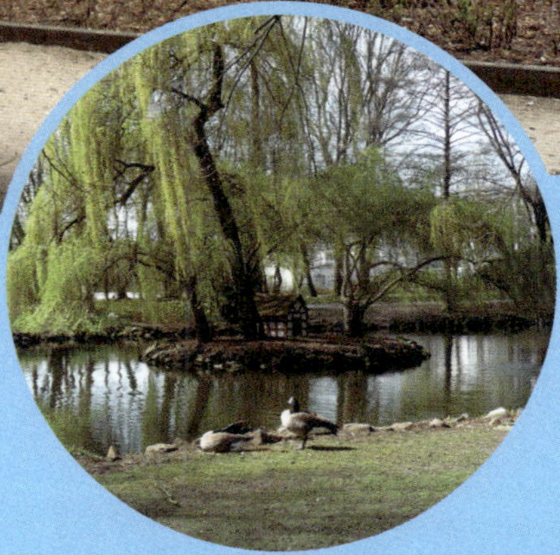

412 METER

ist das Gradierwerk in 2 / Bad Rothenfelde lang. Nimmt man das alte und die umgebenden Parkanlagen noch dazu, kann man locker mehrere gesunde Kilometer spazieren. Bänke sind auch genügend zu finden.

KLEINER BERG

Der **Kleine Berg** ist mit seinem Kalkstein ein Vorbote des Teutoburger Waldes und ein kleines Wandererkleinod.

LAUSCHIGES PAUSENPLÄTZCHEN

Osnabrücker „Alpen“, die immerhin eine Höhe von über 300 m erreichen. So gepflegt und liebevoll angelegt wie in 5 / Sentrup findet der Radwanderer selten ein Ruheplätzchen: Hütte, Wassertretstelle, Bücherschrank, Infotafel, Bildschirm-Infothek, Bänke, Blumen und Bäume lassen einen gerne an diesem lauschigen Ort verweilen. Dass schon sehr bald eine weitere Besonderheit auf uns wartet, überfordert uns. So werden wir die tolle Anlage des Restaurants Pfeffer und Minze wohl eher abends aufsuchen (Öffnungszeiten checken, www.pfefferundminze.de). Nach angenehm ruhigen Asphaltstraßen und einigen unbefestigten Wegen begleiten wir bald eine größere Autostraße, aber nur für kurz, nach Glane. Außer dem ungewöhnlichen Turm der St. Jakobuskirche bietet Glane mit Averbecks Hof eine sehenswerte Fachwerkhofanlage mit Museum und verschiedensten Aktivitäten des Heimatvereins. Hinein geht es durch ein Tal in den Wald, vorbei an sprudelnden Forellenteichen und einem reich bestückten Forell-O-mat zur Wassertretstelle Freeden. Rechts beginnt die schon erwähnte „Waldchaussee“ (s. Tour 1), wir fahren links bergan ins Zentrum von Bad Iburg, dem dritten Kurort heute.

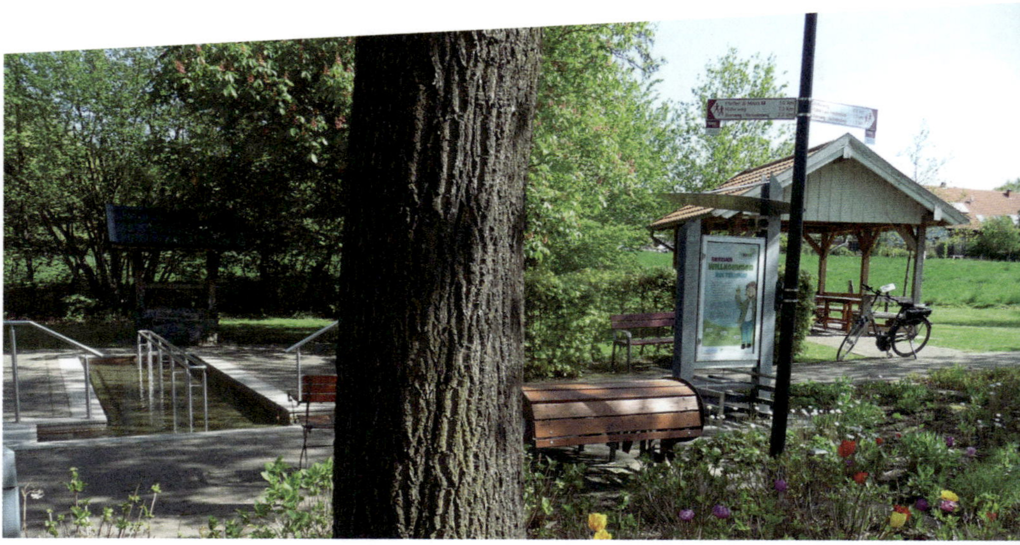

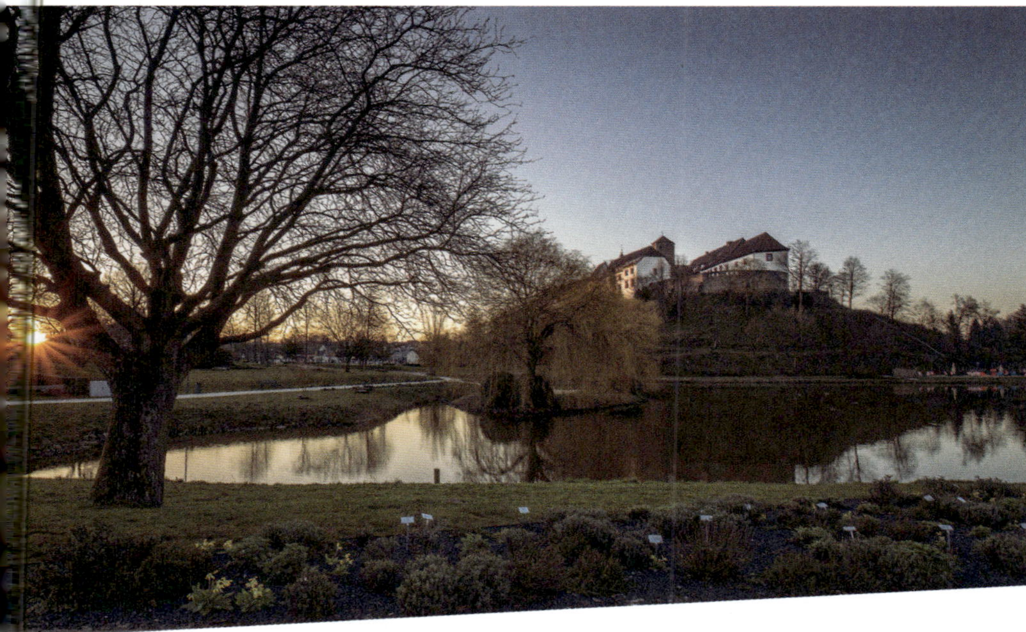

Bad Iburg – Parks, Wälder und ein Schloss

In 6 / Bad Iburg beeindruckt vor allem das große Schloss (mit Rittersaal), unterhalb breitet sich ein Park aus mit dem Charlottensee, Wasserspielen, kurzum, ein viel besuchter Platz mit höchster Aufenthaltsqualität. Gaststätte, Café und Eisdiele sind nicht weit. Ganz ruhig ist es im Garten des Cafés Kroneck-Salis in der Nähe des Schlosseingangs, ein zugewachsenes Fleckchen mit wenigen Tischen, mitten in der sonst engen Altstadt. Alleinstellungsmerkmal hat Bad Iburg aber durch den großzügig angelegten Baumwipfelpfad (an der anderen Seite der ständig verkehrsreichen B 51). Vom Turm hat man einen großartigen Blick auf das Schloss, den Ort und die baumreiche Umgebung. Die direkte Umgebung mit dem Wald-Kurpark dieses Kneipp-Heilbades will erkundet werden. Alles ein touristisches Muss.

Ins beschauliche Lienen mit attraktivem Kulturprogramm

Wir verlassen Bad Iburg entlang der verkehrsreichen Münsterstraße, um dann auf gemütlichen Sträßchen am historischen Kirchplatz in 7 / Lienen anzukommen. Hübsch ist es hier. Mit dem Haus des Gastes, einem Park, der Wassertretstelle und schließlich dem ausgedehnten Barfußpark kommt sofort ein Kurzurlaubsgefühl auf. Zu-

VON 1860 BIS 1920

Ockergelbes Pulver, entstanden aus verwittertem Sandstein, wurde von 4 / Hilter aus an viele Abnehmer verkauft, bevor die chemische Industrie es ersetzte. Geblieben ist das ockerfarbene Rathaus sowie das Volksfest „Ockermarkt".

< links / Ruheplatz für Radwanderer in Sentrup ^ oben / Schloss Iburg

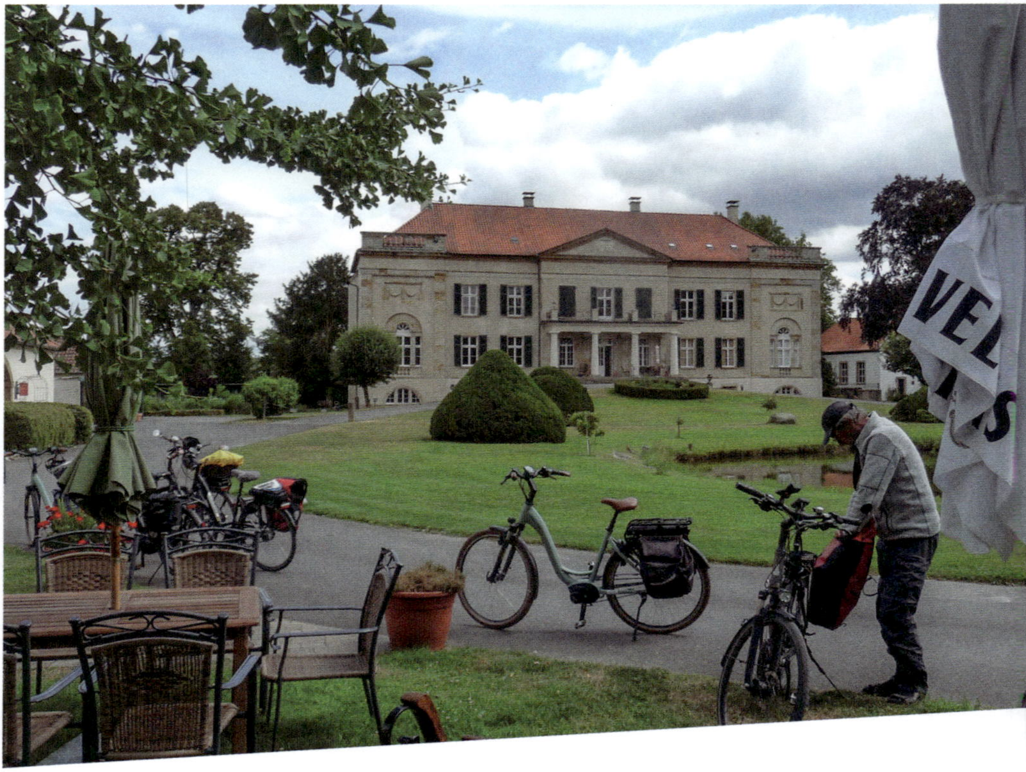

dem finden in Lienen vielseitige Kulturveranstaltungen statt, ebenso wie schöne Wanderungen bis hin zu Alpaka-Trekking (www.lienen.de). Nach ca. 10 km durch gut bestellte Felder, vorbei an Windkraftanlagen, aber ohne Ortschaft, gelangen wir ins nächste Dorf.

Glandorf zwischen Osnabrück und Münster

LUIGI COLANI

Der extravagante Designer hat von 1972 bis 1981 von 8 / Harkotten aus auf seine kreative Art unendlich viele Produkte entworfen, alles mit den von ihm kreierten „biomorphen" Rundungen, vom Töpfchen für Kleinkinder bis zum LKW-Führerhaus.

Glandorf, der südlichste Ort des Osnabrücker Landes, ist bekannt für seinen Spargel. Aber auch eher ungewöhnliche Produkte wie Himbeeren oder Tomaten wachsen hier. Jedenfalls ist die Gegend stark landwirtschaftlich geprägt. Wer hier seine Tour nach nunmehr 47 km unterbrechen will, kann das im Hotel Herbermann, Münsterstr. 25, tun. Wahrzeichen Glandorfs ist neben der St. Johanniskirche mit dem 54 m hohen Turm die perfekt restaurierte Windmühle, die nach Anmeldung besichtigt werden kann. Ein Schmuckstück ist das „Haus Wibbelsmann" neben der Kirche. Aus einem alten Gemischtwarenladen wurde ein vielseitiges Kulturzentrum. Wir

^ oben / Schloss Harkotten > rechts / Baumwipfelpfad in Bad Iburg

strampeln auf unseren Drahteseln weiterhin auf ruhigsten asphaltierten Wegen gen Süden. An der Brücke über die Bever erreichen wir NRW. Und wir können beim Blick nach links und rechts sehen, wie unterschiedlich natürlich ein Flusslauf sein kann. Die nachdenkliche (halbierte) Holzskulptur bestätigt das nochmal.

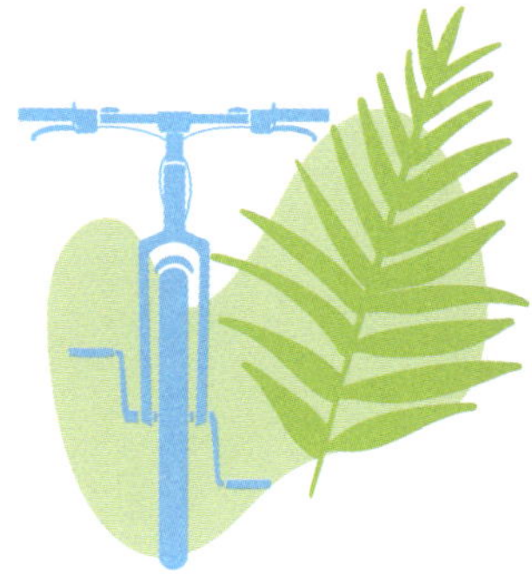

Harkotten – einmalige Schlossanlage

Bald sind wir am Doppelschloss 8 / Harkotten bei Füchtorf. Ursprung der Anlage ist das Wasserschloss aus dem 13. Jahrhundert, später entstand ein repräsentatives Barockschloss. Das Herrenhaus wurde 1806 erbaut, mit einer außergewöhnlichen Wandbemalung in den Innenräumen. Für uns Radtouristen steht sicher die imposante und fotogene Anlage im Fokus. Natürlich sind Führungen möglich. Museum, Schlossladen und Café sollten auch nicht unerwähnt bleiben. Von 1972–1981 hatte hier der extravagante Designer Luigi Colani seine Wirkungsstätte. Unendlich viele Produkte wurden hier geschaffen. Über 10 km beträgt die schöne, entspannte Radelstrecke bis Versmold. Unterwegs am Dreiländereck erfahren wir, dass vor Jahrhunderten recht düstere Zustände an solchen Grenzpunkten herrschten. Für uns heute eine willkommene Picknickstelle im Wald.

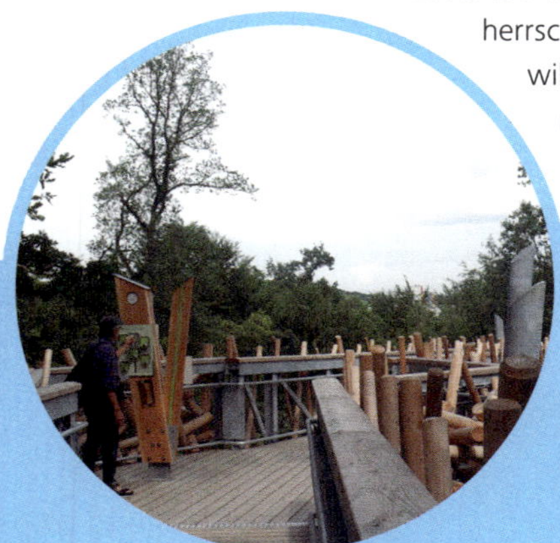

600 METER

umherstreifen auf Baumwipfelhöhe, das bietet der Baumwipfelpfad in 6 / Bad Iburg, angereichert mit vielen Infotafeln. Sogar ein Fahrstuhl steht zur Verfügung. Der Blick auf Schloss Iburg und die bergige Landschaft sind echt beeindruckend.

ES GEHT UM DIE WURST

Der Wursträgerbrunnen mit Schweinen und einem kräftigen Mann, der eine Stange mit Würsten hochstemmt, macht klar: In 9 / Versmold hat Fleischbearbeitung Tradition und auch aktuell einen hohen Stellenwert.

ÜBERNACHTUNG IN VERSMOLD

Versmold

In der Stadt 9 / Versmold mit über 20000 Einwohnern ist unser Übernachtungsstopp vorgesehen. Es gibt dafür eine größere Zahl von Gästehäusern, wie auch Restaurants und Imbisse. Um Sehens- und Erlebenswertes zu finden, muss man in Versmold doch ein wenig suchen. Die Stadt durchzieht ein grünes Band entlang des Aabaches, eine schöne Parkatmosphäre. Hübsch liegt auch die „Villa" im Stadtpark. Das „Parkbad", Naturerlebnisbad und ein Hallenbad sowie eine große Zahl von Spiel- und Bolzplätzen lassen bei Familien keine Langeweile aufkommen. Stadtführungen, auch Nachtwächterführungen, sowie das Heimatmuseum runden das Angebot ab. Am Schweinebrunnen im Zentrum stemmt ein kräftiger Mann eine Stange voller Würste hoch, wohl genährte Schweine schauen zu, hier ist Fleischindustrie ansässig (www.versmold.de).

TAG 2: Bockhorst mit dem heimeligsten Kirchplatz der Tour

In 10 / Bockhorst angekommen, spazieren wir durch den Ort, bewundern die Kirche und die schönen restaurierten Fachwerkhäuser. Dazu

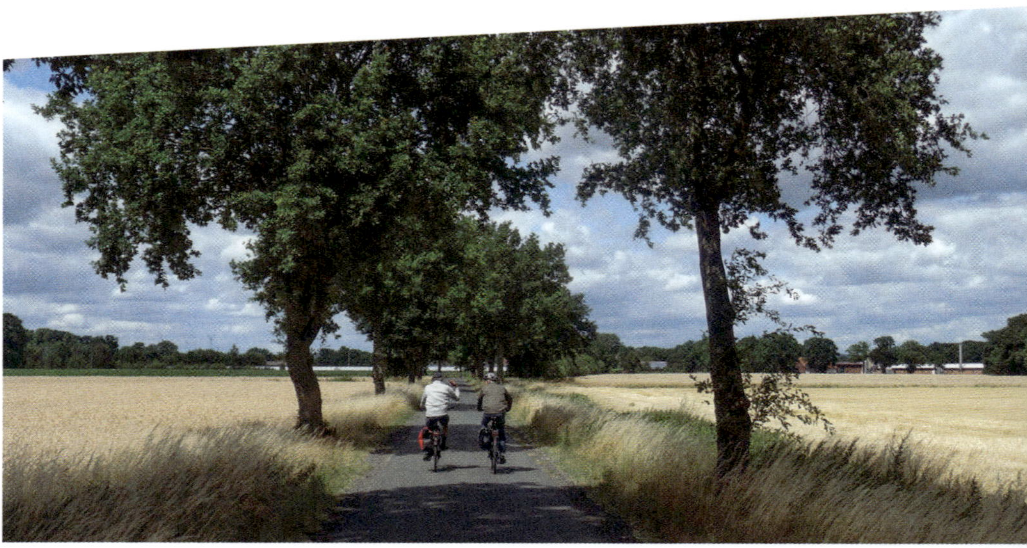

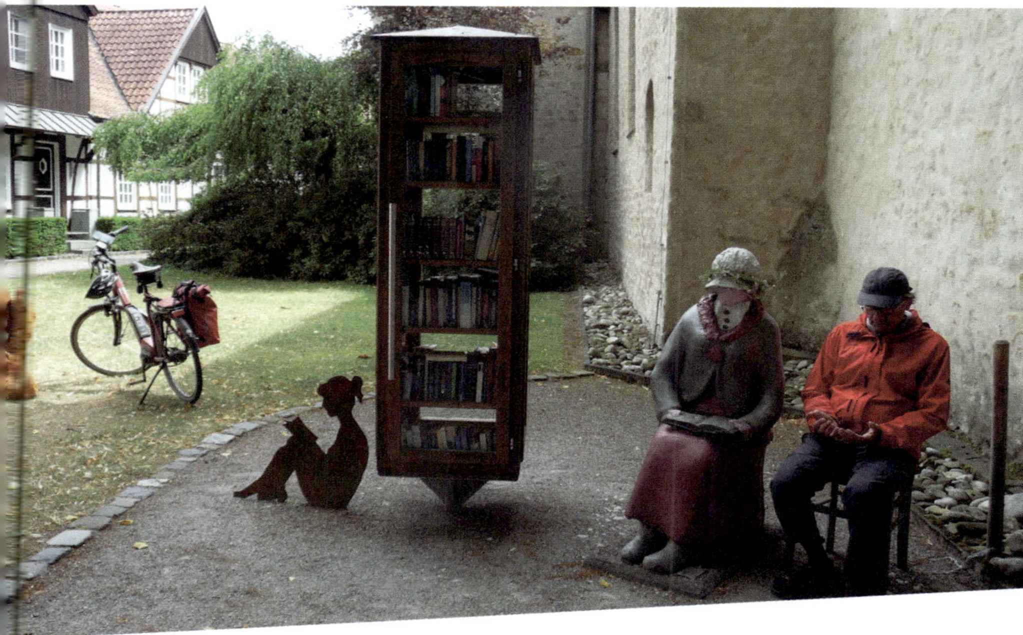

stehen hier mehrere originelle Skulpturen von Alltagsmenschen, ein hochwertiger Bücherschrank rundet das Ensemble ab, ein heimeliger Ort. Einkehren kann man gleich nebenan in Emils Wirtshaus. Nach 8 km durch eine abwechslungsreiche Kulturlandschaft machen wir noch einen Abstecher zum 11 / Wasserschloss Holtfeld, hübsch anzusehen, vor allem der verzierte Giebel. Das Gelände ist aber privat. Eine weitere Möglichkeit, in die Tour einzusteigen, besteht vom Bahnhof Borgholzhausen aus, der etwa 1,5 km vom Kreuzungspunkt der Straße Bödinghausen mit der Bundesstr. 68 entfernt ist.

104,5 METER

tief musste der Brunnen für die 12 / Burg Ravensberg damals gebuddelt werden, um an das begehrte Grundwasser zu kommen. Damit ist er tiefer, als der Berg aus der Landschaft ragt. Wer sich bei einer Führung die spannende Geschichte des Bauens erzählen lässt, wird sicherlich eine Gänsehaut bekommen.

Weithin sichtbar: Burg Ravensberg

Da wir eine gute Kondition oder ein E-Bike haben, machen wir uns an den Aufstieg zur schon von Weitem sichtbaren 12 / Burg Ravensberg. Wir biegen in den Barenbergweg ein und schnaufen ab dem Parkplatz den Wanderweg aufwärts. Belohnt werden wir an der Burganlage mit großartigem Wehrturm. Hier schlendert man gerne umher, genießt den Blick ins Münsterland, die kleine Freilichtarena, die Gaststätte und viele weitere Winkel. Der altertümliche Aufgang im Inneren des Turms ist etwas abenteuerlich (www.burg-ravensberg.de). Sehr spannend ist dann auch die Weiterfahrt auf recht steilen Waldwegen abwärts in die Clever Schlucht. Wenige Häuser,

---

< links / Ohne Autoverkehr lässt es sich wunderbar radeln und tratschen
^ oben / Bücherschrank in Bockhorst

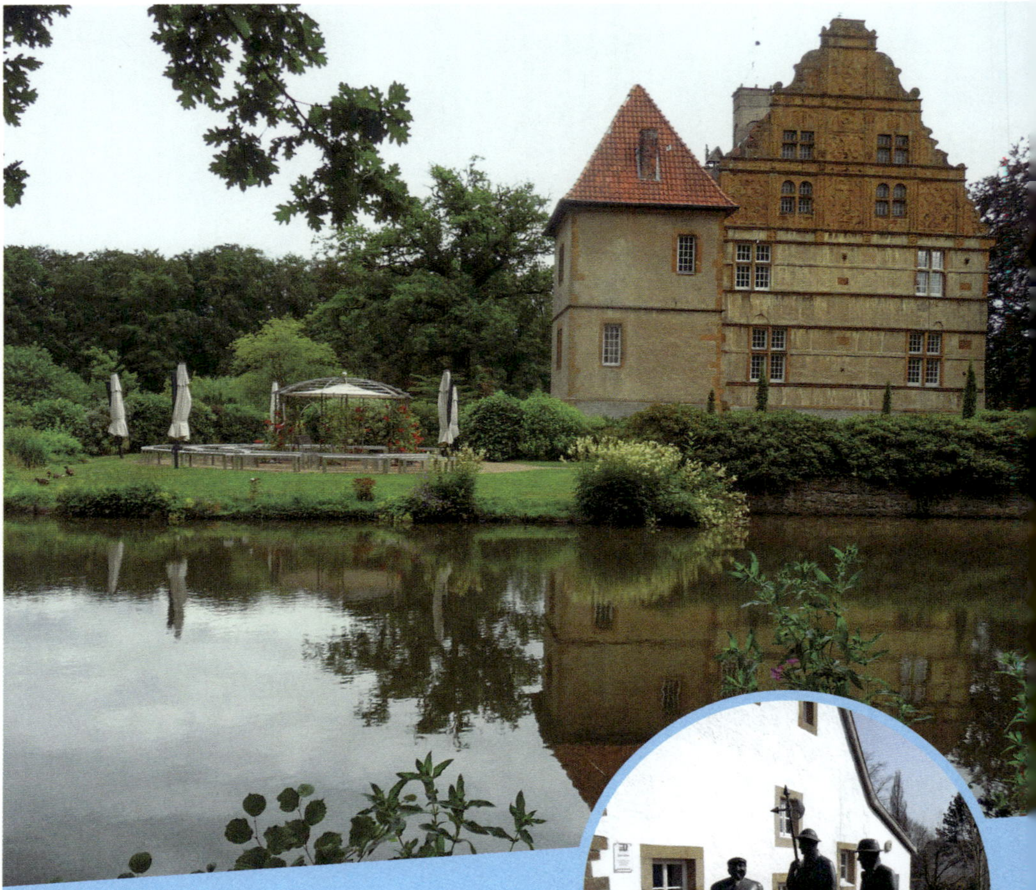

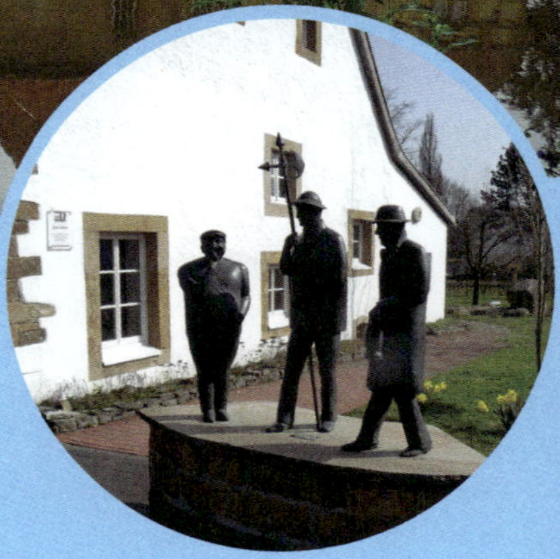

300 MIO.

Jahre ist der Teutoburger Wald alt. Dagegen sind die Alpen im Säuglingsalter. In etlichen Steinbrüchen wird der interessierte Geologe auf der Suche nach „Zeitzeugen" fündig. Im Kultur- und Heimathaus 13 / Borgholzhausen wird uns die ganze Geschichte anschaulich gemacht. Auch eine Sammlung von Ammoniten kann bewundert werden.

Wiesen an den Hängen und Wald auf den Höhen und kaum Verkehr lassen uns vermuten, in einem abgelegenen Tal viel weiter im Süden Deutschlands zu sein. Im Frühjahr begeistert ein Teppich aus Bärlauch an manchen Hängen. Über zum Teil unbefestigte Wege durch schönen Wald gelangen wir nach drei Kilometern ins Zentrum des idyllisch gelegenen Borgholzhausen. Den Schlenker über den steilen Burgberg können wir aber auch auslassen und direkt über „Unter der Burg" und „Bahnhofsstraße" in den Ort fahren.

Borgholzhausen, versteckter Ort mit Aha-Erlebnissen

Wer weiß schon vom besonderen Stellenwert des Honigkuchens in 13 / Borgholzhausen? In der Lebkuchenbäckerei Schulze werden diese süßen Naschereien seit Generationen kreiert und in den Räumlichkeiten des Ladencafés kann man die Leckereien in angenehmer Atmosphäre genießen. Das Kultur- und Heimathaus gleich nebenan ist nicht ein gewöhnliches Heimatmuseum. Es gibt in seinem Geo-Garten anschauliche Einblicke in die Erdgeschichte der Teutoburger-Wald-Region. Im Ort zeugen zudem gut erhaltene Fachwerkbauten von der kulturhistorischen Vergangenheit. Die schlichte und etwas wuchtige Evangelische Pfarrkirche aus dem 14. Jahrhundert stellt das Stadtzentrum dar. Beim Radeln aus der Stadt heraus erfreut uns der schnuckelige Blumenladen „Die Butze" in seiner Buntheit. Gut 4 km fahren wir auf ruhiger Straße dem Teuto entlang Richtung Dissen. Da sehen wir, wieso wir hier fast alleine sind: Große Brunnenringe versperren allen großen Fahrzeugen das Durchkommen. Kurz danach lädt ein Picknickplatz mit Infotafel zur Rast ein. Bis Dissen sind es noch 3 km. Im Slogan der Stadt „Lebensmittelpunkt im Grünen" verbirgt sich, dass die Stadt ein starker Standort der Lebensmittelindustrie ist und von vielseitiger Natur umgeben. Der nahe 1 / Bahnhof Dissen-Bad Rothenfelde ist Endpunkt unserer Tour.

JAZZ VOM FEINSTEN

Der Jazzclub Dissen ist überregional für seine Veranstaltungen im 1 / Bahnhofsgebäude Dissen bekannt.

◂ links oben / Wasserschloss Holtfeld bei Borgholzhausen ◂ links Mitte / Kultur- und Heimathaus Borgholzhausen

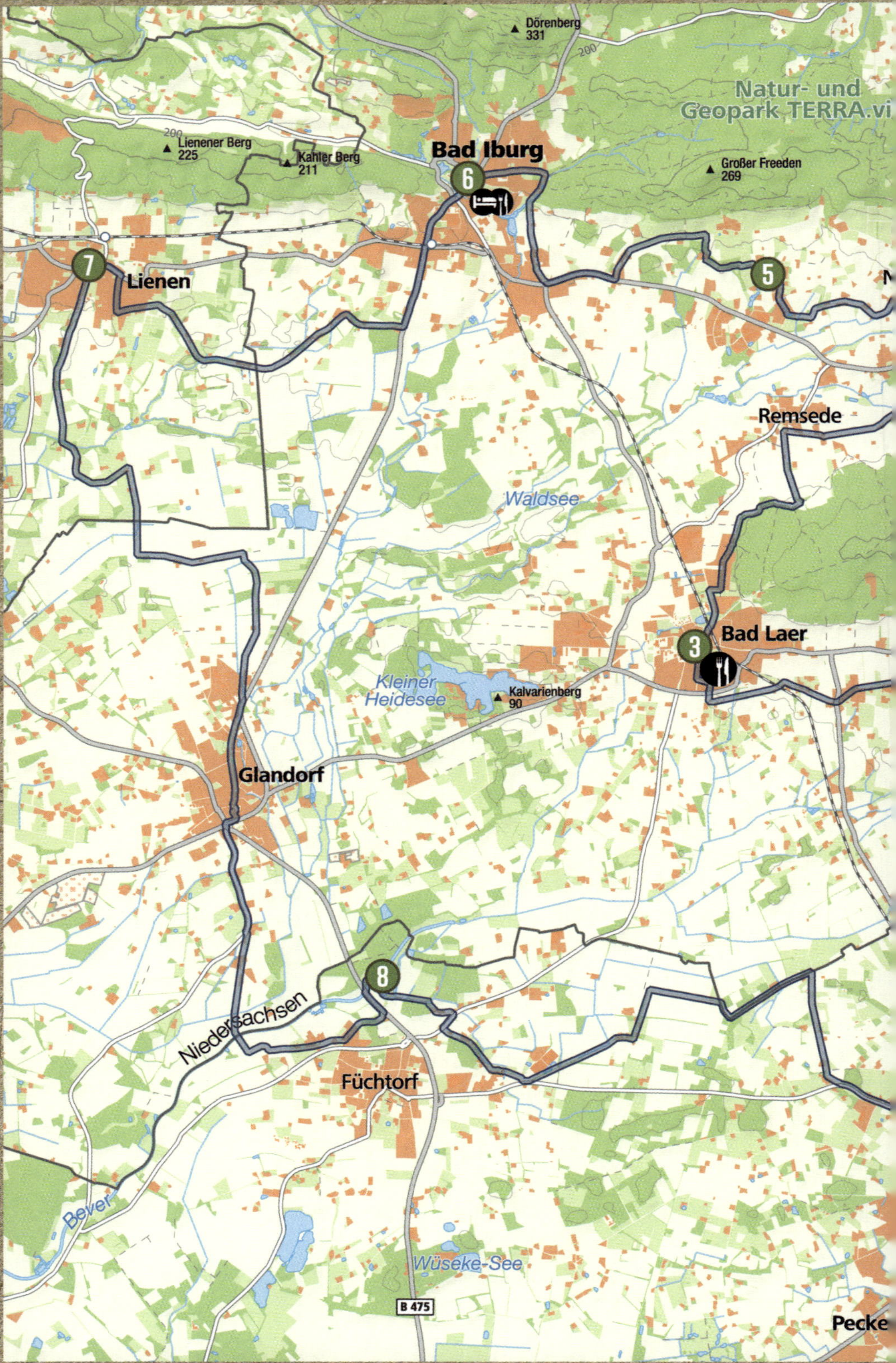

Dörenberg
331
200
Natur- und
Geopark TERRA.vi
Lienener Berg
225
Kahler Berg
211
Bad Iburg
6
Großer Freeden
269
7
Lienen
5
Remsede
Waldsee
3
Bad Laer
Kleiner
Heidesee
Kalvarienberg
90
Glandorf
8
Niedersachsen
Füchtorf
Bever
Wüseke-See
B 475
Pecke

Tour 19

START / ZIEL

Bahnhof Dissen-Bad Rothenfelde

HINKOMMEN

Auto / Parkplatz am Bahnhof, Parkplätze in Bad Rothenfelde
ÖPNV / Die Nordwestbahn RB 75 pendelt stündlich zwischen Osnabrück und Bielefeld

➤ **1** / Bahnhof Dissen-Bad Rothenfelde ➤ **2** / Bad Rothenfelde ➤ **3** / Bad Laer ➤ **4** / Hilter ➤ **5** / Sentrup ➤ **6** / Bad Iburg ➤ **7** / Lienen ➤ **8** / Harkotten ➤ **9** / Versmold ➤ **10** / Bockhorst ➤ **11** / Wasserschloss Holtfeld ➤ **12** / Burg Ravensberg ➤ **13** / Borgholzhausen

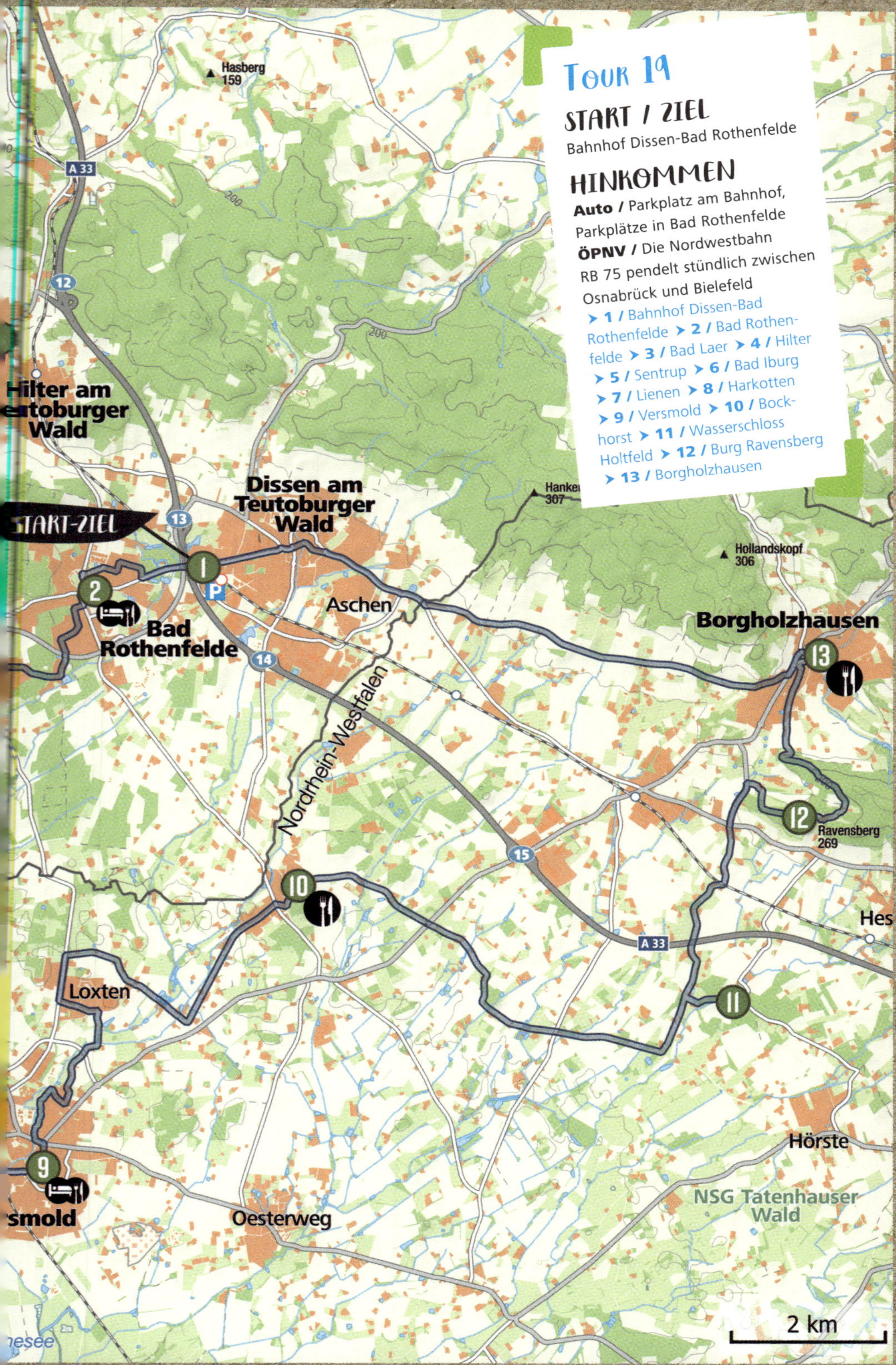

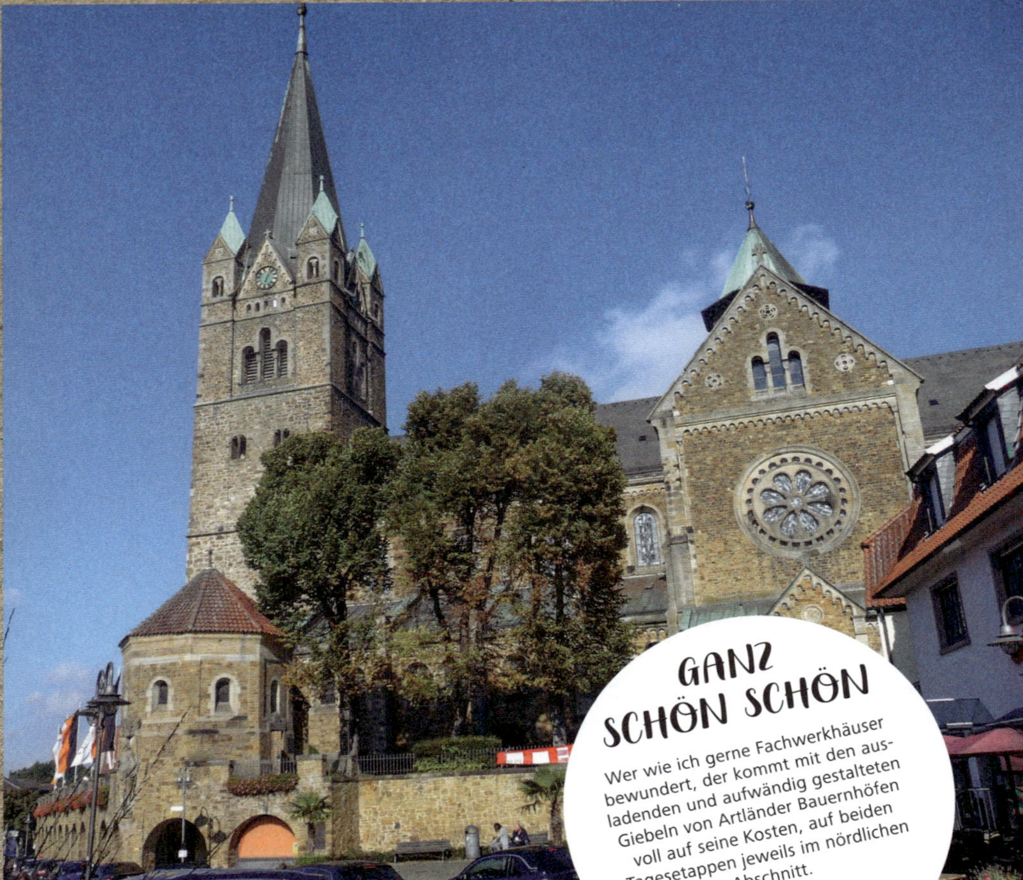

GANZ SCHÖN SCHÖN

Wer wie ich gerne Fachwerkhäuser bewundert, der kommt mit den ausladenden und aufwändig gestalteten Giebeln von Artländer Bauernhöfen voll auf seine Kosten, auf beiden Tagesetappen jeweils im nördlichen Abschnitt.

- **1 /** Start und Ziel ist der Bahnhof Quakenbrück (oder alternativ Bramsche)
- **2 /** Das Zentrum Quakenbrück mit vielen schönen Ecken
- **3 /** An der Sohlengleite wird unser Flüsschen Hase genötigt, sich zu teilen
- **4 /** BSB am Kfz-Nummernschild = Bersenbrück, kleines feines Städtchen
- **5 /** Kloster Kommende Lage mit bewegter Vergangenheit
- **6 /** Kloster Malgarten, Ort der Künstler und weltoffener Veranstaltungen
- **7 /** Im Zentrum Bramsche lässt sich gut einkehren
- **8 /** Der Bahnhof Bramsche ist für uns Halbzeit bzw. möglicher Startpunkt
- **9 /** Erster super Picknickplatz am Wasser: Mühle Riesau
- **10 /** Zweiter super Picknickplatz im Wald: Wanderhütte Goldhügel
- **11 /** Riesig, der Artländer Dom in Ankum
- **12 /** Die Magnetschwebebahn Transrapid 09 kam nie auf Touren
- **13 /** Everdings Mühle, ein Schmuckstück des Artlandes
- **14 /** Swin-Golfen am Gut Vehr

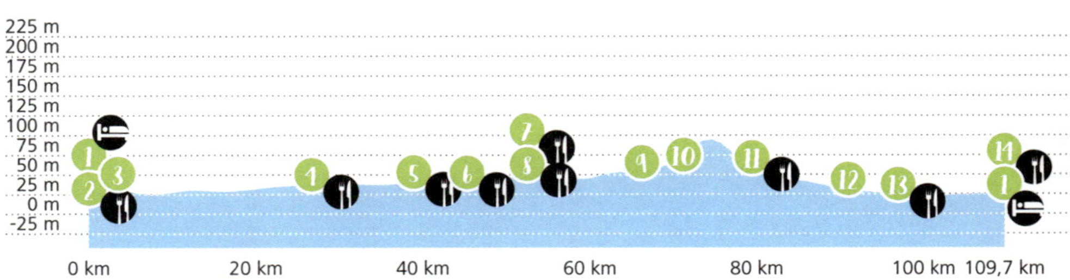

A.B.B.A. UND Q

Die Hase rauf und runter:
Ankum, Bersenbrück, Bramsche, Alfhausen und Quakenbrück

Dieser Wochenend-Bikeaway verspricht entspanntes Radeln. Keinerlei Erschwernisse wie starke Steigungen oder beschwerliche Wege strapazieren die Nerven. Starten kann man gleichermaßen in Quakenbrück oder in Bramsche, beide Etappen sind etwa gleich lang. Und beide Orte bieten verschiedene Übernachtungsmöglichkeiten, um ausgeruht am nächsten Tag den jeweiligen Rückweg anzutreten. Die Landschaft wechselt zwischen parkähnlich und stark landwirtschaftlich geprägt. Etliche Sehenswürdigkeiten und schöne Artlandgiebel wollen von uns beachtet werden.

Tag 1 + Tag 2
53 + 57 Kilometer
170 + 320 Höhenmeter
150 + 340 Höhenmeter
4:30 + 4:30 Stunden
Rundtour

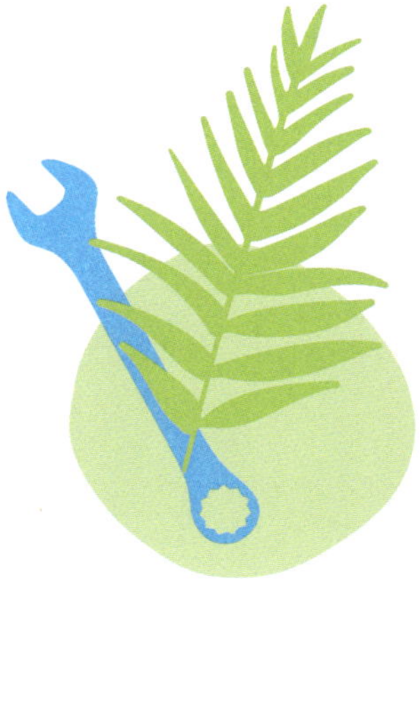

CHARAKTER
Sportlich ●●○○○
Abkühlung ●○○○○
Schlemmen ●●●○○
Panorama ●●○○○

TAG 1: Quakenbrück hat nichts mit Fröschen zu tun – oder doch?

Die erste Tagesetappe folgt dem Hase-Ems-Radweg, ausgeschildert mit einem Fahrrad-Logo, die Räder sind blau und grün ausgefüllt. Wir starten am 1 / Bahnhof Quakenbrück mit seinem

---

TOURENINFO / Beide Etappen mit angenehm zu radelnden Wegen, fast nur asphaltiert und wenig Autoverkehr. Daher kinder- und familienfreundlich, was aber nicht für die Dichte von Eisverkaufsstellen gilt. Die zu bewältigenden Höhenmeter sind nicht wirklich eine Herausforderung.

< links / Artländer Dom in Ankum

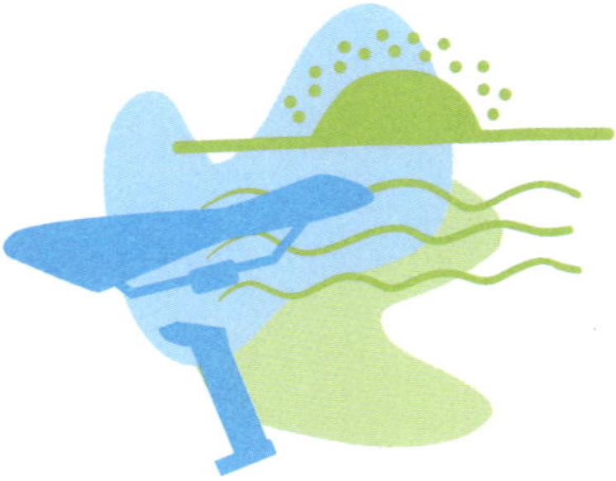

herausgeputzten Jugendstil-Gebäude und dem großzügigen Vorplatz. Sogleich tauchen wir über kleine Straßen ein in das 2 / Zentrum Quakenbrück, in die schöne Altstadt mit über 100 Fachwerkhäusern. Dass die Stadt einmal zur Hanse gehörte erklären auch einige Gebäude am belebten und beliebten Marktplatz, insbesondere das klassizistische Rathaus und das markante Kaufmannshaus Schröder, heute OLB. Die St. Sylvesterkirche mit ihrer interessanten Turmhaube steht auf einem ovalen Kirchhof. Nur die Große Kirchstraße, vielleicht die schönste Straße der Stadt, führt zum Areal, ansonsten lediglich eine kleine Stiege – ungewöhnlich. Als letztes Stadttor ist noch das nahe Hohe Tor erhalten. Kurzum, die Innenstadt hat einen großen Aufenthaltswert, bietet gastronomisch alles Erdenkliche und verführt uns so, gleich zu Beginn der Tour (oder eben am Ende), sich viel Zeit zu nehmen, obwohl man sich durch Abstrampeln von km das noch gar nicht verdient hat. Und was ist mit dem Frosch? Der Name Quakenbrück ist jedenfalls nicht auf diesen hüpfenden Artgenossen zurückzuführen. Es ist umgekehrt, aus dem „Quak" hat man sich die Geschichte mit dem Frosch ausgedacht. So hält ein bunter Frosch einen Teil der Bank am heroischen Denkmal aus Zeiten des Deutschen Reiches besetzt. An vielen anderen Stellen finden wir weitere solcher originellen Froschskulpturen. Konsequenterweise heißt der Stadtrundgang aus Froschspuren auch „Poggenpad". Überregional bekannt sind die „Artland Dragons, eine erfolgreiche Basketballmannschaft. Beim jährlichen Burgmannsfest ist in der City Livemusik und Party angesagt.

170 KM

ist die Hase lang. Auf ihrem Weg von Melle zur Mündung in die Ems bei Meppen fließt sie meist im Osnabrücker Land. Auf dieser Tour ist sie stets unser Begleiter, wenn auch meist kaum wahrnehmbar.

Sohlengleite

Die Hase verzweigt sich mehrfach, es soll sogar sieben Arme geben. Es gibt hier also so etwas wie ein Binnendelta. Früher gab es in dem Sumpfland häufiger Überschwemmungen. Heute ist zwar alles

---

➤ rechts oben / Fachwerkhäuser in Quakenbrück ➤ rechts Mitte / Die Hohe Pforte, das einzige erhaltene Stadttor in Quakenbrück

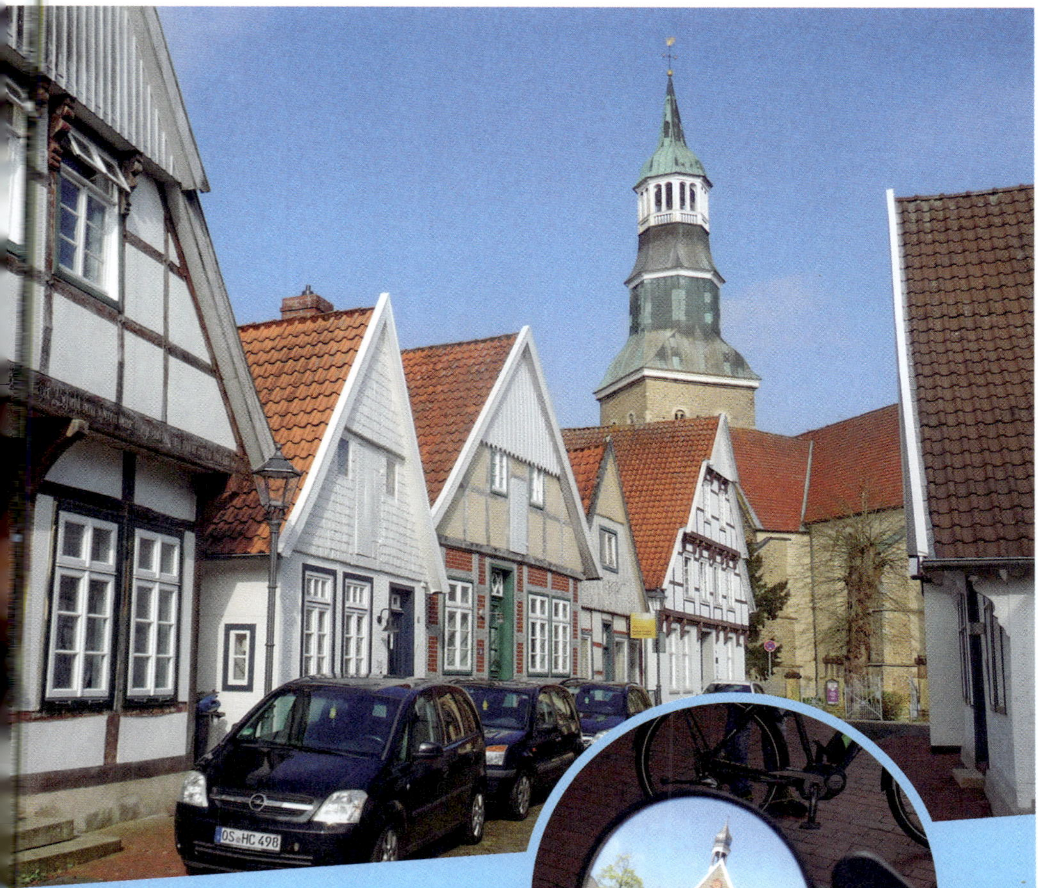

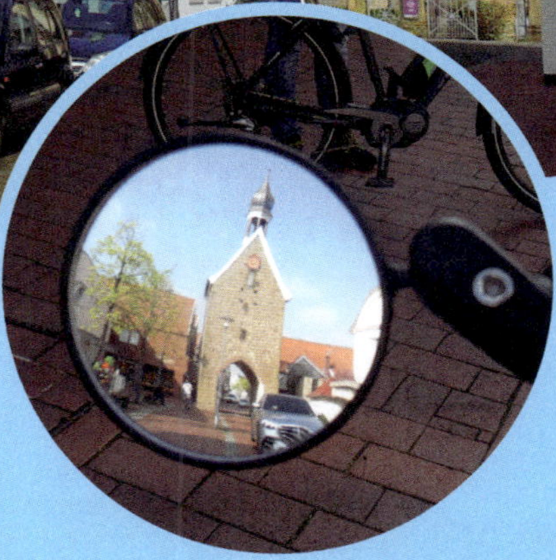

ÜBER 100

Fachwerkhäuser in 2 / Quakenbrück stehen unter Denkmalschutz. Nicht nur der Markt begeistert mit dem Gebäudeensemble, es sind die Nebenstraßen mit den schnuckeligen Häusern, die die besondere Atmosphäre der Innenstadt ausmachen.

ERD-KÜHLSCHRANK

Ein kühles Getränk gefällig? Nette Nachbarn haben am Majorsweg einen Ständer damit bestückt, der in die Erde eingelassen wird. Da spenden wir doch gerne einen Euro zusätzlich.

IMMER DEM WASSER ENTLANG

reguliert, dennoch finden wir eine attraktive Naturlandschaft vor mit vielseitiger Fauna und Flora. So gelangen wir nun, kaum aus der Stadt heraus, auf einem schönen Radweg am Wasser entlang an die 3 / Sohlengleite. Hier fließt Wasser aus der Hase ab, und zwar „gestört“ durch Felsbrocken, eine Art natürliche Fischtreppe. Hier ist ein gern besuchter Ausflugsort mit Picknickhütte entstanden.

Über Badbergen und Gehrde nach Bersenbrück

Jetzt radeln wir erst mal ein gutes Stück entspannt durch die abwechslungsreiche Landschaft. Ein besonders imposanter Artlandhof begegnet uns an der Wulfter Str. 6, am Ortseingang Badbergen. Im Ort, überragt von zwei recht unterschiedlichen Kirchtürmen, können wir dann im Café am Markt pausieren. Vier km weiter an der Hasebrücke werden wir auf Tafeln über die „Lebendige Auenlandschaft“ dieses Flusses informiert. Am Majorsweg erwartet uns ein liebevoll gepflegter Picknickort. Sogar gekühlte Getränke hält er für uns bereit, freundliche Menschen haben einen Flaschenträger in einem Erdrohr versenkt, also in einem Erdkühlschrank. Wenige km

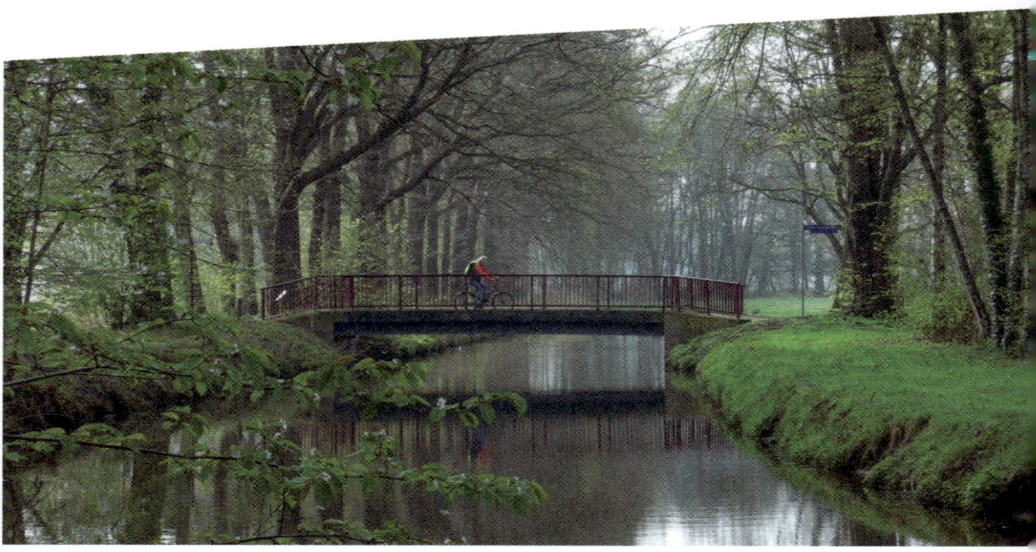

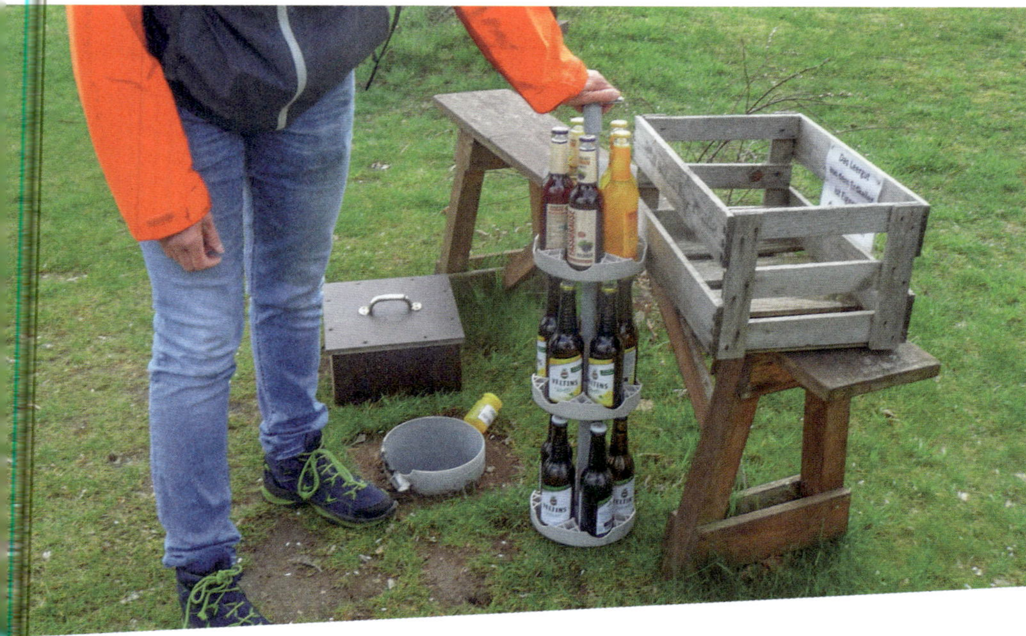

trennen uns nun noch vom beschaulichen Gehrde. Einige schöne Artlandgiebel erblicken wir auf der folgenden Etappe, nach sieben km sind wir dann im Hauptort der Region, 4 / Bersenbrück. Aushängeschild des Städtchens ist die Klosteranlage. Die Klosterpforte mit dem Torhaus ziert ein aufwändig gestaltetes sehr altes Wappen. Attraktiv könnte für einige von uns das Museum im Kloster sein, das Amtsgericht hier interessiert uns sicher weniger. Durch die Teilung der Hase ist eine recht große Insel entstanden mit dem Stadtwald Hemke, alles zusammen ein schönes Fleckchen Erde hier am Stadtrand. Im Zentrum finden sich zudem etliche Einkehr- und Einkaufsmöglichkeiten. Wenn Anfang August das große Reggae-Jam-Festival stattfindet, auf dem Klostergelände große Bühnen stehen, der Stadtwald und die riesigen Campingflächen dahinter dicht bevölkert sind von über 15 000 Raggaefans, ist das beschauliche Bersenbrück für ein Wochenende im Ausnahmezustand. Wir verlassen die Stadt Richtung Süden und passieren die witzige Bank „Thron des Königs der Karpfen und seiner Königin".

ÜBER 8 000

Einwohner hat 4 / Bersenbrück. Beim Reggae-Jam Anfang August steigt die Zahl für ein Wochenende auf das Dreifache. Eine bunte Szene mit Fans jamaikanischer Musik bestimmt dann das Geschehen. Auf Bühnen im Klosterbereich ertönt der typische Reggae-Rhythmus, in den Zeltstädten und an der Hase breitet sich dann ein fremdartiges, aber friedvolles Leben aus.

„Kommende Lage"

Nach 7 km gelangen wir an einen wunderschönen natürlichen Abschnitt der Hase inklusive einer Bank, die zum Rasten einlädt (s. auch

---

< links / Über die Hase bei Quakenbrück ^ oben / Erdkühlschrank am Majorsweg

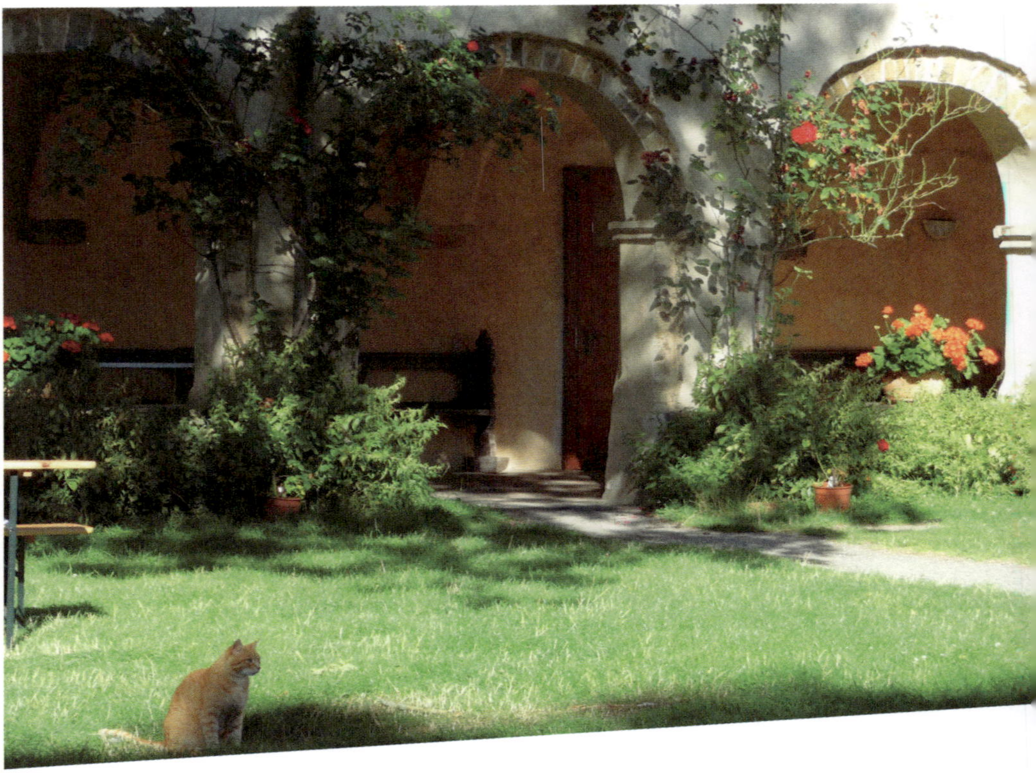

Tour 8, Alfseerunde). Schon bald nähern wir uns einem weiteren Highlight. Herrlich, auf der Allee zum 5 / Kloster Kommende Lage zu radeln. Durch den Torbogen gelangen wir auf das geschichtsträchtige Gelände mit dem Klostergebäude, der Wallfahrtskirche Johannes der Täufer und dem Park. Nachdem wir das Gelände durchstreift haben, bietet sich die stilvolle Gaststätte Alte Küsterei für einen Imbiss oder ein opulentes Mahl an.

X MAL

wurde das 5 / Kloster Kommende Lage über die Jahrhunderte geplündert oder zerstört. Schön restauriert ist es heute ein gern besuchter Ort.

Kloster Malgarten

Man könnte meinen, auf dieser Tour geht es nur um Klöster. Aber jedes ist auf seine Weise besonders, so auch das dritte, 6 / Kloster Malgarten. Dieser ganz besondere Künstlerort wird ausführlich vorgestellt in Tour 15. Über die Malgartener Straße und Epe gelangen wir zu unserem Tagesziel, ins 7 / Zentrum Bramsche bzw. zum Bahnhof. Hier sind einige Abschnitte Fußgängerzone, also schieben wir unsere Räder. Bei gutem Wetter bietet sich auf jeden Fall vorher noch ein Bad im Naturfreibad Darnsee an.

⋀ oben / Kloster Malgarten ➤ rechts / Gedenktafel für das Blutbad am Gehn

TAG 2: Die zweite Etappe

Von Bramsche in westlicher Schleife zurück nach Quakenbrück führen uns die knapp 60 km der zweiten Etappe dieser Wochenendtour in der Haseregion, wobei wir dieses Flüsschen heute nur am Tourende kurz zu Gesicht bekommen. Dabei spart die Landschaft nicht mit Reizen und Abwechslungen, auch wenn die Landwirtschaft durchaus dominiert. Hat man den ersten Kilometer aus Bramsche hinaus hinter sich, taucht erst nach 10 km für kurze Zeit die erste Hauptstraße auf, also bestes autofreies Radelvergnügen auf Asphalt. Im weiteren Verlauf fahren wir mehrmals kurz an Autostraßen entlang, aber auf guten Radwegen. Im Mittelteil der Tour wird es ab Km 17 in den Ankumer Höhen sanft wellig, richtig schön. Auch im letzten Drittel dominieren autoarme Nebenstraßen, ganz wenige km sind unbefestigt, aber völlig problemlos zu befahren. Die ganze Strecke ist durchaus familiengeeignet. Auf interessante Orte und Highlights am Wegesrande kommen wir später zu sprechen.

Rein ins Vergnügen in Richtung Nordwesten

Vom 8 / Bahnhof Bramsche lassen wir schon nach 1 km Stadt und Verkehr hinter uns. Vorbei an einer mit Steinblöcken aufwändig gestalteten Kriegsgräberstätte und einem lauschigen

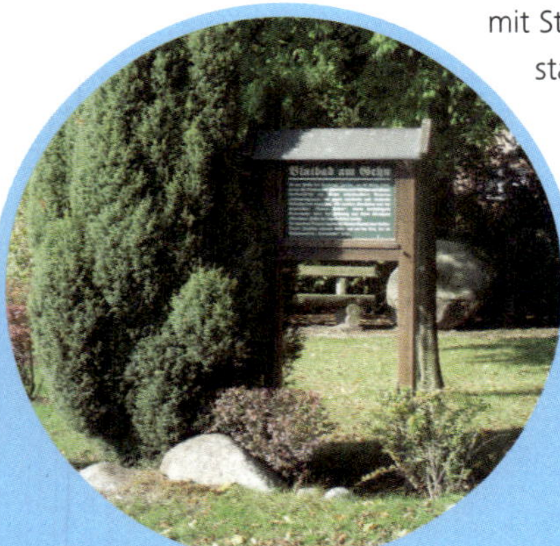

BLUTBAD AM GEHN

Die Geschichte wirft ein Licht auf grausige, lange vergangene Zeiten. 1591 organisierten sich 800 Bauern, nur spärlich bewaffnet, gegen anhaltende Plünderungen. Dabei kamen 300 von ihnen ums Leben.

79,3 METER

hoch ist der Turm des mächtigen **11 / Artländer Doms,** der so eine große Ausstrahlungskraft hat, weit ins Umland. Es ist der höchste Kirchturm eines deutschen Dorfes.

Teich mit Bänken etwas links der Route (Stapelberger Heuweg) schlängeln wir uns durch Felder. Baum- und Buschwerk an den Wegen lockern das Landschaftsbild angenehm auf. Beeindruckend sind die Windkraftanlagen auf hohen Gittermasten. Wie klein wir doch sind mit unserem Fahrrad! Eine gruselige Geschichte an einem kleinen Picknickort lässt uns schaudern. Das Blutbad am Gehn erinnert an eine Schlacht von Bauern gegen sie unterdrückende Mächte.

Picknickplatz an der Wassermühle Balkum

FANTASTISCHE FACHWERK-GIEBEL

Erst erblicken wir die imposante Hofanlage Riesau, hundert Meter weiter dann das Gelände der 9 / Wassermühle Riesau, ein kleiner Fachwerkbau mit tollem Drumherum. Verschiedene Sitzgelegenheiten, der Teich, die Vegetation, alles ideal für eine entspannte Pause. Schon wenig später erspähen wir einen weiteren eindrucksvollen Giebel eines Bauernhofes, diesmal etwas heller gestaltet. Wie schon bei der ersten Etappe sind wir im Gebiet der berühmten Artländer Giebel, die uns auch heute wieder häufiger begegnen werden.

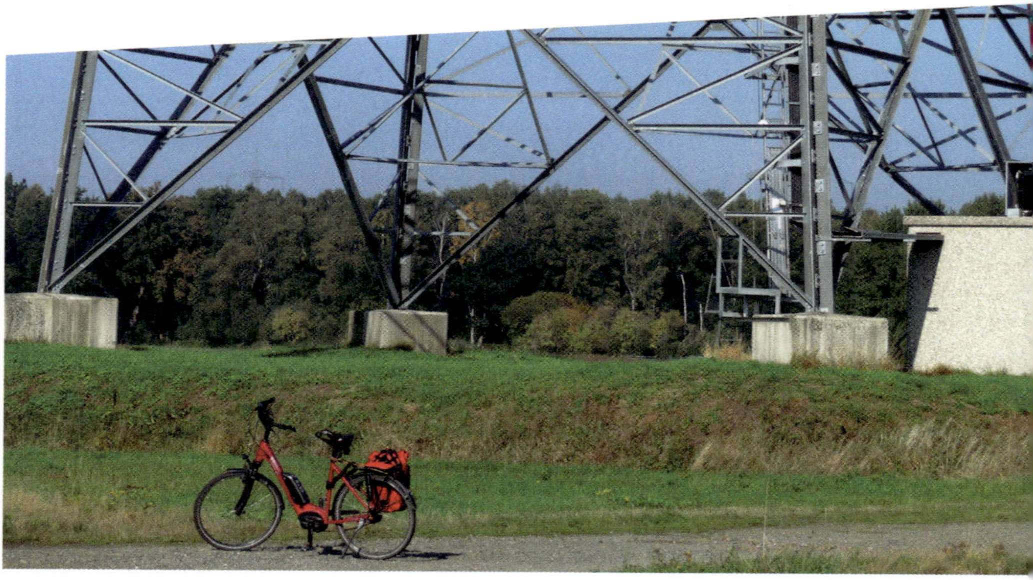

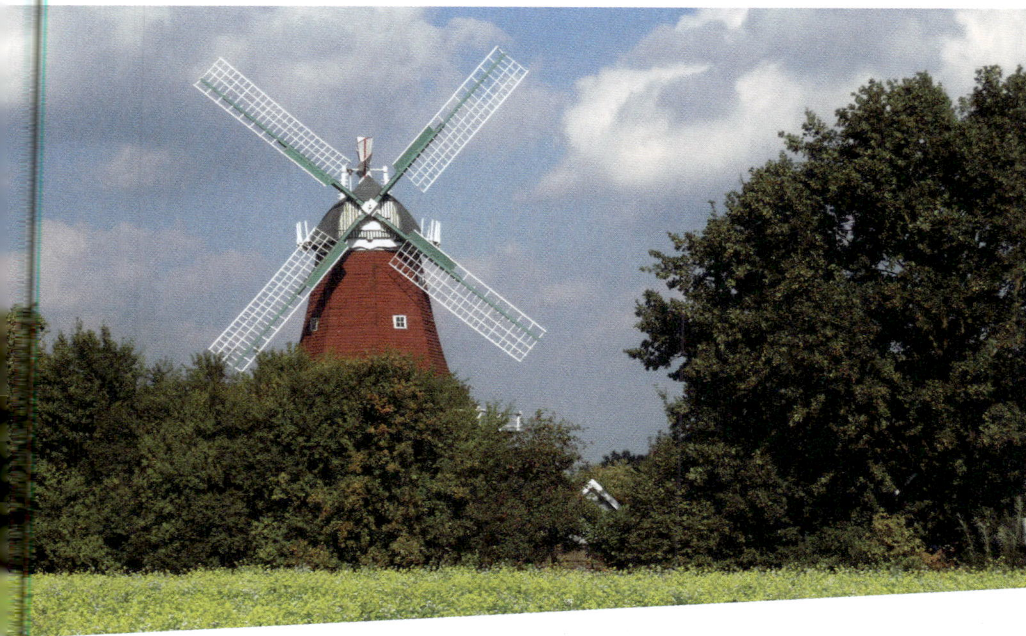

Die Ankumer Höhen, ein Relikt der Eiszeit

Nun wird es lieblich hügelig, beschwingt nehmen wir die leichten Steigungen. Alsbald begrüßt uns die 10 / Wanderhütte Goldhügel, rechts in der Ferne liegt Alfhausen. Der örtliche Heimatverein hat eine derart stilvolle und perfekte Schutzhütte gebaut, wie man sie wohl selten findet. Hier ist auch der Ausgangspunkt von Wanderungen in die waldige Umgebung. Denn nunmehr radeln wir ein Stück durch Wald, am Heiligenberg vorbei, mit immerhin 104 m Höhe eine beachtliche Erhebung für die norddeutsche Tiefebene, kein Gebirge, sondern einfach eine hohe Endmoräne.

Ankum und sein Dom

Die zwei km entlang der vielbefahrenen Tütinger Straße sind halb so schlimm, der Radweg ist gut und es geht bergab. Am Ortseingang Ankum sind die Ankumer Seen. Diesem schönen Park sollten wir ruhig einen Besuch abstatten, obwohl auf seinen Wegen das Radfahren verboten ist. Der 11 / Artländer Dom thront auf einer Anhöhe über dem Ort. Dieser markante Bau ist wegen seiner Größe und Üppigkeit weithin bekannt. Umgeben ist das hübsche Areal von etlichen Gaststätten, die zur Einkehr einladen. Originell ist der übergroße originalgetreue Hahn an der Gaststätte Onkel Otto, einer

UM 1750

entstanden im Artland viele große Bauernhöfe mit prächtigen Giebeln. In dieser Zeit florierender Landwirtschaft versuchten sich die Bauern mit mehrfach vorspringenden Giebelsegmenten und geometrischen Fachwerkausfüllungen gegenseitig zu übertrumpfen. Tolle Anblicke für uns!

< links / So klein fühlt man sich neben einem Windrad ^ oben / Everdings Mühle

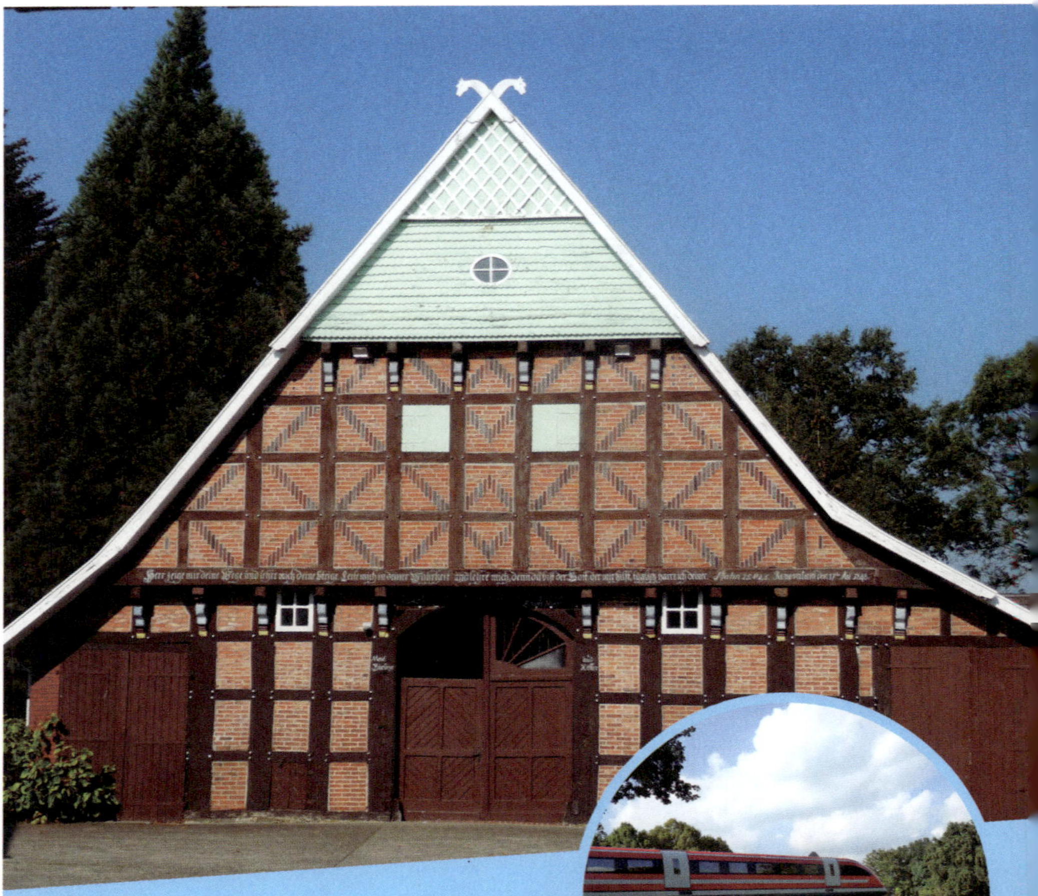

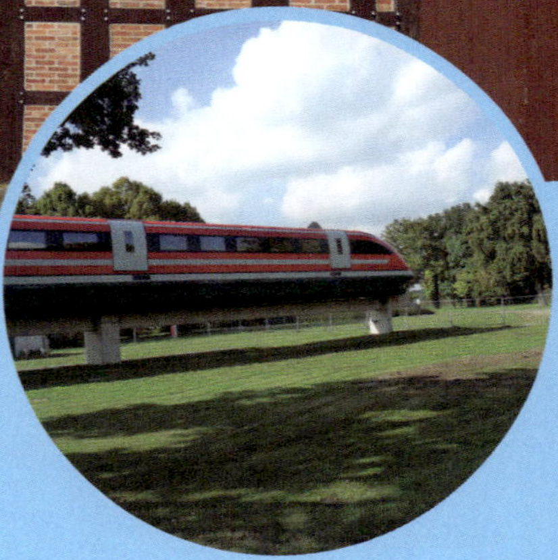

450 KM/H

sollte der modernste 12 / Transrapid 09 schnell sein und Metropolen verbinden. Nun steht der Zug in Nortrup. Seit dem tragischen Unfall 2006 wurde das megateure Magnetschwebebahn-Projekt aufgegeben. In Lathen im Emsland steht noch die Versuchsstrecke. In Shanghai fährt so eine Bahn jedoch seit fast 20 Jahren.

Hähnchenbraterei. Vier km weiter, am Alten Kirchweg, blicken uns von einer Weide mehr als 20 Alpakas an, eines neugieriger und niedlicher als das andere. Gleich daneben erstrahlt ein weiterer Artländer Giebel. An der Hauptstraße nach Nortrup erscheint alsbald das Wasserschloss Gut Loxten, ein allerdings streng privates Gelände.

Magnetschwebebahn, Wurstfabrik und Windmühle

Auf dem Gelände der Firma „The Butchers Family", eine moderne Wurstfabrik mit Hunderten von Mitarbeitern, steht der 12 / Transrapid 09, der letzte Zug des nach einem tragischen Unfall 2006 eingestellten Projektes einer megaschnellen Magnetschwebebahn. Der Betreiber der Firma, Hermann Kemper, hatte schon in den 30er Jahren dieses räderlos dahingleitende Fahrzeug erfunden. Vom nächsten technischen Highlight auf unserer Tour mit zugegebenermaßen nicht so ungewöhnlicher Technologie trennen uns gemütliche 6 km, wovon 1 km unbefestigt ist. Schon von Weitem ist 13 / Everdings Mühle zu sehen. Das Areal macht einiges her. Die Mühle selbst gilt mitunter als schönste Sehenswürdigkeit im Artland. Wir durchstreifen noch das sehenswerte Rosarium und steigen dann ab im originellen Café Oma Plüsch. Gerne wird auf dem Everdingsschen Anwesen auch geheiratet (www.everdings-muehle.de, Mimmelager Str. 63, 49635 Badbergen). Nachdem wir Groß-Mimmelage umfahren haben, sind wir bald in der Neustadt Quakenbrücks. Gleich hinter dem kleinen Flugplatz wählen wir für 1 km ein schmales Pättken, um dann über diverse Wohnstraßen Quakenbrücks zu radeln und dabei den kleinen Bürgerpark zu durchschlängeln. Schließlich kommen wir dann tatsächlich an die Hase. Am 14 / Gut Vehr können wir im Café Der Speicher einkehren oder, bei genügend Zeit, die Swin-Golf-Anlage nutzen (www.gutvehr.de). Bis zum 1 / Bahnhof Quakenbrück sind es noch weniger als 2 km.

OMA PLÜSCH

heißt das gemütliche Café in 13 / Everdings Mühle, in dem wir in stilvoller Atmosphäre unseren Kaffee schlürfen können.

< links oben / Beispiel für Artländer Giebel: Fachwerkhof Riesau < links Mitte / Magnetschwebebahn Transrapid 09

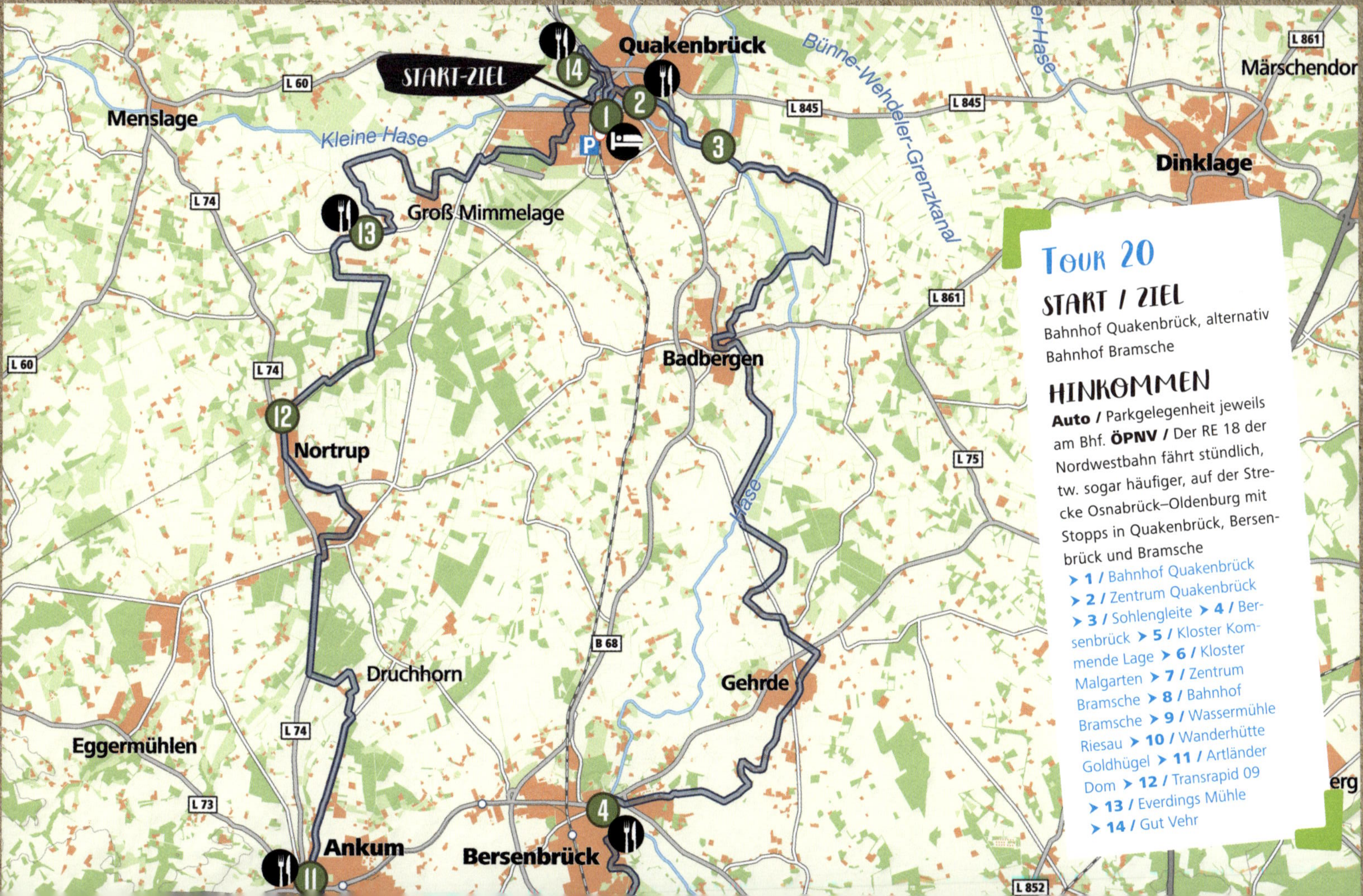

Tour 20

START / ZIEL

Bahnhof Quakenbrück, alternativ Bahnhof Bramsche

HINKOMMEN

Auto / Parkgelegenheit jeweils am Bhf. **ÖPNV /** Der RE 18 der Nordwestbahn fährt stündlich, tw. sogar häufiger, auf der Strecke Osnabrück–Oldenburg mit Stopps in Quakenbrück, Bersenbrück und Bramsche

➤ **1** / Bahnhof Quakenbrück ➤ **2** / Zentrum Quakenbrück ➤ **3** / Sohlengleite ➤ **4** / Bersenbrück ➤ **5** / Kloster Kommende Lage ➤ **6** / Kloster Malgarten ➤ **7** / Zentrum Bramsche ➤ **8** / Bahnhof Bramsche ➤ **9** / Wassermühle Riesau ➤ **10** / Wanderhütte Goldhügel ➤ **11** / Artländer Dom ➤ **12** / Transrapid 09 ➤ **13** / Everdings Mühle ➤ **14** / Gut Vehr

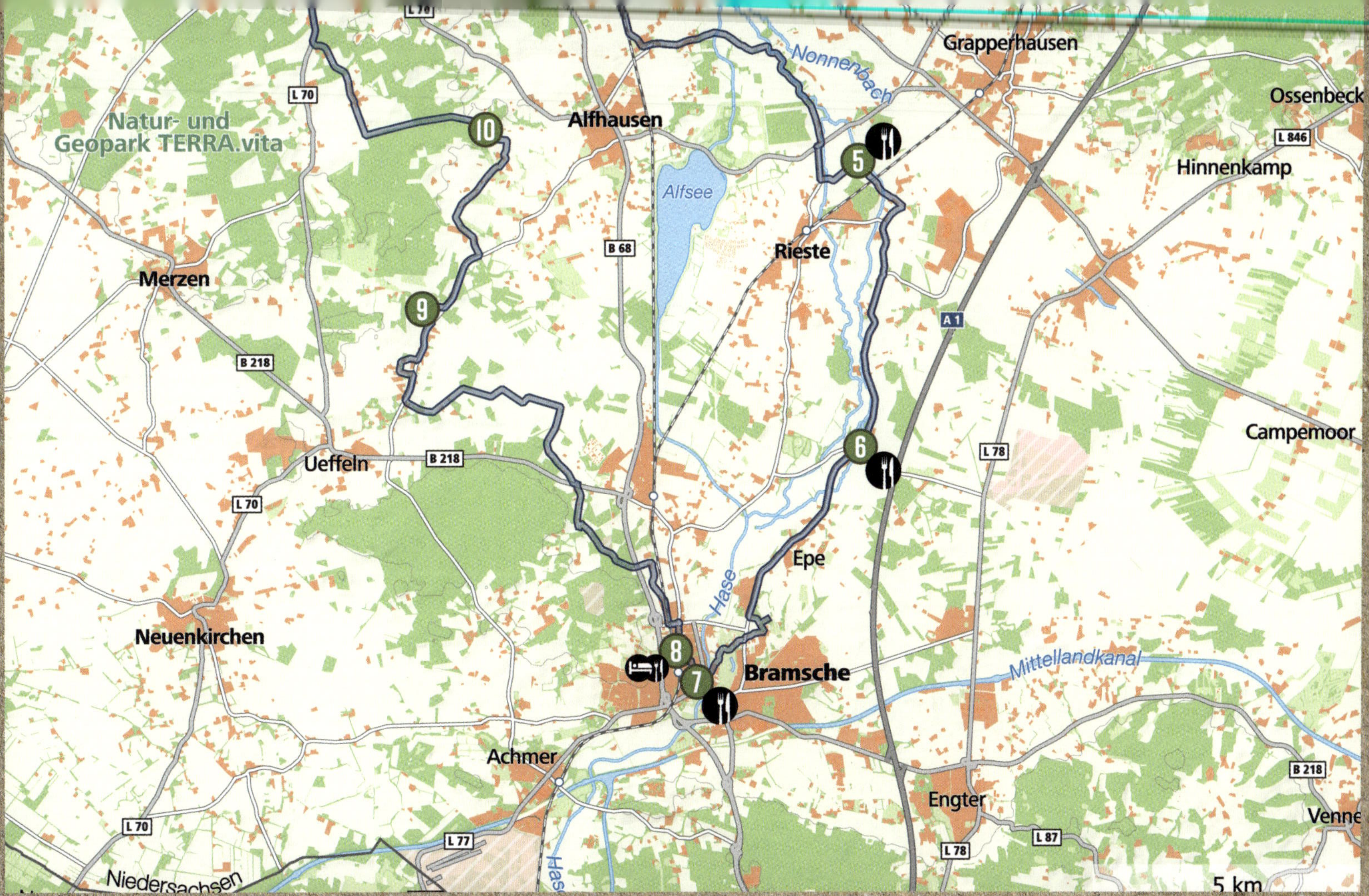
Grapperhausen
Ossenbeck
L 846
Hinnenkamp
Nonnenbach
Alfhausen
L 70
Natur- und
Geopark TERRA.vita
Alfsee
Rieste
B 68
Merzen
A 1
B 218
Campemoor
L 78
Ueffeln
B 218
L 70
Epe
Hase
Neuenkirchen
Bramsche
Mittellandkanal
Achmer
B 218
Engter
Venne
L 70
L 77
L 78
L 87
Niedersachsen
5 km

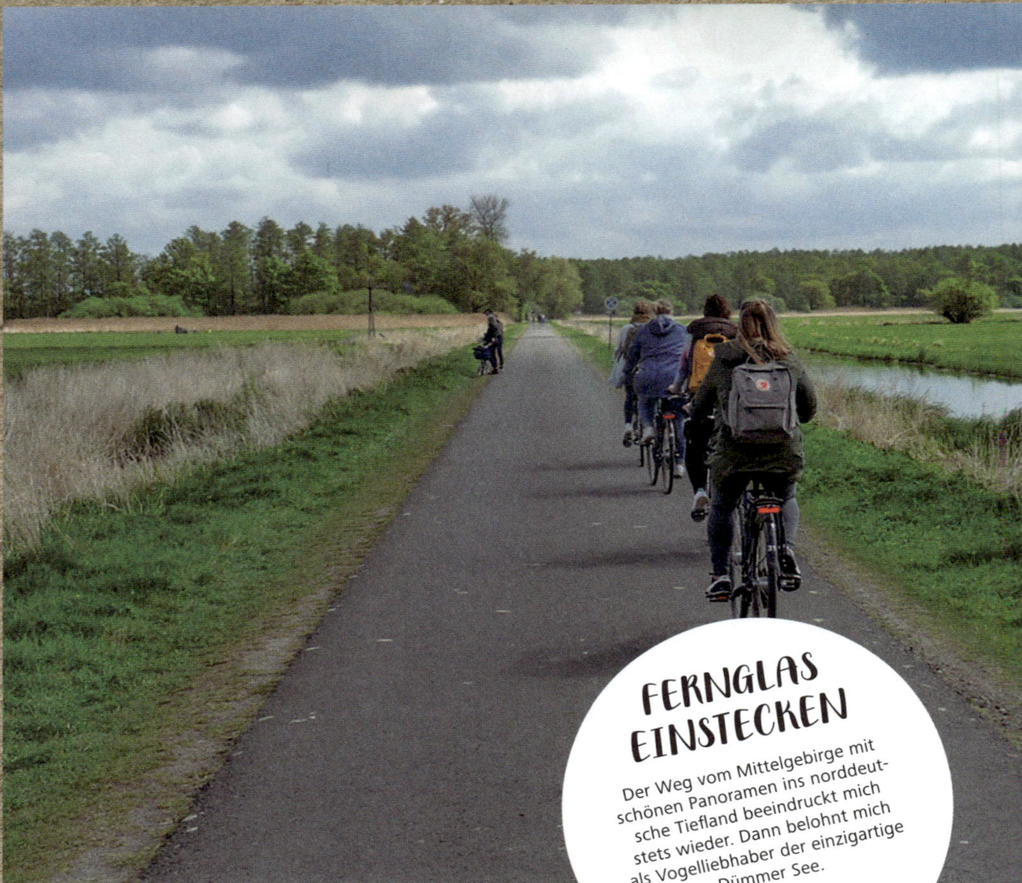

FERNGLAS EINSTECKEN

Der Weg vom Mittelgebirge mit schönen Panoramen ins norddeutsche Tiefland beeindruckt mich stets wieder. Dann belohnt mich als Vogelliebhaber der einzigartige Dümmer See.

➤ **1 /** Unsere recht umfangreiche Tour startet und endet am Hauptbahnhof Osnabrück

➤ **2 /** Die Schelenburg ist eine der ältesten Burganlagen im Nordwesten

➤ **3 /** Bad Essen: Familienpark mit Himmelsterrasse, SoleArena und historischer Kirchplatz

➤ **4 /** Am Schloss Hünnefeld erwartet uns das stilvolle Café Alte Rentei

➤ **5 /** An der Römerbrücke in Hunteburg lädt ein Picknickplatz zur Rast

➤ **6 /** Den Sonnenuntergang am Dümmer See mit einem Bier genießen: Bar dü Mar

➤ **7 /** Vorsichtig einen Weg in ruhigster Natur radeln: an der Naturschutzstation

➤ **8 /** Inmitten der Feuchtwiesen im Ochsenmoor seltene Vögel beobachten

➤ **9 /** Am Kronensee von der Liegewiese über den Strand ins Wasser hüpfen

➤ **10 /** Das erste Dorf im welligen Wiehengebirge: Hitzhausen

➤ **11 /** Sich in Büngeler's Café mit Kaffee und Kuchen verwöhnen lassen

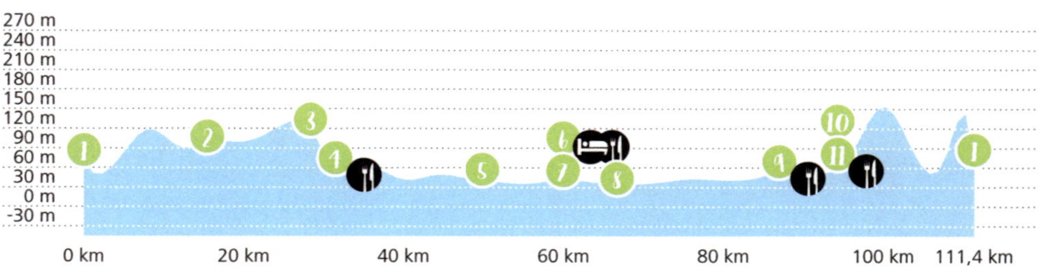

LANDSCHAFTSKONTRASTE

Von Osnabrück durchs Wiehengebirge zum Dümmer See

Wir fahren in Bögen von Osnabrück zum Dümmer See und zurück. Es ist nicht der kürzeste Weg, aber für einen vielseitigen Radausflug, den du so nie gemacht hättest, bauen wir Bad Essen und den Kronensee ein.

Tag 1 + Tag 2
61 + 51 Kilometer
385 + 270 Höhenmeter
420 + 235 Höhenmeter
5 + 4 Stunden
Rundtour

TAG 1: Von Osnabrück über Bad Essen zum Dümmer See

Der Hinweg unserer Wochenendtour ist geprägt von vier ganz unterschiedlichen Landschaften: Nach dem Osnabrücker Stadtumland durchradeln wir das lieblich-wellige Wiehengebirge mit Wiesen, Feldern, Wäldern, leicht zersiedelt, mit der beeindruckenden Schelenburg und schließlich dem Ort Bad Essen mit sehr verschiedenen Highlights. Ab dem Mittellandkanal dominieren intensiv bewirtschaftete landwirtschaftliche Flächen und alles ist norddeutsch flach. Schließlich gelangen wir über das vogelreiche

CHARAKTER
Sportlich ●●●○○
Abkühlung ●●●○○
Schlemmen ●●○○○
Panorama ●●●○○

TOUR, DIE DU SO NIE GEMACHT HÄTTEST

TOURENINFO / Im Bereich des Wiehengebirges sind einige Steigungen zu bewältigen, was aber niemanden überfordern dürfte. Der größte Abschnitt im nördlichen Teil ist komplett flach. Die Straßen sind fast durchweg autoarm und asphaltiert, mit Ausnahme eines Teils zwischen Hunteburg und dem Schäferhof und des Haseuferwegs.

◄ links / Zwischen Ochsenmoor und Dümmer-See

TOUR, DIE DU SO NIE GEMACHT HÄTTEST

Ochsenmoor zu dem Kleinod Dümmer See, ein Refugium für Naturliebhaber und Ruhesuchende.

Start in Osnabrück

Für die ersten 3,6 km folgen wir den Symbolen der Hase-Ems-Tour und Düte-Tour Richtung Bissendorf. Gleich hinter dem Parkhaus des 1 / Hauptbahnhofs Osnabrück biegt links der Rad-Fuß-Weg ab, der uns längs des Flüsschens Hase unter den Schienen hindurchführt. Bald führt uns der Haseuferweg auf ganz ruhigen Pfaden durchs Grüne aus der Stadt heraus. Wir erleben eine originelle Wegführung: Entlang der Hase unterqueren wir die Bahnschienen, unterhalb des Wasserspiegels. Ab der A-33-Unterführung gelangen wir in ein Gewerbegebiet, folgen nicht mehr den Symbolen, sondern bleiben auf der Asphaltstraße. Staunend stehen wir neben dem riesigen Gelände des Umspannwerkes Lüstringen mit Strommasten, die in alle Richtungen führen. So wird Strom von der Küste gen Süden transportiert. Die Anzahl der Trafos und anderer Geräte kann man gar nicht ermessen. Wenige Meter weiter gelangen wir in eine ganz andere Zeitepoche. Ein unscheinbarer Pfad führt uns zu den Teufelssteinen, einem 5000 Jahre alten, gut erhaltenen Hünengrab, ein Zeugnis unserer Urahnen mitten im Industriegebiet und auch ein ruhiges Picknickplätzchen.

START-UP

Gleich nach dem Start erblicken wir den Ringlokschuppen. Dieses historische Gebäude der Dampflok-Ära bekommt frischen Wind eingehaucht: Es entsteht eine Heimat für Start-ups und künstliche Intelligenz.

Über geschwungene Sträßchen zur Schelenburg

Unser Weg durch Lüstringen bringt erste leichte Steigungen, gibt aber auch einen Eindruck, wie schön Wohnen hier sein kann. Endlich sind wir in der Natur. Der letzte Stadtteil Osnabrücks ist eine Bauernschaft mit dem Namen „Darum". Warum, weiß ich nicht. Am Schlehbaumhof mit Hofladen wühlen Hausschweine nur so den ganzen Acker um. Sie beäugen uns neugierig, bevor sie sich wieder

---

➤ rechts oben / An der Schelenburg ➤ rechts Mitte / Hünengrab Teufelssteine

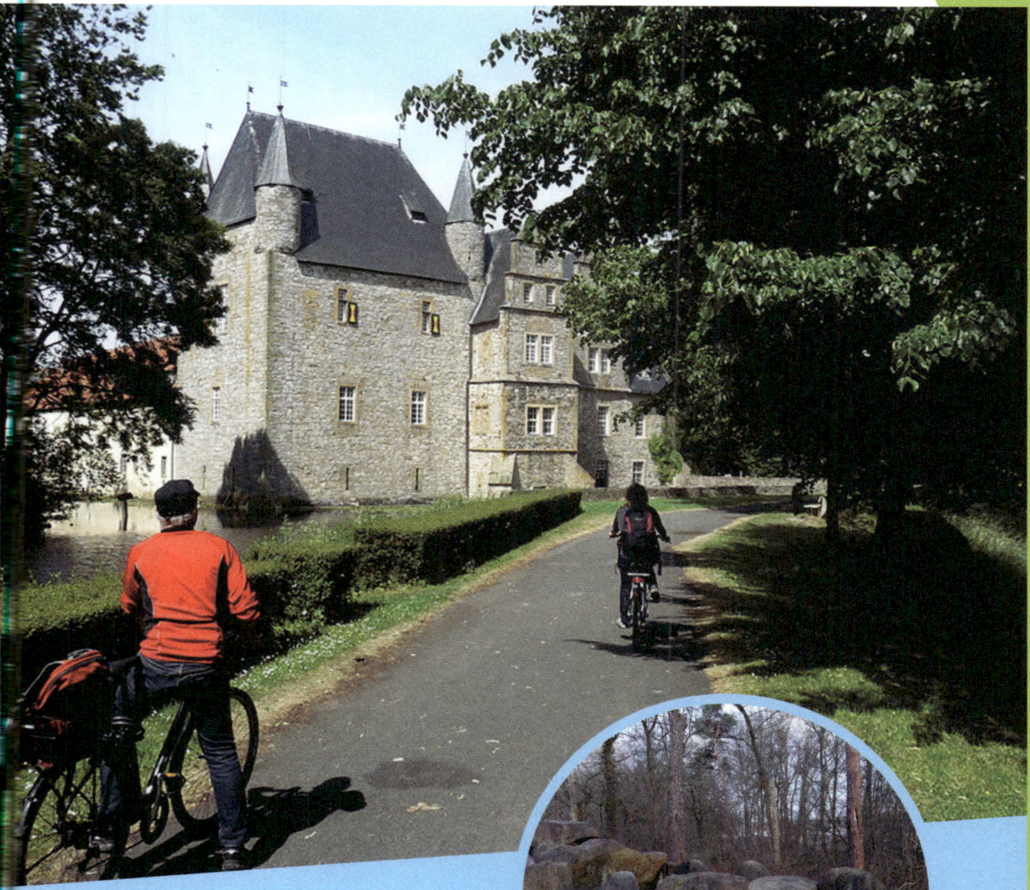

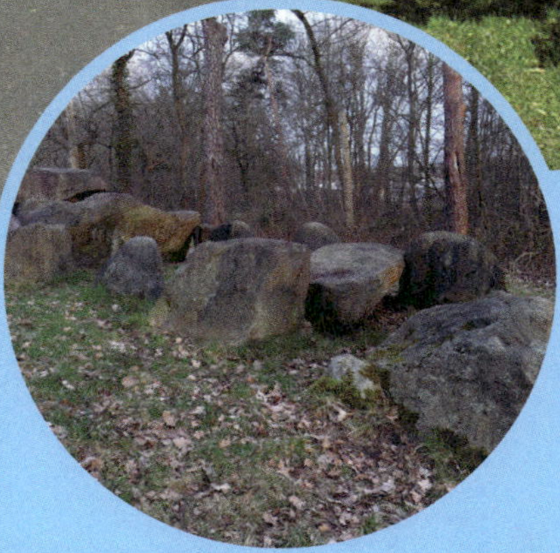

1000

Jahre alt ist die 2 / Schelenburg ungefähr. Sie ist eine der ältesten Burganlagen im Nordwesten Deutschlands und der Stolz der Region. Kaum ein touristischer Prospekt der Region lässt die Burg aus. Eine Innenbesichtigung ist leider nicht möglich, da sie privat genutzt wird.

DIE SCHÖNE ATMOSPHÄRE GENIESSEN

Der Kirchplatz 3 / Bad Essen ist ein heimeliger Ort für eine Pause, die lokale Gastronomie lädt ein zum Verweilen, bei gutem Wetter natürlich draußen.

an die Arbeit machen. In Wellingen findet sich ein sehr hübscher Dorfplatz mit geräumiger Hütte. Warum nicht wieder ein Päuschen? Die nächsten vier Kilometer durch Feld und Flur sind entspannt, wir werden mit schönen Blicken in eine weite Landschaft belohnt, gerne per Fernglas. Je nach Jahreszeit bieten die Felder intensive Farben. Plötzlich stehen wir vor einem Wasserschloss, der kolossalen 2 / Schelenburg (Burgweg 1, 49143 Bissendorf/Schledehausen). Etwa 700 m weiter halten wir kurz auf der Brücke über die Wierau an der Mühle. Lustig, wie hier Wasser über Holzrinnen läuft. Das Waldfreibad nebenan lädt zum Sprung ins kühle Nass.

TOUR, DIE DU SO NIE GEMACHT HÄTTEST

Übers Wiehengebirge nach Bad Essen

Wer jetzt die Straße „Am Bredberg" bergauf radelt und kein E-Bike hat, muss kurzzeitig schnaufen. Schledehausen bietet in seinem Kurgarten einige ruhige Plätze zum Ausruhen. In diesem Areal findet jährlich meist im August die „LandArt" statt, ein vielbesuchtes Ereignis. Wir verlassen den Ortskern durch den angrenzenden Bürgerpark mit einigen nicht allzu spektakulären Skulpturen. Über

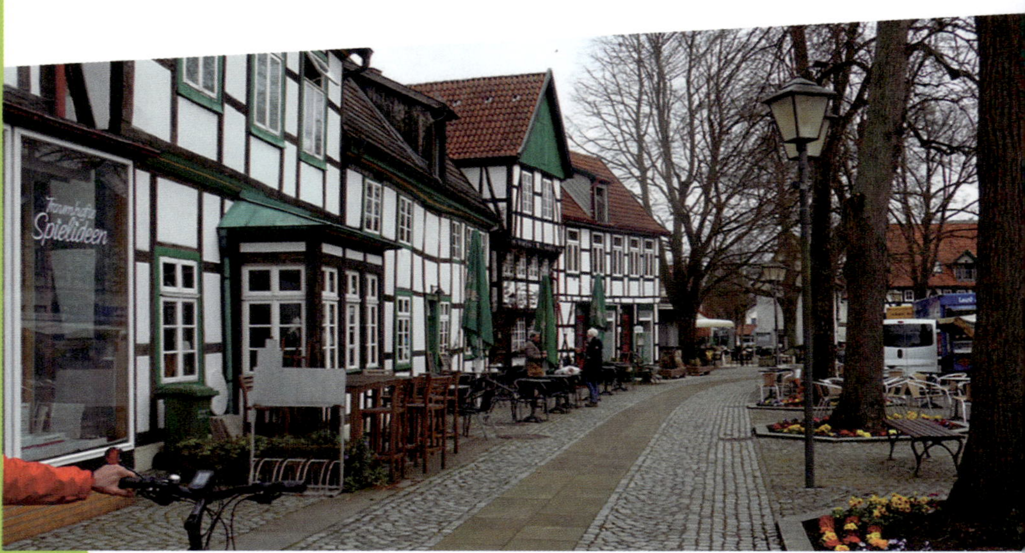

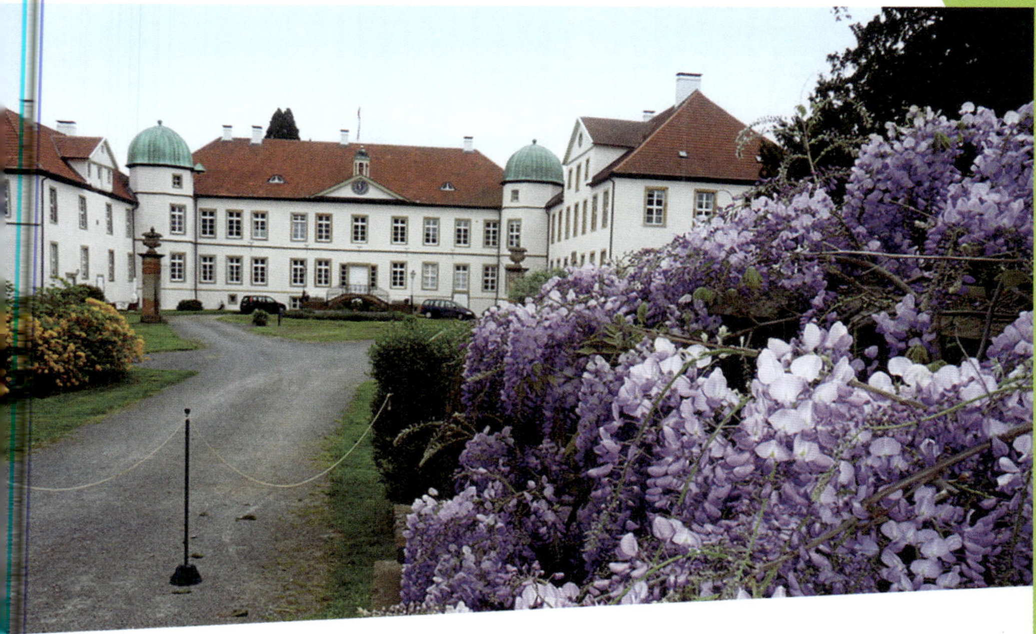

viele Kilometer beginnt ab Astrup ein herrlicher Abschnitt unserer Reise. Wir schlängeln uns auf leicht kurviger Straße durch das weite liebliche Wierautal mit welliger Wald-Feld-Wiesen-Landschaft und schönen Fachwerkkotten. Der schmale „Eselsweg" markiert spürbar das Ende des Wiehengebirges: Es geht steil bergab nach 3 / Bad Essen. Vorbei an der Wassermühle gelangen wir alsbald oberhalb dieses Kurortes in den vielseitigen Familienpark: Himmelsterrasse, Weg der Sinne mit unter anderem einer originellen Tastsäule, einem attraktiven Spielgelände, Freibad. Echter Hingucker ist die SoleArena. In dieser ungewöhnlichen runden Saline können wir uns von Salzluft vernebeln lassen. Der sehr schöne, von Fachwerkgebäuden umgebene historische Kirchplatz ist das Aushängeschild Bad Essens. Gleich hinter dem Mittellandkanal ist alles flach, norddeutsche Tiefebene halt. Über Harpenfeld gelangen wir zum Schloss Hünnefeld.

2010

fand in 3 / Bad Essen die Landesgartenschau statt. Seitdem begeistern die einzigartige SoleArena, ein originell geformtes Frischluft-Inhalatorium, und der entstandene Familienpark. Hier lässt es sich gut aushalten, gerade für Kinder. Das Freibad ist auch nicht fern.

Schloss Hünnefeld, eine repräsentative Anlage

Über viele Jahrhunderte ist der beeindruckende dreiflügelige und zweigeschossige Bau zu heutigen Ausmaßen gewachsen. Das Schloss mit Museum lässt sich nach Anmeldung besuchen. Einige Bäume vor dem Burggraben beeindrucken ebenso wie der urige Taubenturm mit seinen 190 Löchern auf dem Gelände. Das 4 / Café

< links / Kirchplatz Bad Essen ^ oben / Schloss Hünnefeld

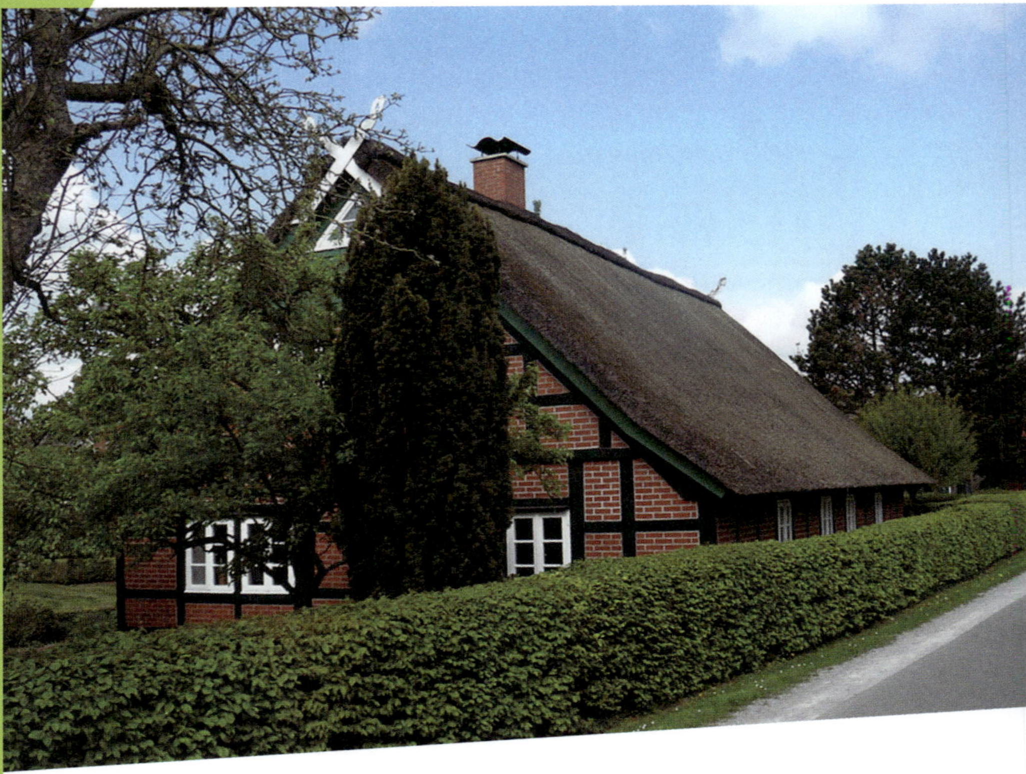

Alte Rentei (Schloss Hünnefeld, 49152 Bad Essen), geöffnet an Wochenenden, möchte ich jedem ans Herz legen. Die Räumlichkeiten des Cafés versprühen ein ganz besonderes Flair. Über die doppelreihige Clamors Allee, zu jeder Jahreszeit reizvoll, kommen wir in offenes landwirtschaftliches Gelände und schließlich nach Bohmte mit dem Bahnhof als alternativem Einstiegspunkt. Das denkmalgeschützte Gebäude ist sicher ein Schmuckstück Bohmtes. Der Bahnsteig selber ist es nicht: es gibt – noch – keinen Fahrstuhl zum Gleis. Die wichtigste Kreuzung des Ortes ist sehr ungewöhnlich ein „Shared Space", bei dem sich alle Verkehrsteilnehmer den Kreuzungsbereich teilen, ohne Verkehrsschild oder Bordsteine. Die Regel heißt einfach „rechts vor links" oder besser „Rücksicht". Dieses in Deutschland recht einzigartige Projekt soll seit weit über 10 Jahren ziemlich problemlos funktionieren. Ein Museum der besonderen Art ist das einmalige Igelmuseum, das unglaublich viele Ausstellungsstücke

BAHNHOF LEMFÖRDE

Toureinstieg oder -ausstieg kann auch der 4 km von Hüde entfernte Bahnhof Lemförde sein. Dabei kommt man ins Kopfschütteln, denn der Weg zum klitzekleinen Hintereingang führt über einen fast zugewachsenen ungepflegten Feldweg.

⮝ oben / Hüde am Dümmer ⮞ rechts / Kriegsgräberstätte Meyerhöfen

und Geschichten zu diesem geliebten stacheligen Geschöpf zusammengetragen hat (www.igelmuseum.de).

Hunteburg liegt recht weit weg von Nachbarorten

Auf dem Weg nach Hunteburg, nach acht Kilometern durch intensiv landwirtschaftlich genutzte Landschaft, begegnet uns ein Ort mit bedrückender Geschichte: Hier sind 482 Zwangsarbeiter, Kriegsgefangene und Soldaten aus Osteuropa beerdigt, die im Zweiten Weltkrieg ums Leben gekommen sind. Die Schlichtheit der Kriegsgräberstätte Meyerhöfen mit meist namenlosen Gräbern lässt die Schicksale nur erahnen. Hunteburg liegt in der Aue der Hunte, zwischen Moorwiesen und Maisfeldern. In praktisch alle Richtungen sind die Straßen stattliche Alleen. Angepriesen wird gerne die 5 / Römerbrücke, die aber sicher nicht in der Römerzeit erbaut wurde. Vielleicht heißt sie so, weil sie aussieht wie Römerbrücken halt aussehen. Sehr schön ist der Picknickplatz mit Hütte gleich nebenan. Das ist gut für uns Radler, denn es gibt kein Café im Ort. Über zum Teil unbefestigte Wege erreichen wir den Schäferhof, dem Dümmer schon sehr nahe. Dem Naturschutz verschrieben wird eine heimische Schafrasse gehalten, der Storch nistet hier zuverlässig (Facebook: Schäferhof Dümmer).

TOUR, DIE DU SO NIE GEMACHT HÄTTEST

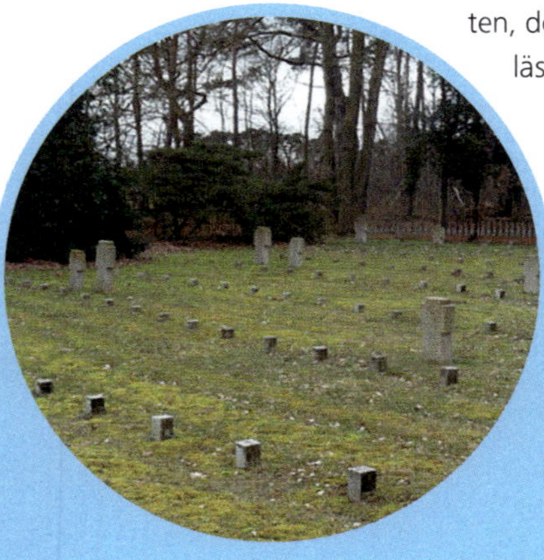

20

Vereine oder mehr soll es bei den 4.000 Einwohnern in Hunteburg geben. Was sich wohl hinter dem Karbid-Böllerverein verbirgt? Richtig blüht das gesellschaftliche Leben hier beim Schützenfest auf und vor allem beim überregional beliebten Pony-Markt im Oktober.

TRAUMHAFTER SEEBLICK

Einer meiner Lieblingsplätze: Toll, am Strand an der 6 / Bar dü Mar ein Bierchen zu schlürfen und über dem See die Sonne untergehen zu sehen.

Endlich am Dümmer See

Flach, feucht und grün ist es im Ochsenmoor, in dem uns Kiebitze, Uferschnepfen und Bekassinen begrüßen. Wir gelangen nach Hüde, ein richtig hübsches Dörfchen am Dümmer See, natürlich, gemütlich, nachhaltig auf Naturschutz ausgerichtet. Dazu steht die gute touristische Infrastruktur hier nicht im Widerspruch. Schon bald gelangen wir zum Hofladen Möller, der auch eine kleine Außengastronomie bietet. Im Ort gibt es Campingplätze, Ferienwohnungen, einen kleinen Segelhafen, etliche Gastronomieangebote. Ganz toll ist es, in der 6 / Bar dü Mar (Am Fischerhafen 40a, 49448 Hüde) ein Bierchen zu schlürfen und über dem See die Sonne tieforange untergehen zu sehen. Hüde und der Nachbarort Lehmbruch bieten sich für eine Übernachtung an, das Angebot ist groß.

TOUR, DIE DU SO NIE GEMACHT HÄTTEST

TAG 2: Von Hüde über dem Kronensee nach Osnabrück

Südwärts verlassen wir Hüde. Wer mehr erfahren möchte über die Natur rund um den Dümmer besucht das 7 / Naturschutzzentrum (Am Ochsenmoor 52, 49448 Hüde, www.naturschutzring-duem-

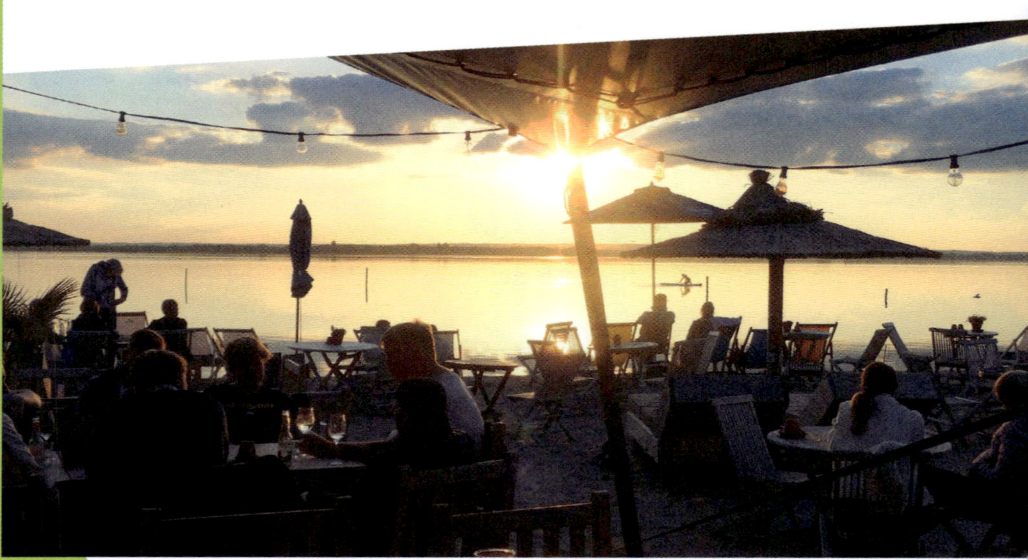

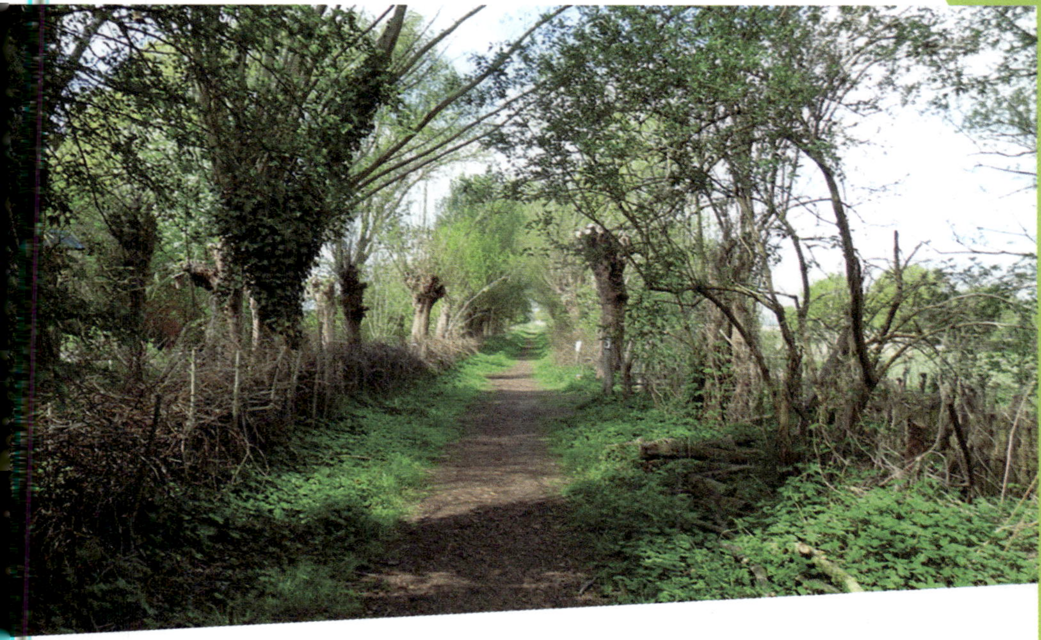

mer.de). Von dort startet ein vielseitiger Wanderweg durch Feuchtwiesen, am Beobachtungsturm Ochsenmoor vorbei durch einen Erlenbruchwald zum Südufer. Mutige nehmen diesen Pfad auch unter die Räder. Die anderen wählen die Abkürzung über die kleine Asphaltstraße zum Südufer. Der Dümmer hat hier einen breiten Schilfgürtel und ist streng geschützt. Vom Aussichtsturm am Südufer kann man mit Glück den Fischadler oder die Rohrweihe beobachten. Im Bereich, wo die Straße nach Süden abknickt, ist ein guter Ausgangspunkt, um mit ganz viel Geduld und einem Fernglas die Vögel im 8 / Ochsenmoor zu beobachten. Ornithologen wird das Herz hüpfen vor Begeisterung über die besondere Vogelwelt. Im Internet finden wir vielfältige Informationen und Videos zu diesem Vogelparadies (www.duemmer.de). Ab der Haßlinger Straße, die uns zum Schäferhof führt, fahren wir kurzzeitig den gleichen Schotterweg wie am Vortag Richtung Hunteburg, das wir nun aber im Bogen umfahren.

14 MIO.

Kubikmeter Wasser hat der großflächige, aber flache Dümmer See. Dennoch kommt man ins Grübeln: Wie immens plündert der Mensch die Ressourcen unseres Planeten, denn das gesamte Volumen dieses vor uns liegenden Sees entspricht ziemlich genau dem täglichen (!) Erdölverbrauch der Welt.

Ab hier bedeutet Landschaft Landwirtschaft

Die 18 km bis zum Kronensee sind großteils kultiviertes Moorgebiet, nunmehr intensiv landwirtschaftlich genutzt. Wir finden hier keine exotischen Highlights, freuen uns aber über das entspannte Fahren

---

< links / Bar dü Mar in Hüde ^ oben / Naturlehrpfad an der Naturschutzstation

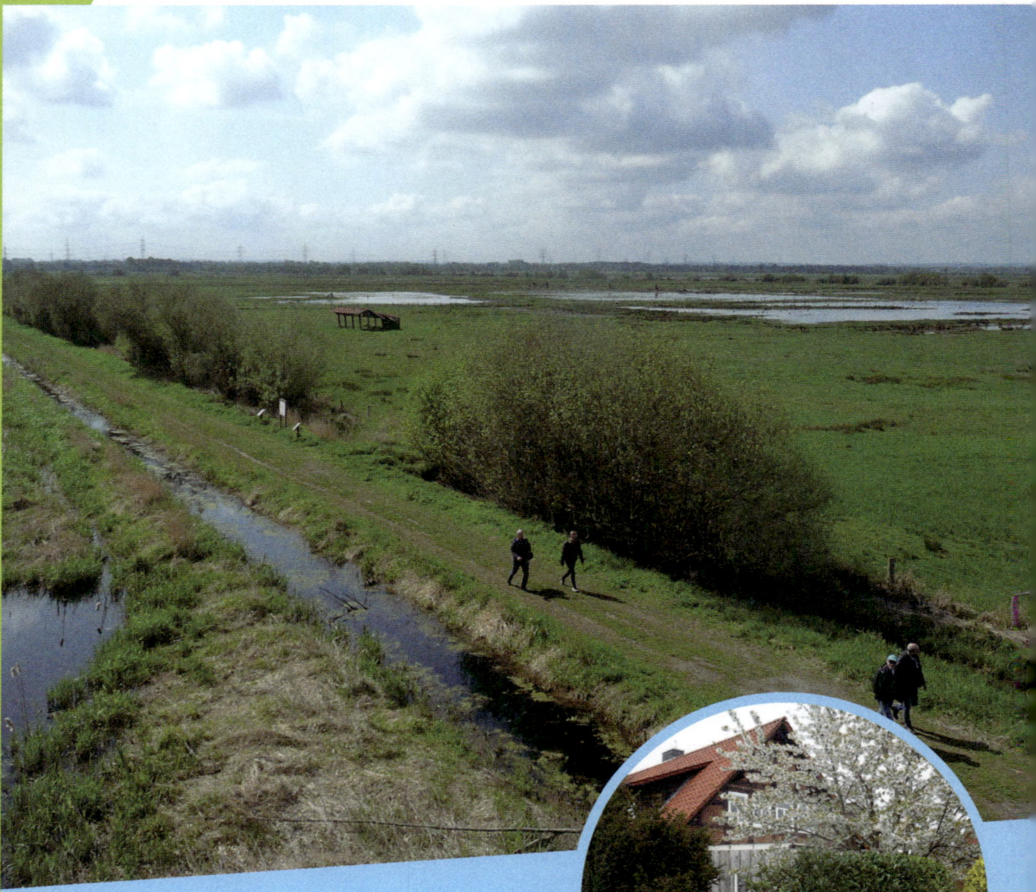

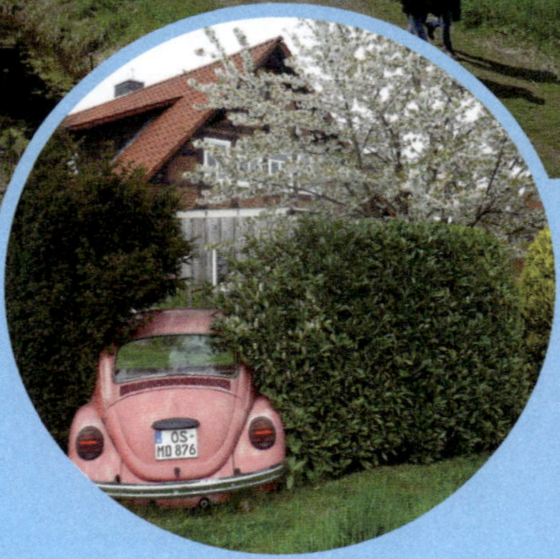

40

Hektar beträgt die Fläche des 9 / Kronensees, der Dümmer hat 1.240 ha. Damit ist er lieblicher, lädt zum Baden und Gummibootfahren ein, ein Paradies für Kinder. Bestens platziert präsentiert sich die Gaststätte „Kronenburg" mit Außengastronomie. Wer seine Tour mit Camping verbinden möchte, bitte: www.kronensee.de

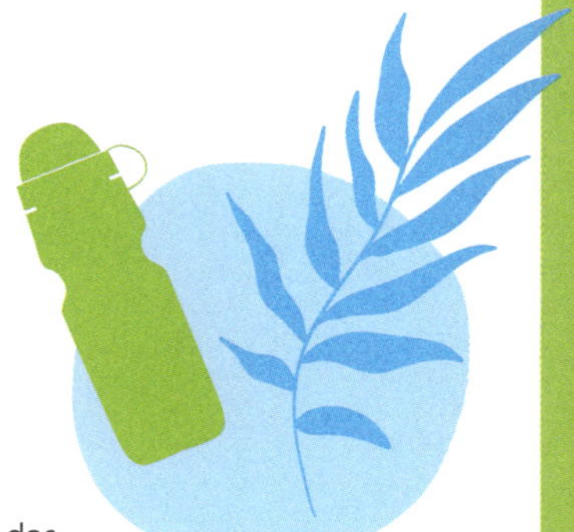

auf autoarmen Straßen durch die Felder. Alle paar Wochen ist das Landschaftsbild komplett anders, je nach Anbaufrucht. Da kommt dann der 9 / Kronensee gerade recht, bewaldete Umgebung, grüne Ufer, eine Badegelegenheit mit schönem Sandstrand. Von Osnabrück trennen uns noch 25 km, die sich wie bei der Hinfahrt landschaftlich wieder komplett von den letzten 25 km unterscheiden. Zunächst begleitet uns die wichtige Wasserstraße Mittellandkanal. Zwei Bundesstraßen kreuzen sich am Kreisverkehr „Leckermühle", unsere einzige Begegnung mit heftigem Autoverkehr.

Durchs „Gebirge" zurück nach Osnabrück

Mit der Abzweigung nach 10 / Hitzhausen dürfen wir mit sanften Steigungen in die lieblich geschwungene Landschaft des Wiehengebirges eintauchen. An der Nordhauser Mühle, ein etwas abgelegener Fischzucht und -veredelungsbetrieb, bietet der Hofladen frische Forellen und andere Fischprodukte (www.fischzucht-nordhausermuehle.de). Ist jemandem mehr nach Kaffee und Kuchen? Bitte schön: Wenige hundert Meter weiter verwöhnt uns am Wochenende das hübsch hergerichtete 11 / Büngeler's Café (Leckerstraße 4, 49179 Ostercappeln). Einen Höhenzug muss unsere geschwungene Straße noch überwinden. Wir gelangen durch eine ansprechende Landschaft mit kleinsten Wohngebieten, vorbei an einem Picknickplatz und an einem halbierten VW-Käfer, der in einem Garten zur Bank mutiert ist, schließlich nach Belm. In direkter Nähe zu Osnabrück leben hier 14 000 Einwohner. Am modernisierten Marktring finden wir jegliche Versorgung. Wir nehmen jedoch sogleich den ruhigen Weg am Friedhof entlang in den Osnabrücker Ortsteil Gretesch. Nach einigen Kilometern neben Autostraßen führt uns schließlich ein kleines Stück des schon bekannten Haseuferweges zurück zum 1 / Hauptbahnhof.

CAFÉ BÜNGELER'S

Nach doch einigen Steigungen stärken wir uns mit Kaffee und Kuchen in diesem ansprechend gestalteten Café, drinnen oder besser draußen.

TOUR, DIE DU SO NIE GEMACHT HÄTTEST

◂ links / Blick vom Aussichtsturm aufs Ochsenmoor ▴ oben / VW-Käfer als Gartenbank

RUNDKURS DÜMMER-SEE

Radeln immer in Ufernähe, nicht nur für frühe Vögel und Nachteulen

18 Kilometer
45 Höhenmeter
45 Höhenmeter
1:45 Stunden
Rundtour

Eine ideale Ergänzung zur Tour 21 ist die Umrundung des Dümmer mit 18 steigungsfreien Kilometern. Dabei erleben wir zwei grundverschiedene Dümmer-Seen, den touristischen und den naturbelassenen. Auf dieser beliebten Runde ist es eigentlich nie möglich, nicht anderen Radlern zu begegnen, die sich mit trockenem norddeutschen „Moin!" begrüßen. Es ist aber dennoch so, dass man auf vielen Abschnitten, vor allem im Westteil, praktisch alleine ist.

Touristisch erschlossenes Ostufer

Wir starten im ruhigen Hüde, in dem es aber auch Campingplätze, Restauration, Bootsanleger und etwa die 6 / Bar dü Mar gibt, Richtung Norden. Die nächsten Kilometer verlaufen durch eine schöne Ufernatur mit dem Aussichtsturm, dem Naturschutzgebiet Hohe Sieben (mit einem 3-km-Rundwanderweg) und dem 12 / Schilfsteg, an dem man nur zu leicht vorbeifährt. Es lohnt sich aber unbedingt, diesen Steg bis zum Ende zu besuchen. Dort steht eine Beobachtungshütte im Schilf-Wasser-Bereich, im Frühjahr begrüßt einen hier zuverlässig der Schilfrohrsänger und verwandte Piepmätze, meist sieht man sie auch.

Lehmbruch

Ein ganz anderes Flair strahlt 13 / Lehmbruch aus. Weitflächige Ferienhausanlagen deuten bald auf intensiven Tourismus hin, mit Hotels, Gaststätten, Sauna, Bootsverleih, Yachthafen (keine Motorboote!), Beach, Wasserspielplatz, … Dennoch hat sich der Ort eine erholsame Atmosphäre erhalten können. Allerdings ist hier, wie auch auf einem Abschnitt in Hüde, am Wochenende das Radfahren auf dem Seeuferweg verboten, zu sehr kommen sich sonst Radler und Fußgänger in die Quere. Wir schieben dann oder fahren eine Schleife.

21 1/2

Olgahafen, ein schnuckliges Plätzchen

Das Nordufer, ebenso mit Aussichtsturm, nehmen wir fix unter die Räder. Am kleinen 14 / Olgahafen, weit gegenüber sieht man Lehmbruch, lässt sich gut picknicken, am besten mit zünftigen Fischbrötchen oder sogar einem Aal von nebenan. Kaffee und Kuchen wird uns natürlich auch gerne gereicht, wie schon in den beiden vorherigen Orten. Schön, die Segelboote übers Wasser gleiten zu sehen. Parkgelegenheiten für die Anreise gibt es auch hier, ebenso einen Wohnmobilstellplatz. Die zweite Hälfte der Rundtour führt durch die pure Natur des West- und Südufers. Während wir rechts Grünland haben, verdeckt links dichter Laubbaumbestand oft den See. Der Aussichtsturm West ermöglicht uns den Überblick. Wir überqueren schließlich auf einer Brücke die Hunte, der Zufluss des Dümmer. Das Südufer ist ein komplett geschützter Bereich, in dem Schilfgürtel haben Vögel und Fische ihr Refugium. Dieser Abschnitt am Südteil des Sees sowie das angrenzende Ochsenmoor sind auch Teil der Tour 21. Der Weg durch diese beeindruckende feuchte Flachlandnatur mit dem Südturm zum Ausgangspunkt Hüde ist weitgehend damit identisch. Man kann also auch von hier aus den Rückweg der Tour 21 nach Hunteburg wählen.

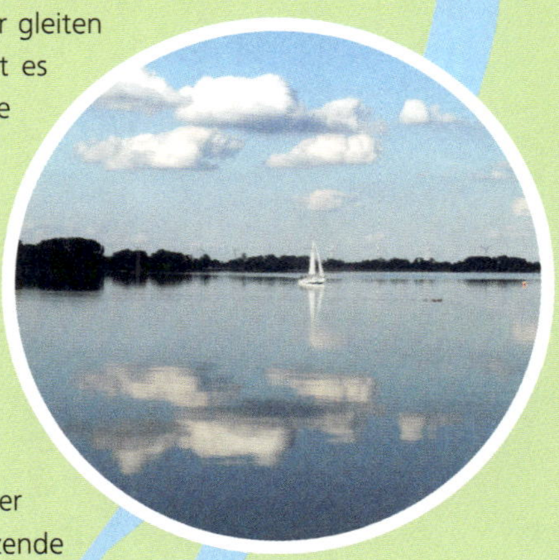

TOURENINFO / Eine überschaubare 18-km-Rundtour in einer touristisch beliebten Gegend, einfach für Jedermann zu fahren, auch wenn der Belag oft festgefahrener Schotter oder mal ein Plattenweg ist.

^ oben / Dümmer-See

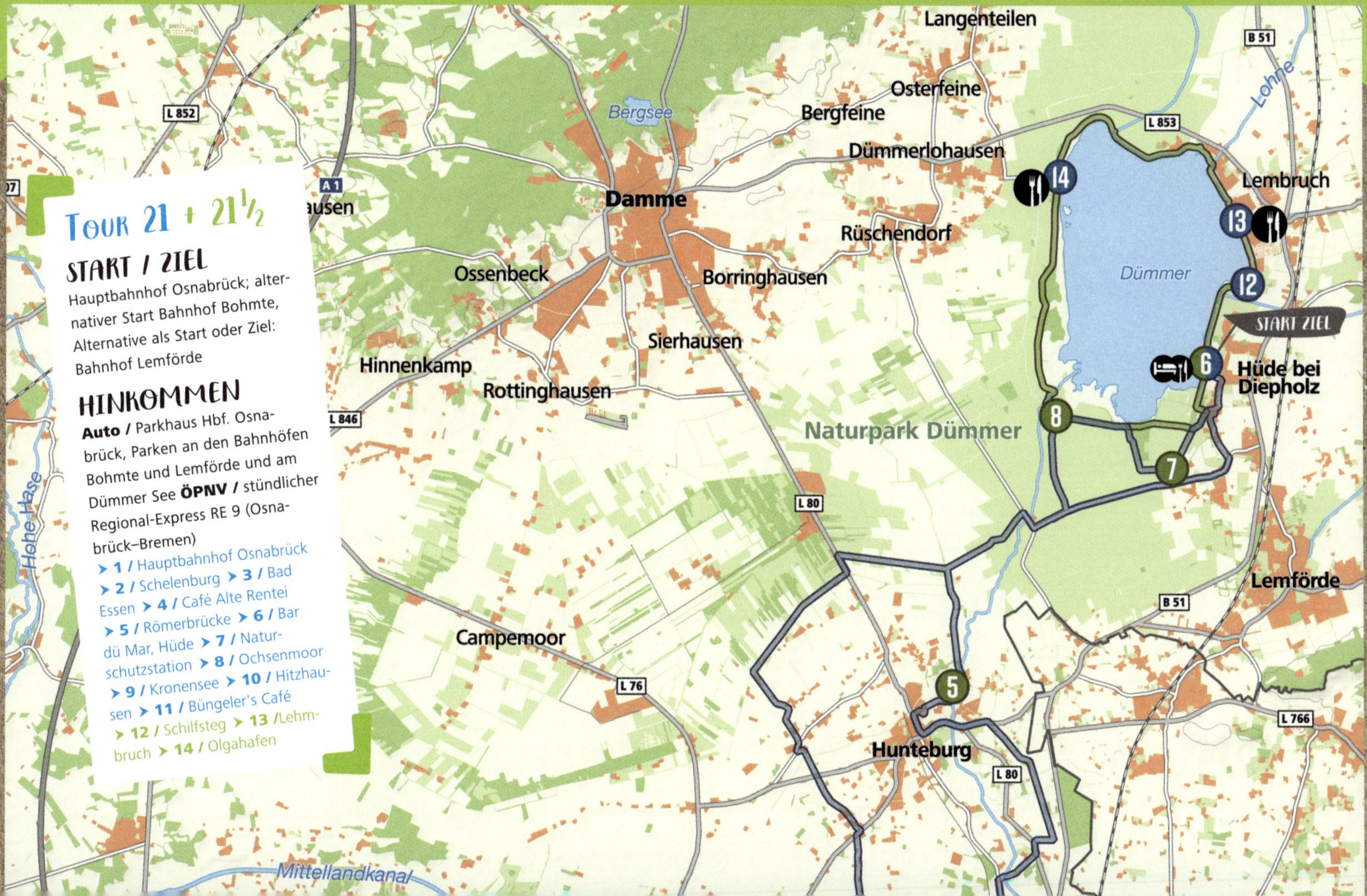

Tour 21 + 21½

START / ZIEL

Hauptbahnhof Osnabrück; alternativer Start Bahnhof Bohmte, Alternative als Start oder Ziel: Bahnhof Lemförde

HINKOMMEN

Auto / Parkhaus Hbf. Osnabrück, Parken an den Bahnhöfen Bohmte und Lemförde und am Dümmer See **ÖPNV** / stündlicher Regional-Express RE 9 (Osnabrück–Bremen)

› **1** / Hauptbahnhof Osnabrück › **2** / Schelenburg › **3** / Bad Essen › **4** / Café Alte Rentei › **5** / Römerbrücke › **6** / Bar dü Mar, Hüde › **7** / Naturschutzstation › **8** / Ochsenmoor › **9** / Kronensee › **10** / Hitzhausen › **11** / Büngeler's Café › **12** / Schilfsteg › **13** / Lehmbruch › **14** / Olgahafen

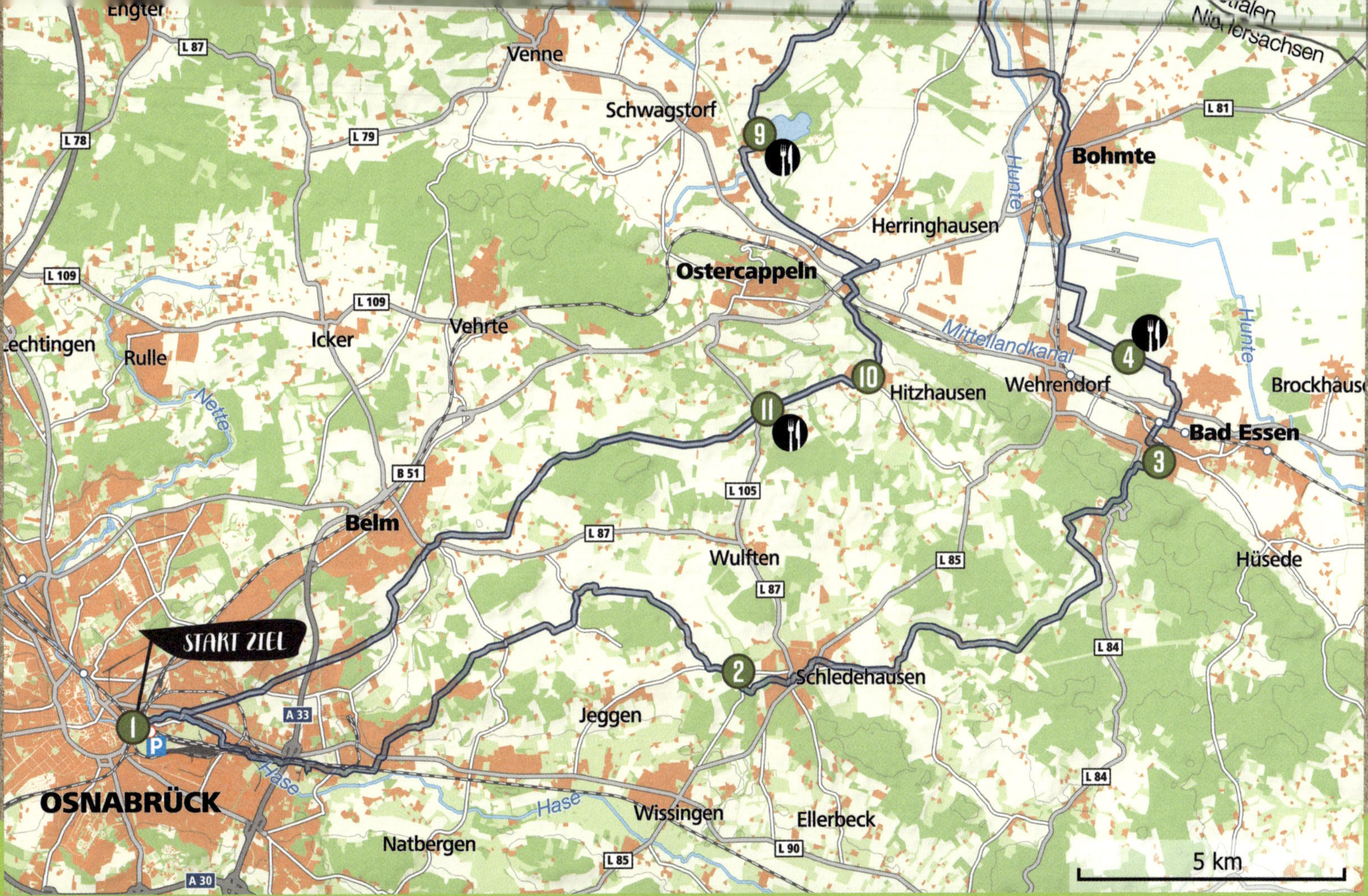
Niedersachsen
Venne
Schwagstorf
Bohmte
Herringhausen
Ostercappeln
Hunte
Mittellandkanal
Wehrendorf
Brockhause
Hitzhausen
Bad Essen
Vehrte
Icker
Rulle
Nette
Belm
Wulften
Hüsede
START ZIEL
Schledehausen
Jeggen
OSNABRÜCK
Hase
Wissingen
Ellerbeck
Natbergen
L 87
L 78
L 79
L 109
L 81
L 105
L 85
L 84
L 90
B 51
A 33
A 30
5 km

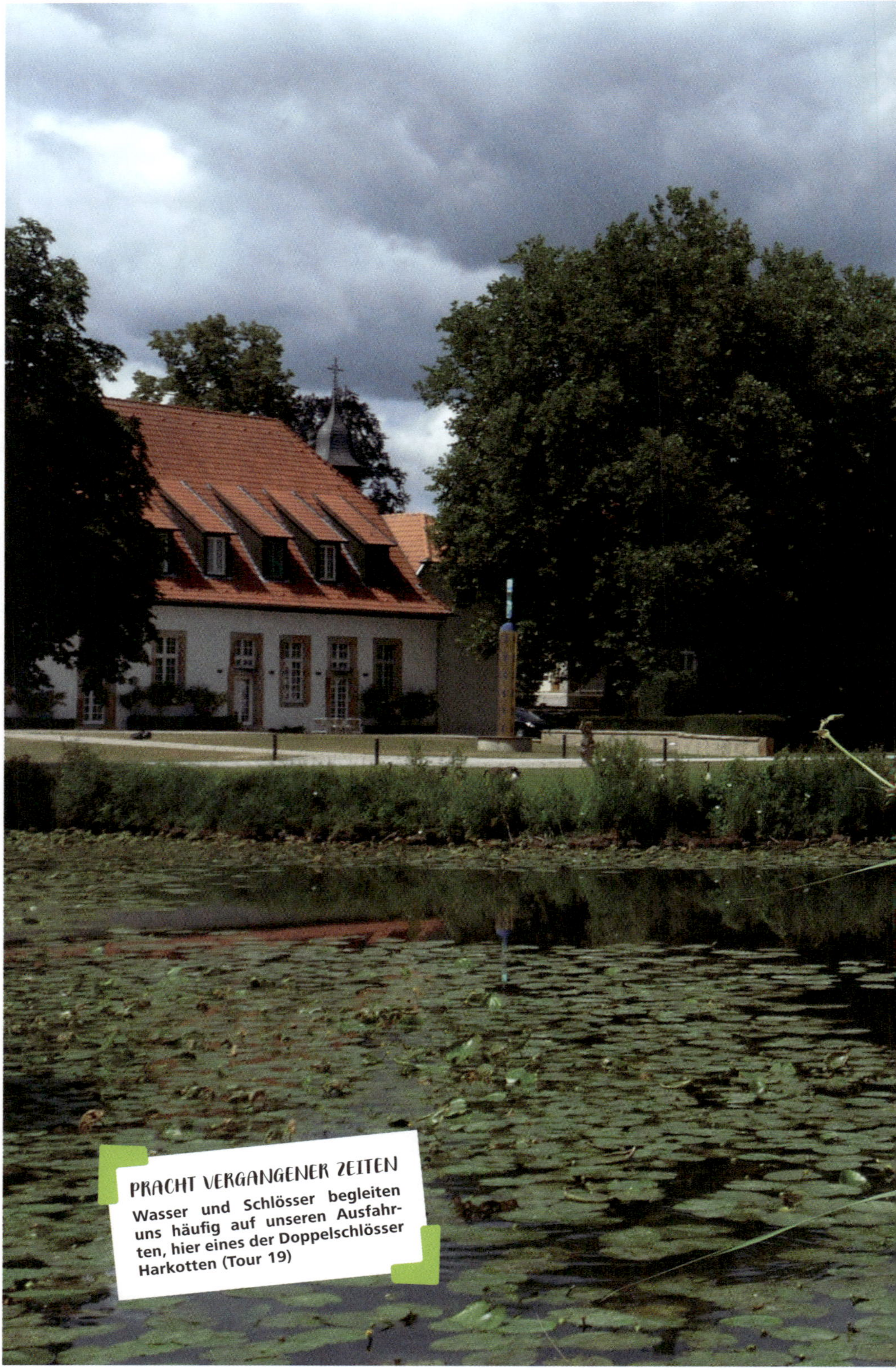

PRACHT VERGANGENER ZEITEN

Wasser und Schlösser begleiten uns häufig auf unseren Ausfahrten, hier eines der Doppelschlösser Harkotten (Tour 19)

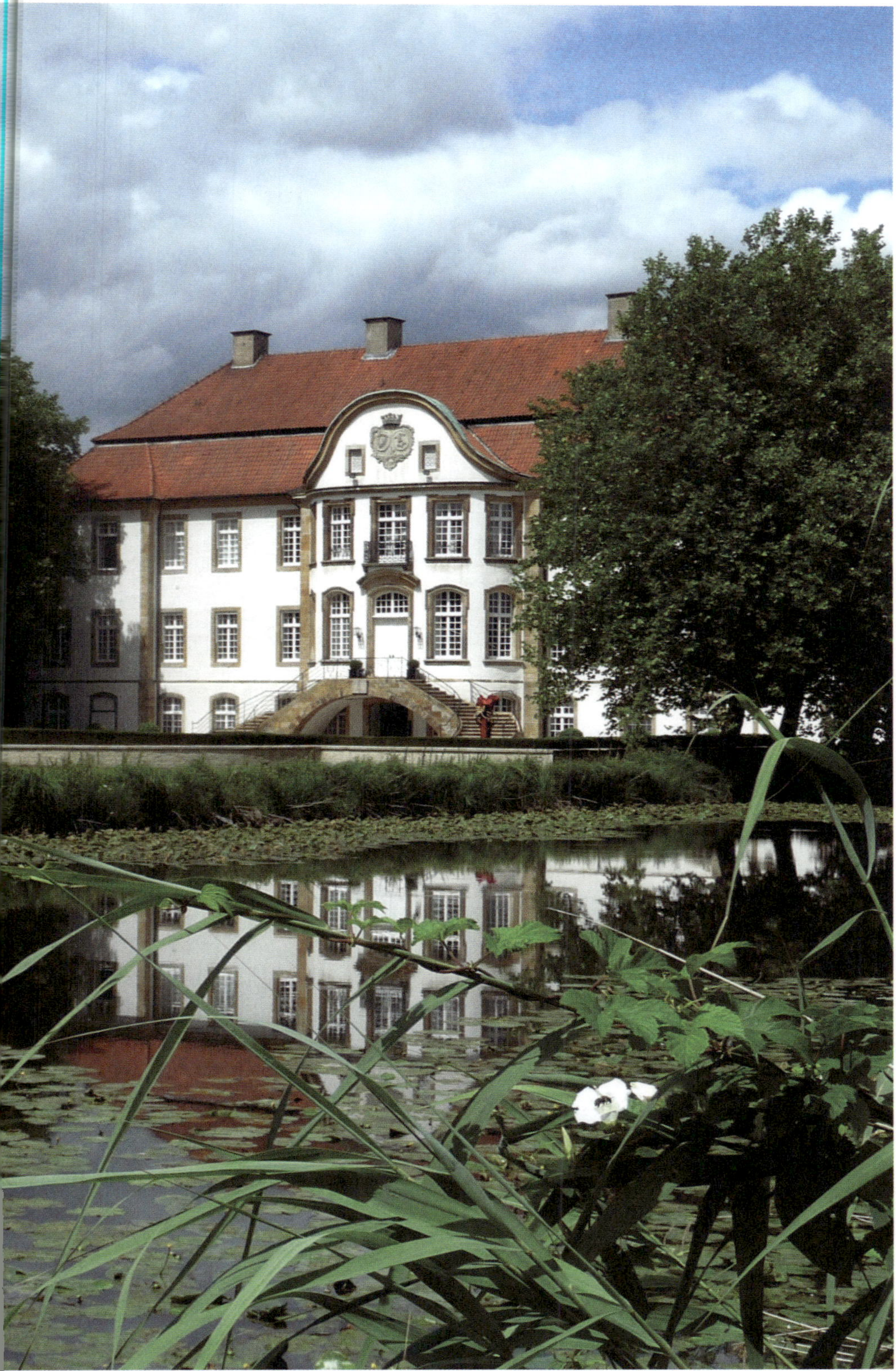

AUFGESATTELT!

OSNABRÜCKER LAND UND RADBASICS

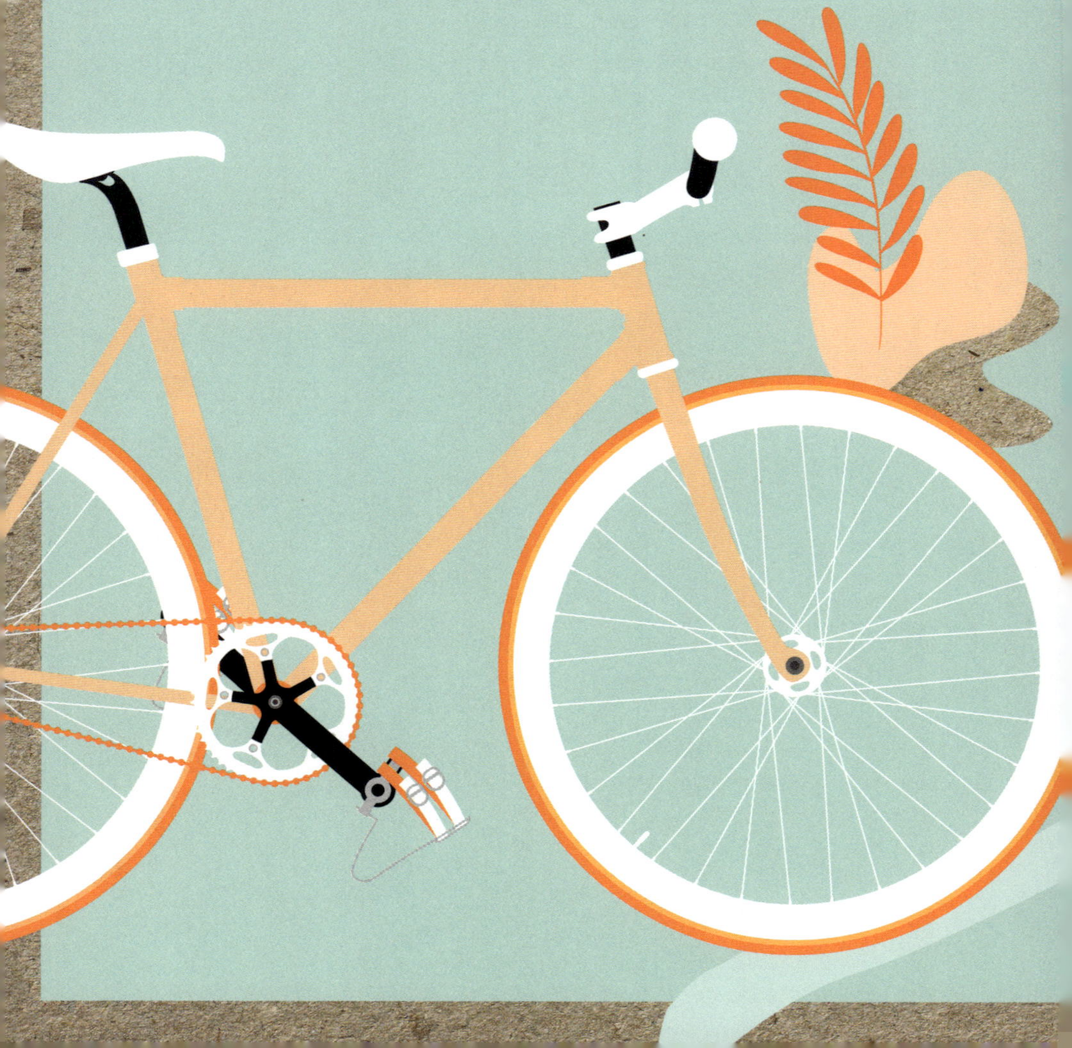

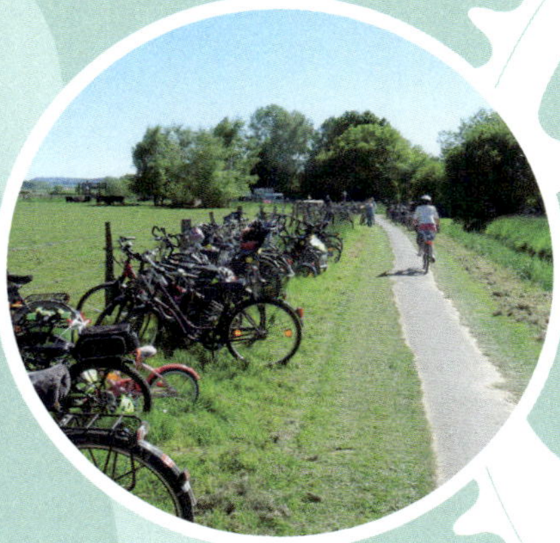

RADVERGNÜGEN

im Osnabrücker Land

Das Osnabrücker Land ist laut ADFC Teil der beliebtesten Radreiseregion Deutschlands, steht also ganz oben auf dem Podest. Wer dieses Buch bis hierher durchgeblättert hat, dürfte es an den Fotos, Überschriften und den kleinen Infotexten schon bemerkt haben: Diese Region in Norddeutschland überrascht durch Vielseitigkeit.

EINE LANGE LISTE AN PLUSPUNKTEN

Und das dürften handfeste Gründe für die Beliebtheit sein:

- Das Osnabrücker Land ist äußerst abwechslungsreich mit der Tallage der Stadt zwischen den beiden Gebirgszügen Teutoburger Wald und Wiehengebirge.
- Der Nordkreis und der Südkreis sind zwar flacher, punkten aber mit spannender Bauernhofarchitektur und mit Heilbädern.
- 62 ausgeschilderte Radtouren listet die Tourismusgesellschaft Osnabrücker Land mbh auf (www.osnabruecker-land.de).
- Mit dem Radverkehrsleitsystem Osnabrücker Land (Ravelos) sind 2 800 km mit 15 000 Hinweisschildern ausgeschildert.
- TERRA.vita bietet 18 nicht nur geologisch interessante Terra-Trail-Radtouren an (www.geopark-terravita.de).
- Einmalig ist auch die Erschließung per Bahn. Von Osnabrücks Turmbahnhof aus kann man nicht nur in vier, nein sogar sternförmig in sechs Himmelsrichtungen mit der Bahn zu Radfahrausgangspunkten fahren: Lengerich–Münster, Ibbenbüren–Rheine, Bramsche–Quakenbrück, Bohmte–Diepholz, Melle–Bad Oeynhausen, Bad Rothenfelde–Bielefeld. Das könnte dann doch ein Alleinstellungsmerkmal sein.

Alles rund ums Radfahren im Osnabrücker Land

- An den Sonntagen von Mai bis Oktober fährt der Freizeitbus mit Fahrradanhänger folgende vier Regionen an: Teuto-Region (die Bäder im Südkreis), Varus-Region (Bad Essen), Dümmer-See und Tecklenburg (www.freizeitbus.com).

Entscheidend für das Osnabrücker Land ist aber eben seine Vielseitigkeit: ländliche Idylle, hübsche Bauernhöfe, große Geschichte, Schlösser, Burgen, Herrensitze, Klöster, Mühlen, Parks, aber auch unverfälschte Natur, Wälder, Moore, lebendige Erdgeschichte, Badeseen, Kurorte, Skulpturengärten, Kunsthandwerk, spannende Innenstädte, Industriekultur, Hofcafés und vielfältige Restauration – und vor allem das dichte Netz wenig befahrener Asphaltstraßen. Bleiben da noch Wünsche offen?

Breites Angebot für alle

Neben Alltagsradlern gibt es noch die Sportlichen, die mit ihrem Rennrad Strecke machen wollen und/oder nach Zeit fahren, notfalls lieber auf einer Hauptstraße düsen und unbefestigte Wege tunlichst meiden. Anders die Mountainbiker, die vor allem im Teutoburger Wald aktiv sind, auf wenigen legalen und vielen illegalen Wegen. Und dann sind da noch die Ausflügler, die Genussradler, die aufrecht sitzend wie die Erdmännchen neugierig links und rechts gucken und mit dem Tourenrad nur bergab die 25 km/h-Marke knacken. Zu dieser Gruppe gehören auch immer mehr E-Biker, die weder Steigungen noch Gegenwind wahrnehmen, es aber auch meist gemütlich angehen lassen. Dieses Buch richtet sich eindeutig an

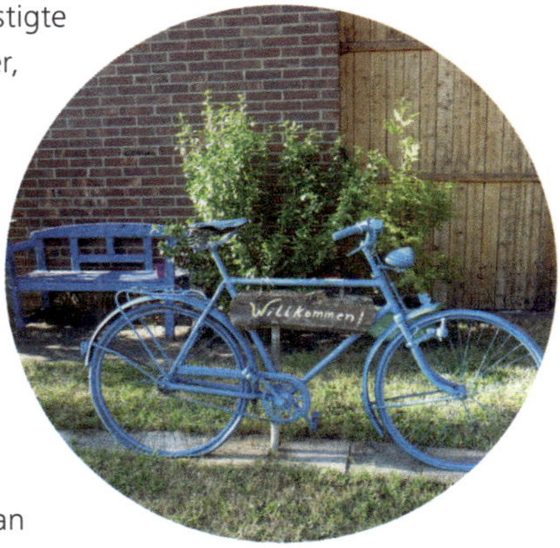

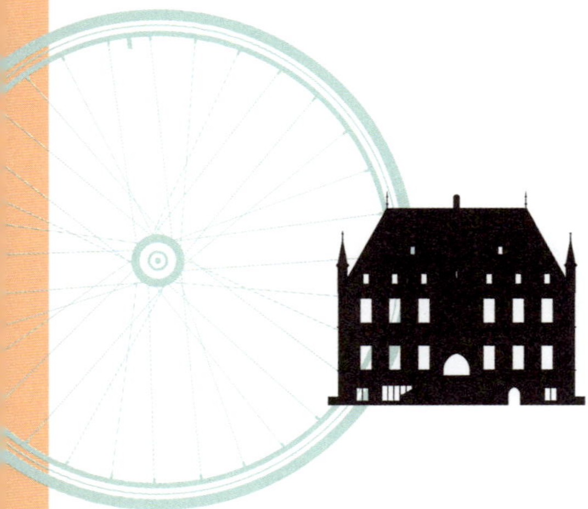

diese Gruppe von Freizeitradlern, die mit Freunden oder allein mal eben für einige Stunden das Osnabrücker Land er„fahren“ wollen und sich über Interessantes am Wegesrand freuen. Aus diesem Grund liegt den reinen Fahrzeiten der hier versammelten Touren eine durchschnittliche Geschwindigkeit von 15 km/h zugrunde. Wer mit den 21 ½ hier beschriebenen Touren noch nicht ausreichend versorgt ist, findet bei den 62 von den Mitarbeitenden der Tourismusgesellschaft Osnabrücker Land mbH betreuten Radtouren Nachschub. Diese sechs Radfernwege, fünf Mehrtagestouren und 50 Tagestouren sind alle ausgeschildert.

OSNABRÜCK WILL AUFS RAD

Wege mit dem Rad zurückzulegen ist in der Stadt Osnabrück sehr populär. Die Zahl der Lastenräder im Verkehrsbild nimmt rapide zu. Mit großer Mehrheit hat der Stadtrat den weitreichenden Forderungen des lokalen Bürgerbegehrens Radentscheid zugestimmt. Große Pläne existieren, um Osnabrück sicherer und sogar zu den Top-Radfahrstädten der Republik werden zu lassen. Aber es gibt in der Stadt noch zu viele schmale Radwege und gefährliche Kreuzungen, bei der Verkehrssicherheit ist der Nachholbedarf groß. Die Radstation am Hauptbahnhof mit 2000 Stellplätzen ist das zweitgrößte Fahrradparkhaus Deutschlands. Der ADFC Osnabrück veranstaltet an jedem Wochenende Radtouren in die Umgebung, die für jedermann angeboten werden (www.adfc-osnabrueck.de). Das geniale Radfahr-Knotenpunktsystem aus Holland und Belgien reicht schon nah an die Region heran und wird sicher mittelfristig das Osnabrücker Land erobern. Einen Knotenpunkt gibt es hier aber schon, im Zentrum von Quakenbrück.

FACTS OSNABRÜCKER LAND

2800 KM

ausgeschilderte Radwege gibt es in Landkreis und Stadt Osnabrück, die meist über wenig befahrene Straßen führen.

170 KM

lang ist die Hase.
Der größte Teil unseres Heimatflüsschens durchschlängelt das Osnabrücker Land.

254 KM²

Melle ist die „größte" Stadt Niedersachsens. Mit 254 km² ist sie doppelt so groß wie Osnabrück. Hannover hat auch nur 204 km².

> ½ MIO.

Einwohner
hat das Osnabrücker Land. Davon leben 170 000 in der Stadt, 360 000 im Landkreis. Es sollen etwa 1 Mio. Menschen sein, für die Osnabrück das nächste Oberzentrum ist. Osnabrück hat einen großen Einzugsbereich.

13

Berge gibt es im Osnabrücker Stadtgebiet. Rom hat(te) nur sieben, und die sind mit max. 65 m alle nicht annähernd so hoch wie die in Osnabrück.

30 %

Steigerung des Anteils der Fahrräder im Straßenverkehr Osnabrücks von 23 % auf 30 % ist geplant, laut Radverkehrsplan bis 2030.

1648

beendete der Westfälische Friede von Osnabrück und Münster nicht nur den 30-jährigen Krieg. Er brachte auch die Neuordnung Mitteleuropas.

VW

Die wohl bekannteste Firma Osnabrücks, Karmann, existiert leider nicht mehr. Wohl aber werden vielerorts noch die Autos „Karmann Ghia", „Käfer Cabrio" und „Golf Cabrio" gehegt und gepflegt. An selber Stelle baut Volkswagen heute wieder Autos.

1,5 MIO.

Mehrere tausend Radfahrer befahren täglich Osnabrücks älteste und beliebteste Fahrradstraße im Katharinenviertel, auf der Autos nur geduldet sind. Im Jahr 2022 waren es insgesamt über 1,5 Mio.

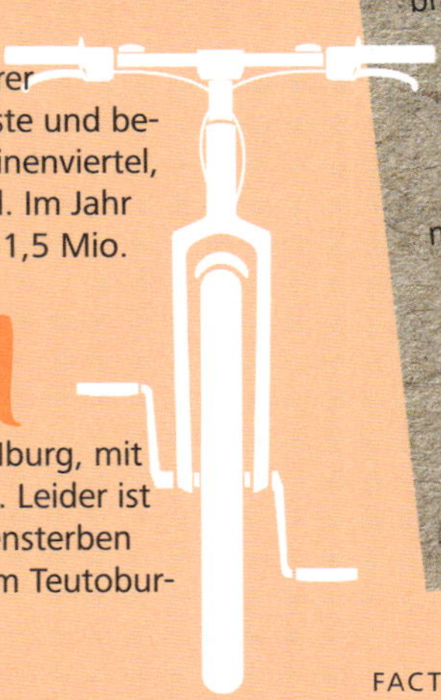

331 M

hoch ist der Dörenberg bei Bad Iburg, mit dem Aussichtsturm sogar 352 m. Leider ist die Bergkuppe durch das Fichtensterben etwas kahl geworden. Kein Berg im Teutoburger Wald ist höher.

RAUSZEIT-HIGHLIGHTS

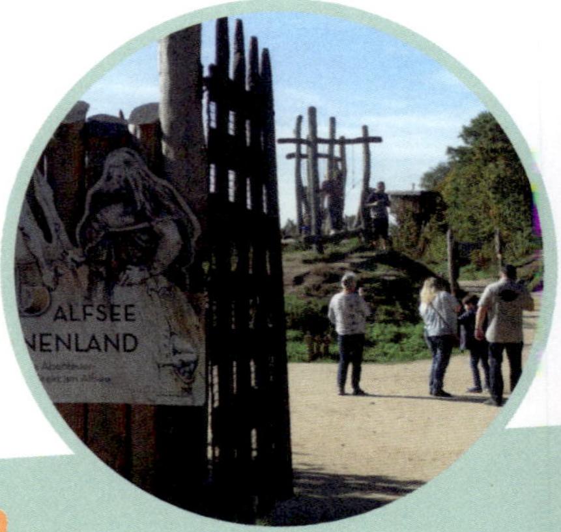

FÜR KINDER

Abenteuerliches im Nettetal
Bei 6 / Knollmeyers Mühle können Kinder im flachen Wasser der Nette plantschen. Minigolf spielen oder sich in den Kletterwald wagen geht auch!
Tour 7 // Seite 60

Familienspaß am Alfsee
Kartbahn fahren, Badestrand, Wasserski und eine große Abenteuerwelt – im 8 / Erlebnispark Alfsee (Foto) verbringen Familien einen ausgefüllten Tag.
Tour 8 // Seite 70

Attraktiver Spielplatz in Osnabrück
Der Spielplatz am Adolf-Reichwein-Platz gleich ums Eck der 11 / ältesten Toilette ist der Hit und umgeben von zahlreichen Außengastronomien inklusive des großartigen Eisladens „Schlecks".
Tour 9 // Seite 77

Dinosaurierspuren
Im Wiehengebirge bei Barkhausen können echte 4 / Fußabdrücke von Sauriern bewundert werden und auch gleich lebensgroß nachgebaute Exemplare.
Tour 12 // Seite 106

FÜR E-BIKER

Auf und Ab
Wer nicht sportlich ambitioniert ist, wählt durch die Borgloher Schweiz ein E-Bike. Auch auf unbefestigten Waldwegen kommt die Antriebshilfe sehr gelegen.
Tour 1 // Seite 9

Aufwärts nach Tecklenburg
Zum höher gelegenen 7 / Tecklenburg muss man sich erst mal anstrengen – oder mit E-Bike fahren. Auf dem Markt warten nette Cafés und eine Ladestation.
Tour 10 // Seite 89

Eine Herausforderung
Rund um Georgsmarienütte sollte der Akku gut geladen sein: für 600 Höhenmeter und fast 50 km. Auch auf einigen unbefestigten Wegabschnitten helfen höhere Unterstützung und kleiner Gang.
Tour 11 // Seite 95

Gegenwind
Im weiten Flachland zum Dümmer-See wird uns ein Wind von vorne kaum erspart bleiben. Für E-Biker gibt es aber ja angeblich nur Rückenwind.
Tour 21 // Seite 207

Top für jede Lust und Laune: Kleine und große Abenteuer, die besten Einkehrtipps und entspanntesten Pausenplätze

FÜR SCHLEMMER

Fabula

Das ungewöhnliche Restaurant Fabula in 7 / Tecklenburg verzaubert uns mit sehr originellen Gourmeterlebnissen aus aller Welt.

Tour 10 // Seite 89

Kuchen mit Ambiente

Das Foto Café Heyday in der Mettinger Altstadt ist ein besonderes Kleinod. Vom Frühstück über Waffeln zum Kuchen mit Heißgetränk gibt es hier für jeden Geschmack etwas Köstliches.

Tour 13 // Seite 120

Einer der schönsten Cafégärten

Für mich strahlt das kleine, aber feine Café Kroneck-Salis in Bad Iburg, gleich vor dem Eingang zum Schloss, eine ganz besondere Atmosphäre aus.

Tour 19 // Seite 183

Aal und andere Fischgerichte

Die Aalräucherei Hoffmann am 14 / Olgahafen in Dümmerlohhausen beherbergt einerseits einen Laden, ist aber gleichzeitig ein Restaurant und Café. Nebenan ist ein Wohnmobilstellplatz.

Tour 21½ // Seite 219

FÜR RUHESUCHENDE

Rundtour Wellingholzhausen

Abgesehen vom Start- und Zielpunkt in der Stadt Melle ist diese Tour vom Radfahren her eine sehr ruhige und entspannte Angelegenheit.

Tour 3 // Seite 25

Hase nördlich vom Alfsee

Am kleinen Pfad Plackenweg an der Tiefen Hase können wir in aller Ruhe den kleinen schlängelnden Fluss, umgeben von großen Laubbäumen, genießen. Eine Bank steht für uns an passender Stelle (s. Foto S. 69).

Tour 8, 20 // Seite 70, 197

Fast absolute Ruhe …

erleben wir im abseits gelegenen 5 / Sift Börstel: in und an den uralten Gemäuern, im Garten und in der umgebenden Natur.

Tour 17 // Seite 158

Rast in einer besonderen Dorfmitte

Die Pausenbank am historischen Kirchplatz in 10 / Bockhorst wird eingerahmt von Fachwerkhäusern.

Tour 19 // Seite 186

DAS KRIEGST DU NICHT ALLE TAGE

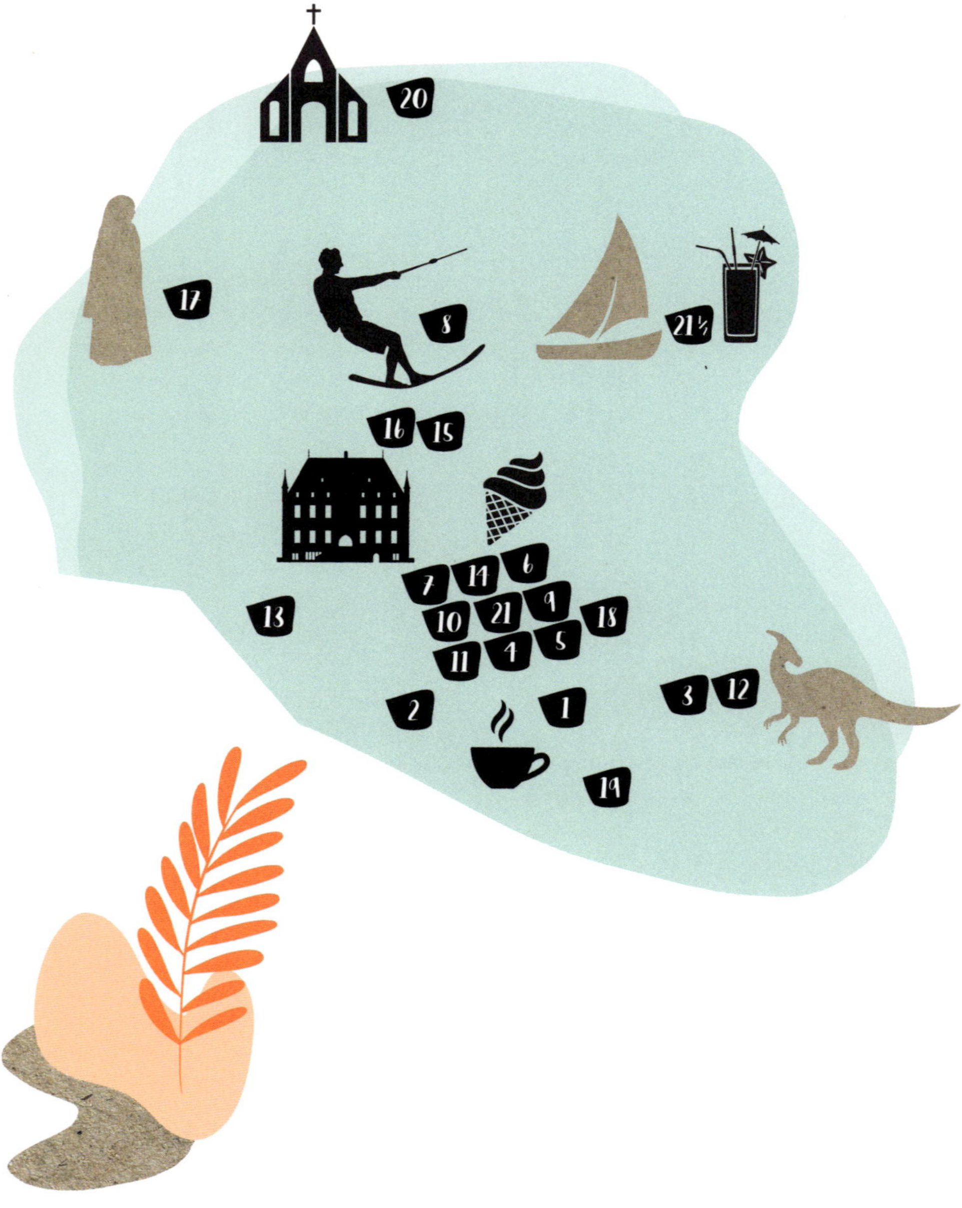

Wann am besten wohin? Die Events zu den Touren findest du hier

EVENTS

MAIWOCHE **Osnabrück** Feiern in der Innenstadt, umsonst und draußen: Ein halbes Dutzend Bühnen mit unterschiedlichsten Musikprogrammen zieht über 700 000 Besucher an, 10 Tage im Mai

Tour 9

VENNER FOLKFRÜHLING fabelhaftes Folk-Programm, 2. Wochenende im Mai

Tour 15

MÜHLENTAG **Wallenhorst-Lechtingen** Zum Mühlentag in Deutschland ist eines der attraktivsten Events sicher der Mühlentag in Lechtingen, Pfingstmontag

Tour 14

RÖMER- UND GERMANENTAGE **Kalkriese** Es geht mächtig rund, wenn die Varusschlacht aus dem Jahre 9 n. Chr. lebendig wird, zweijährig zu Pfingsten 2023, 2025 …

Tour 15

SALZMARKT **Bad Rothenfelde** vielfältiges Programm am Gradierwerk , Juni

Tour 19

FREILICHTSPIELE TECKLENBURG Der Festspielsommer bietet ein professionelles und sehr buntes Programm

Tour 10

DER DÜMMER BRENNT Mega-Feuerwerk über dem See mit Besucherscharen, vielseitigem Musikprogramm und Kunsthandwerksmarkt, August

Tour 21½

REGGAE JAM FESTIVAL **Bersenbrück** Die Zahl der Einwohner vervielfacht sich, wenn im Klostergarten und an der Hase das Festival stattfindet, Wochenende Anfang August

Tour 20

FACKELFEST **Glockensee in Bad Laer** Jung und Alt trifft sich zu Speis und Trank und Live-Musik bei 1000 flackernden Fackeln, August

Tour 19

HISTORISCHER MARKT **Bad Essen** mit Selbstgemachtem und Traditionskleidung, 4. Augustwochenende

Tour 12, 21

SEEFEST **Borgloh** Natur und Skulptur treffen auf Geselligkeit am Renkenörener See, Wochenende im September

Tour 1

FABELHAFTES MELLE originelle Veranstaltungen für Kinder und Erwachsene, von fantastisch bis gruselig, Oktober

Tour 3, 12

PACKLISTE

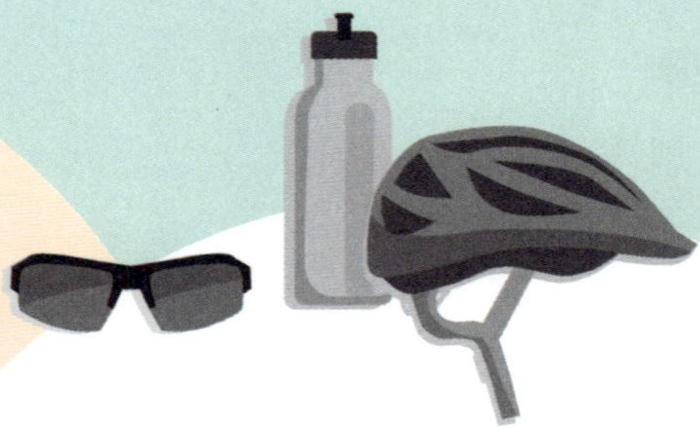

GRUNDAUSSTATTUNG

- [ ] Fahrradhelm
- [ ] Radkleidung
- [ ] Radhandschuhe
- [ ] Radbrille
- [ ] Trinkflasche
- [ ] Fahrradschloss
- [ ] Handy
- [ ] Karte/Navigationsgerät
- [ ] Fahrradlicht, Ersatzakku/-batterie
- [ ] Erste-Hilfe-Set

+

TAGESTOUR

- [ ] Regenkleidung
- [ ] Wechselkleidung
- [ ] Reparaturset: Ersatzschlauch, Werkzeug
- [ ] Luftpumpe
- [ ] Packtaschen klein
- [ ] Verpflegung: Snacks, genügend Wasser
- [ ] evtl. wasserdichte Handyhülle

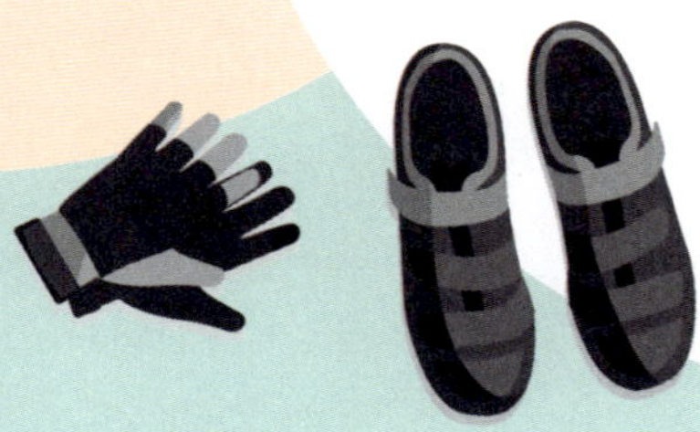

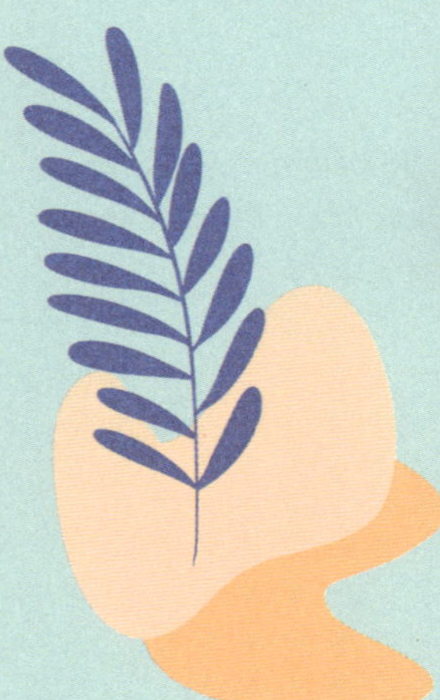

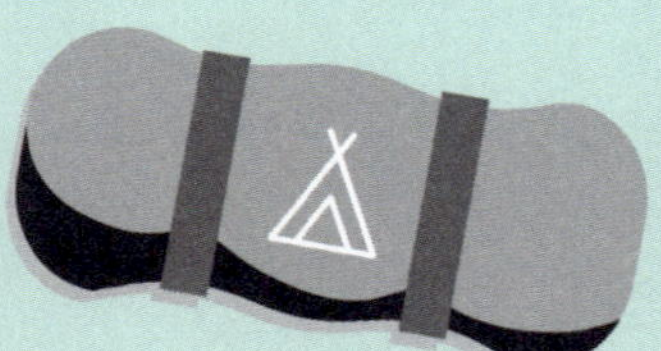

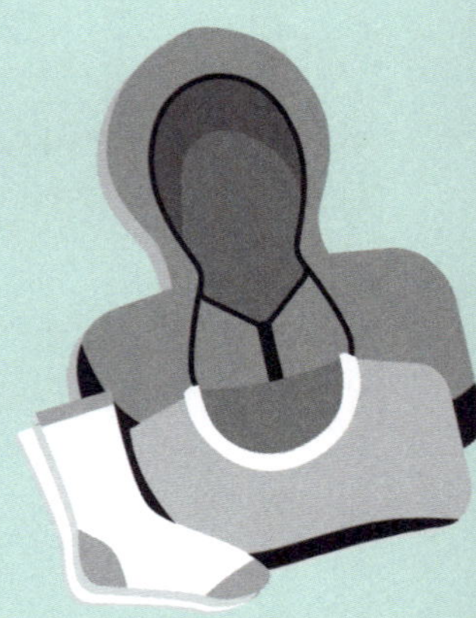

BIKEAWAYTOUR

- [ ] Zahnbürste
- [ ] Waschbeutel
- [ ] Packtaschen groß
- [ ] evtl. Zelt
- [ ] evtl. Schlafsack
- [ ] evtl. Kompass
- [ ] Handyladegerät

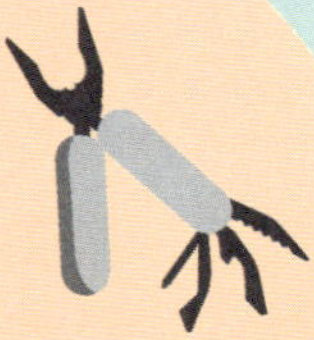

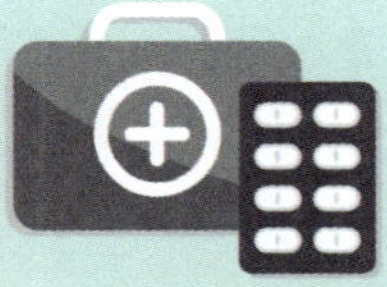

REISE-APOTHEKE

Pflaster & Blasenpflaster, Mückenschutz, Sonnenschutz, Zeckenkarte

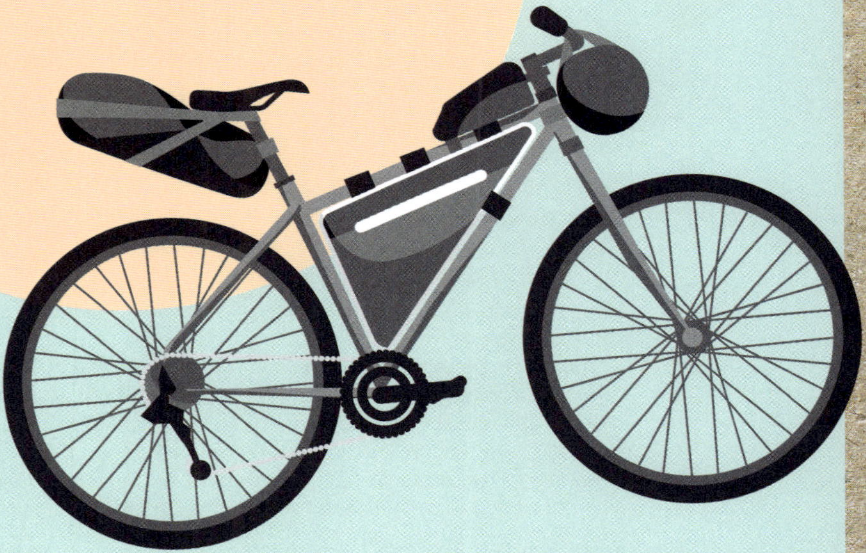

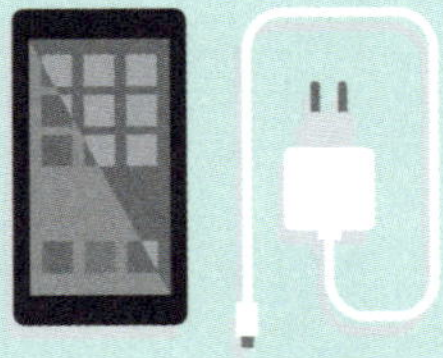

RADCHECK

findest du auf der nächsten Seite

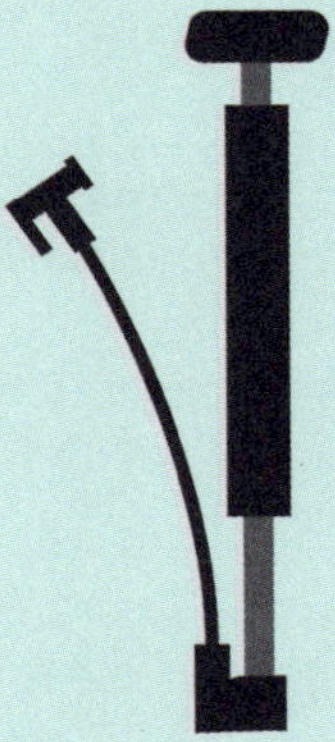

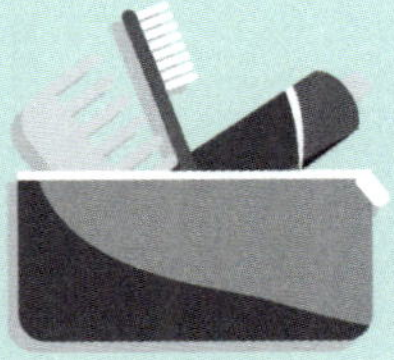

RADCHECK

AM BESTEN
nimmst du dein Fahrrad vor jeder Tour unter die Lupe, zumindest aber beim Frühjahrsputz. Darüber hinaus ist ein regelmäßiger Service bei Profis zu empfehlen.

EINFACH ERKLÄRT MIT PROFI-TIPPS

✓ Picobello: Reinigung des Fahrrads

Ein sauberes Fahrrad lebt länger und dir fallen beim Putzen Defekte auf. Daher ran an den Schwamm und die milde Seife oder den Fahrradreiniger und losgelegt! Wenn das Fahrrad getrocknet ist, mit einem sauberen Lappen Wasserränder wegpolieren. Handarbeit ist angesagt – ein Hochdruckreiniger ist tabu, da er auch Fett und Öl entfernt und Wasser in empfindliche Teile eindringen kann.

Tipp: Für verwinkelte Teile ist eine alte Zahnbürste praktisch.

✓ Pralle Geschichte: die Reifen

Um grob den Reifendruck zu überprüfen, mach die Daumenprobe: Lässt sich der Reifen mehr als 1 cm eindrücken, musst du pumpen. Angaben zu Mindest- und Maximaldruck findest du auf der Reifenflanke. Für wenig Rollwiderstand auf befestigten Straßen orientiere dich an der oberen Grenze, wenn du auf unbefestigten Wegen unterwegs bist, an der unteren. Je schmaler der Reifen und je höher das Gesamtgewicht, desto mehr Luftdruck ist nötig. Am einfachsten lassen sich die Reifen mit einer Standpumpe mit Druckmesser aufpumpen.

Tipp: Fahrradgeschäfte bieten machmal vor Ort gratis Pumpen zum Selbermessen und -aufpumpen an.

Nimm auch das Reifenprofil unter die Lupe: Entferne eventuelle Steinchen oder Scherben und halte nach Rissen oder Schnitten Ausschau. Wenn das Profil zu brüchig oder stark abgefahren ist, brauchst du einen neuen Mantel.

✓ Läuft wie geschmiert: Kette reinigen und ölen

Fürs Reinigen zuerst mit einem trockenen Tuch Kette von altem Fett und Schmutz befreien, indem du am Pedal drehst und so die Kette durch das Tuch ziehst. Den feinen Zwischenräumen kannst du wieder mit der Zahnbürste zu Leibe rücken. Danach Kettenöl, am besten biologisch abbaubares, auftragen, indem du es hinten auf die Kette träufelst, während du sie mit dem Pedal durchdrehst. Kurz einwirken lassen, dann mit einem Lappen das überschüssige Öl von der Kette abziehen.

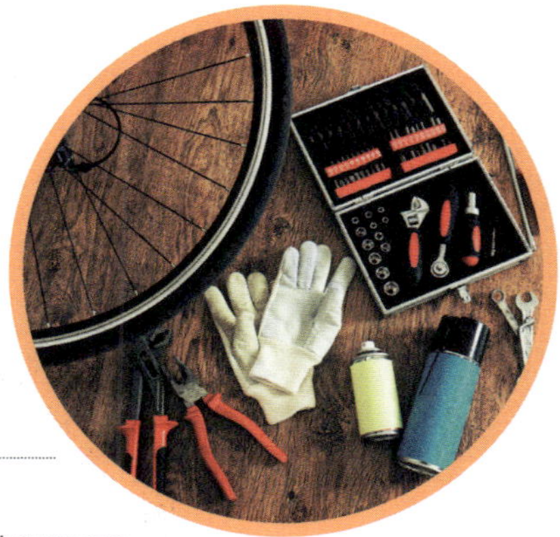

Tipp: Hast du eine Kettenschaltung, schalte einmal alle Gänge durch, damit sich das Öl auf allen Zahnrädern verteilt.

Eine gut geölte Kette und der richtige Reifendruck machen außerdem ein E-Bike leichtgängiger, was die Akku-Reichweite erhöht.

✓ Schraube locker?

Prüfe regelmäßig die Schraubverbindungen der Steuerung (Lenker, Vorbau und Steuersatz), Laufräder, Pedale, Sattelklemmen und Anbauteile wie Schutzbleche und Gepäckträger.

Tipp: Legst du selbst Hand an, ist ein Drehmomentschlüssel am besten, damit du die Schrauben entsprechend den Drehmomentangaben für dein Fahrrad nachziehen kannst.

✓ Nichts kann dich stoppen, außer: die Bremsen

Prüfe, ob vordere und hintere Bremse einen gleichmäßig starken Druckpunkt haben. Öffne und schließe die Bremsen auch im Stand. Wenn bei hydraulischen Bremsen mehrmaliges Pumpen für einen soliden Druckpunkt erforderlich ist oder sich der Hebel bis zum Lenker durchziehen lässt, muss das System entlüftet werden. Wenn bei mechanischen Felgenbremsen die Bremsarme nicht gleichmäßig arbeiten, einstellen (lassen). Sind die Verschleißindikatoren auf den Bremsbelägen, kleine Rillen im Gummi, verschwunden, müssen die Beläge getauscht werden. Den Verschleiß von Scheibenbremsen kannst du bei relativ neuen Belägen mit einer Taschenlampe von oben durch den Schlitz im Sattel prüfen. Bei älteren und dünneren Belägen müssen die Räder zur Sichtprüfung ausgebaut werden.

Tipp: Gegen Verschmutzung und Korrosion der Bremszüge bei mechanischen Bremsen hilft ein Spritzer Teflonspray in die Enden der Außenhüllen. So gleiten die Kabel besser in ihrer Hülle.

✓ Damit dir ein Licht aufgeht: die Beleuchtung

Weil's am Abend auch schon mal später werden kann und du auch am Rückweg sichtbar sein möchtest: Sind Lichter und Reflektoren vorhanden und funktionieren sie?

✓ Für alle mit extra Antriebskraft: Akku & Motor

Bei längerer Nichtnutzung, zum Beispiel in der Winterpause, achte darauf, dass sich der Akku nie tiefentlädt. Korrosionsspuren bei den Steckverbindungen kannst du mit einem speziellen Kontaktspray entfernen. Fallen dir Schäden am Motorgehäuse auf, am besten schnell in eine Fachwerkstatt.

Los geht's!

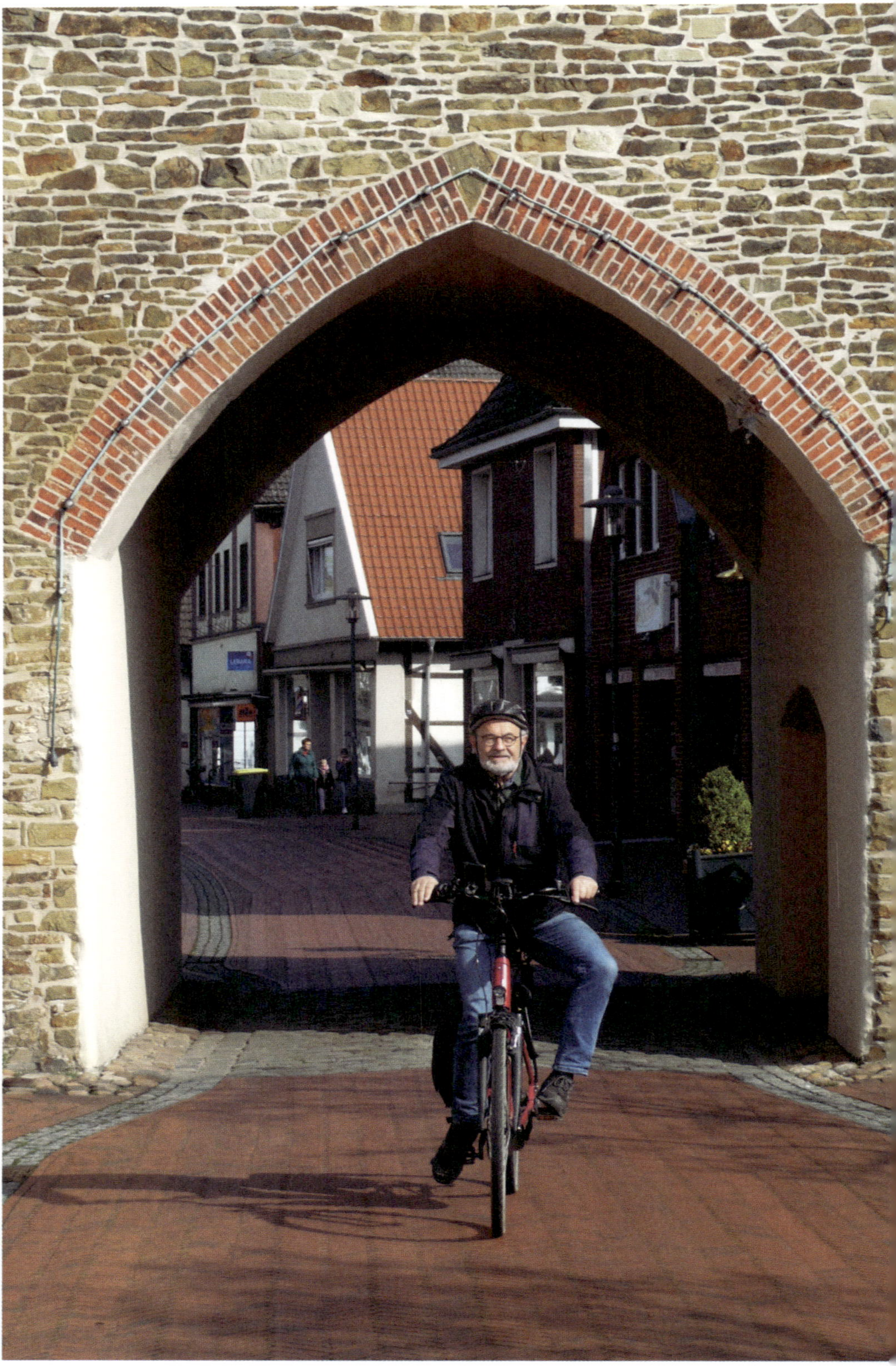

IMPRESSUM

© KOMPASS-Karten GmbH
Karl-Kapferer-Straße 5
A-6020 Innsbruck
www.kompass.de

1. Auflage 2023 (23.01)
Verlagsnummer 3819
ISBN 978-3-99121-905-7

Text und Fotos (soweit nicht anders angegeben): Heinz Wüppen
Text und Fotos der Touren 6, 13, 18: Christoph Drepper

Titelbild: Lechtinger Mühle im Abendlicht (Foto: © Christian Senft – stock.adobe.com)
Titelillustrationen: © svetazi – stock.adobe.com, Dom St.Peter © SG- design – stock.adobe.com

Fotos: AdobeStock: © jessicahyde – stock.adobe.com (Graspapier-Hintergrund div. Seiten), © Basotxerri – stock.adobe.com (61), © dennisvdwater – stock.adobe.com (91), © Olga – stock.adobe.com (109), © traveller70 – stock.adobe.com (111), © Christian – stock.adobe.com (174–175), © Christian Senft – stock.adobe.com (183), © Monika Wisniewska – stock.adobe.com (237); © Willy Kasch (26 unten, 28, 185); © Claudia Ix (99)

Gestaltung / Illustration – Composing / Agenten und Freunde Iris Streck München

Illustrationen: AdobeStock: © Azar – stock.adobe.com, © askaja – stock.adobe.com, © mtmmarek – stock.adobe.com, © val_iva – stock.adobe.com; creativmarket: © amber&ink, © NassyArt
Miniaturen auf illustrierten Karten: © Stephi – stock.adobe.com (Nonne), © Design Stock – stock.adobe.com (Dinosaurier), © Strezh – stock.adobe.com (Cocktail), © Arya19 – stock.adobe.com (Segelschiff), © dovla982 – stock.adobe.com (Wasserski), © nicknik93759375 – stock.adobe.com (Eis), © Comauthor – stock.adobe.com (Kaffeetasse), © SG- design – stock.adobe.com (Fachwerkhaus), © bitontawan02 – stock.adobe.com (Kloster)
Grafische Herstellung: KOMPASS-Karten
Karten: © KOMPASS-Karten GmbH unter Verwendung OpenStreetMap Contributors (www.openstreetmap.org)

Erzähl uns von deinen Abenteuern auf Instagram und Facebook mit: #folgedeinemKOMPASS

FSC www.fsc.org
MIX
Papier | Fördert gute Waldnutzung
FSC® C018236

BIKE-BUCKETLIST OSNABRÜCKER LAND

HOCH IN DEN WIPFELN

In Bad Iburg begeistern uns nicht nur das Schloss und der Park um den Charlottensee. Das Highlight ist der Spaziergang über den 6 / Baumwipfelpfad mit tollen Ausblicken.

Tour 19 // Seite 183

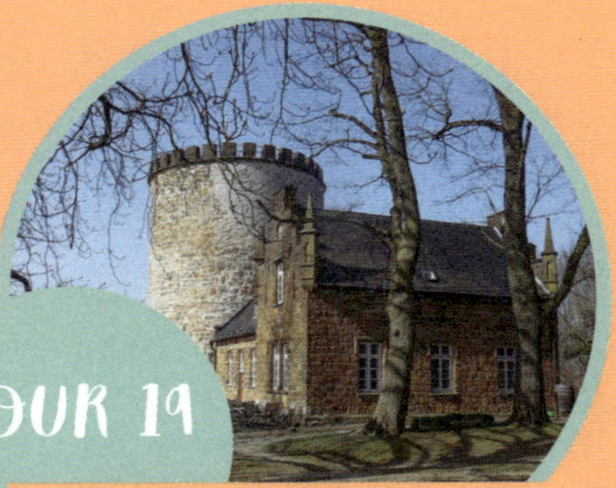

TOUR 19

FANTASTISCHE AUSSICHT

Volle Kontrolle der Umgebung ermöglichte früher die hoch droben liegende 11 / Burg Ravensberg bei Borgholzhausen. Heute erfreuen wir uns nach kurzem Aufstieg an dem Blick ins Land.

Tour 19 // Seite 187

VOLLER SINNESEINDRÜCKE

Der Besuch des Klosters Malgarten bei Bramsche (ver)führt in verschiedene Welten: die der Natur und der Kunst, aber auch die der Kulturhistorie des früheren Klosterlebens.

Tour 15, 20 // Seite 136, 198

VARUSSCHLACHT

Das 9 / Museum zur Varusschlacht, ein denkwürdiger Ort bei Bramsche, an dem vor 2000 Jahren germanische Truppen über römische herfielen und aus diesem Gemetzel als Sieger hervorgingen – mit nachhaltigen Folgen.

Tour 15 // Seite 141

DON QUIJOTE

Ein aus Schrott zusammengeschweißtes Pferd mit Ritter scheint die Flügel der 8 / Windmühle Lechtingen bekämpfen zu wollen. Einen herrlichen Rastplatz finden wir hier auch vor und nicht zu übersehen: der großartig gestaltete Trafoturm des Mausefallenmuseums.

Tour 14 // Seite 131

FÜR NATURFREAKS, SEGELSPORTLER UND STRANDLIEBHABER

Der Dümmer-See bietet sanften Wassersport, Vogelbeobachter kommen voll auf ihre Kosten und beim Sonnenuntergang kommt in der Bar dü Mar beinahe exotische Atmosphäre auf.

Tour 21 // Seite 207